Rüdiger Nehberg – Abenteuer Abenteuer
Blauer Nil und Rudolfsee

Rüdiger Nehberg

# Abenteuer Abenteuer
# Blauer Nil und Rudolfsee

ERNST **KABEL** VERLAG

# Inhalt

# Vorwort

»Nun sitz doch endlich mal still!« (Mutter, genervt)

»Der hat offensichtlich Hummeln im Hintern.« (Vater, beruhigend und unbewußt den Hamburger Gruß »Hummel, Hummel – Mors, Mors« erfindend?)

»Von wem hat er das denn nur?« (Oma, Interesse an Biologie bekundend)

Also: Familientreff.

Ort und Datum des Geschehens: Bielefeld, 1938.

Diskussionsobjekt: Rüdiger Nehberg, 3 Lenze jung.

Grund der Ratlosigkeit und Selbstkasteiung: Meine erste Expedition. Sie hatte mich von Ost- nach West-Bielefeld gebracht, wo meine Großmutter wohnte mit ihrer Karamellen-Dose. Leider war ich in der Kunst der Wegfindung noch ein Neuling. Statt einer Stunde benötigte ich ihrer acht. Die Polizei, unser Freund und Helfer, half meinen Eltern suchen. Aber mit gewissem Stolz darf ich sagen, daß ich den Weg allein gefunden habe. Nur statt der erhofften Bonbons gab's Dresche. So ungerecht kann das Leben sein.

Vielleicht aber war dies das Schlüsselerlebnis. Jedenfalls blieb mein Drang, mir die Welt anzuschauen, und ich lernte durch die Prügel, daß man nicht einfach so losstiefeln sollte, sondern besser planen muß.

Und von wem ich »es« nun habe, blieb bis dato ungeklärt, ist doch meine Familie seit rückdenkbaren Zeiten ausschließlich im honorigen Bankgewerbe angesiedelt. Krisensicher mit stetigem Sozialleistungsanstieg.

Mir wollte es nicht so recht liegen, anderer Leute Zinsen zu zählen. Und da neben der Bank-Branche nur noch Bordelle, Bestatter und Bäcker zu den bombensicheren Berufen zu zählen schienen, entschied ich mich, kleine und manchmal auch größere Brötchen zu backen. Niemand sollte Hunger leiden. Soziales Engagement.

Spätestens mit Beginn der Lehre begann mein eigentlicher Wandertrieb durchzubrechen. Erschreckt stellte ich fest, wie wenig Freizeit mir noch blieb: ganze zwei Wochen pro Jahr. Dem standen (Mathematik Eins!) 50 Wochen harter Arbeit gegenüber. Ein Mißverhältnis, das mir panisch klarmachte, daß so mein Leben nie verlaufen dürfe.

Ich nahm Mengen unbezahlter Urlaube und erradelte mir zunächst Europa. Dann Teile Afrikas und Asiens. Es folgten die Zeiten als Tramper, Wanderer, Kamelreiter, Floßfahrer, Autofahrer. Erste Erfahrungen sammelten sich. Wie viele Individualreisende wurde ich zwangsläufig bestohlen, verdroschen, beschummelt und landete hier und da kurzfristig in Gefängnissen. Das mehrte mein Interessen-Spektrum. Denn Schaden macht klug.

Die eigentliche Wende in der Art meiner Reisen erfuhr ich durch Kuno S. Steubens Buch *Alone on the Blue Nile*. Darin beschrieb der Autor, wie er als 22jähriger versucht hatte, als Erster den Blauen Nil in Äthiopien mit einem urigen, selbstgebastelten Floß hinunterzuschippern. Der Versuch scheiterte durch einen Raubüberfall. Seine Schilderung aber blieb trotzdem (oder wurde gerade dadurch) so faszinierend, daß ich spontan beschloß, meinerseits zu versuchen, es mit diesem tückenreichen Strom aufzunehmen.

Als ich die Vorgeschichte anderer Erstbefahrungsversuche studierte, war mir klargeworden, daß ich nur eine Chance hatte, wenn ich mich vorher mit allen möglichen Risiken auseinandersetzte und überlegte, wie ich mich in den einzelnen Fällen verhalten würde.

So wurde mein »spezielles« Überlebenstraining geboren, das mich als Konditor manchen Kunden kostete (»Igitt, der ißt ja Würmer!«), das mir andrerseits aber viele neue brachte (»Eine Klassenumfrage hat ergeben, 22 von 25 Schülern meinten, Sie seien nicht ganz richtig im Kopp. Aber drei sagten ›der Mann ist voll in Ordnung‹. Diese drei waren Peter, Detlef und ich. Wir kaufen ab jetzt immer bei Ihnen.«).

Mit der ersten Reise zum Blauen Nil begann eine ganze Folge von Expeditionen. Ich hatte Spaß daran gefunden. Dabei kam mir das Glück zugute, daß mein Eheweib Maggy meine Vorhaben tolerierte: »Du warst ja schon so verrückt, als ich dich kennenlernte. Ich will dich nun auch nicht mehr ändern, nur weil mir die Reisen allmählich ein paar Nummern zu groß werden.« (Dafür sage ich ihr hier schnell, aber herzlich und dauerhaft Dank!)

Äthiopien offenbarte sich mir Neuling als ein fast klassisches Land des Abenteuers: Konfrontation mit Natur- und Behördengewalten, Begegnungen mit Einheimischen unterschiedlichster Wesensart (vom heilig-gastfreundlichen bis zum Mörder), Erfahrungen mit Lebewesen aller Risiko-Klassen vom Virus übers Insekt bis hin zum Löwen und Hai) und die Entdeckung der eigenen Leistungsgrenzen.

Die Ermordung meines Freundes Michael Teichmann durch äthiopische Räuber zwang mich, auch mein Survival-Programm drastisch zu erweitern. Alle möglichen und vor allem unmöglichen Tricks physischer, psychischer und intellektueller Natur nahm ich in mein Programm auf. Ich besuchte Kurse, nahm Einzelunterricht und sog gierig in mich auf, was mir Einheimische aller Regionen, Ranger, Legionäre, Trapper, Ärzte, Sportler, Psychologen, Ölsucher, Globetrotter, Häftlinge, Polizisten und viele andere zu erzählen hatten. Das Resultat: mein Buch *Die Kunst zu überleben – Survival*. Innerhalb eines Jahres avancierte es zu einem echten Bestseller, nicht zuletzt durch den ungewollt spektakulären Marsch ohne Ausrüstung und Geld von Hamburg nach Oberstdorf im Herbst 1981.

Aber angefangen hat alles mit den Expeditionen *Blauer Nil* und *Rudolfsee*. Wie alle meine Bücher, so soll auch dieses in erster Linie unterhalten, es soll aber auch anregen zu Eigeninitiativen, es soll informieren und vor allem soll es ein wenig Verständnis wecken für fremde Lebensweisen.

Das ist der arglistige Hintergedanke meiner Schreibe.

Möge sie Ihnen bekommen!!!

Rüdiger Nehberg

# Blauer Nil

# Zwei, die ausziehen wollen,
# einen Fluß zu erobern

Der 13. September 1968 war ein Freitag. Über Zentralafrika lag ein für diese Jahreszeit ungewöhnlich stabiles Hoch, dessen Ausläufer auch Südeuropa beherrschten. An der Alpenkette wurde es von einem flachen Tief abgelöst, das nach Mitteldeutschland unbeständiges, aber warmes Wetter brachte.

An diesem 13. September wurden am Ausschläger Weg in Hamburg-Billstedt zwei Männer von Rockern überfallen und mit Fahrradketten zusammengeschlagen. In South Lake Tahoe stellte der Schwarze John Carlos bei den amerikanischen Olympia-Ausscheidungen mit 19,7 Sekunden den neuen Weltrekord über 200 m auf, sein weißer Landsmann Bob Seagren übersprang beim Stabhochsprung 5,14 m. In Prag beschloß die Nationalversammlung weitere Einschränkungen der Grundrechte, führte die Pressezensur wieder ein und verbot den Tschechen die Ausreise in die westliche Welt. Das Rote Kreuz beflog die Luftbrücke nach Biafra nicht mehr. Im Hamburger Bahnhof überfuhr der D-Zug Hamburg–München einen Jungen. Das Erste Deutsche Fernsehen brachte im Abendprogramm eine Fortsetzung der Simon-Temple-Krimis. Der 13. September war ein Tag wie jeder andere. Es geschah nichts Ungewöhnliches an diesem Freitag.

Die deutsche Botschaft in Addis Abeba liegt am östlichen Stadtrand der äthiopischen Hauptstadt im Stadtteil Khabana. Fast alle Vertretungen der westlichen Industrie-Nationen sind hier angesiedelt; es ist still im Diplomatenviertel. Einige hundert Meter weiter westlich, gegen die Innenstadt, lärmt der afrikanische Alltag; hier aber ist es so still, daß man die Pneus der schweren Limousinen über das Pflaster singen hört.

Die deutsche Botschaft liegt inmitten hoher Eukalyptus-Bäume. Unter dem dichten, grünen Laubdach gruppieren sich massive, komfortable Bungalows im englischen Kolonialstil. Doch in den Zimmern wohnt Deutschland. Aber nicht nur hier: vor dem schmiedeeisernen Tor, welches das parkähnliche Gelände abschließt, steht ein Schilderhaus, schwarz-rot-golden gestreift, genau wie die vor den Kasernen der Bundeswehr. Nur steht hier kein stahlhelmbedeckter

Soldat, sondern ein dunkelhäutiger Äthiopier in Khaki-Uniform. Manchmal zieht er sich in das schattige Häuschen zurück, denn als Unterschied zum Bundeswehr-Modell gibt es darin ein Bänkchen, schmal und eng zwar, doch ausreichend für eine Mütze voll Schlaf.

So passiert man und kommt in die Botschaft. Der Wachtposten dient mehr dem Prestige als dem Schutz.

Herr von Randow, unser Kulturattaché, hat sein Dienstzimmer in einem der Bungalows. Er ist ein gutaussehender Mann: hundertneunzig Zentimeter groß, markantes Gesicht, mittelblond, volles Haar, korrekt gescheitelt, vielleicht Ende Dreißig, vielleicht auch schon über die Vierzig. Er gehört zu jenen Männern, deren Alter schwer zu bestimmen ist. In einem Moment wirkt er jungenhaft gelöst, im nächsten sachlich, kühl, ja fast ein wenig arrogant. Er trägt einen modischen, aber dezenten Anzug, weißes Hemd und die klassische Krawatte. Er spricht leise, aber akzentuiert. Herr von Randow stellt genau das dar, was man sich unter einem Diplomaten vorstellt.

An diesem Nachmittag war Herr von Randow nicht in bester Stimmung. Zwar ließ er sich das kaum anmerken, aber Elke Leichtweiss kannte ihren Chef; sie wußte seine leicht herabgezogenen Mundwinkel zu deuten, die Art, wie er diktierte und wie er die Briefe rasch, hart, heftig zur Unterschrift heranzog. Na, mir soll's egal sein, dachte Elke, und konzentrierte sich auf das nasale Diktat.

». . . möchte ich Ihnen nach Rücksprache mit Kollegen dieser Botschaft sehr deutlich sagen, daß wir das von Ihnen geplante Unternehmen für ein kaum zu verantwortendes Wagnis halten. Die Botschaft kann nicht guten Gewissens bei der Vorbereitung Ihres Planes helfen, ohne Sie nachdrücklich auf diesen Sachverhalt hingewiesen zu haben . . .«

Die Verrückten werden nicht alle, dachte Herr von Randow mißmutig. Weiß der Teufel, was die Burschen an diesem Blauen Nil so reizt. Als ob der nicht schon genug Opfer gefordert hätte!

Er warf einen Blick aus dem Fenster. Draußen schrie Semerdschan mit einem Boy herum. Semerdschan, 65 Jahre: klein, wieselflink trotz seines Bäuchleins, spricht deutsch wie ein Deutscher und englisch wie ein Engländer, und ist doch waschechter Äthiopier. Semerdschan kennt alle und jeden bei den Behörden, im Grunde hält er sich für den wichtigsten Mann der Botschaft, ist dabei eine Seele von Mensch; schreit er mal und verliert so seine Würde, tut er sich selbst in der nächsten Sekunde leid.

Kaum hatte Herr von Randow seinen pflichtgemäßen Satz formuliert, da fand er seine gute Laune wieder. Morgen, Samstag, würde er mit Harrison Golf spielen, abends die Party bei den Schweizern besuchen und übermorgen, Sonntag, zur Jagd in den Busch fahren.

»Setzen Sie die üblichen Formulierungen unter den Brief«, sagte er. »Und hier ist die Anschrift: Rüdiger Nehberg, Hamburg 70, Friedrich-Ebert-Damm 85 f. – So, haben Sie alles? Ich denke, wir machen dann Schluß für heute.«

Auch das geschah am Freitag, 13. September 1968.

Herr von Randow glaubt, mit diesem Brief sei die Akte Nehberg wohl abgeschlossen, das Unternehmen »Blauer Nil« erledigt. Er zweifelte nicht. Eine amtliche Warnung, geschrieben und gesiegelt an einem Freitag dem 13., konnte und durfte doch kein vernünftiger Mensch ignorieren.

## Warnung aus allen Windrichtungen

Ich bekam den Brief vier Tage später. Der Kern des Hochdruckgebiets war inzwischen nach Norden gewandert und versetzte in Deutschland die Menschen in den Sommer zurück. Die Freibäder registrierten noch einmal Massenbesuch, in den Eisdielen gab es kaum freie Stühle, in den Kneipen zischten die kühlen Blonden, auf Straßen und Plätzen wippten die Mädchen fröhlich ihre Minis. Altweiberhochsommer.

Kirsten brachte mir den Brief in die Backstube. Kirsten war vier und vielleicht die einzige, die meine Pläne uneingeschränkt befürwortete. Allerdings tat sie das nicht ganz uneigennützig, denn es verging kaum ein Tag, an dem sie mich nicht mahnte:

»Papa, wenn du aus Afrika zurückkommst, dann bringst du mir doch was Schönes mit, ja? Du hast es versprochen, Papa!«

Wobei Kirstens Phantasie jedesmal Purzelbäume schlug. »Etwas Schönes« – das mochte für sie gestern ein Löwe, heute eine Schlange, morgen ein Affe oder gar ein Negerbaby sein – je nach Gemütslage oder nach dem letzten Fernsehprogramm.

Immerhin hielt sie zu mir. Die meisten anderen dagegen taten mich wohl insgeheim mit einer Handbewegung als »Verrückten« ab. »Der Nehberg«, so werden sie gedacht haben, »der Nehberg ist nun endgültig übergeschnappt. Ein Konditormeister. Und will eine Expedition starten! Soll er doch lieber für seine Familie sorgen!«

Ich war meiner Umwelt schon lange verdächtig. Denn statt im Keller Eingemachtes und Kohlen zu stapeln oder eine Bar zu bauen, so wie jeder vernünftige Mensch, halte ich dort Schlangen – Schlangen! Bei aller Toleranz: das kann doch kein Normaler sein, der sich im Keller Schlangen hält. So eklige, giftige Biester. Und auch noch eine Riesenschlange, die mit lebenden Tieren gefüttert werden muß. Ja, so einer ist der Nehberg! Und nun noch Expedition!

Angefangen hatte alles mit meinem Freund Kern – Karlheinz Kern. Kriminalbeamter ist er, fängt Taschendiebe, Heiratsschwindler oder Urkundenfälscher. Und wenn ihm die schlechten und guten Menschen mal Zeit lassen, dann durchwandert er die Welt. Er verschlingt Reisebeschreibungen, stöbert in Leihbüchereien und Museen herum, sammelt Steine, und falls mir kein Lexikon mehr Auskunft geben konnte, dann gab es nur noch einen Ausweg: Kern fragen.

Eines Abends rief er mich an: »Du, hör mal, Rüdiger, ich habe hier ein irres Buch. Von Steuben. Weißt du, der da den Blauen Nil runter wollte. Mann, das wäre was für uns. Ich bringe es dir mal vorbei.«

Der Zufall, so heißt es, ist der Schnittpunkt zweier Gesetzmäßigkeiten. Dieses Mal trafen sich an dem Schnittpunkt die faszinierenden Schilderungen der Abenteuer Steubens am Blauen Nil und meine Sehnsucht nach dem Ungewöhnlichen. Das Buch lesen und den Entschluß fassen, es Steuben nachzutun, war eigentlich nur logisch. Auch für meinen Freund Karlheinz Kern. Selbstverständlich wollte er mit. Doch ist ein Mann, ein verheirateter Mann, der Rede nach zwar Herr im Hause, aber nicht immer frei in seinen Entschlüssen. Eines Tages überraschte ihn seine Frau, wie er eine Karte von Äthiopien studierte. Und da sie vorher genug vom Blauen Nil gehört hatte und außerdem zwei und zwei zusammenrechnen kann, folgerte sie richtig: »Du willst mit dem Nehberg da hin?! Mit diesem Spinner! Reicht es denn nicht, daß dein Beruf nicht gerade zu den harmlosen gehört? Das sag' ich dir: wenn du das machst, mein Lieber, dann sollst du mich aber mal kennenlernen!«

O ja, Silvia konnte verdammt resolut sein und auch konsequent: »Entweder Nehberg oder ich!«, stellte sie ihren Karlheinz vor die Entscheidung. Und der Blaue Nil mochte ja ganz verlockend sein, und der Nehberg war sicher auch ein guter Kumpel – aber wie sollte er es mit seiner schwarzen, rassigen, temperamentvollen Silvia aufnehmen? Für Karlheinz Kern hieß es: »Ade, Blauer Nil«, »Trautes Heim, Glück allein«.

Überall stieß ich auf Widerstand. Wie oft klingelte das Telefon: Vater rief an, aus Grainau bei Garmisch-Partenkirchen. Meine Eltern hatten sich vor Jahren schon dorthin zurückgezogen. Ringsum Berge, Wälder, grüne Wiesen, idyllische Bergseen oder schneebedeckte Gipfel. Für Vater und Mutter war dort das Leben auch eine Idylle.

»Junge«, sagte Vater durch den Draht, »wir haben gehört, was du wieder vorhast, Junge, willst du dir das nicht noch mal reiflich überlegen? Mutti stirbt jetzt schon tausend Tode vor Angst. Weißt du, ich mach dir einen Vorschlag: Verzichte auf den Blauen Nil und auf dieses ganze Afrika. Wir spendieren euch dafür drei Wochen Florenz. Na, hör mal, Junge, überleg' es dir reiflich!«

Wenn Vater aufgeregt war, sagte er mindestens in jedem dritten Satz »Junge«.

Oder die Sparkasse! Kleiner Konditormeister übernahm ein Geschäft, brauchte also Kredit, brauchte eine Sparkasse. Gut so. Irgendwie bekamen die Geldhüter Wind von meinen Blauen-Nil-Plänen. Jedenfalls schrieb mir die Kreditabteilung einen geharnischten Brief. Man habe von meinem Vorhaben gehört, hieß es darin, und sei äußerst verwundert. Schließlich hätte ich doch erst kürzlich einen größeren Kredit für den Aufbau meines Geschäftes bekommen. Wie sich denn ein Geschäft mit so abenteuerlichen Vorhaben vertragen würde. Das sei doch wahrhaftig »nicht handwerksüblich«. Stand da wirklich: »nicht handwerksüblich«.

Und nun noch dieser Brief des Herrn von Randow. Warnungen! Warnungen aus allen Windrichtungen!

Im Grunde ließen sie mich kalt. Jeder muß schließlich sein Leben allein leben. Aber da war ja noch Maggy. Was dachte Maggy wohl? Ich war mir da selbst nicht ganz klar. Sie versuchte zwar nicht, mir meine Pläne auszureden, hielt sich aber merkwürdig zurück. Und Zurückhaltung war sonst gar nicht ihre Art.

Maggy ist meine Frau. So eine Blonde, Schlanke, Hübsche. Sie kann lachen, daß man schon ein Herz aus Stein haben muß, um nicht mitzulachen, aber sie kann auch zornig werden wie . . . Himmel, ich kenne keine, die so schön zornig werden kann wie Maggy.

Im Grunde liebt sie das Abenteuer genauso wie ich. Wir haben schon eine ganze Menge Verrücktheiten auf unserem Konto gesammelt. Einmal trampten wir durch die Sahara, ein anderes Mal wurde unser Landrover an der Grenze zwischen Uganda und Zaire von Pygmäen demoliert. Und in Kenia versuchten uns Massai, die wir fotografiert hatten, zu speeren.

Dann fuhren wir mit dem Auto durch die Wüste Nefud in Jordanien. Doch als wir so richtig weit weg waren von aller Zivilisation, da fing doch dieser Karren an zu brennen, brannte aus, restlos, und wir wären kläglich verdurstet, hätten uns nicht Beduinen gefunden und in ihr Lager gebracht.

Da saßen wir dann – bestaunt, bewirtet, umsorgt, und der Scheich konnte seinen Blick nicht von Maggy reißen, obwohl sie doch so gar nicht orientalischen Schönheitsvorstellungen entspricht. Sie ist einfach nicht fett genug, dachte ich.

»Der alte Knabe hat Absichten«, flüsterte Maggy mir zu. Die hatte er, weiß Gott. Sieben Kamele bot er mir für meine Frau. Er konnte überhaupt nicht verstehen, daß ich seinen fürstlichen Preis nicht akzeptierte. Immerhin ließ er uns unter Begleitschutz nach Amman ziehen. Zum Abschied schenkte der Haremsherr Maggy sogar eine reich verzierte Kamelpeitsche, die heute unsere Trophäenwand schmückt.

Nein, von Reisebüro-Reisen halten wir beide nicht viel.

Aber jetzt? Ob Maggy nicht insgeheim auch zu der anderen Seite neigte? Dorthin, wo sich alle versammelt hatten, die mich von meinem Vorhaben abbringen wollten? Die Eltern, die Freunde, die Kollegen, die Sparkasse, die Botschaft in Addis Abeba?

Ich konnte mir Maggys Sorgen leicht ausmalen:

»Jetzt haben wir uns hier eine Existenz aufgebaut«, wird sie gedacht haben. »Wir haben uns das Haus gekauft, Kirsten ist gekommen, wir stecken bis zum Hals in Schulden und Arbeit und Glück – und nun will er wieder los, will dies alles aufs Spiel setzen. Bekommt er denn nie genug? Schließlich ist er doch nun auch schon vierunddreißig und hat mehr erlebt als die meisten seiner Altersgenossen. Er ist als Schiffskonditor über die Meere gefahren, er hat sechs Wochen in jordanischen Gefängnissen gesessen, weil die Polizei in Aqaba ihn für einen israelischen Spion gehalten hatte, er hat Gott und die Welt gesehen – was will er denn noch?«

So oder ähnlich wird sie wohl gedacht haben. Maggy. Aber hatte sie es je gesagt, auch nur mal vorsichtig angedeutet? Nie! Niemals hat sie versucht, mich an ein Leben zu fesseln, das mir Zwang sein würde. Sie ist schon eine großartige Frau, meine Maggy. Und dabei hatte sie ganz sicher auch Angst. Viel Angst und Sorge.

## Der Fluß war immer stärker

Der Blaue Nil heißt auf arabisch Bahr el Azraq. Er entspringt dem Hochland von Gojjam im Herzen Äthiopiens, 3500 m über dem Meeresspiegel, durchströmt den Tana-See, durchfließt eine Schlucht zwischen den Provinzen Gojjam, Wollo, Shoa und Wollega, bevor er die sudanesische Ebene erreicht und sich bei Khartum mit dem Weißen Nil vereinigt. Von der sudanesischen Grenze an ist der Blaue Nil schiffbar. Und vorher?

Vorher – das sind enge Schluchten, die turmhoch zu beiden Ufern des Flusses aufragen, das sind Wasserfälle, die mit ungeheurer Wucht in die Tiefe stürzen, das sind tückische Strudel. Lebensraum ist er Fischen vieler Art, gewaltigen Krokodilen, Flußpferden, Schlangen. Anrainer sind mannigfaltige, bunte Vogelvölker, friedliches Wild, einsame Goldwäscher, unbekannte Eingeborenenstämme, Räuber aus der Tier-, Pflanzen- und Menschenwelt, Wegelagerer, Kleingetier, heilende und tötende Mikroben. Aber das sind auch glutheiße Tage und milde Nächte, in deren Mondlicht der Fluß silbern glänzt, das sind Landschaften, öde und romantisch, die jeden Maler in Entzücken versetzen; das sind Menschen, die du in der Einsamkeit triffst und die bereit sind, dich zu töten oder den letzten Bissen mit dir zu teilen.

Lockend und abschreckend zugleich – ja, das ist der Blaue Nil.

Und man sagte, es sei leichter, zum Mond zu fliegen, als die rund tausend Kilometer vom Tana-See bis zur sudanesischen Grenze mit dem Boot zurückzulegen.

Noch keiner hatte es ohne fremde Hilfe geschafft!

Dem Brief des Herrn von Randow lag kommentarlos ein Zettel bei. Sachlich-nüchtern führte er alle Expeditionen auf, die in den letzten Jahren versucht worden waren:

1902: Der Amerikaner Macmillan, ein Großwildjäger, versuchte als erster, den Blauen Nil zu bezwingen. Sein eisernes Boot wurde schon nach wenigen Kilometern Wildfahrt leck geschlagen. Sein

Begleiter, der französische Journalist De Bois, war schon bei einem Überfall auf dem Wege zum Blauen Nil von Kriegern der Danakils kastriert und getötet worden.

1956: Herbert Rittlinger, der erfahrene Amazonasbezwinger, wollte mit seiner Frau und einem befreundeten Ehepaar den Blauen Nil in Faltbooten bezwingen. Am dritten Tag wurde das Boot Frau Rittlingers von einem Krokodil angegriffen, ein Biß riß das ganze Heck weg. Die vier gaben auf.

1959: Kuno Steuben versuchte es mit einem Floß. Er hatte es aus Balsa-Hölzern gebaut, der leichtesten Holzart, die es gibt. Nach mehreren Wochen wurde er von drei Eingeborenen überfallen und durch einen Speerwurf schwer an der Schulter verwundet. Er konnte fliehen, bekam Wundfieber, ließ sich einfach mit seinem Floß treiben, wurde von anderen Eingeborenen gefunden und nach Addis Abeba zurückgebracht.

1962: Drei Schweizer und zwei Franzosen hatten es schon beinahe geschafft. Kurz vor der sudanesischen Grenze übernachteten sie am Dabus, einem Nebenfluß des Blauen Nil. Im Schlaf wurden sie von Eingeborenen überfallen. Zwei Teilnehmer blieben erschossen liegen, die anderen konnten entkommen. Sie schlugen sich zu Fuß nach Asosa durch, einer Provinzhauptstadt, etwa 170 Kilometer vom Fluß entfernt. Dort trafen sie die Eingeborenen wieder, die sie überfallen hatten. Sie hatten die Expeditionsgruppe in dem Glauben überfallen, sie seien Italiener, die das Land wieder besetzen wollten. Sie waren im Siegesrausch und der Meinung, eine Heldentat vollbracht zu haben, und erwarteten Ehrungen und Belohnungen. Sie wurden gehängt.

1965: Der Kieler Journalist Klaus Denart brach mit seinem Freund Günther Krieghk auf. Denart lebte schon eineinhalb Jahre in Addis Abeba, er sprach amharisch, kannte die Landessitten genau. Sie hatten ein Boot gebaut, das einem Sarg verteufelt ähnlich sah. Am ersten Tag verloren sie fast ihre ganze Ausrüstung. Dennoch schlugen sie sich drei Wochen lang Kilometer um Kilometer vorwärts. Am Didessa zerschellte ihr »Sarg«. Halb verhungert erreichten sie einen Monat später Addis Abeba. Sie waren die ersten, die die Reise unterhalb der Tississat-Fälle begonnen hatten.

Im September 1965 bewältige der Schwede Arne Rubin in nur acht Etappen (während der Regenzeit) den unteren Nilverlauf von der Shafartak-Brücke bis zum Sudan.

Mit Denart, Krieghk und Rubin waren alle Strecken des Flusses befahren worden. Aber keiner hatte den ganzen Strom gemeistert.

1968 dann: der Blaue Nil konnte bezwungen werden. Eine äthiopisch-britische Militärexpedition, an die 70 Mann stark, bei der die Mannschaften etappenweise abgelöst wurden, schaffte es. Die äthiopische Armee stellte zu dieser Expedition vier Mann. Im übrigen verfügte dieses Unternehmen über alle technischen Mittel, die Militärs zur Verfügung stehen. Wie weit das ging zeigt, daß per Flugzeug sogar täglich die Post und Lebensmittel gebracht wurden.

Diese Expedition konnte man nicht gut buchen in dieser Liste der Mißerfolge. Ich steckte sie weg. Maggy mußte sie ja nicht unbedingt auch noch lesen.

## Ein Inserat und seine Folgen

Zwei Tage, nachdem ich den Brief des Herrn von Randow erhalten hatte, stand im Hamburger Abendblatt unter der Rubrik »Verschiedenes« eine kleine, unauffällige Anzeige:

»Für risikoreiche 2-Mann-Expedition (Erstbefahrung) kameradschaftlicher, sportlicher Partner gesucht.«

Himmel, was hatte ich angerichtet?! Hatten denn alle Käuze und Sonderlinge an Alster und Elbe nur darauf gewartet, mit dem Nehberg den Blauen Nil bezwingen zu können?

Beinahe sah es so aus. Mentz zum Beispiel, Mentz mit »tz« bitte. Klingelte es eines Abends, ein junger, schmächtiger Kerl stand vor der Tür:

»Ich heiße Mentz, ich habe Ihre Anzeige gelesen, das finde ich aber sehr interessant, ob wir wohl mal darüber sprechen können, ich bin Student wissen Sie, Soziologie . . .«

Es sprudelte alles nur so aus ihm heraus. Er sei Ahnenforscher, erzählte er, habe den Stammbaum seiner Familie einige hundert Jahre zurückverfolgt und lege größten Wert darauf, daß sein Name mit »tz« geschrieben werde. Von den Mentzens mit »tz« gäbe es nur wenige, ganz im Gegensatz zu denen mit einfachem »z«, er gehöre gewissermaßen zum Adel der Mentzens, bitte sehr.

Das alles erfuhr ich in Länge und Breite, und ich kam eigentlich gar nicht dazu, vom Blauen Nil und von meinem Vorhaben zu erzählen. Na ja, ein Spinner, dachte ich, den mußt du einfach ausreden lassen, der geht dann schon von ganz allein. Ging er auch. Aber noch beim Absagen blieb er ein Sonderling: »Sagen Sie mal, Herr Nehberg, welches Sternbild sind Sie eigentlich?« wollte er wissen.

»Ich? Stier, glaube ich – ja, Stier.«

»Um Himmels willen! Dann brauchen wir gar nicht weiter zu reden«, entsetzte er sich. »Mein Vater ist nämlich auch Stier. Und ich bin Krebs. Wir harmonieren überhaupt nicht miteinander. Nein, das hat dann wohl alles keinen Zweck.« – »Obwohl«, überlegte er, »eigentlich ist das doch etwas anderes. In dem einen Fall handelt es sich um Vater und Sohn, bei uns jedoch wäre es ja mehr ein Freund-Freund-Verhältnis.«

Dann müssen seine Zweifel doch überwogen haben.

Ein anderer hieß Gorgass. Er meldete sich zuerst am Telefon. »Bin praktizierender Fallschirmspringer«, meldete er sich knapp. »Früher Fallschirmjäger. Würde mich sehr interessieren, bei Ihnen mitzumachen. Komme mal vorbei.«

Wir hatten uns um sieben Uhr verabredet. Er kam etwas früher. Hacken zusammenschlagen, angedeuteter militärischer Gruß. »Des Soldaten Pünktlichkeit ist fünf Minuten vor der Zeit«, knarrte er.

Na, das fing ja zackig an. Im übrigen war er zu alt. Aber das mochte man ja nicht gleich so sagen. Ich schätzte ihn auf fünfzig bis Mitte fünfzig. Dabei durchtrainierte Figur, sah mächtig zäh aus, der alte Soldat.

Er war auf Geld aus. »75 Mark pro Tag müssen schon dabei rausspringen«, sagte er. »Und dann sollten wir natürlich eine Kameraausrüstung haben. Die müßten Sie besorgen.«

»Nein«, antwortete ich, »Geld gibt es bei mir nicht zu verdienen. Ich suche einen Partner, keinen Angestellten.«

Er grinste. »Na ja, man kann es schließlich mal versuchen. Aber wenn es so ist – ich würde auch ohne Bezahlung mitmachen.«

Wie sag ich's ihm nur, überlegte ich. Gewiß, er war viel zu alt, aber andererseits leistete er sicher noch mehr als mancher, der den Jahren nach sein Sohn sein könnte.

Wir verabredeten, daß ich ihn anrufen würde. Zwei Tage später rief ich an. Seine Frau war am Apparat.

»Mein Mann ist gerade nicht da«, erklärte sie. »Sagen Sie mal, sind Sie der, mit dem er nach Afrika will?«

»Ja, der bin ich.«

»Na, ich will Ihnen mal eins sagen: Haben Sie überhaupt eine Ahnung, wie alt mein Mann ist? Hat er Ihnen das gesagt?«

»Nein.«

»Mein Mann ist vierundsechzig . . .«

Marion war eine Brünette mit einem Hauch von Rot im langen Haar. Die Jeans saßen ihr wie angegossen, der knapp sitzende Pulli zeigte mehr, als er verbarg, und sie wollte mit, »nach Abessinien«, wie sie sagte.

»Warum denn eigentlich«, wollte ich wissen.

»Ach, auf Afrika pfeife ich, und auf Ihren Blauen Nil auch«, antwortete sie mit schockierender Offenheit. »Das könnte auch der Amazonas sein oder die Lüneburger Heide. Hauptsache, es geschieht etwas. Dieses lahme Leben hier kotzt einen doch an.«

»Und das ist Ihre ganze Motivation?«

»Na ja«, gab sie zu, »außerdem können sich doch auch zwei Menschen nirgends so gut kennenlernen wie in außergewöhnlichen Situationen. Schließlich stand ja in Ihrem Inserat nicht drin, daß Sie schon im Hafen gelandet sind.«

Das waren so meine Gesprächspartner in diesen Tagen. Einer offenbarte sich als Haschjüngling. Irgend jemand hatte ihm von einem Strauch in Äthiopien erzählt, dessen Früchte zu einem »unheimlichen Trip« verhelfen sollten. Ein anderer versuchte seiner Frau durchzubrennen; wieder einer wollte nun endlich einmal die Krokodile sehen, die sich Eingeborene am Blauen Nil zur Bewachung ihrer Dörfer dressieren würden. Ich war verblüfft. Wollte der mich verkohlen? Aber nein – er glaubte wirklich solchen Unsinn. Er wisse dies aus einer ganz sicheren Quelle, beteuerte er. Und als ich ihn fragte, ob denn diese Wachkrokodile auch bellen würden wie richtige, gute Wachhunde, mußte er den Spott wohl doch gespürt haben, denn er reagierte wütend: »Sie werden schon noch sehen, was Sie da alles erleben werden. Aber lachen Sie nur. Wenn Sie meinen, Sie könnten es mit Ihrem Schulwissen allein schaffen, bitte sehr, bitte sehr, ich will der Letzte sein, der Sie daran hindert . . .«

Und zwischen all den langen Gesprächen und Diskussionen mußte ich Schokoladentorte backen, Mohnkuchen, Nußecken, Sahnestückchen oder »Berliner«, die man in Berlin »Pfannkuchen« nennt, was ein Glück ist, denn sonst hätte ja Kennedy mißverstanden werden können, als er sagte: »Ich bin ein Berliner!«

# Die Witwenanleitung

Dann kam Hinrich Finck. Er rief nicht vorher an, er schrieb nicht, er kam einfach und sagte:

»Ich bin der, den Sie suchen.«

Nun ist das ja gewiß nicht gerade originell, aber Hinrich gefiel mir trotzdem. Es war zwischen uns Sympathie auf den ersten Blick. Finck: mittelgroß, durchtrainiert, beherrscht, einer, der lieber zuhört als erzählt. Sein Vater war stellvertretender Präsident der Hamburger Ärztekammer, er selbst wollte Ingenieur werden. Seine Fragen waren kühl, überlegt, sachlich. Er hatte sie auf einer Liste notiert.

»Wie ist das denn mit den Kosten?«

»Wir müssen alles in allem mit etwa 10 000 Mark rechnen«, antwortete ich. »Diese Summe haben sich beide Partner eins zu eins zu teilen.«

»Hmm. Und was geschieht mit möglichen späteren Einnahmen? Zum Beispiel Honorare für Publikationen?«

»Die werden natürlich geteilt. Wir werden das übrigens vor Beginn der Fahrt alles vertraglich festlegen. Jeder mögliche Ärger ist dann später ausgeschlossen.«

»Wenn nun aber unterwegs einem etwas zustößt. Was ist dann?«

»Der Vertrag soll eine Klausel enthalten, die seinen Gewinnanspruch auf seine Erben überträgt. Das heißt, jeder muß natürlich vorher sein Testament machen.«

»Was geschieht, wenn einer der Partner kurz vor Beginn der Reise zurücktritt?«

»Wir müssen vertraglich regeln, daß in einem solchen Fall der andere keinen Anspruch auf Rückvergütung seiner Investitionen hat. Es sei denn, er würde einen geeigneten Ersatzmann stellen können.«

Das waren so die Kernfragen des Hinrich Finck. Ich hatte meinen Partner gefunden.

Eines Tages wollte er wissen: »Du, hör mal, hast du eigentlich alles für Maggy geregelt, wenn dir etwas zustoßen sollte?«

»Wie meinst du das?« fragte ich zurück. »Wir haben doch beide unser Testament gemacht.«

»Nein, das meine ich nicht«, wehrte Hinrich ab. »Das ist doch selbstverständlich. Aber bist du auch sicher, daß Maggy mit dem ganzen Versicherungskram zurecht kommt. Daß sie weiß, wo und wie sie ihre Rentenansprüche anmeldet?«

»Nein«, mußte ich zugeben.

»Also, dann werden wir das jetzt genau ausarbeiten.«

Und so stellten wir eine Liste zusammen. Alle Adressen der Versicherungen, Telefonnummern, die Namen der Sachbearbeiter; Krankenkasse für das Sterbegeld; Berufsorganisationen; Innungskasse; Rechtsanwalt; Steuerberater – den ganzen Krimskrams, der eine Witwe so stark belasten kann.

Das war Hinrich Finck. Dreiundzwanzig. Selbstverständlich freute er sich auf unser bevorstehendes Abenteuer genauso wie ich, doch die kühle Überlegung verließ ihn keine Sekunde. Dabei war er keineswegs ohne Humor, vor allen Dingen aber hatte er viel für schwarzen Humor übrig.

»Weißt du, wie wir das Ding hier nennen?« fragte er, als wir die Liste für meine Frau fertiggestellt hatten. »Wir nennen das ›Witwenanleitung‹«, grinste er.

Und als Maggy mit dem Schuh schmiß, tauchte er blitzschnell unter den Tisch.


# Der Professor

Ich weiß nicht mehr genau, wer von uns beiden zuerst von ihm gehört hatte, Hinrich oder ich – jedenfalls sollte es da an der Hamburger Universität, am Institut für Orientalische Sprachen, einen Mann geben, der angeblich wie kein anderer über Äthiopien Bescheid wüßte. Ein Professor, doppelter Doktor – Professor Hammerschmidt. Er hielt Vorlesungen über Äthiopien. Doch wer interessiert sich schon für Äthiopien? Also würde er sich meistens mit Forschungen beschäftigen, hieß es, und Bücher schreiben.

»Mensch«, meinte Hinrich, »wenn wir mit dem mal sprechen könnten! Der könnte uns sicher eine Menge Ratschläge geben.«

»Na, versuchen wir es doch mal«, antwortete ich.

Telefon. Eine dunkle, freundliche Frauenstimme mit unverkennbarem westfälischem Akzent.

»Hier Frau Hammerschmidt.«

»Ach, entschuldigen Sie bitte, mein Name ist Nehberg, Rüdiger Nehberg. Wir haben gehört, daß Ihr Mann einer der besten Kenner Äthiopiens ist. Und da wir in ein paar Wochen dorthin wollen, hätten wir ihn gern einmal aufgesucht, um uns ein paar Tips geben zu lassen. Ob das wohl möglich wäre?«

»Na, ich weiß nicht«, zögerte sie. »Wissen Sie, mein Mann hat immer so viel zu tun. Aber ich werde ihn fragen. Rufen Sie doch heute abend noch mal an, ja?«

»Gerne. Vielen Dank vorerst, gnädige Frau.«

Abends erneuter Anruf. »Professor Hammerschmidt.«

»Mein Name ist Nehberg. Guten Abend, Herr Professor. Ich habe heute mittag schon einmal mit Ihrer Frau . . .«

»Ja, ich weiß Bescheid«, unterbrach er mich. »Wenn Sie möchten, können Sie morgen abend vorbeikommen. Sagen wir so gegen sieben.«

»Oh, großartig, Herr Professor. Und vielen Dank.«

Hegestraße 39 in Hamburg-Eppendorf. Vornehme Patrizierhäuser, Marmor in den Fluren; weiche Teppiche, goldgestanzte Namensschilder, viel Antikes und hohe Bücherwände in der Wohnung. Zwei junge »Wer-seid-ihr-denn-schon?« und der angesehene Wissenschaftler – na, der wird uns ganz schön abfahren lassen!

Tat er gar nicht. Er war im Gegenteil von der ersten Minute an sehr entgegenkommend, wenn es auch so schien, als würde er an unser Vorhaben nicht so recht glauben. Aber ihn freute wahrscheinlich schon die Tatsache, daß hier jemand Interesse für Äthiopien zeigte.

Aus einem Besuch wurden viele. Zumal süße kleine Bestechnungsversuche nicht auf Ablehnung stießen. Der Herr Professor liebte Äthiopien und Marzipan, Marzipan. Nicht etwa frisches, weiches Marzipan, nein, hart und bröcklig mußte es sein und dazu noch bunt gefärbt. Ich hätte nicht Konditor sein dürfen, um diese Chance nicht zu nutzen. Der Professor bekam das härteste und bunteste Marzipan, das er sich nur wünschte – wir hörten über Äthiopien, wie wir es aus tausend Büchern nicht lesen konnten.

Aber ich bin sicher, der Professor hätte auch geholfen, wenn ich Seemann, Maurer, Kaufmann oder Elektriker gewesen wäre.

Eines Abends war er dann auch so weit, unsere Pläne ernst zu nehmen. »Sagen Sie mal«, hatte er gefragt, »warum wollen Sie eigentlich dorthin, an den Blauen Nil? Ist es die Sensation, die Sie suchen? Wollen Sie sich einen Namen machen? Sind Sie sich überhaupt über die Gefahren im klaren, die Sie dort erwarten?«

»Ich denke schon, Herr Professor«, antwortete ich. »Uns geht's auch nicht um die Sensation oder um die Publicity. Wir sind keine

Abenteurer, und die Risiken, die wir eingehen, haben wir nach Möglichkeit einkalkuliert. Bei deren Einschätzung haben Sie, Herr Professor, uns sehr geholfen, und dafür danken wir Ihnen. Wir bilden uns übrigens keineswegs ein, mit dem Unternehmen irgendwelche wissenschaftlichen Ziele verfolgen zu können; wir sind einfach nur zwei junge Männer, die die Welt nicht nur vom Jumbo-Jet oder an einem überfüllten Badestrand erleben möchten. Wir denken, daß es auch in unserer Zeit noch genug Interessantes zu erleben gibt, man muß sich eben nur ein wenig bemühen, um es zu finden. Und Gefahren? – Wissen Sie, Herr Professor, das Leben birgt doch immer und überall Gefahren. In einer Großstadt noch mehr vielleicht als irgendwo in der unberührten Natur.«

»Mensch, Nehberg, das war ja eine richtige kleine Rede«, grinste der Professor. Doch von Stunde an nahm er uns ernst. Und in der Hegestraße 39 wurden wir noch häufigere Gäste, oft bis spät in die Nacht.

Als wir uns eines Abends verabschiedet hatten, meinte Finck: »Komm, Rüdiger, laß uns noch ein bißchen in den Hafen fahren. Ich habe noch keine Lust, schlafen zu gehen, ja?«

Ein paar Minuten später standen wir an der Elbe. Der Strom gluckste leise. Am anderen Ufer blinkten die tausend Lichter von Blohm und Voss, von Stülcken und Finkenwerder und dazwischen dunkle Silhouetten vieler Schiffe. Es war still und kalt, irgendwo schlug eine Tür, und ein Betrunkener grölte: »Auf der Reeperbahn nachts um halb drei«.

Hafen.

»Weißt du, Rüdiger«, sagte Hinrich plötzlich, »mir ist jetzt manchmal so, als würden wir gar nicht in ein fremdes Land fahren, und schon gar nicht in ein unerforschtes Gebiet. Der Professor hat uns soviel darüber erzählt, daß ich manchmal die Landschaft richtig vor mir sehe. So als wäre ich schon oft dort gewesen. Ich bin wirklich gespannt, wie sich die Wirklichkeit mit meinen Vorstellungen decken wird.«

Das war fünf Tage vor Weihnachten 1970. In unseren Brieftaschen steckten Flugtickets:

Berlin–Addis Abeba–Berlin. Abflugtag: 31. Dezember.

# Zwischenspiel 1

## Schon 12 Tage unterwegs, erst 250 km geschafft!

Der Baum war im Juli gestürzt. Es hatte keinen besonderen Anlaß gegeben, ein heftiges Gewitter nur, ein paar Böen, die durch die Äste jagten, aber der Baum hatte vorher tausend Gewitter überstanden, heftigere noch, und er hatte sie abgeschüttelt mit seiner breit ausladenden Krone, und der dicke knorrige Stamm, den zwei Männer nicht umfassen konnten, hatte sich um keinen Zentimeter gerührt.

Trotzdem war er gestürzt. Es war nicht der Sturm, der ihn fällte, sondern der Fluß. Jahrzehnt um Jahrzehnt hatte er ihn umspült, mal sacht und verstohlen bohrend, mal tosend mit zornigen, weißen Schaumkronen. Immer und immer wieder griff er an, löste das Wurzelwerk Millimeter um Millimeter, schob Steine und Geröll dazwischen, nagte und zerrte und ließ nicht ab.

Schließlich gab der Riese auf.

Jetzt lag er im Fluß. Drei Kilometer flußaufwärts stürzte das Wasser durch eine enge Schlucht heftig wie ein Wasserfall, sicher 10 Meter tief. Unten landete der Fluß, kochend und brodelnd, wandte sich ab und jagte mit wilder Kraft weiter. Er riß Felsbrocken mit sich und schäumte gegen den Baum, der beinahe in ganzer Breite das Flußbett sperrte. Hier tobte das Wasser sich aus. Der Baum stemmte sich gegen den Fluß, keilte sich zwischen die Felssteine, warf Wurzelwerk und Geäst wie Anker in die Tiefe. Es war, wie die Botaniker sagen, ein Adansonia, ein Affenbrotbaum, so genannt, weil seine etwas bitter schmeckenden Früchte zu den Hauptnahrungsmitteln der Affen gehören. Er wurzelte über einhundertdreißig Jahre hier am Ufer des Blauen Nils, bis der Fluß ihn besiegte. In den letzten Jahren hauste eine lärmende, dreiste Pavianfamilie auf ihm. Das starke Männchen mit den gewaltigen Eckzähnen und den messerscharfen Krallen verjagte einmal einen jungen Leoparden, der in dem dichten Blätterwerk seinen Verdauungsschlaf halten wollte. Da brach ein Fauchen und Gebell der Paviansippe aus, vor dem der Leopard die Flucht ergriff.

Jetzt nistete nur noch ein Reiherpärchen in der Baumkrone dicht über dem Wasser. Das war ein bequemer Futterplatz. Beinahe vom Nest aus holten sie mit ihren langen Schnäbeln die Fische aus dem Fluß, furchtlos vor den Krokodilen, die einige hundert Meter weiter lauerten, dort, wo das Wasser seine Kraft verloren hatte und sanft dahinzog – bis zur nächsten Schlucht, dem nächsten Fall, dem nächsten Katarakt.

Wir waren den 12. Tag unterwegs. Und vielleicht waren wir leichtsinnig geworden. Denn bisher hatte es zwar Arbeit gegeben, viel Arbeit, aber nicht die Gefahren und Schwierigkeiten, die wir erwartet hatten. Das sollte der Blaue Nil sein – der Unbezwingbare? Dachten wir nicht manchmal schon so?

Wir waren in Hamburg abgeflogen, als das Jahr nur noch wenige Stunden hatte; Neujahrstrunk in Berlin; am nächsten Morgen in aller Herrgottsfrühe Start Richtung Kairo; noch am selben Tag weiter nach Addis Abeba: Zoll, Botschaft, Polizei, Papierkram wie zu Hause, nur noch ein wenig langwieriger; eine Woche später am Tana-See.

Start!

Zwölf Tage – im Grunde einer wie der andere arbeitsreich. Der Fluß mitunter zärtlich und leise, meist aber aufgeregt, wild, zornig. Er warf unser Boot gegen Felswände, er drehte uns minutenlang im Kreise, er schäumte über Felsbarrieren, und wir mußten zigmal am Tage aussteigen, das Boot festmachen, versuchen, uns einen anderen Weg zu erpaddeln – mit aller Kraft gegen den Fluß, und wir mußten ausladen, das Boot tragen, das Gepäck heranholen, wieder einladen, weiter bis zum nächsten Hindernis.

12 Tage lang. Eine Schufterei. Wenn die Dunkelheit hereinbrach, bauten wir unser Zelt auf, fielen todmüde auf das Lager, einer schlief, der andere schob Wache. Denn verschiedene Male waren am Ufer Eingeborene. Sie hatten uns mit Steinen beworfen, und fast immer hatten wir das Gefühl, von hundert Augen belauert zu werden.

Aber es war nichts geschehen. Wahrscheinlich dösten wir und paßten deshalb nicht mehr so genau auf. Wir sahen den Baum viel zu spät. Nach dem Katarakt hatten wir unser Boot wieder in den Fluß gesetzt, waren in schneller Fahrt vorwärtsgetragen worden, und plötzlich lag er vor uns, eine bizarre, braune Mauer. 10 km vor der Einmündung des Mugher.

Die Strömung jagte uns gegen den Stamm. Der Anprall war so heftig, daß wir ins Wasser geschleudert wurden. Ehe wir richtig zu uns kamen, hatte der Fluß das Boot unter den Baum gedrückt, fest in das Geäst hinein.

Den Rest des Tages bemühten wir uns, das Boot freizubekommen.

Den nächsten Tag auch. Es war, als würden Kinder gegen einen Riesen kämpfen. Wir schoben und zerrten, spannten Seile, versuchten es mit Hebelwirkungen, wir fluchten und »beteten« – es half alles nichts. Baum und Fluß hielten das Boot wie mit Eisenklammern fest.

Am nächsten Morgen gaben wir auf. Wir machten uns auf den Rückweg zur Gojjam-Brücke, wo ein Polizeiposten stand, Symbol der Zivilisation, wo Lastwagen passierten, wo es eine Straße gab, eine richtige Straße und Sicherheit.

Eine Woche später hatten wir die Brücke erreicht, einen Tag später Addis Abeba, vier Tage darauf Deutschland, Hamburg.

Unsere »Blue Nile Expedition« war gescheitert. An einem Affenbrotbaum. Von einer Sekunde zur anderen. Etwas über 200 Kilometer hatten wir geschafft – lumpige 200 Kilometer. Herr von Randow konnte seiner langen Liste der Mißerfolge einen weiteren anfügen.

Die Akte Nehberg schließen aber konnte er noch nicht.

# Auf ein neues

Die Frage war, wie es Maggy aufnehmen würde? Rund 10 000 Mark hatten wir investiert, sie waren ins Wasser geworfen, buchstäblich ins Blaue-Nil-Wasser.

Maggy mußte sich wochenlang um ihren Mann ängstigen, mußte das Geschäft allein führen. Sie mußte wochenlang Fragen über sich ergehen lassen – etwa so: »Na, haben Sie noch nichts von ihm gehört?« – »Wird doch hoffentlich nichts passiert sein?« – »Ach, Sie Ärmste, wie schaffen Sie das bloß?«

Anteilnahme und Neugier, die beiden verfeindeten Geschwister, gingen Hand in Hand neben Maggy einher.

Und ich? Überall glaubte ich nur Spott und Schadenfreude herauszuhören. Dieser Nehberg! – Ha, ha, ha!

Im Grunde also nichts als eine Reihe von Negativposten. Das war bei unserem Blauen-Nil-Abenteuer herausgesprungen. Und doch wollte ich meiner Frau das alles noch einmal zumuten!

Zwischen Hinrich und mir hatte es da von Anfang an keine Meinungsverschiedenheiten gegeben. Ein paar Kilometer hinter der Gojjam-Brücke war es gewesen: wir saßen eingeklemmt zwischen Zuckersäcken auf einem Lastwagen, der uns in die äthiopische Hauptstadt zurückbrachte – zerschlagen, verdrossen, deprimiert, jeder hing seinen Gedanken nach. Plötzlich schlug ich Hinrich auf die Schulter:

»Mensch, mach nicht so 'n blödes Gesicht! Das nächste Mal klappt's besser, garantiert!«

»Du würdest wirklich . . .«, fragte er ungläubig.

»Na, was denkst du denn?«

Wie aber es Maggy beibringen? Als Ehemann hat man da so seine bewährten Methoden: Man guckt lange versonnen aus dem Fenster; hängt seinen Gedanken nach; ist still und in sich gekehrt; man tönt die Stimme melancholisch und färbt die Augen träumerisch. Man ist einfach anders als man ist.

Natürlich brauchte Maggy nicht lange, um zu begreifen. »Du willst es noch einmal versuchen, ja?« fragte sie eines Morgens beim Frühstück. Sie hob ihre Stimme nicht, sie sprach nicht zornig, sie sagte es einfach so, als würde sie sich erkundigen, ob ich Marmelade oder Honig auf dem Brötchen haben wollte. Und doch war da irgend etwas, was zur Vorsicht mahnte.

»Na, weißt du . . .«, fing ich an.

»Also doch«, brach es aus ihr heraus. »Ich habe es ja geahnt. Das ganze Theater also noch mal von vorn! Weißt du eigentlich, was du uns da zumutest? Ich will gar nicht von mir reden, von den Nächten, in denen ich vor Angst nicht schlafen kann, von der Verantwortung für das Geschäft. Und – denkst du mal an Kirsten? Aber du mußt es ja schließlich selbst wissen, was du als Vater verantworten kannst oder nicht. Und dann will ich dich mal auf die finanzielle Seite aufmerksam machen. Das wird wieder eine Menge Geld kosten. Woher wirst du es nehmen? Aus dem Geschäft natürlich, das nicht nur dir, sondern auch mir gehört!«

Was gab es dagegen für Argumente? Keine.

Ich ging kleinlaut in die Backstube, Maggy verschwand im Laden, und zwei Tage lang beherrschte Sachlichkeit die Szene. »Wir brauchen noch dreimal Nußtorte.« – »Die Florentiner reichen nicht.« – »Der Käsekuchen ist unten leicht angebrannt, den müssen wir billiger verkaufen.«

Am Abend des zweiten Tages war das Eis geschmolzen. Maggy schaltete einfach den Fernseher aus, sah mich an und meinte nach einer kurzen Sammlung:

»Also, wenn es dir wirklich das Herz brechen sollte – dann fahre eben in Gottes Namen. Einmal werde ich es schon noch schaffen.«

In solchen Augenblicken kann man nichts antworten. Ich hatte mir im Geist noch vieles zurechtgelegt, das ich Maggy erklären, mit dem ich sie umstimmen wollte. Ich hatte – kitschig genug – vorgehabt, von unserem Lebensabend zu sprechen, für den ich dieses Abenteuer bestehen wollte, ich wollte das angeknackste Selbstbewußtsein ins Feld führen und den Zauber dieses Flusses, der einen einfach nicht mehr losläßt – nichts von dem brachte ich hervor. Ich küßte Maggy nur und hatte das Gefühl, sie erwarte auch gar nichts anderes.

An diesem Abend sprachen wir kein Wort mehr über den Blauen Nil.

# Michael

»Für risikoreiche Expedition 1972 wird ein kameradschaftlicher, sportlicher, erfahrener Kameramann gesucht. Bitte melden unter Telefon . . .«

Kleinanzeige am 23. Januar 1971 im Hamburger Abendblatt. Wieder unter der Rubrik »Verschiedenes«. Ein dritter Mann nämlich war das Zugeständnis, das ich Maggy machen mußte. Das mindere nicht nur die Gefahr, sondern auch die Kosten, hatte sie praktisch argumentiert. Und daß es ein Kameramann sein müßte, war Hinrichs und meine Idee gewesen:

»Dann können wir vielleicht einen richtigen Film über unser Abenteuer drehen, und wenn wir Glück haben, kauft uns den jemand ab. Auf jeden Fall haben wir so größere Chancen, das investierte Geld wieder hereinzubekommen.«

Anfangs allerdings schien diese Rechnung nicht aufzugehen. Zwar meldeten sich Kameramänner genug, doch wollten sie alle nur gegen Bezahlung das Risiko teilen. 75 Mark pro Tag verlangte immerhin noch der Billigste. Und dann natürlich das Filmmaterial, die Entwicklungskosten, das Schneiden, Vertonen und und und – nein, die Idee mit dem Kameramann als dritten Expeditionsteilnehmer schien ein Blindgänger zu sein.

Da meldete sich Michael Teichmann.

Von Herkunft, Konstitution und Erziehung her konnte es eigentlich kaum einen ungeeigneteren Bewerber geben als ihn. Vierundzwanzig, lang, schlacksig, stets ein wenig gebückt, blasses Gesicht, behüteter Ältester einer Familie, die am liebsten jeden Windhauch von ihren Kindern ferngehalten hätte. Die beste Zensur, die Michael jemals im Sportunterricht gehabt hatte, war eine Vier gewesen. Der Vater Arzt, Naturheilkundler, abends liebte er lange Diskussionen; die Mutter stets milde und nachsichtig – »wenn ich an sie denke, dann eigentlich immer so, daß sie mir über den Kopf streicht«, sagte Michael später einmal – der Bruder sieben Jahre jünger, genauso verzärtelt.

Gelangweilt hatte Michael Teichmann den Anzeigenteil der Zeitung überflogen, als sein Blick auf mein Inserat fiel. Hmm, Expedition! Kameramann! Na ja, eigentlich bist du ja noch gar kein richtiger Kameramann, dachte er, du bist ja erst Kameraassistent, eine Art Lehrling also. Aber anrufen kannst du ja mal, nur so zum Spaß.

Psychologen hätten es sicher anders gedeutet. Denn natürlich wollte Michael nicht nur »mal so zum Spaß« anrufen, das machte er sich wahrscheinlich selbst vor. Unbewußt litt er sicher an seiner Rolle des behüteten jungen Mannes, er wollte ausbrechen aus dem Kreis, der ihn umsorgte, sich selbst messen, sich auf eigene Beine stellen. Beim Turnen war er einmal vom Barren gefallen, bei einer ganz leichten Übung, und nach vielen Jahren noch dachte er mit äußerstem Unbehagen an das höhnische Gelächter seiner Mitschüler zurück. »Der Teichmann – na ja, wer sollte wohl sonst runtergefallen sein?«

Er rief am späten Nachmittag an. Maggy war am Apparat. »Ja, Sie sind schon der fünfzehnte heute«, sagte sie, »warten Sie einen Moment, ich hole meinen Mann eben aus der Konditorei.«

»Aus der Konditorei?« fragte Teichmann zurück. »Sagen Sie, bin ich denn richtig verbunden? Ich wollte gern den Expeditionsleiter sprechen.«

Er war eben noch recht unerfahren, der Michael Teichmann. Einen Expeditionsleiter – da hatte er seine festen Vorstellungen. Ein breitschultriger Hüne mußte das sein, mit stahlharten Augen und dichtem Vollbart, das Haus voller Trophäen, und wenn er spricht, dann hatte das wie fernes Gewittergrollen zu klingen.

Und da kommt so ein Konditor, einer, der Kuchen herstellt. Weiß der Kuckuck, zum wievielten Male Michael Teichmann aus seinem Illusionshimmel stürzte.

Trotzdem gefiel er uns. Zuerst wollte er zwar auch Geld haben, aber als wir ihm sagten, daß er sich im Gegenteil mit einem Drittel an allen Kosten zu beteiligen hätte, und diese Kosten würden sicher nicht unter zehntausend liegen, da zuckte er mit keiner Wimper.

»Auf meinem Sparbuch habe ich knapp fünftausend«, überlegte er laut. »Und immerhin könnte solche Expedition für mich als Kameraassistent ja die große Chance sein.«

»Denken Sie über die Sache in Ruhe nach«, riet ich ihm. »Es hat keinen Sinn, wenn Sie jetzt übereilt handeln. Aber falls Sie zusagen sollten, dann werden wir Sie unter Vertrag nehmen.«

»Darum möchte ich dann auch bitten.«

Einen Tag später sagte Michael Teichmann zu.

# Schwimmen allein genügt nicht

Man läßt sich zu leicht von der Form verführen. Zum Beispiel ein Boot – je schlanker und rassiger es aussieht, desto stärker ist der Eindruck. Donnerwetter! denkt man. Und nur allzu leicht wird vergessen, daß die Gestalt nicht in jedem Falle gleichzusetzen ist mit der Qualität, und daß es letztlich auch ganz auf die Bestimmung ankommt. Ich habe zu gewichtigen Möbelträgern mehr Vertrauen als zu dünnen, wenn Sie mir diesen Vergleich erlauben.

Unser erstes Boot war viel zu schlank gewesen. Es hatte zwar recht schnittig ausgesehen, aber als der Blaue Nil seine ersten Strudel an ihm ausprobierte, da drehte es sich gleich wie eine Ballerina im Kreise. Außerdem drohte es bei jeder Gelegenheit umzuschlagen, und es drohte nicht nur.

»Das muß ein möglichst häßliches, breites Monstrum sein«, sagte ich zu Hinrich und Michael. »Es muß einen Puff vertragen, wenn es einen Felsen rammt zum Beispiel. Und dann darf es nicht so schnell umkippen. Schnelligkeit ist nicht so wichtig. Der Blaue Nil hat immerhin eine geringe Eigenströmung von 1–2 Kilometer pro Stunde (in der Regenzeit 8 km/h). Außerdem muß es wasserdicht verschlossene Kammern haben, in denen wir unsere Ausrüstung sicher unterbringen können.«

Mit Maggys Sofakissen legten wir im Wohnzimmer die Bootsform aus. Was schließlich dabei herauskam, war ein ungefügiges Rechteck, mit einer breiten Spitze, dreieinhalb Meter lang, ein Meter dreißig breit, fünfundzwanzig Zentimeter hoch. Drei knappe Sitzlöcher, diagonal von rechts vorn nach links hinten angeordnet – fertig. Diese Form würde den Strömungsverhältnissen am ehesten gerecht werden, hatte uns ein Mann von der Schiffsbauversuchsanstalt in Hamburg gesagt.

Die Bootsform hatten wir also, viel wichtiger aber war das Material. Leicht sollte es sein, widerstandsfähig und natürlich unsinkbar – gab es so etwas überhaupt?

Der Mann von der Schiffsbauversuchsanstalt wäre sicher die beste Beratungsstelle gewesen, aber irgendwie nahm er uns wohl nicht recht ernst. Und wenn man so etwas erst mal gemerkt hat, fragt man schließlich nicht mehr gern. Stolz ist immer noch die höchste Hürde. Aber da gab es ja schließlich noch eine Berufsgenossenschaft See. Verwaltung direkt im Hamburger Hafen, in der Reimerstwiete.

»Da werden wir fragen«, riet Hinrich.

Ein netter, freundlicher Mann, blond, blaue Augen, wetterge-gerbte Haut – manchmal sehen Seeleute wirklich so aus, wie sie aus-zusehen haben. Er schien auch gar nicht sehr erstaunt, daß da drei un-erfahrene Landratten einen Fluß irgendwo in der Wildnis befahren wollten, er tat so, als kämen täglich Leute mit solchen Fragen zu ihm.

»Tscha« – ganz breites Hamburgisch – »leicht, unsinkbar, wider-standsfähig? Da kämen eigentlich nur Kork oder Schaumstoffe in Frage. Aus solchen Materialien werden jedenfalls die meisten Ret-tungsgeräte hergestellt.«

Dann überlegte er eine Weile angestrengt. »Wissen Sie, da wäre vielleicht noch etwas. Ich habe da vor kurzem von einem neuen Kunststoff gehört, Conticell oder so ähnlich nennt es sich. Wird von der Firma Continental in Hannover hergestellt. Das könnte sich eventuell auch für Ihre Zwecke eignen.«

»Und Sie glauben wirklich, daß ein Boot aus solchem Kunststoff unsinkbar wäre?« fragte ich.

»Tscha, wissen Sie, glauben tue ich das schon. Wir können's auch theoretisch belegen. Das Schlimme ist nur, daß alle Schiffe doch ir-gendwann mal sinken. Die Biester gehen eben einfach unter, die ha-ben ihre eigene Theorie.«

Er griente tröstlich. »Aber für Ihren Blauen Nil wird das schon noch halten.«

Am nächsten Tag schrieb ich einen langen Brief an die Firma Con-tinental. Von unserer beabsichtigten Expedition war darin die Rede, von dem Boot, das wir bauen wollten und von dem Material Conti-cell, das man uns empfohlen hatte.

Und dann fragte ich gleich noch an, ob die Firma uns nicht dieses Material kostenlos zur Verfügung stellen könnte. Wir würden uns auch verpflichten, einen Erfahrungsbericht zu verfassen. An Antwort wagte ich kaum zu glauben. Eine knappe Woche später lag ein längli-ches Kuvert im Briefkasten. Aufdruck: »Continental Gummi-Werke Aktiengesellschaft, Werbeabteilung«. Ob wir nicht Lust hätten, zu einem unverbindlichen Gespräch nach Hannover zu kommen? Und ob wir Lust hatten!

Sachliche, blitzende Büro-Atmosphäre. Zwei Herren, mittleres Alter, gutgeschnittene Anzüge, eine hübsche Sekretärin, die Kaffee kochte, daß jeder Türke vor Neid erblassen muß.

Ja, eigentlich würde man den neuen Kunststoff Conticell bisher nur für Bauzwecke einsetzen, Schall- und Wärmeisolationen. Aber es sei ja durchaus mal zu versuchen, ob er sich nicht auch für andere Zwecke eignete. Nach all dem, was ich geschrieben hätte, könnte das durchaus möglich sein.

Die beiden Herren waren ganz Entgegenkommen.

Dann aber kam der Haken: »Wissen Sie«, sagte der eine, »mit Conticell alleine werden Sie wenig anfangen können. Das ist zu labil und würde viel zu leicht brechen. Sie müßten es schon mit Polyester und Glasfasermatten stabilisieren. Dann allerdings kriegt das keiner mehr kaputt. Kommen Sie, wir werden Ihnen das mal demonstrieren.«

Eine riesige Werkshalle, Unmengen von graubraunen Kunststoffpaketen. »Da, nehmen Sie das mal«, forderte mich der eine auf. »Das ist reines Conticell.«

Er legte das federleichte Stück über zwei Holzböcke, stellte ein Zwei-Kilogramm-Gewicht drauf – und der Kunststoff federte ein wenig und brach dann glatt durch.

»Sehen Sie. Und nun nehmen wir mal dieses Stück hier. Das ist glasfaserverstärkt.«

Gleichzeitig drückte er mir eine große Axt in die Hand und forderte mich auf: »Versuchen Sie mal, das durchzuschlagen. Aber seien Sie vorsichtig!«

Die Warnung war nur allzu berechtigt. Ich schlug mit aller Kraft zu, die Axt traf, federte zurück und flog mir aus der Hand. Die Stelle aber, die ich getroffen hatte, zeigte nicht mal einen Kratzer.

»Donnerwetter!« Die beiden Herren schluckten mein Erstaunen wie ein dickes Kompliment.

»Widerstandsfähiger geht's wohl nicht«, meinte der eine. »Und leicht ist es auch. Und daß es unsinkbar ist, darauf können Sie Gift nehmen. Ich denke, Sie finden für Ihr Boot nichts Besseres.«

Wir versuchten es gar nicht erst. Denn erstens einmal schafft auch der verrückteste Blaue Nil nicht, was eine mächtige Waldaxt nicht schafft. Und außerdem bekamen wir von den Hannoveranern das ganze Material geschenkt.

Aus Werbegründen, wie sie sagten.

Der Himmel schien uns gewogen zu sein.

Immerhin war da noch das Boot zu bauen. Unser Haus verwandelte sich in eine Miniwerft. Die heillose Unordnung wäre noch zu ertragen gewesen, schlimmer war, daß das Polyester so penetrant stank. Gestank zog durch alle Räume, alle Ritzen.

Es klingelte. Eva stand draußen. Eva: langes, blondes Haar, schmales, gutgeschnittenes Gesicht, Figur ein bißchen üppig, aber nicht zu üppig, Untermieterin bei uns und im Augenblick recht zornig.

»Also, wissen Sie, Herr Nehberg, etwas lasse ich mir ja mal gefallen. Aber dieser Gestank, nun schon tagelang, nein, das ist zuviel. Bitte, kommen Sie mit, mir sind sogar die Lebensmittel im Kühlschrank verdorben.«

Ich brauchte nicht mitzugehen. Auch Maggy hatte unseren Kühlschrank schon räumen müssen. Zur Zeit bewahrten wir unsere Vorräte in der Konditorei auf.

Was half's. Ich mußte Evas Butter, Käse und Wurst auch für ein paar Tage dort unterbringen. Das war nur ein Ärger. Das andere Problem stank zwar nicht, kostete Maggys Haushalt aber eine Menge Eimer. Bevor das Polyester aufgestrichen wurde, mußte es nämlich mit einem Härtemittel angerührt werden. Wenn wir uns dann nicht sehr beeilten, wurde das Zeug so hart, daß wir es nicht mal mehr mit Hammer und Meißel aus dem Eimer herausbrachten.

In diesen Tagen rettete Hinrich die Situation mehr als einmal. Der angehende Ingenieur ließ sich auch beim Bootsbau nicht verleugnen. Wir beiden anderen hinderten ihn, glaube ich, mehr als wir halfen. Michael dachte meist nur daran, wo und wie sein ganzes Kamerazeug untergebracht werden könnte, und ich kann zwar ganz gute Torten backen, aber zwischen einem Konditor und einem Bootsbauer liegt eben doch mehr als Teig und Ofen.

»Tut mir einen Gefallen und geht Kaffee trinken«, war Hinrichs ständige Redensart. Nur allzu gern ließen wir uns überreden.

Eines Nachmittags kam er herein, knallt die dick mit Polyester beschmierten Handschuhe in eine Ecke und knurrte: »So, das wäre geschafft!«

Michael verstand als erster: »Du meinst, es ist fertig?« fragte er ungläubig.

»Geht doch raus«, antwortete Hinrich kurz und schlürfte genießerisch meinen Kaffee.

Wir stürmten auf die Terrasse. Da lag es: breit und häßlich und ungeheuer stabil aussehend: unser Boot. Ein Klotz von einem Boot, über zwei Zentner schwer.

»Mensch, wenn wir das da mal schleppen müssen, dann wird uns aber ganz schön die Puste ausgehen«, sagte Michael in böser Vorahnung.

Zuerst einmal wuchteten wir es auf den Balkon. Schließlich muß jede Neuschöpfung auf ihre Stabilität hin getestet werden. Über das Geländer stürzten wir die »Ente« – Hinrich hatte das Boot so getauft – auf die drei Meter tiefer liegende betonierte Terrasse. »Ente« kam mit der Spitze auf, federte ein wenig und legte sich plump und bedächtig auf die Seite.

Wir ließen die »Ente« noch ein paar Mal über den Balkon springen, schließlich waren wir von dem ständigen Hochhieven völlig erschossen – das Boot aber zeigte nicht die Spur einer Schramme.

»Das wär's denn wohl«, meinte Hinrich lakonisch. »Und am Sonntag wollen wir es mal richtig jagen.«

## Der Test auf der Elbe

Etwa 25 Kilometer südöstlich von Hamburg liegt die Stadt Geesthacht. 23 000 Einwohner, Alfred Nobel hat hier 1867 das Dynamit erfunden, in der Stadt gab es früher eine der größten Sprengstoffabriken Europas. In Geesthacht wird die Elbe um 3,5 Meter aufgestaut, um ein weiteres Absinken des Niedrigwassers und des Grundwassers zu verhindern.

Über die Staustufe führt in etwa zehn Meter Höhe eine Straßenbrücke. Wenn man dort oben steht und in die Elbe blickt, könnte man glauben, das Tor zur Hölle habe sich da unten aufgetan. Mit ungeheurer Kraft stürzt der Fluß in die Tiefe, es brodelt und schäumt und gischtet – man schaudert bei dem Gedanken, in dieses Inferno zu stürzen.

Hinrich hatte die Stelle ausfindig gemacht. »Es gibt keinen besseren Platz, um unser Boot zu testen«, sagte er.

Am Sonntag, in aller Frühe, verluden wir die »Ente« auf den Wagen meines Freundes Henry Kamlade und fuhren nach Geesthacht. Es war ein trüber, kalter Apriltag, so ungemütlich, daß nur vor die Haustür ging, wer es auch gar nicht vermeiden konnte.

»Hoffentlich sehen uns die Beamten am Schleusentor nicht«, meinte ich. Hinrich aber beruhigte uns:

»Die Tore sind sonntags nur knapp besetzt. Und Glück müssen wir eben auch haben.«

Wir hielten kurz vor der Brücke, stellten den Wagen ab und schleppten das Boot heraus. Kein Mensch war zu sehen, alles schien gut zu gehen. Länger als zehn Minuten brauchen wir nicht, hatte Hinrich gemeint.

Ach, du lieber Himmel!

Zuerst klappte alles wie geschmiert. »Ente« wurde mit einem langen Nylonseil an einen Brückenpfeiler gebunden, wir wuchteten sie hoch, kippten sie über das Geländer, Sekunden später glaubten wir, der Teufel persönlich würde an dem Seil reißen.

Wir hatten nämlich nicht gewußt, daß sich unterhalb des Wehres eine Mauer hinzog, eine Grundschwelle, an der sich das Wasser brach. Unser Boot tanzte einen Moment wie verrückt auf dem Strudel, dann wurde es gegen die Mauer geschmettert, prallte zurück, tanzte ein paar Sekunden, krachte wieder gegen die Mauer – und dieses Spiel wiederholte sich in Sekundenabständen.

Eine Weile standen wir wie erstarrt. Hinrich hatte sich als erster gefangen. »Los! Schnell wieder hochziehen. Sonst ist unsere ganze Arbeit im Eimer. Es wird am Brückenpfeiler langsam aber sicher zermahlen.«

Schnell hochziehen – der hatte gut reden. Wir stemmten uns mit aller Kraft in das Seil, aber »Ente« rührte sich keinen Zentimeter.

»Ich hol' das Auto«, keuchte Henry, »wir spannen es vor.«

»Los, los, beeil dich doch!« schrie Michael nur.

Zwei Minuten später hatten wir das Seil an dem Lieferwagen festgemacht. Henry setzte sich hinter das Steuer, versuchte anzufahren – nichts. Auskuppeln, Gang raus, Gang rein, Gas, vorsichtig Kupplung los – wieder und immer wieder. Erfolglos.

Michael, Hinrich und ich beugten uns über das Geländer, gaben laute Kommandos, keiner achtete auf das Seil. Plötzlich ein gewaltiger Ruck, der Wagen schoß nach vorn, von einer Zentnerlast befreit. Alles war aus. An der steinernen Kante des Brückengeländers hatte sich das Nylonseil durchgescheuert, war gerissen. Unsere »Ente« lag rettungslos verloren in der Staufstufe. Die wochenlange Arbeit war vergebens. Gab es wirklich keine Hoffnung mehr?

»Ich gehe zu den Schleusenwärtern«, meinte Hinrich. »Was kann schon groß passieren? Die können uns eine Strafanzeige verpassen. Vielleicht können sie uns aber auch helfen.«

Kleinlaut machten wir uns auf den Weg. Wider Erwarten zeigten die Beamten zwar viel Verständnis, aber helfen konnten sie uns auch nicht.

»Ja, Jungs, da habt ihr Pech gehabt«, meinte der eine mitleidig. »Wenn die anderen Schleusentore in Betrieb wären, dann könnten wir das eine schließen. Aber die werden repariert, da ist nichts zu machen.«

Doch dann steckte er eine Hoffnungskerze an: »Vielleicht schwimmt sich euer Boot doch noch mit der Flut frei. Wir werden alle Polizeiposten an der Elbe alarmieren. Wenn das Boot da irgendwo gesichtet oder angetrieben wird, benachrichtigen die euch sofort.«

Die Benachrichtigung kam schon am nächsten Morgen. Anruf in der Konditorei:

»Hier Wasserschutzpolizeistation Kirchwerder. Sind Sie der Mann, der ein Boot an der Staustufe Geesthacht verloren hat?«

»Ja«, antwortete ich, und Hoffnung keimte auf.

Doch gleich darauf der Sturz in die Enttäuschung:

»Das ist hier bei uns angetrieben«, sagte der Polizist. Und dann nach einer Pause: »Allerdings nur noch ein Stück davon. Das Boot müssen Sie abschreiben.«

Aus! Die zweite Blaue-Nil-Expedition schon an der Elbe gescheitert? Hätte ich doch bloß auf Maggy gehört!

Hinrich richtete uns wieder auf: »Dann bauen wir eben den Kahn noch einmal. Das Boot war gut, verlaßt euch drauf. An dieser Mauer wäre jedes andere Boot auch zermahlen worden. Los, spuckt in die Hände, wir fangen wieder an zu bauen!«

Und wir fingen tatsächlich wieder an. Noch einmal stellte uns Continental das Material nicht kostenlos zur Verfügung – wir mußten tief in die Tasche greifen: rund achthundert Mark unvorhergesehene Kosten. Aber mit dem Bootsbau ging es diesmal wesentlich schneller. Knappe vierzehn Tage nur brauchten wir, dann lag »Ente II« fertig vor uns. Test vom Balkon. Den an der Staufstufe in Geesthacht schenkten wir uns vorsichtshalber. Schließlich muß man ja auch Vertrauen zu seinem Fahrzeug haben, oder?

Am 16. September rollte das Boot, in einem Lattengerüst geborgen, Richtung Hafen. Abladen vor Schuppen 17. Gleich dahinter lag der schwedische Frachter »Vishamn«, ein Sechstausendtonner, Zielhafen Djibouti in Somali. Die »Vishamn« sollte unser Boot mitnehmen. Von Djibouti würde es dann mit der Bahn nach Addis Abeba gebracht.

Natürlich waren wir am Hafen. Michael mit der Kamera, denn schon die Vorbereitungen zur Expedition sollte er filmen. Großer Ladebaum über dem Boot, Hinrich und ich sprangen herum, taten so, als würden wir »Ente II« verladen. Rings um uns ein dichter Kreis von etwa dreißig Schauerleuten, blau-weiß gestreifte Hemden, verwegene Mützen, Manchesterhosen, die muskulösen Arme gelassen vor der Brust gekreuzt.

»Möönsch«, stöhnte der eine, »guck doch bloß mal, wie die einen Knoten machen. Als ob 'se sich 'n Schuh zubinden wollen. Junge, das hältst du ja nicht aus! Die wollen den Nil runter und können nicht mal 'nen Knoten!«

Ein gewaltiges, höhnisches Gelächter der anderen unterstrich seine Worte.

Wir standen ein wenig verlegen herum.

Der eine der blau-weißen Riesen machte schließlich ein Vermittlungsangebot: »Drei Kästen Bier, und wir zeigen euch, wie die Taue richtig rumgelegt werden.«

Es wurden nicht nur drei Kästen. Wir saßen noch bis spät in die Nacht hinein mit den Schauerleuten in einer wüsten Kneipe am Hafen. Abends kamen noch ein paar Mädchen hinzu, denen ihr Gewerbe auf hundert Meter anzusehen war. Eine versuchte einen wilden Striptease auf dem Tisch, aber sie war schon so dun[1], daß sie herunterkippte, bevor die Bluse fiel. Die Schauerleute brüllten und schlugen mit den Fäusten donnernd den Takt zum Musikautomaten. Es war eine großartige Feier. Ich weiß nicht, wie ich nach Hause gekommen bin. Michael lag bewußtlos auf einer Bank in der Kneipe, am nächsten Morgen fand ihn die Kellnerin, doch die wunderte sich nicht, die war Schnapsleichen gewöhnt.

Und Hinrich? Hinrich war mit ein paar Schauerleuten noch durchs Revier gezogen. Er fand sich am nächsten Vormittag in den Grünanlagen unterhalb des Bismarck-Denkmals wieder, ausgefroren, unsicher auf den Beinen, Schmerzen im Schädel, daß er glaubte, er müsse zwei Köpfe haben, einer allein könne doch gar nicht so weh tun.

»Ente II« aber war unterwegs. Kurz nach Mitternacht hatte die »Vishamn« abgelegt.

1 Hamburgisch: betrunken

Allerdings ließ sie starke Zweifel in Hamburg zurück. Professor Hammerschmidt nämlich hatte nur mitleidig gelächelt, als wir ihm erzählten, wie unser Boot Addis Abeba erreichen sollte.

»Etwas nach Afrika schicken ist die eine Sache«, sagte er. »Wie und wann es aber dort ankommt, ob es überhaupt jemals ankommt, das ist eine andere Sache.«

»Wie meinen Sie denn das?« fragte ich gequält zurück.

»Na, wissen Sie, zum Beispiel Djibouti«, erklärte er uns. »Da geht, glaube ich, in der Woche ein Zug nach Addis Abeba. Die Strecke ist ein paar hundert Kilometer lang, sie führt über Hochland, und die Lokomotiven sind nicht die stärksten. Manchmal bleibt so ein Zug auf freier Strecke stehen, die Maschine schafft es einfach nicht mehr. Und wissen Sie, was dann geschieht? Dann werden einfach ein, zwei Waggons abgehängt und weiter geht die Fahrt. Wenn Sie also Pech haben, und Ihr Boot ist in einem der hinteren Wagen verladen, dann kommt es vielleicht im nächsten Jahr einmal nach Addis. Oder überhaupt nicht«, setzte er hintergründig lächelnd hinzu.

Hinrich, der ewige Optimist, ließ sich nicht einschüchtern. »Wetten wir, Professor, daß unser Boot zeitig genug ankommt?« trumpfte er auf.

»Wetten?« Der Professor ließ sich das nicht zweimal anbieten. »Ich setze drei Flaschen Sekt. Wenn ich gewinne, bekomme ich von Ihnen eine Kiste Marzipan. Schönes, trockenes, buntes Marzipan.« Das ging natürlich zu meinen Lasten. Aber was kam's jetzt noch drauf an?! Die Wette galt.

Am 4. November rief ich den Professor an:

»Herr Professor, ich habe heute einen Brief bekommen. Raten Sie mal, von wem?«

»Keine Ahnung.«

»Von der Botschaft in Addis Abeba. Wissen Sie, was die schreiben?«

Ich wartete seine Antwort nicht mehr ab: »Die schreiben, daß dort ein Boot eingetroffen sei. Absender Rüdiger Nehberg in Hamburg. Empfänger: Rüdiger Nehberg, Anfang Januar in Addis Abeba. Nun, was sagen Sie jetzt, Herr Professor?«

Jammerschade, daß man mit dem Fernseh-Telefon noch nicht so weit ist. Des Professors Gesicht hätte ich zu gerne gesehen.

# Eisloch und Mehlwürmer

Von Eva, meiner blonden Untermieterin, habe ich schon erzählt. Wer so aussieht wie Eva, der braucht sich natürlich um einen Freund keine Gedanken zu machen. Evas Damaliger hieß Holger Gleitsmann, auch ein Kameramann beim ZDF. Ein bemerkenswerter Mann. Er sprach englisch und amerikanisch, hatte vier Jahre in der US-Armee gedient, eine Ranger-Ausbildung durchgemacht, spielte Gitarre so gut wie Schifferklavier, hatte sich ich weiß nicht was für einen Gurt als Karatekämpfer erworben – ja, was gab es eigentlich, was Holger Gleitsmann nicht konnte?

»Ihr braucht vier Dinge, um den Blauen Nil schaffen zu können«, sagte er zu uns. »Ihr braucht ein gutes Boot, Partner, auf die ihr euch verlassen könnt, eine gehörige Portion Glück und eine hervorragende Survival-Ausbildung.«

Das Boot hatten wir. Die Partner auch. Glück kann man nicht kaufen, auf Glück kann man nur hoffen.

Aber eine Survival-Ausbildung? Gleitsmann meinte, sie sei der wichtigste Punkt überhaupt.

Survival kommt aus dem Englischen und heißt »Überleben«. Ein Überlebenstraining also. Hin und wieder liest man, daß Astronauten sich einem solchen Training unterziehen, bevor sie auf die große Reise gehen. Oder auch Einzelkämpfer in der Armee. Von Gleitsmann erfuhren wir, daß es in den Staaten ganze Survival-Klubs gibt. Die Mitglieder werden irgendwo in der Wildnis ausgesetzt und müssen versuchen, sich durchzuschlagen. Erschwernisse lassen sich leicht ausmalen: etwa keine Verpflegung mitnehmen, unzureichende Ausrüstung, vielleicht sogar ohne Partner losgehen. Sicher gibt es in Amerika auch schon einen Survival-Weltmeister.

Aber hier, in unseren Breiten ist das noch ein ziemlich unbekanntes Gebiet. Woher sollten wir zum Beispiel die Anleitungen nehmen? Eine ganze Menge konnte uns Holger Gleitsmann beibringen, aber eben nicht alles. Und jede Gegend erfordert andere Vorbereitungen.

Ich fing an, die Buchhandlungen abzufragen. Ratlosigkeit bei den meisten Verkäufern. »Nein, es tut uns leid. Darüber gibt es wohl noch keine Literatur.« Einmal wollte man mir ein Gymnastik-Buch verkaufen, ein anderes Mal immerhin schon eine Karate-Anleitung.

Dann fiel mir endlich Hans-Otto Meissners »Die überlistete Wildnis« in die Hände, ein hervorragendes Lehrbuch vom Leben und

Überleben in der freien Natur. Und eines Tages las ich in der Zeitung von der Verhaftung eines politischen Terroristen. Die Polizei hatte in dessen Wohnung nicht nur eine Unmenge von Waffen und Sprengkörpern gefunden, sondern auch ein Buch aus der Schweiz: »Der totale Widerstand, Kleinkriegsanleitung für jedermann«. Das sei also die geradezu perfekte Schule für Einzelkämpfer, hieß es kommentierend.

»Wäre ja haargenau das, was wir suchen«, meinte Michael. »Bestellen wir es uns doch.«

Zwei Wochen später hatten wir die beste Überlebens-Anleitung, die man sich überhaupt nur wünschen kann. Und wir begannen, uns in eine Mischung von Karl May, Sven Hedin, Lawrence von Arabien und John Glenn zu verwandeln. Wir lernten, wie man ohne Streichholz, Feuerzeug oder Brennglas z. B. mit Eis Feuer anmachen kann, wie man mit einem Stückchen Plastik, das über ein Loch gespannt wird, Wasser erzeugt, wie man ohne Waffen jagt, Baumhütten baut, Sprengkörper herstellt, mit Nitrolack Zündschnüre ersetzt, mit einem durchbohrten Spiegel Flugzeugen signalisiert, sich mit bloßen Händen verteidigt, Wunden behandelt – jeder Partisanen-Chef hätte seine helle Freude an uns gehabt.

»Gehe immer von der schlimmsten Situation aus, die du dir vorstellen kannst«, sagte Holger Gleitsmann, der so etwas wie unser Mentor in Überlebensfragen wurde. »Male dir zum Beispiel aus, dein Partner sei so schwer verwundet, daß du ihn zurücklassen mußt, du selbst bist auch verletzt, eine Übermacht von Gegnern verfolgt dich, du bist ortsfremd, am Ende deiner Kräfte, verzweifelt. Du hast überhaupt nur noch eines, was dir helfen kann: deinen Survival-Gürtel.«

Der Survival-Gürtel! Gleitsmann meinte, ohne ihn sei richtiges Überlebenstraining gar nicht denkbar. Jeder von uns mußte ihn sich selbst anfertigen, mit eingearbeiteten Taschen und Täschchen, einige wasserfest ausgepolstert. Den Inhalt stellten wir so zusammen, daß wir auf alle Eventualitäten, die einem in Afrika passieren können, gewappnet waren. Unsere Gürtel enthielten: Etwas Geld in der Landeswährung und einige US-Dollar, Kompaß, Impfausweis, Paß, Rückreiseschein, Bindfaden, 3 Angelhaken, Schmerztabletten, Penicillin, Hansaplast, Leukoplast, Draht, Sicherheitsnadeln, Streichhölzer, Spiegel, Brennglas, Entgiftungstabletten, Schere, Multivitamin, Tabletten gegen Fieber, Landkarte, eine Sprachliste, Ölkreide, Salz, Resochin, Stopfnadeln, Zwirn, Munition, Pistole, Dolch.

Eine ganze Menge Zeug also! Das wichtigste aber war: dieser Survival-Gürtel durfte niemals abgelegt werden. Holger Gleitsmann hämmerte uns dies wieder und immer wieder ein. »Überlebenstraining nur mit Survival-Gürtel, versteht ihr – nur!«

Das war sicher für die Spaziergänger im Trittauer Forst ein merkwürdiger Anblick, wenn da drei junge Männer durch das Gebüsch brachen, verschwitzt, keuchend, jeder einen merkwürdigen, breiten Gürtel um den Leib. Aber schließlich gehört Kondition auch zum Überleben.

Der Trittauer Forst ist Hamburger Naherholungsgebiet. Wir begannen mit 5-Kilometer-Läufen jeden zweiten Tag und steigerten uns bis auf 15 Kilometer. Hinrich war Weltmeister, er tobte immer vor uns weg, Michael und ich fluchten und schimpften hinterher. Es gab überhaupt nur etwas, das mich diese Schinderei wohlwollender betrachten ließ: Maggy meinte: »Du, dein Bauch! Täusche ich mich, oder ist der wirklich dünner geworden?«

Aber was sind schon Waldläufe beim Survival-Training? Sicher, sie gehörten auch dazu, waren aber eine Selbstverständlichkeit. Viel entscheidender war zum Beispiel die Frage: Wie ernährst du dich, wenn du keine Lebensmittelvorräte mehr hast?

Einmal hatte ich gelesen, daß sich die amerikanischen Astronauten bei ihrem Überlebenstraining tagelang mit dem zufrieden geben müssen, was ihnen Wald und Flur gerade bescheren. Das klingt fast harmlos, nach Jagd und freier Wildbahn, nach Hasenbraten am Spieß oder leckerer Rehkeule.

»Denkste«, sagte Gleitsmann. »Du hast nämlich keine Munition mehr, um zu schießen, oder du darfst es nicht, weil Feinde in deiner Nähe sind. Und deinen Dolch hast du schon lange verloren. Und Beeren, wie es immer so schön heißt, die gibt es auch nicht.«

Dann holte er seine Hände hinter dem Rücken hervor und breitete eine Kollektion fetter Regenwürmer vor uns aus. »Da. Nun eßt man schön«, grinste er.

»Du hast wohl nicht alle Tassen im Spind«, erregte sich Michael. Er schüttelte sich. Hinrich und ich waren ganz still. Gleitsmann nahm Michaels Ausbruch überhaupt nicht zur Kenntnis. »Ihr dürft nur nicht kauen. Augen zu und runterschlucken. Immer daran denken, daß ihr schon seit Tagen nichts gegessen habt. Na, wer fängt an?«

Was soll ich lange erzählen? Wir lernten, Regenwürmer zu essen und Spinnen und kleine Frösche. Wir lernten, wie man aus scheinbarem Unkraut noch einen Salat macht und aus Blättern Tee kocht.

»Das ganze Problem dabei ist lediglich, den Ekel zu überwinden«, meinte Holger. »Stellt euch einfach vor, ihr würdet bei Jacobs sitzen, in einem der teuersten Hamburger Schlemmerlokale. Dort müßtet ihr für Froschschenkel eine Menge Geld bezahlen. Hier habt ihr sie umsonst.«

Das war zwar logisch, aber mit Logik allein ist Ekel auch nicht zu überwinden. Michael zum Beispiel bekam jedesmal Zustände, wenn Holger wieder einmal Regenwurm servierte.

Eines Tages rief das Fernsehen bei mir an. Irgend jemand hatte denen gesteckt, daß es da drei merkwürdige Typen gäbe, die zum Blauen Nil wollten und sich dementsprechend vorbereiten würden. Ob sie uns für das Regionalprogramm aufnehmen dürften.

»Sicher«, sagte ich stolz.

»Und stimmt es denn auch, daß Sie Regenwürmer essen und so 'n Zeug?« fragte der Fernsehmann.

Aha, dachte ich, darauf kommt es dem also an. »Klar, so 'n Zeug essen wir«, antwortete ich.

Zwei Tage später wurde der Trittauer Forst zur Fernseh-Kulisse. Es war ein bitter kalter Dezembersonnabend. Graue Wolken jagten über die Baumwipfel, ein paar Stunden vorher hatte es geschneit. Die Fernsehleute waren in dicke Jacken gehüllt, trotzdem fluchten sie über den Frost, den Schnee, den Wind, den verkorksten Sonnabend, sie fluchten einfach über alles.

Wir absolvierten unser Programm. Waldlauf, Schießen, Lagerfeuer. Wir hackten das Eis eines kleinen Sees auf und badeten, wir wühlten uns in den verharschten Schlamm am Ufer ein, um Tarnung zu demonstrieren, wir bauten eine Laubhütte und zeigten ein paar Karate-Übungen. »So, nun aber 'nen Regenwurm oder so was«, sagte der Regisseur und war ganz Spannung.

Ich holte eine kleine Blechbüchse aus meiner Tarnjacke. »Michael wird das machen«, meinte ich harmlos.

Michael sah mich einen Augenblick fassungslos an. Hinrich und ich grinsten. Das war so eine Art Rache und Michael das ahnungslose Opfer. Schließlich war er Kameraassistent beim Fernsehen und nicht wir, hatten wir uns gedacht. Und wenn das Fernsehen einen Regenwurm haben will, dann soll es ihn auch bei einem Fernsehmann filmen. Betriebsinterne Szene sozusagen.

Ich sehe Michaels Gesicht heute noch vor mir. Die Augen traten ihm förmlich aus dem Kopf, der Adamsapfel hüpfte auf und nieder als ich ihm den Regenwurm vor den Mund hielt.

»Mach ein möglichst gleichgültiges Gesicht«, flüsterte ich, »der fängt jetzt an zu drehen.«

Was blieb dem Armen schon übrig. Er schluckte, weg war der Wurm. Der Kameramann war bis auf ein paar Zentimeter herangekommen. »Das glauben die uns nicht«, krächzte er. »Das glauben die uns niemals. Die denken, da ist wieder so 'n fauler Trick bei.«

Dann luden sie uns zum Essen ein. Und abends, als die Sendung lief, sagte der Sprecher: »Der Regenwurm wurde wirklich gegessen; wir haben uns davon überzeugt.«

Die Nebenwirkung dieser Sendung bekam ich ein paar Tage später zu spüren. Eine Bekannte von uns hatte Geburtstag, ich war mit großem Blumenstrauß angerückt und wollte mit einem Kuß gratulieren.

»Nein, geh bloß weg«, entrüstete sich das Geburtstagskind und bog seinen Kopf weit zurück. »Vielleicht hast du gerade wieder eine Spinne gegessen. Oder du verdaust noch einen Regenwurm zwischen den Zähnen.«

Nicht ganz so verheerend war unser medizinisches Training, aber noch schlimm genug. Da gab es zunächst einmal eine Unmenge von Impfungen, die wir über uns ergehen lassen mußten. Pocken, Cholera, Gelbfieber, Tetanus, Grippe. Wir schluckten Resochin gegen Malaria und Typhoral gegen Typhus und Multivitamintabletten für oder gegen wer weiß was.

Doch damit war es längst nicht getan. »Habt ihr eigentlich alle noch euren Blinddarm?« fragte Holger Gleitsmann.

Wir nickten betreten.

»Mann, o Mann!« stöhnte er; »was denn nun, wenn einem von euch das Ding da am Blauen Nil Schwierigkeiten macht? Dann seid ihr vielleicht aufgeschmissen, sage ich euch.«

Tröstliche Aussichten. Aber immerhin waren ja zwei Väter der Expeditionsteilnehmer Ärzte. Hinrich wurde zum Experten in Sachen Blinddarm ernannt. »Laß dir von deinem alten Herrn alles erzählen, was es überhaupt zu erzählen gibt«, ermahnte ihn Holger.

Hinrich begnügte sich nicht mit Erzählungen. Er ließ sich von seinem Vater mit zu einer Blinddarm-Operation nehmen. Abends erklärte er uns dann zuversichtlich:

»Also, mit dem Blinddarm, da braucht ihr euch keine Sorgen mehr zu machen. Ich weiß jetzt alles. Das ist nur ein Klacks, so ein Ding rauszunehmen.«

Na ja, wir konnten nur beten, daß Hinrich nicht eines Tages seine Künste beweisen mußte. Immerhin tat sein Vater noch ein übriges: er schenkte Hinrich ein vollständiges Operationsbesteck als seinen persönlichen Beitrag zu unserer Expedition.

Von einem Zahnarzt bekamen wir außerdem einen Satz Zangen. Für jede Sorte Zahn eine ganz bestimmte. Ich brauchte sie nur anzusehen, um Zahnschmerzen zu bekommen. Weg damit, ganz weit weg, in irgendeine Ausrüstungsecke. Hauptsache man weiß, daß notfalls Operationsmesser oder Zange vorhanden sind.

»Eines aber müßt ihr ganz bestimmt noch lernen«, meinte Gleitsmann. »Ihr müßt lernen, wie man sich eine Spritze gibt.«

Himmel, auch das noch!

Ich hatte einen guten Bekannten in Wedel. Dr. Prassler, Hautarzt. Er wäre zu gern selbst mit zum Blauen Nil gekommen, aber wie das so ist: gerade eine Praxis eröffnet – da kann man sich solche Extratouren nicht erlauben.

»Sagen Sie, Doktor«, fragte ich ihn, »können Sie mir nicht mal zeigen, wie man Spritzen gibt? Sie wissen ja, es könnte schließlich mal etwas passieren.«

»Sicher«, meinte er, »da fangen wir am besten gleich mal an.«

Er nahm eine Spritze aus einem Schränkchen, füllte sie mit einem Vitaminpräparat und erklärte: »Das kann man sich ohne Gefahr immer spritzen.«

Dann krempelte er sich einen Ärmel hoch, drückte mir die Spritze in die Hand und forderte mich auf: »Na, dann mal los. Probieren Sie mal.«

Ich fuhr erschrocken zurück. »Nein, Herr Doktor, so habe ich es doch nicht gemeint. Sie sollten es mir mal zeigen. Sie!«

»Quatsch«, wehrte er ab. »Man lernt nicht durch Zusehen, man lernt, indem man es selbst macht. Nun los, stechen Sie schon zu, ich zucke nicht.«

Und hielt mir einladend seinen Arm hin.

Kirsten war mitgekommen. Ängstlich saß sie auf einem Stuhl in der Ecke, die Augen weit aufgerissen.

Ich dachte: Na, Schiet drauf, wenn der's durchaus will. Setzte die Spritze an und drückte die Nadel nun ein wie in ein Steak.

Er zuckte mit keiner Wimper. »Sie müssen nun kontrollieren, ob Sie nicht eine Ader getroffen haben. Kurz zurücksaugen. So, gut, ja. Nun die spritzende Hand gut abstützen und rein mit dem Saft. Nur keine Hemmungen! So, wie Sie das machen, denkt jeder, der uns zusieht, wir wären Fixer.«

Wir probierten es noch einige Male. Als ich gehen wollte, war Kirsten verschwunden. Sie saß im Wartezimmer, tränenüberströmt. Zu Hause hatte sie ihrer Mutter eine Menge zu erzählen. Sie tuschelten beide im Kinderzimmer. Als Maggy dann hereinkam, schüttelte sie nur den Kopf.

So ging das beinahe ein Jahr lang. Waldläufe, Kurse in erster Hilfe, Jagdlehrgänge, sich auf ungewöhnliche Situationen einstellen – kurz: Überlebenstraining. Schießen durften wir bei der Bundeswehr. Ein Major der Hamburger Standortkommandantur erlaubte uns, die Schießstände am Höltigbaum zu benutzen. Zu unserer Verwunderung schoß Michael am besten. Schau mal an, unser Milchgesicht machte sich.

»Übers Wochenende werdet ihr mal draußen bleiben«, ordnete unser Überlebensvater Gleitsmann dann an. Es war kalt. Wir durften unsere Tarnjacken anziehen, ein bißchen Verpflegung mitnehmen und natürlich den Survival-Gürtel.

»Baut euch irgendwo eine Hütte und übernachtet dort!« Dieser Gleitsmann!

Dann aber machte es plötzlich mehr Spaß als gedacht. Wir merkten, daß wir in den vergangenen Monaten eine Menge gelernt hatten.

Die Hütte war im Nu errichtet, Hinrich tarnte sie so großartig, daß man fünf Meter davor stehen konnte und sie trotzdem nicht sah. Wir fühlten uns pudelwohl, wärmten uns an einem kleinen Feuer und lagen dann in unserer Hütte, die wir reichlich mit Laub ausgepolstert hatten. Es war beinahe gemütlich.

Wir Anfänger!

Natürlich hatten wir keine Wache aufgestellt!

Es muß wohl gegen sechs Uhr am nächsten Morgen gewesen sein, als mich Michael anstieß. »Du, hör doch mal, da ist was draußen«, flüsterte er.

Ich richtete mich schlaftrunken auf. Tatsächlich, da draußen raschelte etwas herum, schniefte, scharrte, knurrte.

Ein Hund. Natürlich ein Hund.

Ich wollte mich gerade erleichtert zurücklegen, als das Tuch, das wir vor unsere Hütte gehängt hatten, zurückgerissen wurde. Ein Gewehrlauf schob sich herein und eine harte Stimme forderte: »Kommen Sie heraus. Aber machen Sie keine Dummheiten. Sonst ist Ihnen eine Ladung Schrot sicher.«

Wir krochen verblüfft raus. Ein Jagdhund empfing uns bellend. Neben ihm ein Mann, grüne Uniform, Stiefel, strenges Gesicht – der Förster.

»Los, gehen Sie vor mir her«, befahl er und wies uns mit dem Gewehr den Weg.

»Aber das muß ein Irrtum sein«, versuchte ich zu erklären.

»Das wird sich schon herausstellen«, schnitt er mir barsch das Wort ab.

Fünfzehn Minuten Fußmarsch durch den morgendunklen Wald. Der Hund bellend um uns herum, der Förster mit einer Ladung Schrot hinter uns.

»Lassen Sie mich doch erklären«, versuchte ich es noch einmal.

»Dazu ist später noch Zeit genug.«

Eine angenehm warme Stube im Forsthaus. Wir drei wie arme Sünder auf Stühlen an der Wand. Der Hund vor uns liegend, sein Herrchen am Schreibtisch. Eine Telefonnummer wurde gewählt.

»Hier ist das Forstamt Trittau. Ich glaube, ich habe die drei Mann, die gestern abend ausgebrochen sind.« – »Was?! Die haben Sie schon längst wieder?«

Pure Verwunderung. »Ach, du lieber Gott, da habe ich aber auf der falschen Spur gejagt und ein paar schöne Böcke geschossen.«

Der Hörer wurde aufgelegt. Ein recht verlegener Forstmann drehte sich uns zu. »Sie müssen schon entschuldigen, meine Herren, aber da sind gestern drei Strafgefangene in Hamburg ausgebrochen. Ich hatte natürlich geglaubt, das wären Sie. Bitte, seien Sie mir nicht böse, schließlich lag die Vermutung ja nahe.« Er tat einen tiefen Schnaufer. »Aber nun erzählen Sie mir doch mal, was Sie da im Wald gemacht haben. Sie sind doch erwachsene Menschen, die übernachten doch nicht mir nichts dir nichts in einer Laubhütte.«

Wir erzählten. Wir bekamen ein tolles Frühstück. Wir bekamen einen Grog, in dem der Löffel stand. Der Förster war nicht wiederzuerkennen. Der Hund brauchte etwas länger, ehe er dem Frieden traute.

»Hätten Sie mir doch vorher nur mal Bescheid gesagt«, meinte der Förster zum Abschied.

Ja, hätten wir man.

Survival-Training.

## Schreck in der Abendstunde

Der Haken war, daß Michaels Eltern überhaupt nichts wußten. Der behütete Junge hatte seiner Familie kein Sterbenswörtchen darüber gesagt, auf welches Abenteuer er sich einlassen wollte. »Die erfahren's noch früh genug«, wehrte er lässig ab, wenn wir ihn fragten, ob er denn nun schon mit der Neuigkeit rausgerückt sei.

In Wahrheit hatte er natürlich Angst. Schließlich wußte er, welche Sorgen sich seine Mutter schon jetzt immer um ihn machte. Allein diese Tätigkeit als Kameramann beim Fernsehen! »Junge, mußt du da nicht manchmal gefährliche Dinge machen?« fragte sie von Zeit zu Zeit ängstlich. Und jetzt Afrika! Blauer Nil! Krokodile und Wilde!

Mensch, da stand Michael noch etwas bevor.

»Was erzählst du deinen Leuten überhaupt immer, wenn wir bis spät in die Nacht hinein trainieren oder übers Wochenende weg sind?« fragte Hinrich.

»Kein Problem«, grinste Michael. »Ich bin doch Kameraassistent. Beim Fernsehen. Denkst du vielleicht, da gibt es geregelte Bürozeit?«

Das Problem löste sich schließlich von selbst. Und ironisch, wie das Schicksal nun manchmal sein kann, sorgte das Fernsehen für die Lösung. Denn natürlich hatten die Teichmanns zu Hause einen Bildschirm, und so sahen sie die Sendung von unserem Überlebenstraining.

Michael hatte schon ein komisches Gefühl, als er spätabends nach Hause kam. Lieber gar nicht erst ins Wohnzimmer gehen, dachte er, schloß behutsam auf wie ein Einbrecher und huschte auf Strümpfen und Zehen nach hinten.

Bruder Andreas lag lesend im Bett. Offensichtlich hatte er gewartet. Hinterhältige Frage: »Weißt du, wo der Blaue Nil ist?«

»Quatsch nicht so blöd!« fuhr ihn Michael an. »Ihr habt's also gesehen, ja? Was sagen sie denn?«

»Oh, Mann, da war vielleicht was los«, erzählte Andreas. »Mutti hat einen Schock nach dem anderen gekriegt. Und Vater erst! Der ist vielleicht stocksauer. Mensch, geh lieber gleich hin und bring's hinter dich.«

Michael atmete einmal tief durch und marschierte nach vorn. Er fand eine verweinte Mutter im Sessel. Vater war schon im Schlafzimmer verschwunden.

»Du mußt das verstehen, Mutti«, begann Michael stockend. »Ich bin nun vierundzwanzig, ich muß endlich einmal sehen, was ich überhaupt leisten kann. Und dann denk doch mal daran, welche Chance das für mich als Kameramann ist.«

Frau Teichmann sah ihren Ältesten nur lange an. »Ach, Michael, daß du uns so wenig kennst«, meinte sie dann leise. »Warum hast du uns denn davon nichts erzählt? Warum wenigstens Vati nicht? Hast du denn so wenig Vertrauen zu uns?«

»Natürlich habe ich Vertrauen zu euch«, brach es aus Michael heraus. »Ich wollte euch doch nur nicht unnötig ängstigen. Deshalb habe ich nichts gesagt.«

»Und du meinst wirklich, daß ihr diesen Blauen Nil schaffen werdet?« fragte Frau Teichmann zaghaft. »Was sind das denn überhaupt für Freunde, mit denen du fahren willst . . .?«

Die Versöhnung mit Vater Teichmann ging nicht so schnell. Zwei Wochen sprach er mit Michael nur das Allernotwendigste. Dann sagte er eines Abends so ganz beiläufig:

»Kannst du deine Freunde nicht morgen mal mitbringen. Schließlich möchten wir ja gerne sehen, mit wem unser Sohn sich da eingelassen hat.«

Am nächsten Abend war großes Treffen im Hause Teichmann. Wir konnten gar nicht genug erzählen von Äthiopien, von uns, wie wir leben, wo wir herkommen, welche Interessen wir haben. Und den schlechtesten Eindruck müssen Hinrich und ich wohl nicht gemacht haben, immerhin fuhr Vater Teichmann einen sehr süffigen Rheinwein auf. – »Das ist der für die besten Besucher«, flüsterte Michael mir zu.

Und bevor wir uns verabschiedeten, ging er zu seinem Schreibtisch, holte ein Päckchen heraus und überreichte jedem von uns eine silberne Trillerpfeife, angebunden an einen absolut reißfesten Lederriemen. »Da, vielleicht könnt ihr so etwas mal gebrauchen, wenn ihr euch Signale geben müßt«, erklärte er etwas verlegen.

Michael grinste uns nur verstohlen an. Das Eis war wohl endgültig gebrochen. »Ich weiß gar nicht, was der immer will«, verwunderte sich Hinrich, als wir auf dem Heimweg waren. »Die beiden alten Herrschaften sind doch toll in Ordnung.«

Nun war Hinrich allerdings der Letzte, der anderen Leuten merkwürdiges Verhalten vorwerfen darf. Seine große Stunde schlug genau zwanzig Tage vor unserer geplanten Abfahrt:

Anruf bei mir. Michael. »Sag mal, hat Hinrich sich schon bei dir gemeldet?«

»Nein, was ist denn?«

»Na, der hat eben mit mir telefoniert. Tat mächtig geheimnisvoll. Ob ich Sonnabend Zeit hätte. Ich sollte mich unbedingt freihalten. Es sei sehr wichtig. Du, der will doch nicht etwa abspringen?«

»Ach«, wehrte ich ab. »Nein, da kennst du Hinrich aber schlecht. Na, wir werden ja sehen.«

Zehn Minuten später klingelte das Telefon wieder bei mir. Hinrich. »Tag, Rüdiger. Sag mal, Sonnabend schon irgendwas vor?«

»Nein.«

»Dann komm doch bitte so gegen vier in die Alsterdorfer Straße.« Er nannte den Namen eines Restaurants.

»Was ist denn bloß los, Hinrich«, fragte ich. »Nun rück schon raus, um was es geht.«

»Ach, nein«, druckste er herum. »Soll 'ne Überraschung sein. Ihr braucht euch auch gar nicht besonders anzuziehen. Höchstens einen Schlips vielleicht.«

Jetzt wurde ich ganz mißtrauisch. Ein Schlips – das war für Hinrich großer Festanzug. Und da wollt' er so tun, als brauchten wir »nichts Besonderes« anzuziehen!

»Hinrich, ich will jetzt von dir wissen, was los ist!« Maggy sagt immer, meine Stimme könne verdammt energisch klingen.

Lange Pause am anderen Ende. »Na, ihr erfahrt es ja doch. Ich heirate nur!«

Knacks, aufgehängt.

Mir fiel der Hörer aus der Hand. Jetzt hat's Hinrich erwischt, dachte ich. Keine drei Wochen mehr bis zum Start, und jetzt will der heiraten!

Ich rief Michael an. »Du, weiß du, was da los ist am Sonnabend? Der heiratet nur mal eben.«

»Ach, du Schiete!« mehr brachte Michael nicht hervor.

Es ist also an der Zeit, etwas über Susanne zu sagen. Hinrich ging schon sehr lange mit ihr. Seit ein paar Wochen hatten sie beide auch einen schmalen Ring getragen. »Ein Freundschaftsring«, meinte Hinrich, als ich ihn danach fragte. Muß wohl doch ein bißchen mehr als Freundschaft sein, dachte ich.

Susanne war mittelgroß, hatte langes, blondes Haar, blauäugig, gute Figur, wunderbare, makellose Haut. Die etwas breiten Backenknochen verliehen ihrem Gesicht einen fremdartigen Reiz. Sie arbeitete in einer Bank und war im übrigen ein recht stilles, in sich gekehrtes Mädchen. Stundenlang konnte sie neben Hinrich sitzen und zuhören, was wir erzählten. Einzige erkennbare Leidenschaft: rauchen!

Die aber teilte sie mit Hinrich. Manchmal hatten wir den Eindruck, die beiden ständen im Wettbewerb: wer verpafft heute die meisten Zigaretten?!

Abends rief ich Hinrich noch einmal an. »Nun mal ganz ruhig, Kumpel. Nun sag mir bloß, warum ihr ausgerechnet jetzt noch heiraten wollt? Wäre das denn nicht besser gewesen, wenn wir wiederkommen?«

»Gibt überhaupt keinen besonderen Grund.« Hinrich war wieder ganz sicher. »Weißt du, Rüdiger, denk doch mal an Maggy. Du hast mir doch selbst mal erzählt, wie sehr du sie liebst. Siehst du, mir geht's mit Susanne genauso. Und wenn wir weg sind, und ich weiß, sie ist meine Frau und nicht nur irgendeine Freundin, dann werde ich mich eben viel sicherer fühlen.«

»Hast du aber auch daran gedacht, daß dir ja schließlich was zustoßen kann«, fragte ich zurück.

»Ach, hör schon auf«, wehrte er ärgerlich ab. »Wenn man nur immer daran denken wollte, dann würde ich über keine Straße mehr gehen.«

Es wurde eine prima Hochzeit. Hinrich im dunkelblauen Anzug, mit Schlips; wir trauten unseren Augen nicht. Susanne trug ein lila Kostüm, sie sah phantastisch aus. Und glücklich.

Wir schenkten wunschgemäß eine Lampe. Außerdem noch eine »gemeine Torte«? Eine »gemeine Torte« sieht zum Beispiel so aus:

Ganz normale Schokoladendecke. Darüber aber aus Marzipan modelliert ein Boot, das verdammte Ähnlichkeit mit unserer »Ente II« hatte, und davor ein Krokodil mit weit aufgerissenem Maul.

Susanne hatte die Torte entgegengenommen, uns beide merkwürdig angeschaut und sie dann in eine Ecke gestellt, ganz hinten, wo sie kaum von jemandem gesehen wurde.

Wir schämten uns etwas.

So war die Torte doch nicht gemeint.


## Verdammte Bettelei

Die Idee hatte Michael gehabt. »Wißt ihr, wir schreiben einfach mal ein paar Firmen an und fragen, ob sie für eine Expedition nicht etwas spenden wollen«, schlug er vor.

»Du mit deinen Einfällen«, schimpfte Hinrich sofort los. »Wer wird denn ein paar Namenlosen schon Geld geben. Außerdem paßt mir so eine verdammte Bettelei auch nicht in den Kram.«

Aber wenn Michael sich erst einmal etwas in den Kopf gesetzt hat, dann ist er nur schwer davon abzubringen. Die nächsten Tage jedenfalls schrieb er sich die Finger klamm.

»Hundertacht«, verkündete er dann lakonisch. »Bin ja mal gespannt, was dabei rauskommt.«

Es dauerte vierzehn Tage, ehe die ersten Absagen eintrafen. Man hätte zwar sehr viel Verständnis und wünsche uns auch viel Glück, aber der Werbeetat sei leider erschöpft. Wir möchten doch bitte Verständnis haben.

Der Tenor war fast überall gleich. Mal ein bißchen schroffer, mal ein bißchen verbindlicher.

»Ich hab's dir ja gleich gesagt«, knurrte Hinrich. »Blöde Bettelei!«

Dann kam der este positive Bescheid. »Per Paketzustellung schikken wir mit heutigem Datum 50 Dosen Holo-Müsli an Sie ab. Wir möchten noch darauf hinweisen, daß bereits die Himalaja-Expedition des Herrn Herrligkofer aus München unsere Holo-Müslis mit bestem Erfolg benutzt hat . . .«

Ein paar Tage später kam eine Ladung mit dem Sonnenschutzmittel ›Piz Buin‹.

»Mensch«, stöhnte Michael, »wir wollen doch eine Expedition unternehmen und keinen Laden aufmachen.«

Großer Reinfall also.

Da rief eines Tages wieder mal das Fernsehen an. »Bei uns hat sich eine Public Relation-Agentur gemeldet. Aus Hamburg. Der Chef dort hat den Film über Sie gesehen und will etwas spenden. Setzen Sie sich doch mit der Firma in Verbindung . . .«

»Guck mal an! Dabei hast du die doch gar nicht angeschrieben«, höhnte Hinrich.

»So ein PR-Heini«, dämpfte Michael die Erwartungen. »Der will bestimmt nur Geld mit uns machen, will uns für irgendeine Reklame einspannen.

Am nächsten Tag wurden wir empfangen. Piekfeines Büro an der Alster, Mahagoni-Möbel schon im Vorzimmer, die grau-blau getönte Dame sah uns neugierig an.

»Nehmen Sie einen Augenblick Platz. Der Herr Doktor erwartet Sie schon.«

Ein paar Augenblicke später wurde die Tür aufgestoßen. Ein älterer Herr, strahlende Augen, weit ausgebreitete Arme stand im Rahmen.

»Kommen Sie, kommen Sie, meine Herren. Ich finde das ja toll, was Sie da vorhaben. Möchten Sie einen Kognak?«

Er redete ohne Pause. Schon war er am Einschenken.

»Prost, meine Herren, auf gutes Gelingen. Ja, wissen Sie, ich habe nämlich einen Sohn. Vierzehn. Und da gibt's – wie soll ich es sagen – na ja, da gibt's eben Erziehungsprobleme. Diese Jungen heute, die gammeln doch nur rum. Keine richtige Aufgabe, keine Vorbilder. Und da habe ich nun den Film über Sie gesehen. Und habe gedacht: Guck mal an, so etwas gibt es also auch noch. Daran sollte sich dein Herr Sohn mal ein Beispiel nehmen. Meine Herren, darf ich Ihnen diesen Scheck überreichen?«

Wir bekamen ein Stück Papier in die Hand gedrückt. Wir stammelten ein »Dankeschön« und waren ein paar Sekunden später wieder auf der Straße. »Muß gleich wieder zu einem Termin«, hatte der alte Herr sich entschuldigt. »Die Zeit, wissen Sie, die Zeit . . .«

Es war eine Anweisung über 500 Mark. Auszuzahlen an die »Mitglieder Blue-Nile-Expedition«.

»Na, was sagst du nun«, stichelte Hinrich gegen Michael. »Du mit deinen Kenntnissen von den PR-Fritzen.«

»Immerhin, da siehst du mal, was so Kameramänner und Fernsehen alles möglich machen«, versuchte der sich zu wehren.

So ganz unrecht hatte er nicht. Ausgerechnet Hinrich bekam einen Beweis dafür.

Eines Tages sprach ihn eine ältere Dame auf der Straße an. Er kannte sie schon lange, sie wohnte in einem der benachbarten Häuser. Aber zu mehr als einem »Guten Tag« und »Guten Weg« hatte es bisher kaum gereicht.

»Ach, Herr Hinrich«, sagte die alte Dame – sie sagte tatsächlich »Herr Hinrich«, er beschwor es mit tausend Eiden – »also – der Film da neulich. Ich kannte Sie ja nun noch als Kind! Daß Sie so etwas unternehmen wollen. Ich muß schon sagen: das finde ich großartig.«

»Danke«, antwortete Hinrich, »wissen Sie, so schlimm ist es auch wieder nicht.«

»Na na«, winkte die alte Dame ab und kramte in ihrer Handtasche. »Ich habe gerade meine Rente geholt. Wissen Sie, Sie würden mir eine große Freude machen, wenn ich mich mit einem kleinen Beitrag an Ihren Kosten beteiligen dürfte.«

Schon hatte sie einen Hundert-Mark-Schein herausgezogen und drückte ihn dem verblüfften Hinrich in die Hand.

»Aber um Gottes willen, das geht doch nicht«, stammelte der. »Das kann ich doch auf gar keinen Fall annehmen.« Und er versuchte, der Dame das Geld wiederzugeben:

Doch sie wehrte ab, lächelte: »Nun nehmen Sie es man ruhig. Sie tun mir wirklich damit mehr einen Gefallen als ich Ihnen; mir geht es ganz gut, meine Rente ist nicht die kleinste. Und Sie können das Geld sicher gebrauchen.«

Abends sprachen wir lange über den Vorfall. »Wißt ihr, ich habe ein ganz ungutes Gefühl«, meinte Hinrich. »Aber sie ließ sich das Geld einfach nicht wiedergeben. Und sie sagte immer wieder, wir würden ihr eine Freude machen, wenn sie uns helfen könnte.«

Ich glaubte, eine Lösung gefunden zu haben: »Wir werden folgendes machen: Wenn wir wieder zurück sind, dann nehmen wir die besten Dias, gehen zu der alten Dame und geben einen Spezial-Reisebericht nur für sie allein.«

Der Vorschlag wurde beifällig angenommen – durchgeführt wurde er nie. Wir waren etwa drei Wochen in Äthiopien, als die alte Dame starb.

# Hinrichs Pistole

Mitte Dezember. Fast das gesamte Gepäck war als Luftfracht nach Addis Abeba unterwegs. Auch die Waffen. Nur Hinrich hatte seine Pistole noch. Er wollte durchaus noch ein zweites Reservemagazin kaufen. Wohin mit der Pistole? Ins Reisegepäck natürlich.

Manchmal sieht man wirklich den Wald vor lauter Bäumen nicht!

1. Januar 1972, Flughafen Fuhlsbüttel. Es war naßkalt. Der Wind zerrte an den Jacken, wir hatten natürlich keinen Mantel an, schließlich wollten wir ja nach Äthiopien fliegen. In Äthiopien war es heiß.

Großer Abschied. Maggy verschwand beinahe in dem Kreis, der sich uns zu Ehren eingefunden hatte. Einer schob sie nach vorn. Da sah ich: Maggy hatte rotgeweinte Augen. Ich blickte mich nicht mehr um.

Eine Stunde später Berlin-Tempelhof. Mit dem Bus ging es nach Ostberlin, nach Schönefeld. Wir gaben unser Gepäck ab, zeigten unsere Pässe, alles schien in bester Ordnung zu sein. Schnell noch in das Restaurant, eine Tasse Kaffee trinken. In anderthalb Stunden sollte unsere Maschine starten.

Es knackste in dem Lautsprecher über der Tür. »Achtung! Der Reisende mit dem Gepäckabschnitt 1153 wird gebeten, sich bei der Gepäckkontrolle zu melden.«

Wir waren völlig ahnungslos.

Ein paar Minuten später ertönte die Lautsprecherstimme wieder: »Achtung! Der Reisende mit dem Gepäckabschnitt 1153 . . .«

Nur um sicher zu gehen, holte ich meinen Gepäckschein hervor. Vier große, schwarze Zahlen sprangen mir entgegen: 1153!

»Mensch, das bin ich«, brachte ich hervor. »Was wollen die denn noch?«

Was sie wollten, sagten sie deutlich und sehr kalt: »Sie haben hier eine Pistole in Ihrem Gepäck. Können Sie uns darüber eine Auskunft geben?«

Siedend heiß fiel es mir ein! Hinrichs Pistole! An die hatte keiner mehr gedacht.

»Vergessen«, stotterte ich. »Glatt vergessen.«

Die beiden Uniformierten hinter der Barriere lächelten nicht einmal höhnisch.

»So, so vergessen? Und wo haben Sie den Waffenbegleitschein?«

Ja, wo denn nur? Ich hatte natürlich keinen. Unsere Waffen befanden sich ja schon in Addis Abeba. Auch die Pistole sollte längst dort sein. Verfluchter Hinrich! Du mit deinem Scheiß-Reserve-magazin.

»Warten Sie hier«, befahl der eine und verschwand. Hinrich und Michael standen bedrückt hinter mir. »Sie können wieder gehen«, sagte der zweite Uniformierte zu ihnen. »Sie müssen sich beeilen, Ihre Maschine wird gleich aufgerufen.«

»Und unser Freund?« wagte Michael zu fragen.

»Der wird wohl jetzt nicht mitfliegen können.«

Michael versuchte, mich aufzurütteln. »Kommst du eben ein paar Tage später, Rüdiger. Wir warten in Addis auf dich.«

Hinrich gab mir nur schuldbewußt die Hand.

»Ruft ja nicht etwa Maggy an«, schrie ich noch hinterher. »Die macht sich sonst zu viele Sorgen.«

In mir war eine Welt zusammengebrochen. Mann, die lassen dich doch hier eine ganze Weile hängen, dachte ich. Waffenschmuggel oder wie die das auslegen werden.

Ich hatte Angst. Jämmerliche Angst.

Ein Offizier kam. Groß, schmal, Pelzmütze, gut geschnittener Mantel, Koppel, Schulterriemen.

»Folgen Sie mir bitte«, forderte er mich höflich auf. Ein nüchternes Bürozimmer, Bilder von Lenin und Ulbricht, ein schmaler Stuhl vor dem Schreibtisch.

»Nun erzählen Sie mal«, sagte der Offizier knochentrocken.

Ich erzählte. Von unseren Plänen, unseren Vorbereitungen, unseren Hoffnungen. Ich zeigte Zeitungsausschnitte, die ich in der Brieftasche hatte. Er hörte mir geduldig zu, machte sich nur von Zeit zu Zeit ein paar Notizen.

Dann verschwand er. Kam nach etwa einer halben Stunde wieder. »So, nun geben Sie mir mal bitte alle Ihre Personalien an. Aber möglichst lückenlos, auch von Ihrer Familie und den Mitarbeitern.«

Draußen vor dem Fenster des Zimmers stand dunkle Nacht. Hin und wieder heulten Triebwerke auf. Menschen gingen vorbei, sprachen, lachten.

Hinrich und Michael werden jetzt schon bald in Kairo sein, dachte ich.

Der Offizier war wieder verschwunden. Es dauerte lange, bis er zurückkam. »So, Herr Nehberg, Sie können jetzt gehen. Wir werden Sie mit einem Taxi zum Kontrollpunkt bringen. Sie übernachten am besten in Westberlin. Die nächste Maschine nach Kairo geht übermorgen.«

Ich glaubte, meinen Ohren nicht trauen zu dürfen. Sollte das wirklich alles gewesen sein?!

»Die Pistole müssen wir allerdings beschlagnahmen«, sagte der Offizier.

Ich hätte jubeln und tanzen können. Eine Pistole, was ist schon eine Pistole?

Mein Gegenüber muß mir wohl angesehen haben, welcher Stein mir vom Herzen gefallen war. Er beobachtete mich noch einen Moment prüfend, streckte mir dann die Hand über den Schreibtisch entgegen und sagte:

»Ich wünsche Ihnen, daß Sie es schaffen. Hals- und Beinbruch!«

Am 5. Januar landete die vierstrahlige Boeing 707 der Ethiopian-Airlines butterweich auf der Betonpiste von Haile-Selassie I-Airport. Es war genau 14.17 Uhr. Die Sonne flirrte über den Platz, der tiefblaue Himmel hatte ein paar Kumulus-Segel aufgezogen, ein paar Schwarze luden schnatternd das Gepäck aus dem Bauch der Maschine.

Etwas unsicher ging ich die Gangway hinunter. Dahinten am Empfangsgebäude sah ich – ganz klein noch – zwei Figuren. Sie winkten, brüllten fielen sich in die Arme, rasten mir entgegen.

Hinrich und Michael. Wir waren wieder zusammen.

Mal sehen, Herr von Randow, ob der Blaue Nil die zweite Runde auch gewinnen würde!

# Auftakt im Lepradorf

Michael lag auf dem Bett und starrte Löcher in den Tag. Gelangweilt beobachtete er die Spinne, die geschäftig an der Zimmerdecke ihre Fäden zog. Von der Straße drang der Lärm wie ein monotones Rauschen herauf; durch die weitgeöffneten Fenster knallte die Sonne ins Zimmer und ließ den Staub aufleuchten, der wie weicher Samt alles überzogen hatte: den Schrank, den Tisch, die Bettpfosten, die Tür.

Die Bettwäsche könnten sie auch mal wieder wechseln, dachte Michael mißmutig. In Europa hätte ich schon längst Dampf gemacht – aber hier? Hier kannst du ja gleich mit der Wand meckern.

Es ließ sich nicht übersehen: Michaels Stimmungsbarometer zeigte Tief an, kräftiges Tief. Vielleicht hätten wir ihn warnen sollen, schließlich war er das erste Mal nach Äthiopien gekommen; wahrscheinlich hatte er sich alles ganz einfach gedacht. So vielleicht:

Ankunft auf dem Flughafen, Hotel, drei, vier Tage Addis Abeba, Besuch bei der Botschaft, Shake hands, Auto mieten, Träger anheuern, Boot verladen – weg, auf geht's!

Michael hatte keine Ahnung gehabt, daß es in Äthiopien so einen vertrackten Ausdruck gibt: »Nége«. Nége heißt wörtlich übersetzt »morgen«. Nége heißt sinngemäß übersetzt: irgendwann einmal, vielleicht morgen, vielleicht in einer Woche, vielleicht überhaupt nicht.

Drei, vier Tage Addis Abeba und dann los – ach, Michael, wie du dir das so vorstelltest!

Da wäre zum Beispiel unser Gepäck. Das Gepäck lag beim Zoll, fest und sicher und keiner konnte heran. Sicher, unsere Papiere waren in Ordnung, die Waffenlizenzen auch, alle Gebühren bezahlt – »holen wir sie also raus, unsere Sachen«, hatte Michael gesagt.

Wir grinsten nur. Wir hatten den ganzen Zauber schon einmal mitgemacht. »Da kannst du bitten, da kannst du toben, das hilft dir überhaupt nichts«, grunzte Hinrich und streckte die Beine bequem von sich. »Auch wenn du ein ganzes Papier voller schicker Stempel hast, dann entdecken die immer noch einen, der fehlt – einen ganz besonders wichtigen selbstredend.«

Nége, Mister! Nége!

Oder die Waffenlizenzen? Nége! – Oder die Träger? Nége! – Oder der Lastwagen für das Boot? Nége!

Nége! Nége! Nége!

Ohne Semerdschan war da eigentlich überhaupt nichts zu machen. Semerdschan, der kleine, dicke Amhare von der Botschaft, der Dolmetscher. Semerdschan kannte alle wichtigen Leute, Semerdschan war überall zu Hause. Mit dem einen hielt er ein Schwätzchen, mit dem anderen trank er eine Tasse Kaffee, manchmal wurde auch ein Dollarchen über den Tisch geschoben – heimlich, ganz heimlich natürlich – aber es half. Semerdschan, breites Lachen im Gesicht, die Augen verschmitzt zusammengekniffen: »Bald hab' ich ihn soweit, Mister, nége, vielleicht schon nége.«

Merkwürdig, wenn Semerdschan das sagte, dann konnte es wirklich »morgen« sein.

Gott sei Dank, daß die in der Botschaft diesen Semerdschan hatten. Sonst nämlich – na ja, am besten, man vergaß sie schnellstens wieder. Waren eben Diplomaten, besondere Leute. Manchmal bildet man sich daheim ein, Botschaften seien unter anderem auch dazu da, ihren Landsleuten im Ausland zu helfen. Besser, man läßt es nicht auf eine Probe ankommen. Uns war zum Beispiel das Bargeld knapp geworden. Kann ja passieren: 10 Tage Hotel – das ging natürlich in die Kasse. Vor allem, wenn man vorher den Aufenthalt nicht genau kalkulieren kann. Hin zur Banco di Roma also, Scheck einlösen. Mist verdammter: die Banco die Roma war schon geschlossen. Langes Wochenende, lange Gesichter.

»Gehen wir eben einfach zur Botschaft«, schlug ich vor. »Das kann ja doch kein großes Problem für die sein, einen Euro-Scheck einzulösen.«

War aber doch ein Problem, ein unlösbares sogar. Dr. Wersdorfer nämlich hatte über unser Anliegen zu entscheiden, der Botschaftsrat. Und das war ein neuer Mann, der es sich offensichtlich zur Aufgabe gemacht hatte, dem Sprichwort von den neuen Besen, die da gut kehren sollen, frischen Glanz zu verleihen. In der Botschaft nannten sie ihn heimlich »Mindenoh«. Mindenoh ist amharisch und heißt: »Was ist los?« – Dr. Wersdorfers geflügeltes Wort, mit dem er durch die Zimmer und Flure sauste und Leute anfuhr.

Klar wie ein junger Sommertag, daß der Botschaftsrat unseren Euro-Scheck zurückwies, als wäre er gefälscht. »Wir sind doch hier kein Bankinstitut«, knurrte er frostig.

Das war denn wohl sogar unserem Fritz von Randow zu viel. »Wissen Sie, ich bin ja nicht nur Botschaftsangehöriger hier«, sagte er peinlich berührt, »ich bin schließlich auch noch Privatmann. Und als Privatmann bin ich gerne bereit, Ihnen Bargeld für den Scheck zu geben.«

Guter Fritz von Randow. Wir konnten herzlich »Dankeschön« und »Ist nicht mehr nötig« sagen. Inzwischen nämlich hatte seine Sekretärin Elke Leichtweiss uns den Scheck schon eingelöst.

»Wissen Sie«, sagte ich zu ihr, »vor Jahren habe ich einmal einen Zeitungsbericht über Äthiopien gelesen. Da hatte der Reporter sich über die Botschaft hier ganz schön aufgeregt. Daß er mit einem Taxi nicht auf das Botschaftsgelände fahren durfte, schrieb er, weil es sich doch nicht um einen eigenen Wagen handelte, sondern um ein schmutziges, gemietetes Fahrzeug. Und dann schilderte er, wie er im Park als erstes die Kinder der Botschaftsangehörigen hoch zu Pferde traf – ›Jung-Deutschland!‹ nannte er sie – und die Fußgänger mußten ihnen ängstlich Platz machen. Damals hatte ich gedacht, na, der wird wohl tüchtig übertrieben haben. Aber der hat ja recht, wissen Sie, Elke, der hat ja recht! Das ist wirklich 'ne Scheiß-Botschaft.«

Elke lächelte nur.

Jetzt waren wir nun schon siebzehn Tage hier. Siebzehn Tage »International« am Arat Kilo, was soviel heißt wie »Platz mit den vier Straßen«. Das »Ras« in der Churchill Road wäre natürlich angenehmer gewesen – aber auch viel teurer. Außerdem wohnten die Mädchen des Peace Corps nicht im »Ras«, wenn sie Urlaub machten, sondern im »International«. Michael sagte immer, ohne das Frühstück mit Babsy, diesem rothaarigen Girl aus Los Angeles, wäre dies alles hier überhaupt nicht mehr zu ertragen. Nur Babsy hielte ihn noch senkrecht.

Natürlich übertrieb er. Sicher, der Nabel der Welt ist Addis Abeba nun mal nicht. Die City, mit ihrem modernen Rathaus, der noch moderneren »Bank of Commerce«, dem Postamt, dem Kaiser-Palast – »Europa-Abklatsch«, schimpfte Hinrich. »Daß die immer unsere blöden Betonstädte nachbauen wollen.«

Aber da war ja auch noch die Altstadt. Dieses Gewirr von Wellblechhütten und Lehmhäusern, dieses Feilschen, Handeln, Geschiebe, Gedränge und Geschrei; dazwischen Kinder, Hunde, Hühner, Esel, Frauen, die Tonkrüge auf dem Kopf balancierten,

Bettler mit verkrüppelten Händen, Männer, die selbstvergessen irgendwo kauerten und Kat[1] kauten, die oft bildhübschen und immer liebenswürdigen Scharmutas[2] in ihren armseligen Liebeshütten. Dieses alte Afrika war ein Grund, Addis zu lieben. Und über allem dieser Geruch, der so typisch für Afrika ist – eine schwere Wolke von Pfeffer, Schmutz, Kaffee, Weihrauch, Geröstetem, Schweiß, Blumen – nichts auf der Welt riecht so wie Afrika.

Ja, und dann die Altstadt nachts. Sicher nicht ratsam, sie alleine zu durchstreifen. Aber langweilig? Ich wußte gar nicht, was Michael immer hatte.

## Bisidimo

Wieder einmal saßen wir bei Dr. Weithaler herum. Telegrafenamt in der City, dritter Stock. Die Weltgesundheitsorganisation der Vereinten Nationen hatte dort ihre Büros. Dr. Weithaler war Direktor des SEPE, des »Smallpox Eradication Program of Ethiopia«. Wir waren von ihm schon angeheuert worden:

»Wenn Sie unterwegs am Blauen Nil irgendwo Leute sehen sollten, die typische Merkmale von Pocken zeigen, dann schreiben Sie sich doch bitte möglichst genau auf, wo das war, und informieren Sie uns später. Wir werden dann mit Hubschraubern dorthin fliegen und impfen.«

Von Dr. Weithaler hatten wir schon in Hamburg gehört. Professor Hammerschmidt, unser Marzipanfanatiker, hatte uns von ihm erzählt. »Da ist ein Landsmann von mir in Addis Abeba. Dr. Weithaler heißt der, Kurt Weithaler. Wenn Sie Zeit haben, dann besuchen Sie ihn doch ruhig mal, der freut sich bestimmt.«

Wenn wir nur alles so reichlich hätten wie Zeit!

Aber Dr. Weithaler freute sich wirklich. Ein Österreicher – und Österreicher sind eben auch noch in Afrika charmant. Knapp über fünfzig mochte er sein, hatte schneeweißes Haar und war ungeheuer

---

1 Kat = eine stark berauschende Pflanze, die gekaut wird. Sie wird aus dem Strauch Celastraceen gewonnen, der in den Tälern der Provinzen Harrar und Shoa angebaut wird. Kat (oder auch Tschat) wird ausgeführt.
2 Scharmuta = Prostituierte

gemütlich. Ich hatte ihm einen Stollen aus Hamburg mitgebracht, so einen richtigen, mit viel Butter und Rosinen. Manchmal ist es doch gar nicht so verkehrt, Konditor zu sein. Es kann Herzen und Türen öffnen.

»Wissen Sie, Sie tun mir richtig leid«, sagte Dr. Weithaler. »Gammeln hier herum und können nichts tun als warten.« Er überlegte eine Weile. »Fahren Sie doch einfach mal nach Bisidimo«, schlug er dann vor. »Damit könnten Sie wenigstens die Zeit sinnvoll überbrücken.«

»Was ist denn Bisidimo?« fragte Hinrich.

»Das ist eigentlich nur der Name eines Flusses«, erklärte Dr. Weithaler. »Aber 1960 hat dort das Deutsche Aussätzigen-Hilfswerk ein Krankenhaus für Leprakranke errichtet. Wissen Sie, Hospitäler gibt es ja in den Städten schon ein paar, aber dieses Bisidimo hat meiner Ansicht nach nichts Vergleichbares.«

»Ach, Aussätzige also«, entsetzte sich Hinrich. »Doktor, wir wollen uns doch hier nicht noch 'ne Krankheit holen!«

»Da brauchen Sie gar keine Angst zu haben«, erwiderte der Österreicher. Uns Europäern kann da gar nichts passieren. Es bedarf schon eines sehr intensiven Kontakts, um sich anzustecken, zum Beispiel wie ihn Eltern zu Kindern haben oder Ehepartner miteinander. Genau erforscht ist das aber bis heute nicht.«

»Wo liegt denn dieses Bisidims?«

»In der Provinz Harrar«, antwortete Dr. Weithaler. »So an die vierhundert Kilometer von hier. Aber es führt sogar eine ganz gute Straße hin.«

Abends im Hotel sagte Michael: »Wißt ihr, vielleicht ist das gar nicht so schlecht, was der Weithaler da vorgeschlagen hat. Wir könnten einen kleinen Film drehen. Den deponieren wir hier. Wenn uns später das Filmmaterial vom Blauen Nil irgendwie verloren gehen sollte, dann kommen wir wenigstens nicht mit ganz leeren Händen nach Hause. Man kann ja nie wissen.«

»Und wenn wir nun morgen gerade unser ganzes Gepäck rauskriegen sollten«, fragte Hinrich skeptisch-optimistisch zurück. »Dann verlieren wir unnötig wieder ein paar Tage.«

»Ach, nége«, winkte Michael ab. »Und wenn schon. Auf zwei, drei Tage mehr oder weniger kommt's nun ja wirklich nicht mehr an.«

Am nächsten Tag flogen wir nach Dire-Dawa. Auf eine Busfahrt wollten wir uns lieber doch nicht einlassen. Wer weiß, vielleicht blieb der Wagen unterwegs irgendwo stecken – wir hatten die abenteuerlichsten Geschichten gehört. Addis Abeba – Dire-Dawa. Inneräthiopischer Liniendienst. Eine uralte amerikanische »Dakota«. Verdammt nahe unter uns das äthiopische Hochland, die Däga [1].

Bizarre, zerklüftete Gebirge, manchmal war uns, als griffen steinerne Finger nach dem Flugzeug. Service? Natürlich gab's auch Service an Bord. Nach einer Viertelstunde Flug öffnete sich die Cockpit-Tür, heraus kam der Copilot und servierte Coca.

Bitte sehr!

Wir landeten glatt in Dire-Dawa. Ein einigermaßen ebenes Feld, Grasbüschel, rötlicher fester Lehmboden, ein kleiner Flachbau – der Flugplatz! Natürlich mußten wir zuerst den Gouverneur besuchen. Das gehört in Äthiopien sozusagen zum guten Ton. Im Hotel in Addis Abeba hatte ich mal von drei englischen Kunsthistorikern gehört, die alte Kirchen besichtigen wollten. In einer Provinz hatten sie es dann versäumt, dem Gouverneur ihre Aufwartung zu machen. Prompt wurden sie festgenommen. Da nutzten ihnen auch die vielen Empfehlungschreiben aus der Hauptstadt nichts. Die Hauptstadt ist weit, hier war der Gouverneur der Boß. Erst nach zwei Nächten in einer verlausten Gefängniszelle wurden die Engländer wieder freigelassen. Der Irrtum habe sich aufgeklärt hieß es, man wünsche gute Weiterreise.

Unser Gouverneur war so ein Zackiger. Groß, schlank, gewachsen wie ein Pfahl, knappe Bewegungen, sprach fließend englisch.

»So, nach Bisidimo wollen Sie, einen Film drehen? Das finde ich aber sehr gut. Das sind tüchtige Leute dort. Die haben viele Felder angelegt, mit Gemüse, Kaffee, Blumen, mit Tef [2] Ja, sie decken da nicht nur ihren eigenen Bedarf, die beliefern sogar die Geschäfte und Hotels in Harrar und Dire-Dawa. Wirklich tüchtige Leute.«

Nach Harrar fuhren wir mit einem Taxi.

Dann standen wir vor dem Bus, der uns nach Bisidimo bringen sollte. Mißtrauisch schlich Hinrich um den klapprigen Kasten herum. Ein Italiener schlenderte heran. »Sie brauchen keine Angst zu haben«, grinste er. »Der fährt schon zehn Jahre, und der fährt bestimmt auch noch die nächsten zehn.«

---

1 Däga = die hohen Zonen in Äthiopien. Berge bis über 4000 m. Die anderen Zonen heißen Waina Däga = die mittlere Zone; die Kolla = tiefe Zone. Letztere ist sehr heiß und trocken. Malariagebiet.
2 Tef = ein grasartiges Getreide. Hauptnahrungsmittel in Äthiopien.

Der Bus fauchte und ratterte und holperte. Aber er fuhr. Wir waren die einzigen Europäer. Stolze Amharen und Gollas mit Gewehren neben uns, Priester, Hirten, Bäuerinnen mit gackernden Hühnern in einem Tuch. Michael war unbestrittener Mittelpunkt. Diese blitzende Kamera, die er da neben sich auf dem Sitz hatte! Das Stativ, die Objektive – hundert Hände grapschten danach. Michael schwitzte und fluchte.

»Sieh man zu, wie du da klar kommst«, stichelte Hinrich. Michael warf ihm nur einen wütenden Blick zu. »Hilf mir lieber, du Blödmann«, zischte er. »So viel Augen kann einer alleine ja gar nicht haben, um da überall aufzupassen.«

Vor uns eine weite Ebene. Graue Berge im Hintergrund. Mannshohe Kakteen säumten den Weg. Plötzlich hielt der Bus.

»He, ihr Fremde«, radebrechte der Fahrer englisch nach hinten. »Ihr jung, ihr Stückchen laufen.«

Schon standen wir draußen. Der Bus entschwand in einer Staubwolke. Rings um uns nichts, nur Äthiopien und blauer Himmel.

Doch stopp! Da stand ja noch ein winziges Schild. »Bisidimo-Center« entzifferte Hinrich. »Na, dann laß uns man marschieren. Wir sind ja jung, ihr habt's ja gehört.« Sprach's, schnappte sich eine von Michaels Taschen und marschierte los, wir fluchend hinterdrein. Nach einer Weile kreischte eine Pavian-Herde neben uns her. Ich hatte dem einen Affen eine Banane zugeschmissen. War ein Fehler, wir wurden sie überhaupt nicht mehr los. Immerhin – wer kann in Old-Europe schon mit einer Pavian-Herde spazierengehen?

Etwa eine halbe Stunde waren wir unterwegs, als in der Ferne ein paar weißgekleidete Gestalten auftauchten.

»He, kommt mal her«, schrie Hinrich und winkte heftig. Doch sie grinsten nur verlegen und liefen in immer gleichem Abstand neben uns her. Dafür verschwanden die Paviane.

Noch eine halbe Stunde. Dann tauchte eine Ansiedlung vor uns auf. Langgestreckte, weiße, saubere Flachhäuser, in der Mitte ein richtiger deutscher Kirchturm. Bisidimo.

Ein paar hundert Meter vor der Siedlung ein Schlagbaum. Einfach so in die Landschaft gestellt. Man konnte links dran vorbeigehen, man konnte rechts vorbeigehen. Man konnte ihn aber auch heben und durchmarschieren. »Wie im Zirkus«, stieß mich Michael an. »Wenn die Clowns in der Manege eine Tür aufstellen, nur so eine Tür. An beiden Seiten ist es frei, aber da steht eben eine Tür.«

In der Zwischenzeit waren es immer mehr Weißgekleidete geworden. »Ob das wohl alles Lepra-Kranke sind«, fragte Hinrich doch ein wenig ängstlich. »Man, hoffentlich stecken wir uns nicht doch an.«

Dann sahen wir plötzlich das Mädchen: Kurzgeschnittene blonde Haare, blaue Augen, ein weißer Kittel, vorn weit geöffnet, Bikini darunter, viel sonnengebräunte Haut, herrlich gewachsene Beine.

»Das kann doch nicht wahr sein«, flüsterte Michael und rieb sich die Augen. »Das ist ja Hamburg! Hamburg mitten im Busch.«

Es war auch Hamburg. Elke Besler, medizinisch-technische Assistentin im Entwicklungsdienst. Heimatadresse: Blankenese. Seit zwei Jahren in Bisidimo.

»Was, aus Hamburg seid ihr? Und ihr wart Silvester noch dort?« Sie klatschte immer wieder fassungslos in die Hände. »Los, los, kommt, ihr müßt erzählen. Mindestens einen Tag müßt ihr erzählen.«

Sie schleppte uns zu der Kirche. Ein breitschultriger, dunkelhaariger Mittvierziger beschnitt dort Blumen. »Herr Soellner, Herr Soellner! Wir haben Besuch bekommen. Aus Deutschland.«

Na, die scheinen ja hier auf uns gewartet zu haben. Wie Kirsten zu Weihnachten, dachte ich.

Überströmende Herzlichkeit überall. Bei den Soellners, bei dem Chefarzt, bei seiner üppigen Frau, bei den paar Schwestern, den Handwerksmeistern. Dreizehn Deutsche.

»Wir sind so etwas wie eine winzige deutsche Kolonie hier«, erzählte Franz Soellner abends. Wir saßen behaglich beim Tee auf der Terrasse seines Hauses. »Alles Entwicklungshelfer, die für das Deutsche Aussätzigen-Hilfswerk arbeiten. Prima Jungs und Mädchen.« Stolzer Blick in die Runde. »Dabei ist das ein verdammt harter Job hier. Sie müssen sich mal vorstellen: die meisten Kranken, die zu uns kommen, können nicht schreiben und nicht lesen. Irgendwo haben wir sie aufgegabelt. Sie haben oft noch nie in ihrem Leben Schuhe getragen. Daß sie sich waschen müssen, täglich ein paarmal, müssen wir ihnen mühsam beibringen.«

Franz Soellner leitete das Lepra-Zentrum mit Unterbrechungen seit seiner Gründung 1960.

»Damals haben wir noch in Zelten hier gehaust«, erinnerte er sich. »Zuerst legten wir die Felder an. Gemüse, Kartoffeln, Tef, Kaffeeplantagen. Das ist nämlich das wichtigste an der Therapie: die Leute müssen beschäftigt werden, die müssen sehen, daß ihr Leben noch

Sinn hat. Deshalb sind ja auch die Handwerksmeister hier. Die Kranken sollen nämlich nicht nur Gemüse anbauen, die sollen auch etwas lernen. Tischlern zum Beispiel, ein bißchen schlossern oder schneidern. Wenn sie dann später wieder draußen leben müssen, dann sind sie Spezialisten und ihre Mitmenschen vergessen vielleicht, daß sie Kranke vor sich haben, die sie sonst meiden.«

»Eine richtige Resozialisierung also«, meinte Hinrich.

»Ja, eine richtige Resozialisierung«, entgegnete Soellner.

»Nur reden wir hier nicht so oft davon.«

»Und wie ging das dann damals alles weiter?« wollte Michael wissen.

»Ja, da hatten wir also die Felder«, berichtete Soellner. »Aber das zog auch die Elefanten und vor allem Paviane an. So leicht kommen die natürlich sonst nicht an Leckerbissen. Manchmal standen sie mitten zwischen den Zelten, standen einfach so rum, die Kolosse. Und wenn sie sich umdrehten, dann rissen sie mit dem Hintern oder dem Rüssel unsere Behausungen ein. Mann, das war vielleicht eine irre Zeit.«

Soellner zog schmauchend an seiner Pfeife. Seine Frau goß Tee nach.

»Und dann haben wir die Kirche hier gebaut. So eine richtige deutsche Kirche. Manchmal ist man eben doch sentimental. Die Kirche jedenfalls wurde unser Zentrum. So nach und nach entstanden dann die Häuser. Und jetzt – na ja, Sie sehen ja selbst: wir haben nun 320 Betten hier, annähernd 600 Patienten, ein festes Hospital für 60 Patienten, die liegen müssen, Küche, Tischlerei, Kfz-Werkstatt, Wäscherei, eine Schule, Tierzucht, eigenes Bewässerungssystem, wir unterhalten einen mobilen Hilfsdienst, der durch die Dörfer fährt und etwa 3700 Kranke betreut.«

Stolz schwang in seinen Worten mit.

»Und wie lange bleiben die meisten Kranken hier?« erkundigte ich mich.

»Ja, das ist der Haken«, antwortete Soellner. »Wir können sie nur ein- bis anderthalb Jahre höchstens aufnehmen. Dann müssen sie wieder raus, weil andere Kranke nachdrängen. Das wäre alles nicht so schlimm, aber ein großer Teil der Leute, die hier entlassen werden, vergißt natürlich, sich draußen ambulant behandeln zu lassen. Oder sie haben keine Möglichkeit, weil der nächste Arzt oder das nächste Hospital viele Tagemärsche entfernt ist.«

Er seufzte resigniert.

Hinrich hatte inzwischen den Schrank mit den Gewehren entdeckt. »Wozu brauchen Sie die denn?« fragte er. »Für die Jagd? Oder stehen die nur so als Schmuck herum.«

»Sie haben vielleicht eine Ahnung«, amüsierte sich Franz Soellner. Und dann erzählte er die Geschichte von den Somalis:[1]

Es geschah zwischen dem Kleinen Regen[2] und dem Großen Regen. Es war ungewöhnlich heiß, die Sonne hing dumpf und brütend am Himmel, alle schlichen umher, als hätten sie Blei an den Sohlen. Plötzlich Geschrei. Assefa kam angerannt. Assefa hatte Wache, draußen an der Kaffeeplantage. Er lief, als wäre ihm der Leibhaftige persönlich auf den Fersen.

»Die Somalis kommen! Die Somalis kommen!« schrie er unentwegt und fuchtelte mit den Händen in der Luft umher.

Bisidimo verwandelte sich in einen Bienenschwarm. »Schnell, alles in die Kirche«, befahl Soellner. »Los, los, schnell. Helft den Kranken aus dem Hospital.«

Und Assefa flüsterte er zu: »Du bist ein guter Läufer. Du bist jetzt unser wichtigster Mann. Los, renne nach Harrar. So schnell du kannst. Erzähl dem Polizeichef, was hier los ist.«

Minuten später lag die Station wie ausgestorben da. Nur in der Kirche wisperten und tuschelten über 600 verängstigte Menschen. Ein Glück, daß wir hier feste Mauern gebaut haben und massive Türen, dachte Soellner. Die kriegen sie nicht so schnell auf. Da können sie sich ganz schön die Zähne dran ausbeißen. Hoffentlich kommt bald Hilfe. Angestrengt spähte er durch den Sehschlitz. Nichts. Plötzlich entdeckte er die Staubwolke am Ende des Dorfweges, die sich schnell näherte.

»He-he-he« brauste es heran. Ungefähr dreißig zottige Pferde, zerlumpte Gestalten drauf, die Köpfe dicht über die Hälse gebeugt. Gewehre knallten, Pistolen feuerten, wilde, verwegene Gesichter, Turban über die Stirn gedrückt.

Nach einer Weile hörte das Schießen auf. Soellner beobachtete, wie die Somalis vorsichtig in die Häuser schlichen. Dann kam der erste an die Kirchentür, versuchte sie aufzureißen.

---

1 Somalia = Nachbarland im Osten und Südosten Äthiopiens. In der Provinz Harrar liegt Bisidimo nur rund 100 Kilometer von der Grenze entfernt.
2 Kleiner Regen = eine kürzere Regenzeit etwa im April.

Drinnen war es totenstill geworden. Auch Soellner hatte sich von seinem Beobachtungsposten zurückgezogen. Die Frauen, dachte er, Herrgott, wenn wir doch nur die Frauen nicht hier hätten! Laß sie doch rauben und stehlen! Aber die Frauen.

Er wußte, wie es Frauen ergangen war, die Somalis in die Hände fielen, lieber gar nicht dran denken.

Draußen hämmerte es gegen das Tor. Schüsse peitschten dagegen. Wie lange kann es dauern, bis Hilfe kommt, überlegte Soellner. Ob Assefa es überhaupt bis Harrar geschafft hat?

Ohne Übergang brach die Nacht herein. Geschrei draußen, Feuer flackerten auf. »Die wollen sich wohl hier richtig häuslich niederlassen«, flüsterte der Chefarzt, der neben Soellner getreten war.

Dann hörten sie in der Ferne das Motorengebrumm. Soellner sah, wie der Anführer der Somalis sich aufrichtete, wie er Befehle gab und wie sich seine Leute zurückzogen.

Drei schwere Lastwagen fuhren in Bisidimo Center ein, stoppten, Polizisten sprangen herab, schwärmten aus, schossen.

Richtiger Buschkrieg, dachte Soellner. Doch die Erleichterung spiegelte sich in seinem Gesicht wider.

Zwei Stunden später sprengten die Somalis in wilder Flucht zur Grenze. Drei Tote ließen sie zurück. Von den Polizisten hatte es einen am Arm erwischt – weiter nicht schlimm. Die Patienten lagen wieder in ihren Betten, die Lastwagen fuhren ab, zehn seiner Leute ließ der Kommandeur hier.

Man kann schließlich nie wissen. Somalis – denen ist alles zuzutrauen.

Bisidimo lag wieder so da, als sei das ganze nur ein böser Spuk gewesen. Die Nacht war samten und weich und voller geheimnisvoller Stimmen; die Schritte der Polizeiposten knirschten im Sand, ein leiser Wind war aufgekommen. Hyänen wimmerten und schlichen durch das Dorf.

Nur noch die Deutschen waren zusammen. Auf Franz Soellners Terrasse saßen sie und redeten sich die Aufregung ab. Nein, an Schlaf war diese Nacht nicht mehr zu denken.

»Wissen Sie, wann das war?« fragte uns Franz Soellner. Er wartete die Gegenfrage nicht ab. »Das ist noch keine 6 Jahre her. Und das kann immer wieder passieren.«

Er drehte sich Hinrich zu: Ganz leichtes Lächeln: »Wissen Sie nun, warum wir die Gewehre haben?«

Wir blieben drei Tage in Bisidimo. Aus dem geplanten Filmchen wurde ein halbstündiger Film. Man zeigte uns alles, wir durften überall drehen.

Nur ein winziges Häuschen war da – dort sollten wir nicht rein. »Da liegt unser schlimmster Fall«, sagte Franz Soellner. »Den Anblick möchte ich Ihnen gern ersparen.«

Rückflug nach Addis Abeba. Elke Besler flog mit uns. »Ein paar Tage Urlaub machen in der Hauptstadt«, sagte sie leichthin. Die zwei Stunden huschten dahin. Ein bißchen flirten, lachen, »Talkwalk«, wie es heute heißt. Haben wir noch etwas vergessen zu erzählen? Von Hamburg und so?

Kurz vor der Landung sagte Elke: »Wißt ihr, ich habe einen Freund in Addis, einen Arzt aus Indien. Der holt mich am Flughafen ab. Ist ein prima Kerl, aber verdammt eifersüchtig. Ist besser, wir tun so, als ob wir uns nicht kennen, ja?«

Landung, Gangway, Flughafengebäude. Ein junger Mann hinter der Barriere, sah aus wie eine Mischung aus Gregory Peck, James Stewart und Alain Delon. Elke flog ihm entgegen.

Wir gingen vorbei, als hätten wir uns nie gesehen.

## Endlich

In der Rezeption lag ein Zettel für uns: »Alle Ihre Zollformalitäten sind erledigt. Das Gepäck ist im Hotel abgestellt worden. Die Waffenlizenzen habe ich auch. Ein Auto mit Fahrern stellt Ihnen Dr. Vees, leitender Professor, deutscher Geophysiker, der hier zur Zeit Erdkrustenmessungen vornimmt. Sie brauchen nur noch Ihre Träger. Semerdschan.«

Was war mit Michael? Hatte der plötzlich einen Veitstanz bekommen? Er hopste auf einmal umher wie ein Verrückter, schmiß die langen Beine, als würde Bill Haley seinen wüstesten Rock hämmern, dann sank er in den nächstbesten Sessel: Stöhnte entzückt:

»Mann, dann können wir ja los! Das kann doch nicht wahr sein! Mensch, Rüdiger, endlich!«

Endlich!

Drei Tage später brachen wir auf. Wir hatten sechs Träger gemietet und einen Führer. »So etwa hundert Kilometer vor dem Tana-See müssen wir Sie in der Gegend um Mota leider absetzen«, hatten die vom Geophysikalischen Institut gesagt. »Sonst verlieren wir zu viel Zeit. Für die letzte Strecke wäre es besser, wenn Sie sich einen Führer besorgen.«

Ich hatte den Mann schon ein paarmal vor dem Hotel-Eingang gesehen. Als ich abends zurückkam, sprach er mich an. Gebrochenes Englisch, dazwischen ein paar Brocken Arabisch. Ob es stimme, daß wir zum Blauen Nil wollten? Ob er uns führen dürfe?

»Was verlangst du?« fragte ich?

»Zehn Dollar«, antwortete er.

Er hieß Jegiga. Man sah ihm an, daß er die Lepra hatte. Noch kein schwerer Fall.

»Gehst du auch immer zum Arzt?« fragte ich ihn.

»Du bist Deutscher?«, fragte er zurück. Und dann erzählte er mir, daß er in Bisidimo war. Ein Jahr lang.

In den nächsten Tagen erfuhr ich seine Geschichte. Ich erfuhr sie von einem Arzt, von ihm, von seinen Landsleuten. Die Geschichte von Jegiga, dem Teufelskind:

## Der Aussätzige

Jegiga saß am Feuer und träumte. Er hatte seine Shamma[1] bis dicht unter das Kinn gezogen, so daß das Gewand ihn einhüllte wie ein weißer Schleier, der nur den Kopf frei ließ. Die Flammen huschten über sein Gesicht und spiegelten sich in den erdbraunen Augen, die ausdruckslos waren und nicht verrieten, was hinter ihnen vorging.

Jegiga war allein. Nur die Nacht war bei ihm und der Wind, und die drei Weißen. Spielerisch glitt der Wind durch das Feuer, ließ es auflodern, duckte es im nächsten Moment wieder. In der Nähe bellte eine Hyäne. Jegiga drehte langsam und lauschend den Kopf in die Dunkelheit. Leise Furcht kroch in ihm hoch. Hyänen! Er wußte, daß sich Budas[2], die Menschen mit dem bösen Blick, nachts gern in Hyänen verwandelten, um so ihre Opfer zu suchen. Was wollten sie noch von ihm? War er nicht schon ein Gezeichneter?

1 Shamma = traditionelles weißes Fallgewand der Äthiopier
2 Buda = Geisterglaube, bedeutet »Person mit bösem Blick«

Er sah hinüber zu den anderen Feuern, an denen die Träger saßen. Dort lachte und lärmte es wie bei einem Fest. Manchmal sprühten Funken in die Nacht, und Jegiga wußte, daß dann der Spieß gedreht wurde, an dem das saftige Stück Fleisch über dem Feuer hing. Die Ferénzis [1] hatten es gegeben, die drei weißhäutigen Fremden, die von weither gekommen waren und zum Abai [2] wollten, den sie »Blauer Nil« nannten.

Er wäre auch gern an diesen Feuern gewesen, doch die anderen, die Träger, wollten Jegiga nicht in ihrer Mitte haben. Dabei hätte er ihnen viel erzählen können, denn Jegiga war kein armer Mann – er besaß Erfahrung und Weisheit, und er könnte eine Menge berichten von dem Leben, das die meisten, die an den anderen Feuern lärmten, noch vor sich hatten. Viel würde er geben, wenn sie ihn einmal nur bitten würden: »Erzähl uns, Jegiga, erzähl uns, wie es früher war.«

Doch sie baten nicht, und Jegiga wußte, daß sie ihn niemals bitten würden. Sie sahen ihn nur scheu an, er spürte, wie sich ihre Blicke in seinen Rücken bohrten. Doch wenn er sich umsah, dann drehten sie verlegen die Köpfe weg und machten sich davon.

Jegiga war nicht zornig auf sie. Er wußte, daß er nicht anders handeln würde, wenn er an ihrer Stelle wäre. Zu lange schon gehörte er zu den Kindern des Teufels, er begehrte nicht mehr auf, er war nur noch traurig. Und er wartete ängstlich darauf, daß Miggannja [3] sich wieder rühren würde, die rote Schlange, die in seinem Körper wohnte. Miggannja war in den letzten Wochen wieder unruhiger geworden. Manchmal biß sie in seinem Inneren um sich, daß er sich schreiend vor Schmerzen auf dem Boden wälzte und die Neugierigen, die sich schnell um ihn scharten, ängstlich zurückwichen.

Doch war Miggannja nicht Jegigas größter Schrecken. Viel mehr Furcht noch hatte er vor Tekusat [4], diesem stillen, unheimlichen Dämon, der das Blut zum Kochen bringt und die Haut nach außen wölbt, bis sie aufreißt, der die Muskeln und Sehnen anfällt, bis sie die Befehle nicht mehr ausführen, die der Mensch ihnen gibt. Tekusat ist ein merkwürdiger Dämon; er fetzt dir Löcher in die Haut, aber

---

1 Ferénzi = Europäer
2 Abai = Blauer Nil
3 Miggannja = Figur aus dem Geisterglauben, bedeutet eine rote Schlange, ruft Koliken hervor.
4 Tekusat = Ebenfalls eine Figur aus dem Geisterglauben. Ruft Fieber hervor und Lepra.

du fühlst es überhaupt nicht. Du kannst einen glühenden Stein an die Wunde halten, doch das einzige was du merkst, ist der Geruch verbrannten Fleisches.

Deines Fleisches!

Jegiga war schon seit vielen Jahren ein Opfer Tekusats. In den letzten Monden hatte er sich besser gefühlt, seit er in dem Camp gewesen war, das die weißen Hakims [1] »Bisidimo« nannten. Die Hakims sagten, er sei nichts anderes als krank, er habe die Lepra.

Jegiga aber glaubte, daß Tekusat sich nur verborgen hatte. Er würde wieder sein Versteck verlassen, wenn die Hakims ihren Zauber nicht mehr anwenden konnten.

Tekusat war nicht nur ein stiller Dämon, er war auch ein geduldiger Dämon. Und Jegiga fürchtete, daß er sich bald wieder den anderen anschließen müsse, wenn er Gefährten haben wollte. Denen, auf deren Augen und Ohren die Geister sitzen, und die deshalb nicht sehen und hören können.

Den Teufelskindern, den Verdammten.

Jegiga war im Kaffa-Hochland [2] geboren worden, in einem Sommer, den die Väter den »Sommer der Paviane« nannten. Dreister als in den anderen Jahren drangen die Tiere in die Felder ein. Sie fraßen die Mais- und Hirsekolben auf, verwüsteten die Kaffeepflanzung, und die Mädchen des Dorfes mußten tagsüber Wache halten und Steine werfen, um die Eindringlinge zu vertreiben.

Jegiga dachte gern an seine jungen Jahre zurück. Frei von Sorgen waren sie, die Rinder sahen prall und gesund aus, in jedem Haus gab es genug Fleisch und Brot, und abends saßen die Männer beisammen und tranken Talla [3] oder Tagg [4].

Einst war das Land ein Königreich gewesen. Der Ibede goda [5] hatte unumschränkt geherrscht; der Ibede goda war der Vertreter Dotschs [6], des Königs aller Geister. Dotsch hatte ihn geschickt, um aus dem Munde Ibede godas seine Befehle zu verkünden.

---

1 Hakim = Arzt.
2 Kaffa-Hochland = Eine Provinz in Äthiopien. Bis 1897 selbständiges Königreich.
3 Talla = Aus Hirse gebrautes Bier.
4 Tagg = Aus Honig gewonnener, stark berauschender Wein.
5 Ibede goda = Bei den Kaffas der Hohe Priester, weltlicher und geistlicher Regent.
6 Dotsch = der oberste Gott der Kaffas.

Dann waren die Fremden gekommen, die Amharen, die einen anderen Gott hatten. Christus nannten sie ihn, und er mußte ein sehr mächtiger Gott sein, denn die Amharen besetzten das Land und alle wichtigen Posten.

Immerhin waren sie keine gestrengen Herren. Sie ließen den Kafitschos ihren Dotsch und ihre Ekkos[1]; sie lächelten darüber und ihre Mienen verfinsterten sich nur, wenn die Steuern und Abgaben nicht pünktlich gezahlt wurden.

Eines Tages war der Alamo[2] des Dorfes gestorben. Man hatte ihn draußen gefunden, nicht sehr weit von dem großen Tef-Feld entfernt. Eine Schlange mußte ihn überrascht haben, deutlich waren die beiden Punkte auf dem Handrücken zu sehen, wo sie ihre Zähne eingeschlagen hatte.

Der Alamo war ein guter Mann. Er wurde im Dorfe verehrt und man hatte ihm Opfer gebracht, sooft er es verlangte.

Jetzt aber war sein Geist frei geworden. Er suchte sich einen neuen Alamo, und mit dem war das Unglück über das Dorf gekommen. Der Regen fiel nicht mehr so reichlich, die Ernten wurden schlecht, der Hunger hielt Einzug in die Hütten und viele Felder wechselten ihre Besitzer. Denn vor der Kaffee-Ernte stiegen die Preise für Getreide so stark an, daß sie kaum jemand bezahlen konnte. Die Händler verliehen einen Korb Mais an die Bauern und ließen sich später dafür einen genauso großen Korb Kaffee zurückzahlen.

Das war ein hinterhältiger Handel. Die Bauern konnten dabei nicht auf ihre Kosten kommen, weil sie außerdem bis zur Hälfte ihrer Ernte den Großgrundbesitzern abliefern mußten. Sie mußten die Felder aufgeben.

Jegiga und die Seinen kehrten dem Land den Rücken. Sie packten ihr Hab und Gut auf Esel und zogen nach Norden, und viele zogen mit ihnen. Ein großer Fluß, hatte man ihnen erzählt, sollte dort sein. In dem würde es Fische geben, so viele, daß man sie fast mit bloßer Hand fangen könne. Außerdem nisteten Enten dort, deren Fleisch köstlich schmeckte, und es gäbe Antilopen und Wildschweine. Und Tef könne so reichlich angebaut werden, daß jeder satt werden würde.

Es wurde eine lange und mühselige Reise. Mächtige Berge ver-

---

1 Ekko = Bei den Kaffas die Geister.
2 Alamo = Bei den Kaffas der vom Ibede goda eingesetzte Vertreter.

sperrten ihnen den Weg, in manchen Dörfern wurden sie freundlich aufgenommen, in anderen jagte man sie davon. Sie hielten sich eng zusammen, denn wer zurückblieb, der lief Gefahr, von den Shifftas [1] überfallen zu werden, die das Land unsicher machten und jeden töteten, bei dem sie auch nur etwas zu erbeuten hofften.

Eines Tages hörten sie ein Rauschen in der Ferne. Es schwoll immer mehr an, wurde lauter und lauter, und als sie einen Felsen erstiegen hatten, sahen sie tief unter sich den Fluß dahinjagen. Er warf sich wild gegen die schwarze Schlucht, schäumte vor Zorn und geiferte mit weißen Spritzern nach oben.

Einen Tagesmarsch zogen sie in der Richtung, in der die Sonne unterging. Dann wurde das Land flacher, die Felsen blieben zurück, der Fluß breitete sich aus und verlor seine Wildheit. Leise murmelnd plätscherte er dahin, als sei es ein ganz anderer Fluß. Man konnte ihn sogar schwimmend überqueren.

Abends kamen sie in ein Dorf namens Mabil. Es thronte hoch im Berg über dem Strom, und sie fragten den Ältesten, ob sie sich ihre Tukulls [2] hier aufbauen dürften. Es gab lange Verhandlungen. Esel und Ziegen wechselten den Besitzer, was noch zu verschmerzen war. Schlimmer war schon, daß sie auch noch mit Gewehren und Munition zahlen mußten, dem wertvollsten Besitz im Lande.

Aber Jegiga fühlte sich schnell wohl in der neuen Heimat. Vor allen Dingen zog ihn der mächtige Fluß magisch an. Wenn er einen Tag nach Osten lief, dorthin, wo er mit seiner Familie auf den Fluß gestoßen war, dann wurden die Ufer wieder steiler und felsiger, sie engten das Wasser ein, und je mehr sie das taten, um so heftiger wehrte es sich. Böse gurgelnd schoß es über die Felsen, die mitten in seinem Bett lagen, zog tückische Strudel, und Jegiga schauderte bei dem Gedanken, dort hineinzustürzen.

Er hatte von Werselja [3] gehört. Vielleicht war hier das Reich der schwarzen Dämonin, die nachts in die Hütten schlich, wo Neugeborene lagen. Sie strich ihnen mit der Hand über die Augen, und wenn morgens die Mutter nach ihrem Kind sah, dann fand sie es tot. Werselja hatte ihm die Seele geraubt.

Jegiga beschlich ein merkwürdiges Gefühl, wenn er von Werselja

1 Shiffta = Räuber.
2 Tukull = Rundhütte.
3 Werselja = eine Dämonin.

hörte. Einerseits hatte er Furcht, entsetzliche Furcht, andererseits fühlte er sich auf eine geheimnisvolle Weise angezogen. Die schwarze Dämonin, so hatte er von einem Däbtäras [1] gehört, lebte schon seit Urzeiten im Lande. Vor vielen hundert Jahren hatte sie einmal den Sohn eines großen Königs geraubt, des Königs Susenjos. Dieser aber war ein tapferer Mann. Er ließ sein Pferd satteln und zog allein aus, den Sohn zu rächen. Nach vielen Tagen fand er Werselja, er besiegte sie und stieß ihr den Speer in die Lende. Die Dämonin wimmerte um Gnade; König Susenjo aber schenkte ihr das Leben, nachdem er ihr das Versprechen abnahm, dort keine Kinder mehr zu töten, wo man sich auf ihn berief. Für drei Patronen hatte der Däbtäras allen, die es wünschten, ein Ketab [2] verkauft mit geheimnisvollen Schriftzeichen. Der Priester sagte, daß alle, die es trugen, sich in König Susenjos Schutz begaben.

Jegiga legte das Amulett niemals ab.

Die Monde gingen ins Land, aus Jegiga wurde ein junger Mann. Er lernte den hölzernen Pflug zu führen, er gehörte zu den besten Ringern im Dorf, im Laufen konnte ihn niemand schlagen, der Vater lehrte ihn, mit dem Gewehr umzugehen. Manchmal träumte Jegiga davon, ein großer, berühmter Jäger zu sein. Er wollte Krokodile erlegen, die tagsüber faul und träge am Ufer lagen, tückisch blinzelten, wenn man sich ihnen näherte, bevor ihre mächtigen gepanzerten Leiber ins Wasser glitten.

Jegiga wußte, daß Krokodile vor allen Dingen nachts ihre Opfer suchten, wenn der Mond untergegangen war und die Wasser des Abai mit dem Dunkel der Nacht wetteiferten. Gnade dem, der dann den Fluß durchqueren mußte.

Manchmal nahm sich Jegiga heimlich das Gewehr des Vaters. Dann lief er zum Fluß, erkletterte einen Felsen und stellte sich hin, so wie er es immer bei den Jägern sah: breitbeinig, die Waffe über beide Schultern gelegt, die Arme nach hinten über Lauf und Schaft geschlungen, unbeweglich, unnahbar, stolz.

Und dann lebte das Mädchen Astir im Dorf. Astir hatte eine Haut wie Bronze, ihre Augen leuchteten dunkel-herausfordernd, die Lippen waren voll und geschwungen, das Haar lag wie ein dunkler Teppich über dem Kopf. Wenn Astir durch das Dorf ging, schwingend

1 Däbtäras = nicht geweihter Priester.
2 Ketab = Amulett.

wie eine gespannte Stahlfeder, dann folgten ihr die Blicke der jungen Männer. Sie steckten die Köpfe zusammen und tuschelten. Auch Jegiga sah Astir gern. Manchmal träumte er von ihr heiße und wirre Träume. Wenn Jegiga aus ihnen erwachte, fühlte er sich beschwingt und bedrückt gleichzeitig.

Jegiga liebte Astir. Er wollte seinen Vater bald bitten, in Astirs Tukull zu gehen, um für ihn als Brautwerber aufzutreten. Er wußte, daß lange Verhandlungen notwendig waren, denn Astir war schön, sie würde sicher nicht wenige Hühner, Ziegen und Patronen kosten.

Die Zukunft, so dachte Jegiga, die Zukunft wird schön werden. Mit Astir als Ehefrau, die Tonkrüge auf dem Kopf trug, als seien sie aus leichtem Schilf geflochten. Und sicher würde sie den Wot[1] besonders scharf zubereiten, und Engara, das flache Fladenbrot, würzig backen.

Jegigas Tage schwebten auf weißen Wolken. Was tat es schon, daß er ein Kafitscho war, ein Kafa, kein Amhare, die alle einträglichen Stellungen bekleideten. Merkwürdige Menschen, diese Amharen, dachte er. Manchmal nennen sie uns verächtlich Schankilla[2] – so, als wäre ihre Haut nicht ebenfalls braun, sondern weiß, wie die Haut der Fremden, die von weither kamen.

Jegiga wollte kein Kind eines Amharen sein. Er hatte einmal beobachtet, wie in einem amharischen Haus das Essen aufgetragen wurde. Der Vater bekam allein die Schüsseln mit Fleisch, Gemüse und Kartoffeln vorgesetzt, die Kinder mußten mit dem Gesicht zur Wand stehen und warten, was er ihnen übrigließ.

Nein, Jegiga war froh, daß er ein Kafa war.

Eines Morgens sah er den Fleck auf seinem Arm. So groß wie ein Centstück, genau in der Beuge des Ellbogens, ein wenig heller als die übrige Haut, beinahe so, als hätte man den Daumen längere Zeit auf diese Stelle gedrückt.

Jegiga spürte, wie ihn die Angst ohne Vorwarnung anfiel. Hätte er sich im Wasser befunden und ein großes Krokodil wäre vor ihm aufgetaucht – sein Entsetzen hätte nicht größer sein können.

Hastig wischte er mit der Hand über das Mal, das so harmlos aussah. Nichts! Nicht einmal die Berührung spürte er, als er gleich darauf seinen Fingernagel in das Fleisch bohrte. Für einen Moment faszi-

---

1 Wot = eine sehr scharfe Sauce.
2 Schankilla = abschätziger Name für Neger, Farbige.

nierte ihn das. Wenn man nicht hinschaut, dachte er, dann wüßte man nicht einmal, daß man seinen eigenen Körper berührt hat.

Sofort war die Furcht wieder da. Jegiga wußte, was dieses Mal bedeutete – jeder in Äthiopien wußte das. Aina Telja[1], das unglückbringende Auge, hatte seinen Blick auf ihn geworfen. Mochte der dicke Nachbar auch verächtlich lachen, wenn man im Dorf von Aina Telja sprach. Er war aus der Hauptstadt gekommen, hatte dort sogar eine Schule besucht und glaubte klüger zu sein als die anderen Bewohner. »Du bist krank«, sagte er zu jedem, dessen Haut sich so merkwürdig verfärbt hatte. »Du hast die Krankheit, die Lepra heißt. Das ist eine sehr schlimme Krankheit. Du mußt dich von den anderen fernhalten.«

Die anderen tuschelten über den Nachbarn. Eine Krankheit, ja – das wußten sie selbst, dazu brauchte man nicht die Schule besucht zu haben. Aber daß diese Krankheit nicht einfach nur so daherkam, daß sie vielmehr der Teufel geschickt hatte – das wollte der dicke Nachbar nicht wahrhaben. Jegiga schauderte es. Er war ein Kind des Teufels geworden – des Teufels und der bösen Geister. Er dachte an die anderen im Dorf, die der Aina Telja getroffen hatte und die jetzt dem Teufel gehörten. Sie waren die Ausgestoßenen. Keiner nahm sie mehr auf, jeder machte einen weiten Bogen um sie, selbst die räudigsten Köter schlichen scheu um sie herum.

Die Kinder des Teufels!

Nachts, wenn die Dunkelheit die anderen Dorfbewohner in die Häuser trieb, dann saßen sie zusammengedrängt an einem Feuer, um sich zu wärmen. Dann verzehrten sie die armseligen Brocken, die die Angehörigen der Familien ihnen hingestellt hatten.

Das war auch der einzige Kontakt mit ihnen.

Und Jegiga dachte an die, die der Teufel schon viele Jahre gezeichnet hatte. Verstümmelte Hände, die sich nicht mehr schließen konnten; Füße, kaum noch als solche zu erkennen; Gesichter, manchmal nur noch Löcher statt einer Nase, oder ein Mund, eine blutige Grube, aus der die Zähne gespenstisch leuchteten.

Eine Zeitlang verstand es Jegiga, seine Familie zu täuschen. Doch der Fleck wuchs und wuchs, und eines Tages sah ihn der Vater.

Von diesem Augenblick an gehörte Jegiga zu den Teufelskindern. Sie hatten ihn aufgenommen in ihren Kreis, gleichgültig, kaum, daß

1 Aina Telja = Aberglaube. Person mit übelbringenden Augen.

jemand Notiz von ihm nahm. Hier hatte jeder mit sich selbst genug zu tun.

Jegiga aber wollte sich noch nicht mit dem Schicksal abfinden. Nächtelang lag er da und überlegte, was er getan haben mochte, daß solche Strafe auf ihm lastete.

Eines Tages ging er zum Kallittscha, dem Zauberer des Dorfes. Es war eine unheimliche Hütte. Dämmriges Licht erschwerte das Sehen, ein Vorhang aus Schnüren teilte den Raum in zwei Hälften, überall hingen Amuletts und geheimnisvolle Zeichen.

»Bleibe stehen, wo du bist«, sagte der Kallittscha. Er saß hinter dem Vorhang und war nur undeutlich zu erkennen. »Was willst du von mir?«

»Kannst du mir helfen, Kallittscha?« fragte Jegiga.

Einen Moment war es still. »Du bist von Aina Telja angeschaut worden, ja?«

Er wartete die Antwort gar nicht erst ab. »Ja, ich könnte dir helfen. Aber um die Geister milde zu stimmen, bedarf es fünfundzwanzig Patronen.«

Jegiga ging still hinaus. Fünfundzwanzig Patronen! Selbst früher, als er noch kein Kind des Teufels war, hätte er einen solchen Preis kaum bezahlen können.

Dann kam ein Fremder ins Dorf. »Ihr müßt in ein Hospital«, rief er. »Wenn ihr hier bleibt, dann werden noch viel mehr Leute krank werden.«

Und er schickte sie aus dem Dorf. »Geht irgendwohin, dort, wo ein Hospital ist«, sagte er.

»Wo ist ein Hospital?« fragten sie ihn. »Ich weiß es nicht«, antwortete er. »Dort, wo viele viele Menschen wohnen, dort ist meist auch ein Hospital. Ihr müßt es suchen.«

Jegiga hatte nun nicht einmal mehr ein Dorf. Manchmal durfte er in einer anderen Siedlung übernachten, manchmal jagten sie ihn weg. Jegiga gewöhnte sich an, die Menschen zu meiden; nur zu denen, die das gleiche Los trugen, hatte er noch Kontakt. Längst waren aus dem kleinen Fleck am Ellbogen dicke, häßliche Knoten geworden, die seine Arme und Hände verunstalteten. Oftmals am Tage tastete er sich über das Gesicht. Waren auch dort die Knoten schon zu spüren?

Am schlimmsten aber war dieses Alleinsein mit der Not, mit der Verzweiflung. Und diese ständig bohrende Frage: Warum, warum, warum? Warum gerade ich?

Schmerzen? – Er hatte keine Schmerzen. Er hatte nur Hunger, er fror in den Nächten. Und hoffen –? Er hoffte nur noch, wenn der Schlaf ihn mildtätig zudeckte.

An manchen Tagen waren es zwanzig und noch mehr, die sich zusammengeschlossen hatten. Sie saßen bettelnd am Wege oder sie schleppten sich müde dahin. An anderen Tagen war Jegiga allein. Dann fühlte er sich am besten.

Sein Ziel war Däbrä Sait[1]. Von einem Kratersee hatte er gehört, den es dort geben sollte, dem Wohnsitz eines mächtigen Geistes. Jedes Jahr, bevor der Kleine Regen einsetzte, fand dort ein großes Fest statt. Viele seien dort schon von Leiden befreit worden, hatte man ihm erzählt. Man müsse das Wasser des Sees über sich gießen lassen und ein Opfer bringen, um den großen Geist im See milde und gnädig zu stimmen.

Jegiga kam an den See, und mit ihm kamen viele Tausende. Die Pilger führten Ziegen und Esel und Hühner. Jegiga aber hatte wochenlang schon jeden Cent gespart, den mildtätige Seelen ihm zugeschmissen hatten, er hatte ein Huhn gekauft, um dem Geist sein Opfer bringen zu können.

Das Fest begann, als die Dunkelheit sich über das Land senkte. Viele hundert Feuer glühten um den See auf, monotoner Gesang erklang, Menschen beteten, andere rösteten Kaffee, um mit dem Wohlgeruch die Geister zu erfreuen, manchmal erhob sich der Schrei eines geopferten Tieres in die Nacht.

Unweit des Sees stand ein großer Baum. Es hieß, hier würden viele Untergeister wohnen. Jegiga kannte noch aus seiner Kindheit die Baumgeister. »Kolo« nannte man sie in seiner Heimat. Jedes Dorf hatte seinen heiligen Hain gehabt oder wenigstens einen heiligen Baum.

Er schlachtete das Huhn, so wie es vorgeschrieben war. Mit dem Blut beschmierte er den Baumstamm, den Kadaver grub er dort ein, wo die Wurzeln sich entlangzogen.

Dann betete er. Und mit ihm beteten die vielen, vielen anderen. Und genauso wie er hofften sie auf ein Wunder.

Doch Jegigas Opfer muß dem Geist des Sees nicht groß genug gewesen sein. Er befreite ihn nicht von dem Teufel. Die Tage vergingen,

---

1 Däbrä Sait = Kratersee im Süden Äthiopiens. Jedes Frühjahr findet hier ein Opferfest statt.

die Wochen und Monate vergingen, doch alles blieb, wie es vor dem Fest gewesen war.

Noch aber war Jegiga groß und kräftig. Tekusat, der schreckliche Dämon, wohnte zwar in ihm, und manchmal spürte er auch, daß Miggannja, die rote Schlange, sich in seinen Gedärmen einzunisten begann – doch noch pulsierte sein Blut in schnellen Schlägen, noch hatte ihn die große Gleichgültigkeit nicht überfallen, die er bei so vielen anderen Kindern des Teufels beobachtete.

Jegiga wandte sich nach Norden. Eine große, prächtige Stadt sollte dort sein, die die Amharen »Axum« nannten. Axum war einst die Hauptstadt des Landes gewesen, und sie galt noch immer als sein heiligster Ort. Ein wandernder Priester hatte Jegiga von Axum erzählt, von der Pracht seiner in Stein gehauenen Kirchen und der Kraft der Gebete, die dort gesprochen werden.

»Du glaubst an die falschen Götter«, hatte der Priester warnend gesagt. »Weil du aber an die falschen Götter glaubst, deshalb hat der einzig richtige Gott dich bestraft und dich dem Teufel übergeben. Das ist deine große Sünde. Wenn du erlöst sein willst, dann mußt du dich dem Herrn zuwenden und Christus, seinem leiblichen Sohn. Gehe nach Axum und versuche, Abbitte zu tun.«

Dieses Land! Wie sollte ein Mann wie Jegiga sich in diesem Land zurechtfinden? Da war der Glaube seiner Väter, in dem er großgeworden war, die Ekko-Geister, der Dotsch, der Ibede goda; da waren die Amharen und die Tigray, die den christlichen Glauben als die staatstragende Religion vor vielen hundert Jahren eingeführt hatten; da waren die Gallas, die Allah priesen und Mohammed seinen Propheten; und da waren die unzähligen Sekten, die mit geheimnisvollen Riten ihre Geister beschworen, Opfer brachten, und all diese Religionen grenzten sich nicht scharf voneinander ab, sondern berührten sich an ihren Randsphären, gingen ineinander über.

Der Mann, der Jegiga hieß, wanderte über die Berge, auf deren Höhen die Nächte so kalt waren, daß er seine Hände nicht mehr spürte. Am liebsten wäre er für immer an dem nächtlichen Feuer liegen geblieben, um das sich mehr und mehr versammelten, je näher er Axum kam.

Dann ging der lange Marsch zu Ende. Jegiga war in der großen Stadt. Alles kam ihm fremd und gewaltig vor: die steinernen Häuser, die Kirchen, das Menschengewirr in den Straßen. Und zum ersten Mal erlebte er, daß die anderen keinen Bogen um ihn schlugen; doch wahrscheinlich lag das daran, daß es zu viele hier gab, die schlimmer litten als Jegiga. Sie hockten an den Straßenrändern, manche bettelten, andere saßen einfach nur herum und warteten.

Auf was warteten sie?

Der Gottesdienst sollte am nächsten Tag beginnen, noch bevor die Nacht den Tag ablösen würde. Eine unübersehbare Menge drängte sich vor der Kirche, die »Maria Zion« [1] hieß. Doch nur wenige Auserwählte durften hinein. Jegiga beobachtete, daß derjenige, der Schuhe trug, sie ausziehen mußte, bevor die Priester ihn einließen, und er erfuhr, daß das deshalb geschah, um die Engel zu schützen, die in der Kirche wohnten.

Als die Dunkelheit hereinbrach, begannen die Priester im Vorhof der Kirche zu singen. Sie standen in dichten Reihen, ihre Shammas waren blendend weiß mit einem breiten, roten Ring im unteren Drittel. In der rechten Hand hielten sie einen prächtigen, roten Schirm über dem Kopf, andere stützten sich auf den langen Temtem, den Gebetsstock.

Der Gesang begann verhalten. Die Priester standen unbeweglich. Doch je stärker der Gesang anschwoll, desto mehr Bewegung geriet in die lebende Mauer. Die Priester schwangen mit den Hüften, die Reihen schoben sich im Takt ein paar Schritte nach vorn, dann wieder zurück, schrille Schreie erhoben sich über den Gesang.

Immer lauter dröhnten die Koboros, die Gebetstrommeln, durch die Nacht, immer kräftiger schwangen die Däbtäras die Sisthren, deren grelles Rasseln das Gezwitscher der Vögel ersetzen sollte.

Tanz und Gesang wurden wild und wilder. Jegiga hatte gehört, daß vor vielen hundert Jahren der große König David denselben Tanz vor dem größten Heiligtum, das die Amharen »Bundeslade« [2] nennen, getanzt habe.

---

1 Kirche Maria Zion = die Hauptkirche in Axum. Frauen dürfen sie nicht betreten. Als Königin Elizabeth vor einigen Jahren Äthiopien besuchte, bedurfte sie einer Sondergenehmigung, um die Kirche besichtigen zu können.

2 Bundeslade = größtes Heiligtum der israelitischen Stämme, das von König David nach Jerusalem gebracht wurde, enthält die zehn Gebote und Prophezeiungen. Nach der äthiopischen Legende wurde die Bundeslade von Menelik I., dem Sohn König Salomos und der Königin von Saba, bei einem Besuch in Jerusalem entführt und nach Äthiopien gebracht. Hier soll sie hinter 7 Türen, die von den 7 Erzengeln bewacht werden, in der Hauptkirche von Axum ruhen. Nur eine kleine Zahl von Bischöfen darf sie sehen, kein Fremder, nicht einmal der Kaiser.

Der Funke war auf die Menge übergesprungen. Und während die Priester sich in eine Ekstase steigerten, bewegte sich im Widerspiel die Menge wie Korn im Winde.

Viele sanken in die Knie, Priester und Priestergehilfen schritten durch die Massen und hielten den Menschen silberne Kreuze entgegen, die sie an ihre Stirn preßten und küßten.

Auch Jegiga betete zu dem neuen Gott, betete inbrünstig, daß er ihn erlösen möge von den Dämonen und dem Teufel, von Tekusat und Miggannja, der gefräßigen, roten Schlange. Er betete, bis die Sonne hoch am Himmel stand.

Er verließ Axum erschöpft und glücklich.

Er wartete viele Wochen, dann wußte er, daß auch der neue Gott seine Gebete nicht erhört hatte. Zu groß mußten die Sünden der Väter und Urväter sein, für die Jegiga büßte.

Tiefe Hoffnungslosigkeit überfiel ihn. Ohne festes Ziel zog er durch das Land, bettelte hier und stahl dort. Seine Kräfte schwanden.

Jegiga hatte sich aufgegeben.

Eines Nachts wachte er von einem spitzen, brennenden Schmerz auf, der sein Bein wie ein Dolch durchfuhr. Er hatte kein Feuer angezündet, viel zu müde war er gewesen, hatte sich nur in seinen Shamma gehüllt und war eingeschlafen. Als der Schmerz ihn aus wirren Träumen hochriß, sah er mehrere graue Schatten, die blitzschnell in die Nacht verschwanden.

Jegiga zog das Bein hoch und stöhnte; gleich unter dem Knie blutete er heftig. Deutlich sah er die scharfen Bißwunden – Ratten mußten den regungslos daliegenden Mann als eine leichte Beute betrachtet haben.

Nach langer Zeit weinte Jagiga wieder. Er war ein Verlorener.

Marcel Arnaud war mit seinem schweren Landrover nun schon die ganze Nacht unterwegs. Von Addis Abeba nach Harrar waren es kaum mehr als vierhundert Kilometer, aber vierhundert Kilometer in Afrika – eine Riesenstrecke! Nicht zu vergleichen mit europäischen Kilometern. Da hörte die Straße plötzlich auf, wenn sie nach der Karte weiterzuführen hatte, da versperrten schwere Felsbrocken den Weg, oder umgestürzte Bäume lagen über der Fahrbahn, und manchmal versank man einfach in Schlamm und Dreck – je nach Jahreszeit.

Die Scheinwerfer fraßen sich in die Nacht. Marcel Arnaud kämpfte gegen die Müdigkeit. Wenn ich wenigstens noch vor Morgengrauen Harrar erreiche, dachte er, dann könnte man sich noch ein paar Stunden schlafen legen. Arnaud vertrat eine französische Autofirma. In Harrar wollte er Verhandlungen über den Ankauf von 3 Lastwagen zu Ende führen, die sich nun schon wochenlang hinzogen.

Plötzlich schärfte sich sein Blick. War da nicht eben etwas Weißes, das ins Gebüsch gerollt war? Für Bruchteile von Sekunden hatten die Scheinwerfer es erfaßt.

Instinktiv trat Arnaud auf die Bremse. Der schwere Wagen schleuderte etwas, dann stand er. Der Franzose zögerte einen Moment. Allein in der Nacht, ein Weißer, der sicher eine Menge Kostbarkeiten besaß – ob das nicht Anreiz genug wäre für Shifftas, die überall die Gegend unsicher machten?

Marcel Arnaud war kein Feigling. Aber einen Augenblick überlegte er doch, ob es nicht besser wäre, Gas zu geben und weiterzufahren.

Dann überwog die Neugier. Er legte den Gang ein, der Wagen rollte langsam zurück, bis die Scheinwerfer das Gebüsch erfaßten, wo der weiße Schatten verschwunden war.

Arnaud stieg aus. Seine Müdigkeit war wie weggeblasen. Er hörte ein schwaches Stöhnen. Als er die Zweige auseinanderbog, erblickte er einen Mann, der zusammengekauert dasaß. Offensichtlich war er krank. Es schüttelte ihn, als würden Fieberschauer durch seinen Körper jagen.

»Kann ich dir helfen?« fragte Arnaud auf amharisch. Der andere blickte ihm ängstlich entgegen und zeigte wortlos auf eine stark blutende Wunde an seinem Bein. Als dabei sein Shamma zurückfiel, konnte der Franzose den Arm des Mannes sehen, der über und über mit Knoten und offen schwärenden Wunden bedeckt war.

Lepra, dachte er. Wieder einer, der diese furchtbare Krankheit hat und sich auf den Straßen aufhält, statt daß man ihn in ein Hospital steckt. Arnaud hatte keine Furcht, er wußte, daß Lepra meist nur auf Kinder ansteckend wirkt und auch dann nur bei ständigem Kontakt mit leprösen Eltern.

»Komm, ich nehme dich mit«, forderte er den Fremden auf. »Ich bringe dich nach Harrar, dort gibt es ein großes Hospital, da bist du gut aufgehoben.«

Oder besser ist es noch, ich bringe ihn gleich nach Bisidimo, dachte er. Ist ja kaum weiter. Er stütze den Mann. »Wie heißt du«, fragte er, als er ihn zum Auto führte.

»Jegiga«, sagte der andere leise.

Gleich darauf brummte der schwere Motor wieder durch die Finsternis. Von Zeit zu Zeit warf Arnaud einen schnellen Seitenblick auf den stillen Fahrgast. Scheu drückte der sich gegen die Tür.

Wird wahrscheinlich das erste Mal sein, daß er mit einem Landrover fährt, dachte der Franzose. Mann, hat der vielleicht ein Glück gehabt, daß ihn ein Europäer gefunden hat. Keiner seiner Landsleute würde angehalten haben. Und mitgenommen hätte er einen Fremden schon gar nicht. Mitleid, sinnierte Marcel Arnaud – nein, in diesem Land kennt man das Wort Mitleid nicht.

Stunden später hielt der Wagen in Bisidimo. Arnaud brachte seinen Mitfahrer noch ins Büro des Hospitals. Wenn du ihn nicht persönlich abgibst, rückt der vorher noch aus, das wußte er.

Jegiga fand sich in einer fremden Welt wieder. Aber das war eine gute, helle Welt. Er bekam ein eigenes Bett. Noch nie in seinem Leben hatte er ein richtiges, weiches Bett gehabt. Er bekam Schuhe und neue Kleidung. Ein Hakim war da, der ihn untersuchte, der Hautproben von ihm nahm, ihm Blut abzapfte, der ihm Spritzen, Tabletten und zu essen gab und der nicht eine einzige Patrone dafür verlangte. War doch noch ein Wunder geschehen?

Mit der Zeit spürte Jegiga, wie es ihm besser ging. Die Knoten verschwanden zwar nicht, aber die Wunden schlossen sich, die Haut wurde glatter, das Blut kochte nicht mehr so oft und Miggannja, die rote Schlange, biß längst nicht mehr so um sich wie früher.

Vor allen Dingen aber fühlte er sich nicht mehr so nutzlos. Er lernte Shammas schneidern und Hosen und Kleider für die Frauen, er bekam einen Knüppel in die Hand gedrückt und mußte Wache stehen auf den Feldern. Wache gegen die Paviane, gegen Feld- und Viehdiebe und die räuberischen Somalis.

Eine Menge Monde waren ins Land gegangen, als der Hakim ihn zu sich rufen ließ. »Jegiga«, sagte er, »du mußt uns jetzt verlassen. Weiter können wir dir nicht helfen. Andere warten, die viel kränker sind als du, daß sie ein Bett und einen Platz bei uns bekommen. Du hast jetzt etwas gelernt bei uns, du kannst etwas englisch sprechen, du bist ein Schneider geworden, ein Spezialist. Alle werden zu dir kommen, denn Spezialisten sind gefragte Leute. Gehe und lasse dich irgendwo nieder, wo ein Hospital in der Nähe ist. Das mußt du alle zwei Wochen aufsuchen und dir von dem Hakim eine Spritze und Tabletten geben lassen.«

Jegiga hatte gewußt, daß er eines Tages Bisidimo wieder verlassen mußte. Alle mußten eines Tages wieder gehen. Viele hatten sich dann einfach am Dorfrand angesiedelt. So war ein neuer Ort entstanden. Die Worte des Hakims trafen ihn deshalb nicht überraschend. Er bekam einen Schein, den er sorgfältig aufbewahren sollte, denn er enthielt die Anweisung, wie man ihn in dem anderen Hospital behandeln sollte. Er packte sein Bündel und machte sich auf den langen Weg nach Addis Abeba, der »neuen Blume«, wie die Äthiopier ihre Hauptstadt nennen.

»In Addis Abeba werden Schneider immer Arbeit haben«, hatten die anderen ihm gesagt. »Und ein großes Hospital gibt es dort auch, wo man dich behandeln wird.«

Seitdem lebte Jegiga in Addis Abeba. In einer armseligen Wellblechhütte inmitten vieler hundert Wellblechhütten. Manchmal kam jemand zu ihm, der etwas schneidern lassen wollte. Meist waren es Ferénzis, die seine Geister nicht fürchteten und die seine ordentliche Arbeit zu schätzen wußten. Doch viel zu tun hatte er nicht, die meisten Menschen ängstigten sich noch vor ihm. Denn Tekusat hatte Jegiga nicht verlassen und Miggannja, die Schlange, auch nicht. Aber die Dämonen waren erträglich geworden, sie quälten Jegiga lange nicht mehr so heftig wie früher. Manchmal konnte er sogar schon wieder lachen.

Im Grunde war er ein ganz zufriedener Mensch geworden.

Dann hörte er eines Tages von den drei Fremden in der Stadt. Zum Abai wollten sie, hieß es, und sie hätten ein großes Boot und viel Gepäck, für das sie Träger suchten. Sie würden im »International«-Hotel wohnen.

Einen ganzen Nachmittag drückte er sich um den Eingang herum. Gegen Abend kam der eine Fremde. Ja, das mußte er sein, so hatte man ihn beschrieben, mit einem Bart und nicht sehr groß.

»Mister«, sagte Jegiga. »Mister, du willst zum Abai. Ich bin vom Abai, ich könnte dir gute Dienste leisten. Nimm mich als Träger.«

Das Feuer flackerte hell auf. Jegiga fuhr aus seinen Träumen hoch. Drüben an den Feuern war Ruhe eingekehrt. Die anderen schliefen. Nur einen sah er sitzen, das Gewehr über die Knie. Manchmal stocherte er mit einem Stock in den Flammen.

Die Wache.

Jegiga wußte, daß sie morgen den Abai erreichen würden. Er würde gute Dollars bekommen, denn er war ein vortrefflicher Führer gewesen, der keine Umwege machte, der die sichersten Pfade wußte und die besten Rastplätze.

Übermorgen wollte er zurück nach Addis Abeba. Die anderen auch. Doch Jegiga wußte, daß sie nicht zusammen mit ihm gehen würden, sie würden Abstand halten und ihre Feuer in einiger Entfernung anzünden.

Ein Kind des Teufels – das bleibt man, dachte Jegiga. Aber man gewöhnt sich auch daran, ein Kind des Teufels zu sein.

Der Fluß lag vor uns wie ein feiner, silberner Faden im schwarzen Samt. Ringsum zerklüftetes, scheinbar kahles Bergland, weil die Bäume und Sträucher ihre Blätter abgeworfen haben und die Gräser vergilbt sind. Es war Trockenzeit. Die Pflanzen ruhten sich aus. Wir schreiben Januar 1972. Im Norden vor uns stürzte das Wasser in breiter Front steil in eine Schlucht, kochte unten und zog als schmales Band weiter. Die Tisissat-Fälle.

»Dahinten, Mister, Tana-See. Hier Abai«, sagte Jegiga und deutete nach vorn. Irgendwo fanden wir eine Pütz ruhiges Wasser. Zwei Stunden später schaukelte »Ente II« in ihrem schicksalsbestimmten Element. Das Gepäck war verstaut, Hinrich saß vorn, Michael mit den kostbaren Kameras auf dem sichersten Platz in der Mitte, ich achtern.

Wir begannen die Paddel ins Wasser zu setzen. »Let's go!«

Kaum war das Boot frei, gewann es rasende Fahrt. Die paar Träger waren schon vom Ufer verschwunden. Nur einer stand noch da und winkte, winkte, bis wir nicht mehr zu sehen waren.

Jegiga.

# Zwischenspiel 2

Bilder! Der menschliche Geist ist vollgestellt mit Bildern, fein säuberlich archiviert, A wie Anton, B wie Berta, C wie Cäsar . . . Grönland – sagt zum Beispiel jemand Grönland, schon öffnet sich da oben der Kasten »G« und heraus fallen Bilder und Erinnerungen an Grönland: Schneewüste, Gletscher, Eskimos, Iglus, Eisbären – Grönland!

Oder Australien? Schwups, da ist das Bild mit den hüpfenden Kängeruhs, dazwischen Tennisspieler, alle Welt spielt in Australien Tennis. Südsee: Himmel und Meer streiten darum, wer von beiden blauer ist. Mädchen wiegen sich blumengeschmückt im Tanze, Kanus gleiten durch die Brandung – Südsee: gemaltes Aloha.

Und Äthiopien, Afrika?

Zu Hause hatten wir einmal abends so restlos die Nase voll gehabt von Bootsbauen, Survival, Ausrüstung zusammenstellen, Erste-Hilfe-Kurse-Absolvieren. Wir wollten nur mal zusammensitzen, nichts tun, einen Drink nehmen, über irgend etwas reden, das letzte Fernsehspiel vielleicht, über Bayern München, meinetwegen auch über Politik.

Doch das ging natürlich nicht lange gut. Das dauerte kaum länger als eine Stunde, da sagte Hinrich: »So, jetzt nehmen wir mal einen Zettel, und jeder schreibt für sich, an was er als erstes denkt, wenn er das Wort ›Äthiopien‹ hört.«

Drei Zettel. »Eingeborene« stand auf Hinrichs. »Ja, sie sind für mich der erste Gedanke«, erklärte er. »Das ist manchmal ganz merkwürdig – auf der einen Seite finde ich sie ungeheuer interessant, manchmal beneide ich sie um das Leben, das sie führen, die Urwüchsigkeit, die Natur – halt, unterbrecht mich nicht, ich weiß wohl, daß das alles sentimentaler Quatsch ist, daß dieses naturhafte Leben prall angefüllt ist mit Hungersnöten, Krankheiten, Unwissenheit – aber das ist dann schon der nächste Gedanke, bei dem sich die Vernunft eingeschaltet hat. Ja, und auf der anderen Seite finde ich diese Menschen nicht nur exotisch-interessant, sondern ich fürchte mich auch vor ihnen. Sie repräsentieren eine so fremde Welt, voller geheimnisvoller Riten, Bräuche, Ordnungen. – Auf einem fremden Stern würde ich mich wahrscheinlich genauso zu Hause fühlen wie in einem Eingeborenendorf.«

Schau, schau, der Hinrich! Ingenieurs-Seele, nüchterne ananlytische Denkweise, randvoll mit Formeln, Logarithmen, Gleichungen, und doch noch Platz für ein Spielwieschen der Phantasie.

Michaels Zettel enthielt zwei Wörter: »Blauer Nil«. Wunderte ich mich: »Da fährst du zum ersten Mal in deinem Leben nach Afrika, und dann denkst du nicht gleich an Neger, an Hitze, Urwald oder an Haile Selassie? Denkst einfach nur an einen Fluß? Flüsse gibt es doch auch bei uns.«

»Flüsse!« Michael stieß es beinahe verächtlich aus. »Was hier bei uns durch die Landschaft fließt, das ist doch nur Wasser. Wasser, meist so dreckig, daß die Fische schon drin verrecken. Aber das da – das ist für mich mehr als ein Fluß, ich kann es schlecht erklären. Das ist einfach eine Aufgabe, in die ich mich verbissen habe. Ich mußte in den letzten Monaten so viel lesen und hören von diesem Blauen Nil, daß ich gar nicht mehr anders kann, als immer nur an diesen verfluchten Fluß zu denken. Und daß wir ihn schaffen müssen!«

Da war er wieder, der ehrgeizige, junge Mann, der der Welt beweisen wollte, daß sie ihn bisher falsch eingeschätzt hat. Afrika – für Michael eine Tür, die in das eigene Leben führt.

Ich hatte »Tiere« auf meinen Zettel geschrieben. »Na ja«, spöttelte Hinrich, »was hättest du wohl auch sonst schon schreiben können.«

Ganz unrecht hatte er nicht. Tiere haben in meinem Leben immer eine besondere Rolle gespielt. Nicht etwa, daß ich mich unbedingt nach einem Hund sehnen würde, den ich streicheln wollte, der mir zu Füßen liegt, der mir Freund wäre, oder ein Pferd, oder eine Katze. Nein, ich glaube nicht, daß Tiere die Begleiter des Menschen sein müssen, ich will sie vielmehr nur beobachten, will studieren, wie sie sich in den verschiedensten Situationen verhalten, wie sie reagieren, wie sie leben. Das fasziniert mich.

Und doch waren es nicht schlechthin »Tiere« gewesen, die ich auf meinem Zettel gemeint hatte. Äthiopien – das war für mich Afrika. Und Afrika, das waren Giraffen, die durch die Savanne schaukelten, mächtige Gorillas, gelangweilte Löwen, majestätisch durch den Busch brechende Elefanten, im Schlamm lauernde Krokodile.

Merkwürdig – warum ist es eigentlich immer nur das Großwild, das die Phantasie beflügelt. Warum sind es nicht die kleinen, unscheinbaren Tiere, die doch genauso typisch sind? Zikaden zum Beispiel, Baumfrösche, Moskitos, Tse-Tse-Fliegen, durch die Nacht huschende Fledermäuse? Die Kleinen geben uns doch oft viel mehr Rätsel auf als die Großen.

Oder wollen wir keine Rätsel?

Jedenfalls waren unsere Schwerpunkte gesetzt. Tiere! Menschen! Und ein Fluß!

# Tiere

## Die Riesenschlange
Camp 29

Nein, viel Zeit zum Träumen ließ uns dieser elende Fluß nicht. Kleine Katarakte: Gischt hüllte dich ein, das Wasser umschäumte dich. »Mensch, paß auf, damit wir nicht gegen den Felsen dort prallen!« haarscharf schnitten wir den Brocken. Oder wir schlugen um, schnappten nach Luft, wurden unter Wasser windelweich geprügelt. Große Katarakte: Raus, nichts wie raus! Das Boot, 2½ Zentner, über Land schleppen, eine halbe Stunde, eine Stunde. Zurück, das Gepäck, 3 Zentner, holen. Die Stromschnellen: »Los, los, stemm dich schon in die Paddel. Hau rein, schneller, schneller!« Brach das Kreuz noch nicht? Nein, es brach nicht, aber es schmerzte, es hatte nur keine Minute Zeit, sich zu erholen. Schmerzen, immer Schmerzen.

Kleine Katarakte, große Katarakte, Stromschnellen, endlose stehende Wasser – nahm denn das nie ein Ende? Nein, das ließ dir nur hin und wieder gnädig eine kurze Verschnaufpause. 20–25 km pro Tag. Mehr schafften wir nicht.

Wir hatten unser Zelt schon lange vor Sonnenaufgang abgebrochen. Das Gras war noch taufeucht, als wir unser Boot in den Fluß schoben. Herrlich. Die Luft kühl und frisch, das Wasser wie ein warmes Bad.

Und glatt! Keine Welle kräuselte es, spiegelblank polierte Oberfläche, kein Rauschen in der Ferne, das dem Ohr den nächsten Katarakt ankündigte. Das Boot glitt sanft dahin wie von weichem Flügelschlag getragen. Idylle – Zeit zum Träumen.

Was wird Maggy wohl machen? Ob sie mit dem Geschäft zurechtkommt? Und Kirsten? Sicher fragt sie manchmal, wann denn der Vater nun wiederkommt. Sehnsucht, halt dich fest, Rüdiger, du hast ja Sehnsucht!

Die Paddel stachen wie von selbst ins Wasser. Links und rechts passierten wir die Langeweile. In der Landschaft kein grüner Strauch, kein grüner Baum, verbranntes Gras nur und Steine.

Im Hintergrund triste, graue Hügelketten. Wieder stieg die Sonne am Himmel. Daß ein Tag so hell sein konnte und so heiß[1].

1 Durchschnittstemperatur mittags 33° C, einmal in der Didessa-Region 45° C.

»He, komm zu dir! Willst doch nicht schon wieder schlafen?!«
Michaels Stimme drang wie durch einen dichten Vorhang zu mir
durch. Ich fuhr hoch.

»Was gibt's denn?«

»Ich weiß nicht recht.« Michael hatte seine Stimme gedämpft.
»Irgendwie war da eben im Wasser so etwas Komisches. Eine Bewegung, die gehörte da nicht hin . . .«

Er zeigte nach vorn. Nichts. Ich wollte gerade nach dem Fernglas
greifen, da zischte Michael:

»Da! Jetzt wieder!«

In diesem Moment sah ich es auch. Etwa hundertfünfzig Meter
voraus, etwas wippte da auf dieser spiegelblanken Wasserfläche, war
weg, kam wieder hoch, war wieder weg, kam wieder hoch.

»Ein Krok kann das doch nicht sein«, flüsterte Michael. »Die rauschen doch wie ein Torpedo durchs Wasser. Ein Waran? Ein Wels?
Nein, ein Wels ist das auch nicht.«

Unwillkürlich hatten wir aufgehört zu paddeln. »Los, laß uns ein
bißchen näher ran«, sagte ich. Ein paar schnelle, scharfe Schläge, vielleicht noch hundertzwanzig Meter, noch hundert. Plötzlich durchfuhr es mich wie ein Blitz:

»Das ist eine Schlange! Eine Riesenschlange!« schrie ich. Deutlich
sah ich jetzt den flachen, breiten Kopf, der schräg nach oben auf dem
Wasser lag. Wir kamen schnell näher. Seltsam. Wieso kamen wir näher? Eine Schlange kann doch viel schneller schwimmen als wir mit
unserem plumpen Boot. Und warum tauchte sie denn eigentlich nicht
weg? Sie müßte doch wegtauchen! Eine Viertelstunde bis zwanzig
Minuten können Schlangen gut und gern unter Wasser bleiben. Dann
sah ich es: Mit vollem Magen soll man eben nicht ins Wasser steigen,
hatte die alte Frau Nehberg ihrem Rüdiger schon immer gesagt. Die
Schlange mußte vor einigen Minuten erst eine junge Gazelle geschlagen haben. Die Mitte ihres Leibes war unförmig aufgebläht, deutlich
drückten sich die kleinen Gazellenhörnchen durch die Schlangenhaut. So an die dreißig bis fünfunddreißig Pfund schwer schätzte ich
die Beute. Schwimme einer mal mit fünfunddreißig Pfund zusätzlich
im Magen bei vierzig Pfund Eigengewicht.

Unsere Schlange war eine Felsenpython (Python sebae). Graubraune Haut mit gelber Zeichnung. Ein Halbstarker, etwa dreieinhalb Meter lang. Ausgewachsene Felsenpythons schaffen bequem das
Doppelte.

In meinem Kopf hämmerte nur noch ein Gedanke: Die mußt du haben! Die mußt du lebend haben! Die mußt du mit nach Hause nehmen!

In Hamburg nannten sie mich manchmal spöttisch »Mann mit dem Schlangentick«.

Na ja, ein Hobby hat schließlich jeder. Der eine sammelt Briefmarken, andere spielen Fußball, ich fange eben Schlangen. Zugegeben – das ist nicht gerade der populärste Zeitvertreib.

Angefangen hatte das alles, als ich neun war und mit meinem Vater durch den Westerwald spazierenging. Eine hübsche, harmlose Ringelnatter brachten wir mit nach Hause, und Mutter tat so, als wäre der Leibhaftige persönlich in ihre Wohnung eingebrochen. »Raus damit! Sofort raus!« forderte sie kategorisch, und ich ging in den Keller. Dort versteckte ich meine Ringelnatter und bin seitdem der »mit dem Schlangentick«.

Später wurden es weniger harmlose Hausgenossen. Kobras zum Beispiel. Da war selbst Vater aus dem Häuschen, als ich ihm im Keller den indischen Schlangenbeschwörer vorspielte. Dabei ist es ein simpler Trick. Man muß nur wissen, daß die Brillenschlange in der Regel so weit zuschlägt, wie sie sich aufrichtet. Und das Aufrichten macht sie nicht etwa, weil man Flöte spielt, sondern weil es zu ihrem Imponiergehabe gehört und sie ihren vermeintlichen Angreifer damit schocken möchte. Schlangen können nämlich gar nicht hören. Sie haben kein Gehör und registrieren ihre Wahrnehmung mit sehr empfindlichen Bauchnerven.

Die Flöte hat also keinesfalls die Aufgabe eines Musikinstrumentes zu erfüllen. Sie dient der Täuschung des Zuschauers und als Verteidigungsstab für den ›Beschwörer‹.

Die Schlange sieht nämlich in dem Moment, wo die Flöte vor ihrer Nase herumtanzt, nicht mehr den Menschen als Gegner, sondern die Flöte. Sie konzentriert sich voll und ganz darauf und wartet auf ihren Angriff. Bewegt man die Flöte nun langsam, geht die Schlange mit. Man kann sie somit veranlassen, hin und her zu pendeln, vor und zurück oder im Kreise.

Sie tanzt.

»Das Schwerste«, hatte ich zu Vater gesagt, »das Schwerste an dem ganzen Schwindel ist das Flötespielen.«

Immerhin: Als ich – junger Geselle, der den Pfennig umdrehen mußte – mit dem Fahrrad einmal durch Marokko fuhr, besserte mir dieser Schwindel und eine dort gefangene junge Kobra die Reisekasse ganz hübsch auf. Einmal tanzen lassen, ein Dollar.

Mit Maggy hatte es da anfangs natürlich auch ein paar Probleme gegeben. Sicher, sie schrie nicht gleich »Iiiii«, wenn sie eine Schlange sah, aber als Dauergäste im Wohnzimmer wollte sie sie deshalb trotzdem nicht gleich dulden. Ich mußte sie zumindest in einem Kellerraum unseres Hauses unterbringen und diesen gut abdichten und abschließen.

Jetzt, während wir auf dem Blauen Nil herumschipperten, aalten sich in diesem Kellerraum in Hamburg zwei junge Tigerpythons, eine Boa, eine Kobra, zwei Nashornvipern und eine Puffotter. Der Felsenpython da vorne wäre unbestritten das Prachtstück.

Und dazu noch in freier Wildbahn gefangen!

Schon waren wir mit unserem Boot bis auf fünf Meter herangekommen, als der Felsenpython plötzlich die Flucht aufgab und urplötzlich zum Angriff überging. Der flache Kopf glitt heran, der Mund weit geöffnet, ein gefährlich klingendes Zischen.

Michael, der verzweifelt bemüht war, seine Kamera schußfertig zu machen, fuhr erschrocken zurück. »Bist du auch sicher, daß das keine Giftschlange ist?«

»Mann, sieh' lieber zu, wie du mit deinem Apparat da klarkommst. Solche Szene wirst du so schnell nicht wieder kriegen.« Ich war aufgeregt wie selten. Da war sie am Boot. »Die Augen waren starr und glitzerten tückisch«, sagte Michael später. »Es sah aus, als wollte sie dich hypnotisieren.« Und ich dachte: Wenn sie jetzt zustößt, dann mußt du versuchen, sie hinter dem Kopf zu packen. Sie kann nicht mehr allzuviel Kraft haben. Sie hat die schwere Gazelle im Leib, da kann sie sich nicht mehr groß wehren.

Am Abend vorher hatten wir in einem Dorf zwei Hühner eingetauscht. Zwei Patronen gegen ein Huhn. Das eine sollte heute unser Mittagessen werden. Zur Zeit flatterte das Mittagessen aufgeregt auf dem Bootsdeck umher. Dort hatten wir es angebunden.

Genau auf die Hühner zielte der Python. Wahrscheinlich reizte ihn dieses Flügelschlagen. Er verfehlte. Ich aber verfehlte ihn nicht, packte ihn hinter dem Kopf, hielt verzweifelt fest. Himmel, was hatte das Biest doch noch Kraft. Ich war längst aus meinem Sitz heraus, versuchte, die Schlange an Bord zu ziehen. Sie konnte sich von außen gegen die Bordwand stemmen und ihr Gewicht von ca. 80 Pfund mit Gazelle zum Zuge bringen.

Für einen Augenblick schien es, als würde ich es schaffen. Drei, vier Zentimeter. »Mensch, hilf mir doch mal!« stöhnte ich. Aber Michael dachte gar nicht mehr daran, mir zu helfen. Er hockte hinter seiner Kamera und filmte, filmte, filmte. Das hatte ich davon. Hatte ich nicht selbst gesagt, er würde solch eine Szene so schnell nicht wieder kriegen?

Nein, ich schaffte es nicht. Ich spürte, wie meine Knie anfingen zu zittern, wie mir der Schweiß aus allen Poren brach, meine Hände zu erlahmen drohten.

Die Schlange und ich, wir sahen uns an. Was man sich in solchen Sekunden alles einbildet. Die will dich verhöhnen, dachte ich, die weiß natürlich, daß sie stärker ist, auch noch mit der verdammten Gazelle im Bauch. Du wirst sie nicht mit nach Hamburg bringen, die wird wieder im Wasser verschwinden und lachen über den komischen Kerl da, der sie aus dem Wasser ziehen wollte. Los, noch einen kleinen Ruck, nun laß doch schon los, du schaffst es ja doch nicht, warum strengst du dich denn bloß so an?

Die Schlange hatte Angst. Sicherlich hatte sie nichts als wilde Angst. Schlangenaugen verraten nicht, welche Angst hinter ihnen sitzt – zumindest können wir Menschen es nicht lesen. Ich spürte nur ihre starken Halsmuskeln, die meine Hände aufzusprengen drohten, mein Atem ging stoßend und hechelnd, ich hatte keine Zunge mehr, ich hatte einen dicken, trockenen, rauhen Lappen im Mund. Nahm denn das nicht endlich ein Ende?

Unser Boot lag nur knapp über dem Wasser. Zwei Handbreit vielleicht. Das Deck war nie trocken, ständig stand Wasser darauf. Ich merkte, wie meine Füße auf dem nassen Grund ihren Halt verloren, ich konnte mich nicht mehr abstemmen. Jetzt rutschst du ins Wasser, dachte ich merkwürdig ruhig. Jetzt rutschst du ins Wasser, und vielleicht ist da ein Krokodil, dem du gerade recht kommst. Wahrscheinlich aber wird der Lärm sie längst vertrieben haben. Die Schlange ist bestimmt da. Die Schlange, warum läßt du denn nicht einfach los?

Ich ließ nicht los. Ich hielt fest, als wäre ein Krampf in meinen Händen. Wieviel Zeit mochte denn schon vergangen sein? Fünf Sekunden? Zwanzig Sekunden? Drei Minuten?

Das Wasser schlug über uns zusammen. Der Mensch macht instinktiv den Fehler, an die Oberfläche zu wollen, statt erst zu versuchen, den Kontrahenten in den richtigen Griff zu bekommen.

Solche Sorgen hat die Schlange nicht. Sie wirft, obwohl ich sie noch am Hals habe, sofort ihre Schlingen um mich. Luft hat sie für 15–20 Minuten.

In diesem Moment erwartete ich eigentlich, daß sie fest zuziehen würde. Aber ich spürte nur einen gleichmäßigen, kräftigen Druck. Ein Arm war mit in die Schlingen geraten, der andere war frei. Aber er genügte nicht, um mich vom Schwanz her abzuwickeln. Denn in dem aufgewühlten Wasser fand ich ihn gar nicht und hatte genug damit zu tun, mich, nein uns, an die Oberfläche zu paddeln.

Es kam der Moment, wo ich ausatmen mußte. Und da passierte es, was ich bis dahin noch nie mit dieser Stärke zu spüren bekommen hatte; früher, wenn ich bei kleineren Pythons und Boas deren Kraft spürte, als ich sie mir um den Hals oder die Arme gelegt hatte.

Diese hier spürte mein Ausatmen und zog im selben Moment einfach nach. Zwei, drei Rippen enger. Dann scheint sich wohl etwas bei ihr zu verhaken wie die Krallen eines Vogels, der nachts auf einem Ast sitzt und schläft und trotzdem nicht runterfällt.

Mit Lungenkraft kann man den engen Ring nicht wieder sprengen. Man verausgabt sich sogar, atmet noch tiefer aus und gibt der Schlange eine gute Gelegenheit, abermals nachzuziehen.

Ich glaube heute, ich hatte das große Glück, daß mein Gegner selbst Schwierigkeiten hatte, mit seiner Gazelle im Bauch zu tauchen.

So blieben wir drei wie gute Freunde eng zusammen und ziemlich dicht an der Oberfläche.

Michael, der Wahnsinnige, hatte seinen Film durchgekurbelt. Aus Angst, es könnte ihm etwas verlorengehen, will er nicht erst die Rolle wechseln und steht dicht vor mir am Bootsrand und schießt Dias. Klick, klack, klick, klack . . .

Ich tauche aus dem Gewühle auf und schnappe gierig nach Luft. Er denkt, ich will ihm zurufen »Blende Acht«. Jedenfalls behauptete er das hinterher, und eins der Fotos, die er machte, scheint das zu beweisen.

Dann kriegte ich plötzlich beim Umeinanderschlagen unser Halteseil zu fassen und japste Michael zu: »Paddel doch ins Flache, los!« Weil ich zwischen jedem Wort nach Luft schnappte, merkte er schließlich doch, daß er jetzt seine tägliche gute Tat vollbringen konnte.

Ich traute meinen Augen nicht, als ich sah, daß dieser Photonarr seine Kamera hinlegte und wie ein Mississippidampferschaufelrad mit dem Paddel das Wasser peitschte, um mich ins Flache zu schleppen.

Durch den Halt am Boot blieb ich an der Oberfläche und konnte atmen. Wenn man das so nennen will. Ich hechelte die kürzesten Atemzüge meines Lebens, rein, raus, rein, raus – im $1/10$-Sekundentempo. Anders konnte ich keinen Sauerstoff bekommen.

Wie aussichtslos muß der Kampf einer Gazelle mit einer Würgeschlange sein, einer Gazelle, die keine Hände hat, die zupacken können, keine Finger, die krallen und stechen können! Ihr bleibt nur ein hoffnungsloses, qualvolles Ende durch Ersticken.

Da! Was war denn das? Ein Stein? Ich merkte, wie mein Fuß gegen etwas Hartes stieß. Bekam ich endlich Grund unter die Füße? Oder war es nur ein Felsen, der im Wasser lag?

Nein, wirklich, ich konnte wieder stehen; das Wasser ging mir nur noch bis zum Kinn. Ein paar Zentimeter noch, Michael, ein paar Zentimeter, daß ich etwas fester stehen kann.

Michael schlug die Paddel mit aller Kraft ins Wasser. Ich darf nicht aufhören zu paddeln, dachte er. Ich kann ja nicht vorkriechen und Rüdiger helfen. Sonst zieht die Schlange uns erst recht ins tiefe Wasser. Hoffentlich schaffe ich es bis ans Ufer. Ob Rüdiger durchhält? Mensch, ist das schwer. Da hinten fängt eine Stromschnelle an. Vorher muß ich am Ufer sein. Bloß nicht erst in die Stromschnelle reinkommen. Dann haut es das Boot um. Und Rüdiger kann sich nicht mehr festhalten. Außerdem liegen Krokodile meist im ruhigen Wasser hinter den Stromschnellen.

Endlich! Meine Füße fanden sicheren Halt. Ich konnte das Seil loslassen. Aber die Hand war wie abgestorben, sie gehorchte mir nicht. Ich wollte sie um den Schlangenhals legen – aber sie gehorchte einfach nicht. Immerhin: ich hatte den Kopf endlich frei. Ich mußte nicht literweise Wasser schlucken. Ich bekam wieder Luft, herrliche, frische Luft. Meine Kräfte kamen flutartig wieder. Nein, du geliebtes Biest! So wie du dir das gedacht hast, so geht das ja nicht. Da wollen wir doch noch mitspielen. Mich ersäufen wie eine junge Katze?! Mir die Luft abdrehen wie einem tollen Hund?! Der »Mann mit dem Schlangentick« von einer Schlange umgebracht?!

Plötzlich spürte ich meine rechte Hand wieder. Irrsinnige Schmerzen durchzuckten sie. Das Nylonseil hatte in die Handfläche und die Finger tief eingeschnitten. Aber ich konnte die Hand wieder bewegen, ich konnte sie um den Schlangenhals legen, festhalten.

Ein, zwei Schritte noch. Das Ufer. Ein Mann torkelte an Land, den eine Schlange umklammert hat. Ich stürzte zu Boden. Die Schlange zischte nicht mehr, sie hatte zwar immer noch das Maul weit aufgesperrt, aber vielleicht wollte sie gar nicht mehr beißen. Vielleicht wollte sie auch nur Luft.

Luft, Luft, Luft.

Michael kam herangestürzt. »Versuch sie . . . loszu . . . wickeln«, keuchte ich. »Fang hinten an.« Die paar Worte kosteten mich das letzte bißchen Kraft. Der Ring um meinen Körper – Michael, mach bloß schnell. Ich halte das nicht mehr aus, ich bin am Ende.

Plötzlich bekam ich Luft. Kein Ring mehr. Der Himmel über mir war unendlich blau, ein paar weiße Fetzen schwammen darin herum, ich hörte die Vögel singen, den Fluß plätschern, ich konnte wieder tief ein- und ausatmen, und Michael stand hinter mir, bewegte meine Arme. Vor und zurück, vor und zurück. Mensch, tat das gut.

Aber die Schlange? Wo war die Schlange? Hatte Michael sie entkommen lassen?

Ich fuhr hoch. Nein, da lag sie. Drei Meter weg. Der Leib mit der Gazelle in der Mitte bewegte sich ganz, ganz sacht, den Kopf hatte sie flach an den Boden gepreßt, das Maul nur einen Spalt geöffnet.

Sie sah mich starr an: Augen wie dunkle Glassteine, so unbewegt. Nichts, aber auch nichts konnte man darin lesen. War sie vielleicht tot?

Mühsam kam ich wieder auf die Beine. Michael stützte mich. Ich torkelte auf die Schlange zu, sie verfolgte mich nur mit den Augen. Keine Bewegung. Ich konnte sie anfassen, dort hinter dem Kopf. Sie reagierte nur mit einem leisen Zucken der Halsmuskeln, sonst nichts, keine Abwehr mehr, kein Zischen, kein weitgeöffnetes Maul, das auf mich zufahren wollte.

Sie hatte aufgegeben.

Riesenschlangen haben kaum einen ernsthaften Gegner. Sie belauern ein Opfer, taxieren genau, ob sie in der Lage sind, es hinunterzuwürgen, schlagen zu, treffen es oder treffen es nicht. Flucht ist das einzige, was den Gegner retten kann. Blitzschnelle Flucht. Hat sie erst einmal ein Opfer gepackt, sich um es geringelt, fester und immer fester umschlungen, dann gibt es keine Rettung mehr. Dann ist es nur eine Frage der Zeit, wann der Kampf zu Ende ist.

Riesenschlangen sind gewohnt, im Kampf zu gewinnen. Sieg ist für sie kein mühsam errungener Erfolg, er ist einfach Naturgesetz, er gehört zu ihrem Leben wie das Atmen, das Heranschleichen, das Zuschlagen, das Verdauen.

Hier aber war das Leben auf den Kopf gestellt worden. Nicht die Schlange hatte angegriffen, sondern der Gegner. Nicht die Schlange hatte gesiegt, sondern der Gegner.

Was mochte wohl in ihr vorgehen?

Einmal noch lehnte sie sich auf, aber das war mehr ein müdes Aufbegehren als ernsthafter Widerstand. Mühelos konnte ich zur Seite springen, konnte ihr den Fuß sanft auf den Leib setzen und den Kopf festhalten.

Kein Triumph mehr, nur noch eine Formalität.

»Wohin damit?« fragte Michael mürrisch. Denn er ahnte natürlich, daß ich sie mitschleppen wollte. »Wo willst du dieses Riesending reinstecken?«

Ja, wohin? Da fiel mir der Zeltsack ein. Der war porös genug, da bekam sie genügend Luft. Und stabil war er auch.

»Aber wohin mit dem Zelt?« In Michaels Stimme schwang verhaltener Ärger mit. »Wenn wir es nur so verstauen, wird es doch sofort naß. Willst du abends immer in ein nasses Zelt kriechen?«

Was interessierte mich in diesem Augenblick ein nasses Zelt? Da lag diese Prachtschlange. Ich hatte sie gefangen! Die würde ich doch nicht liegenlassen. Michael hatte doch wohl nicht im Ernst angenommen, ich würde die hier liegenlassen?

Und außerdem war sie dreieinhalb Meter lang und rund siebenhundert Mark wert. Schließlich wurde in Deutschland der Zentimeter Schlange mit zwei Mark gehandelt. Nicht etwa, daß das die Hauptsache war – aber willst du siebenhundert Mark einfach verschenken, Michael?

Vielleicht gab der ökonomische Gesichtspunkt für Michael den Ausschlag. Keine lange Diskussion mehr. Die Schlange kam in den Zeltsack. Der Zeltsack wurde auf dem Bootsdeck festgezurrt. Wir fuhren weiter. Die Sonne stand hoch im Zenit, Mittag schon.

Gedanken: Wenn wir am Ziel angelangt waren, falls wir es überhaupt schaffen würden, was dann? Rund einhundertsiebzig Kilometer Fußmarsch standen uns dann noch bevor. Wie sollte ich da die Schlange transportieren? Vielleicht würden wir irgendwo ein paar Träger mieten können, vielleicht sogar Esel. Aber wenn die merken, daß wir eine lebende Schlange bei uns haben, dann geht bestimmt keiner mit.

Eine lebende Schlange! So verrückt konnten auch nur Fremde sein.

Ja, wenn Hinrich noch bei uns wäre. Aber Hinrich war in Mabil ausgestiegen. Mit den bereits abgedrehten Filmen hatte er sich allein auf den Weg nach Addis Abeba gemacht. Vielleicht war er schon dort, vielleicht saß er schon wieder im Flugzeug, Richtung Deutschland. Wir waren nur noch zwei. Michael würde den Sack mit der Schlange bestimmt nicht tragen. Der saß schweigsam da vorne im Boot und zog mit dem Paddel durch das Wasser. Eins, durchziehen, raus, eins, durchziehen, raus, eins, durchziehen, raus. Wie ein Automat. Von Zeit zu Zeit warf er einen schnellen Blick über die Schulter. Es war nicht das angenehmste Gefühl, so eine Riesenschlange hinter sich zu haben. Wer garantiert schon, daß der Zeltsack auch wirklich hält?

Gedanken: Heimkehr nach Hamburg. Empfang am Flughafen. Freunde, Bekannte, Reporter, vielleicht das Fernsehen. Und ganz vorne Maggy und Kirsten. Fahrt nach Hause, erzählen, auspacken. »Und was hast du da drin?« – »Wo?« – »Dort, in dem großen Sack?« – »Ach«, ganz nebensächlich klingende Stimme, »eine Riesenschlange, weißt du, ein Felsenpython. Wollte ich doch schon immer haben . . .«

Es war, als hätte der Fluß Mitleid mit mir. Er forderte uns an diesem Tag nicht mehr heraus. Kein Katarakt versuchte uns aufzuhalten, kein Wasserfall, wir mußten das Boot nicht mehr schleppen. Ruhige, langweilige Fahrt, nichts geschah mehr, überhaupt nichts.

Noch eine halbe Stunde nach dem Ringkampf strömte mir, trotz Rast im Schatten, der Schweiß von der Stirn.

Eine ganze Stunde später bemerkte ich, daß mein Brustkorb eine sehr kräftige Massage erhalten hatte. Es war ein angenehmes Gefühl. Wie nach einem Langstreckenlauf, wenn das Blut in allen Äderchen pulst.

Vielleicht mache ich später einmal einen Massagesalon auf mit Riesenschlangen als Masseusen!

Und dennoch: Im Zeichen der Schlange einer der schönsten Tage der Fahrt für mich.

Abends bauten wir unser Lager zwischen ein paar großen Felsen auf. Wir sprachen beide nicht sehr viel. Michael suchte etwas trockenes Holz zusammen, ließ die Flammen prasseln, setzte den Topf mit Haferflocken auf. Ich fühlte mich zerschlagen, jeder Knochen, jeder Muskel tat weh. Sitzen, nur sitzen, in die Flammen dösen.

Es knackte im Gebüsch. Neugierige Gesichter beobachteten uns. Michael winkte, hob beide Hände hoch, die Handflächen nach außen gedreht. Internationales Zeichen für Friedfertigkeit. Leere Hände, keine Waffen.

Vier, fünf dunkle Gestalten näherten sich vorsichtig. Der Vortrupp. Es wurden immer mehr. Irgendwo in der Nähe mußte ein Dorf sein. Unsere Besucher verloren sehr schnell ihre Zurückhaltung. Offensichtlich hatten sie sich überzeugt, daß ihnen von uns keine Gefahr drohte. Und wenn Afrikaner nicht mehr zurückhaltend sind, dann sind sie neugierig. Alles wurde betastet, in die Hand genommen, untersucht.

»Mensch, paß bloß auf, daß uns hier nicht eine Menge wegkommt«, flüsterte Michael. Plötzlich kam mir ein Gedanke. Ich ging in das Zelt, holte den Sack mit der Riesenschlange heraus. Aufschnüren, die Schlange herausschütteln. Apathisch lag sie da, kaum, daß sie sich rührte.

Aber der Anblick reichte aus. Spitze, ängstliche Schreie, respektvolles Zurückweichen, Getuschel. Eine Weile noch standen sie in weitem Kreis um uns herum, beobachteten, dann waren wir wieder allein.

Weiterfahrt am nächsten Morgen. Plötzlich drehte Michael sich um. »Du, merkst du nichts? Das stinkt ja plötzlich so gemein?«

Ich roch es auch. Der Geruch von verfaultem Fleisch hing in der Luft. Wir hatten doch kein verfaultes Fleisch – wir hatten überhaupt kein Fleisch.

Die Schlange! Verdammt, die Schlange! »Los, Michael, da vorn die Sandbank, laß uns da schnell ranfahren.«

Sie mußte einfach übergroße, entsetzliche Angst bekommen haben. Dieses dunkle, enge Gefängnis, in dem sie sich kaum bewegen konnte, keine Sicht, keine Freiheit. Wenn Schlangen Angst haben, dann würgen sie ihre Beute wieder aus. Der Felsenpython hatte es mit der Gazelle versucht. Zur Hälfte hatte er es geschafft, die andere Hälfte mußte seine Luftröhre abgeklemmt haben. Wie lange wohl schon?

Ich versuchte zu helfen. Mit der bloßen Hand zog ich den halbzersetzten Kadaver ganz langsam aus dem Maul heraus. Die Schlange ließ alles mit sich geschehen; regungslos lag sie da. Ich ging mit ihr zum Ufer, packte sie ins flache Wasser, hielt mit der einen Hand den Kopf hoch und massierte mit der anderen sanft den Leib. Luft, sie sollte wieder Luft kriegen. Dann stülpte ich meinen Mund über ihren. Gegen das Zuschnappen sicherte ich mich mit einem Stock, den ich ihr zwischen die Kiefer steckte. Ich versuchte es mit Mund-zu-Mund-Beatmung. 30 Minuten lang. Plötzlich ein ganz leises Zucken, Strecken. Den mächtigen Körper verließ die letzte Spannung, schlaff und weich wurde er unter meinen Händen. Es hatte nichts genutzt.

Jetzt ist sie tot, wußte ich. Ich brauchte sie gar nicht mehr zu untersuchen, es gab nicht den geringsten Zweifel. So faßt sich nur ein Körper an, den das Leben verlassen hat.

Michael war herangetreten. »Was ist mit ihr?«

Ich antwortete nicht. Drehte mich nur weg. Seltsam, wie einem so etwas nahegehen kann. Gestern hatte ich mit ihr noch im Wasser gestrampelt, heute war mir fast so, als hätte ich einen Gefährten verloren. Das war der traurigste Tag meiner Reise. So dicht liegen Freude und Trauer beieinander.

Deprimiert warf ich den Gazellenkadaver ins Wasser. Er schwamm eine kurze Weile, dann rauschte es wie ein Pfeil heran, spitze Bugwelle, der Rachen Zentimeter nur über dem Wasser, tiefliegende, kleine Augen in der gepanzerten Haut. Für Bruchteile von Sekunden blitzten Zähne auf rotem Grund auf – weg. Kein Gazellenkadaver mehr, keine Bugwelle, keine Zähne, kein Krokodil. Das Wasser flach, unbewegt.

Abends zogen wir die Schlange ab. Wenigstens die Haut wollte ich mit nach Hamburg bringen. Als Erinnerung. Michael schlug einen dünnen Baumstamm zurecht, wir spannten die Haut herum, so straff wir konnten. Am nächsten Tag legten wir Baumstamm mit Schlangenhaut quer ins Boot. Ich drehte ihn ständig, um die Haut möglichst gleichmäßig der Sonne auszusetzen. Doch immer wieder schwappte Wasser über. Später, in Uetersen bei Hamburg, wird der Gerber sagen: »Nein, mein Lieber, mit dieser Haut kann ich auch nicht mehr viel anfangen. Die ist einfach unsachgemäß getrocknet worden. Wissen Sie, da ist der Wirkstoff Kollagen vom Wasser vermutlich zerstört worden.«

Und ich werde nur noch einen schäbigen, eingeschrumpelten Hautfetzen behalten. Verblichen zu einer schwarzweißen Zeichnung.

# Krokodile

An diesem Tag waren es dreiunddreißig Stück. Hinrich zählte sie, als müsse er Buch führen. Dreiunddreißig. Sie lagen träge am Ufer, manche hatten sich im Schlamm eingewühlt, daß die gepanzerte Haut kaum heraussah, andere bildeten einen wirren, unübersichtlichen Knäuel, in dem hin und wieder ein Schwanz die Luft peitschte oder ein Rachen gelangweilt gähnte.

Die ersten Krokodile sahen wir im Canyon. Die letzten am Dabus, wo wir aufhörten.

Die größten sollen 6 m erreichen. Die größten, die wir sahen, schätzten wir auf knapp 4 m.

In den ersten Tagen war einer von uns ständig dabei, die Wasserfläche genau abzusuchen. Nichts machte uns soviel Sorge wie die Krokodile. Zwei Expeditionen waren ihretwegen gescheitert. »Die packen dich und ziehen dich in die Tiefe, auf den Grund des Flusses, dort, wo sie zu Hause sind«, hieß es. »Sie haben dich am Arm oder am Bein, und du hast auch nicht die geringste Chance mehr, ihnen zu entkommen. Sie kurbeln deine Gliedmaßen durch blitzschnelles Drehen ihrer Körper aus den Gelenken. Nicht etwa, daß sie dich bei lebendigem Leibe auffressen, nein, du ersäufst oder erstickst oder krepierst einfach vor Angst und Schmerz oder Blutverlust. Krokodile lieben angefaultes Fleisch, das sich leicht von den Knochen löst. Deinen Leichnam werden sie nicht sofort fressen, sondern später, wenn er in Fäulnis übergegangen ist.«

Der gepanzerte Tod. In manchen Büchern hatte es geheißen, am Blauen Nil würde es die größten Krokodile der Welt geben. Michael war Feuer und Flamme gewesen. »Die werden wir filmen«, hatte er verkündet. »Wir werden uns am Ufer eingraben, genau dort, wo sie gern in der Sonne liegen. Und dann werden wir sie aus nächster Nähe aufnehmen. Sensationelle Bilder!«

Wenn Michael an seinen Film dachte, gingen die Phantasiepferde nur allzu leicht mit ihm durch.

Als wir in Addis starteten, war die Geschichte von dem amerikanischen Peace-Corps-Mann gerade in aller Munde gewesen. Sie hatte sich am Omo-River abgespielt, einem Fluß im Süden des Landes. Der junge Amerikaner lebte schon einige Monate dort, er wollte den Bauern beibringen, wie sie ihre Felder besser bestellen, die Erträge mit Kunstdünger steigern und mit modernen Pflügen die Erde viel leichter und schneller aufbrechen können als mit den Hakenpflügen, die schon ahnenreihenlang unverändert benutzt wurden.

Eines Abends wollte der Amerikaner schwimmen gehen. Den ganzen Tag über hatte ihm die Sonne aufs Fell gebrannt. Er war ausgelaugt. Ins Wasser – schon der Gedanke entzückte ihn.

Doch die Dörfler hatten gewarnt. »Geh nicht ins Wasser«, sagten sie. »Hier gibt es viele Krokodile. Es ist zu gefährlich.«

Der Amerikaner hörte nicht. Er badete, es passierte nichts. Siehst du, dachte er, alles nicht so gefährlich, wie es immer hingestellt wird. Dann setzte er sich ans Ufer, ließ die Beine ins Wasser hängen und träumte vor sich hin. Er überhörte das leise Herangleiten, er übersah die spitzwinklige Bugwelle, er spürte nur plötzlich einen rasenden Schmerz im Fuß, etwas riß ihn mit unwiderstehlicher Gewalt ins Wasser, kaum daß er Zeit bekam, noch einmal zu schreien.

Ein paar Tage später wurde am Omo-River ein mächtiges Krokodil erlegt. Der weiße Jäger hatte es mit einem einzigen Schuß ins rechte Auge getötet. Die Äthiopier zerlegten das Tier, und in seinem Inneren fanden sie Knochen. Die Reste eines menschlichen Körpers. Außerdem fanden sie ein kleines, silbernes Kreuz mit Kettchen. Die Dörfler erkannten es. Der junge Amerikaner trug es immer um den Hals.

»Willst du dich jetzt auch noch am Ufer eingraben und deinen Sensationsfilm drehen?« hatte Hinrich Michael gefragt, als man uns von dem Amerikaner erzählte. Michael winkte ab.

Aber er mußte die Idee doch noch nicht aufgegeben haben. Eines Morgens fanden wir krallenartige und Schwanzabdrücke dicht vor unserem Zelt. Unzweifelhaft ein Krok. »Mensch, hast du denn gepennt?« fuhr mich Hinrich an. »Du hast doch Wache gehabt.«

»Ich habe nichts gesehen«, stotterte ich. Verflucht, so leise kann sich doch ein großes Tier nicht bewegen!

Michael sagte gar nichts. Doch am nächsten Abend traf er merkwürdige Vorbereitungen. Die Zweige eines Strauchs bog er so weit herunter, daß ihre Spitzen das Wasser berührten. Er nahm sich ein Stück von dem Wels, den wir tags zuvor gefangen hatten, befestigte es an einem starken Angelhaken und band den Köder mit einem Nylonseil an den Strauch. Dann warf er das blutige Fleisch ins Wasser.

»Aha«, stieß mich Hinrich an, »hier will einer ein Krokodil angeln.«

»Wenn da nun wirklich eins anbeißen sollte, wie willst du das denn merken?« rief er. »Willst du die ganze Nacht da an dem Baum sitzen?« Hinrichs Stimme triefte vor Hohn.

Michael konnte ganz kalt und beherrscht sein. »Wir haben uns doch diese komische Alarmkugel eingepackt«, antwortete er. »Die stellen wir an den Strauch. Wenn sich da auch nur etwas rührt, heult die sofort los. Dann haben wir das Ding wenigstens nicht ganz umsonst mitgeschleppt.«

Tatsächlich, das konnte klappen. Irgendeiner von uns war in Hamburg auf den Gedanken gekommen, eine Alarmkugel mitzunehmen. So ein handgroßes Gerät, das man sich in das Wohnzimmer stellt, um die Herren Einbrecher abzuschrecken. Wenn es angestellt war und man tippte nur kurz dagegen, dann heulte es so durchdringend wie eine Luftschutzsirene.

Nacht. Plötzlich riß es uns hoch. Tüüüüü! Tüüüüü! Tüüüüü! Ein Heulen, das durch Mark und Bein ging. Michael hatte Wache gehabt, er war als erster an der Falle. Zwei transportable Handscheinwerfer gleißten auf, tauchten die Umgebung in grellweißes Licht. Dahinter stand die Kamera. Wirklich, Michael hatte alle Vorbereitungen getroffen, die möglich waren. Da – der Strauch beugte sich wie eine straff gespannte Feder ins Wasser. »Los, zieht!« schrie Michael. »Zieht doch schon am Seil. Wir müssen es an Land holen!«

Hinrich und ich stemmten uns in den Boden, daß uns der Schweiß ausbrach. Gewaltiger Widerstand. Irgendwo dahinten peitschte etwas entfesselt das Wasser. Aber wir schafften Zentimeter um Zentimeter. Knochenarbeit. Als ob es nicht schon tagsüber genug davon gab. Man könnte jetzt schlafen, sich ausruhen, träumen.

Wieder ein paar Zentimeter. War da nicht schon die spitze Schnauze zu sehen? Die tief eingekerbte Haut? Wirbel im Wasser, als würden tausend Teufel baden.

Plötzlich ein mächtiger Ruck. Wir knallten beide gegen den Boden, der Strauch war kein gespannter Flitzbogen mehr, nur noch ein traurig ins Wasser hängendes Geäst. Wir hatten ein armseliges Stückchen Nylonschnur in den Händen und einen maßlos enttäuschten Michael hinter uns.

»Scheiße. Verdammte Scheiße. Nylon. Nichts kann Nylonseile zerreißen, heißt es immer. Habt ihr gesehen, wie es reißt. Mann, ich könnte verrückt werden. Wir hatten es beinahe schon geschafft.«

Michael versuchte es nicht mehr.

Vielleicht war es der achte Reisetag, vielleicht auch schon der neunte. Mittägliche Glut. Ich verfolgte die Schweißtropfen, die auf Michaels Rücken eine helle Bahn zogen. Dabei paddelt er noch nicht einmal, dachte ich müde. Der sitzt nur in der Mitte und paßt auf seine Kameras auf.

Die Paddelblätter fuhren gleichmäßig durchs Wasser. Gute Fahrt. Abends würden wir Antilopen essen. Hinrich hatte gestern eine geschossen. Schönes, saftiges Lendenstück.

Ein leiser Ruck durchfuhr das Boot, zitterte leicht nach. Da vorn fuhr Hinrich zurück. »Mein Paddel«, stieß er entsetzt hervor. »Mein Paddel. Ein Krok hat mir das Paddel aus der Hand gerissen!«

»Du spinnst.« Das war Michael. »Das wird sich in einem Baumstamm verhakt haben. Oder in einen Felsen.«

Wir hatten unsere Paddel am Boot angebunden. Sicher ist sicher. Die Schnur zeigte senkrecht nach unten. Nicht einen Millimeter rührte sie sich.

Wo war unser Ersatzpaddel? Es stand im Hotel »International« in Addis Abeba. Zimmer 243. Wir hatten es vergessen, wir Tölpel. Jetzt würden wir uns ein neues schnitzen müssen. Sauarbeit.

Plötzlich machte es »Flupp«, und das Paddel schoß wieder nach oben. Ein paar Meter vom Boot entfernt schwamm es auf der Wasseroberfläche. Hinrich zog es eilig heran, griff es. »Da. Guck dir deinen Baumstamm mal an. Seit wann können Baumstämme beißen?«

Er reichte das Paddel nach hinten. Deutlich waren auf beiden Seiten des Blattes zwei Zahnreihen zu sehen, die sich tief in das Holz gegraben hatten. Vielleicht fünf Zentimeter unter der Stelle, wo Hinrichs rechte Hand das Paddel umschloß.

Abends baute ich mir aus drei leeren Kanistern einen Krokodilschutz.

Ich saß schließlich im Heck: mein Hintern hing meist halb über den Bootsrand, eine Handbreit nur über der Wasserfläche.

Diese mörderische Hitze machte einen verrückt. Unbarmherzig griff uns die Sonne an, die Luft war feucht und schwer, schon das Sprechen war Arbeit. Und rings um uns dieses herrliche Wasser. Manchmal sprühte es uns ein, manchmal schäumte es wild, dann wieder lag es leise lockend da, als wollte es sagen: »Steig doch einfach rein. Erfrisch dich, nimm ein Bad. Hier, du kannst es doch gar nicht bequemer haben.«

Aber plätscherte es da nicht leicht? Zog da nicht der gepanzerte

Tod gleich unter der Wasseroberfläche seine Bahn und lauerte nur darauf, daß einer leichtsinnig wurde?

Wasser, Millionen Hektoliter Wasser. Und du kannst doch nicht baden. Manchmal hatten wir die Äthioper beobachtet, wenn sie durch eine Furt stiegen. Einer ging voran, große Zweige in der Hand, mit denen er das Wasser peitschte. Dazu schrie er gewaltig. Die anderen standen derweil am Ufer, schlugen ebenfalls das Wasser, was das Zeug hielt, und vollführten einen Lärm, daß die Luft zitterte.

Es hieß, daß Krokodile Lärm meiden. Aber war das eine Garantie? Nein, dann doch lieber nur Wasser schöpfen und es sich über den Kopf gießen. Obwohl das nur für Sekunden half.

Einmal war ich restlos am Ende. Drei große Katarakte an diesem Tag. Dreimal hatten wir das Boot und die Ausrüstung schleppen müssen. Dumpfe Mattigkeit gewann die Oberhand, die Kehle war ein einziges Reibeisen, im Kopf brannte ein grelles Licht, ging an, verlöschte, ging an, verlöschte.

»Ist mir jetzt ganz egal«, krächzte ich, »ich spring rein. Schlagt mit den Paddeln aufs Wasser.«

Herrliche Kühle. Der Fluß umschmeichelte mich, hüllte mich ein in einen frischen Mantel. Ich machte ein paar Schwimmbewegungen vom Boot weg. Plötzlich schoß mörderische Angst in mir hoch, raubte mir fast den Atem. Wenn es jetzt kommt. Vielleicht setzt es gerade zum Angriff an. Schnell, schnell, schnell zum Boot. Kommt man denn gar nicht näher? »Los, Hinrich, zieht mich rein, so helft mir doch!« Die Beine hoch, ins Boot fallen, aufatmen, tief aufatmen.

Das Wasser lag ganz ruhig da. Nichts rührte sich, gar nichts. Dahinten schwamm eine Ente.

Ein Bild des Friedens.

Oder.

Sie lagen am Ufer und schienen zu gähnen oder sich ihre Zähne zu sonnen.

Sahen sie uns, verschwanden sie wie der Blitz im Wasser. Einige tauchten argwöhnisch wieder auf, umschwammen uns und tauchten weg, wenn wir mit dem Paddel schlugen.

Manchmal schien eins unseren Kiel mit seinem rauhen Rücken zu kratzen.

Aber Angriffe, wie sie der Züricher Zahnarzt Scholtz 1974 erlebte (siehe Kapitel IX, Finale) oder Rottlinger 1956, erlebten wir nur einmal.

Ausgerechnet ein kleines Tier war es. 2 Meter lang vielleicht. Es lag am Strand. Und wir hatten es wohl verärgert. Jedenfalls warf es sich ins Wasser und kam ohne zu tauchen wie ein Torpedo auf uns zu.

Es mußte in den nächsten Sekunden in die Bootsflanke beißen. Selten sieht man ein gutes Foto so deutlich kommen.

Ich riß die Weitwinkelkamera raus. Da biß es zu. Im selben Moment klickte die Kamera.

Aber im Eifer hatte ich sie nicht gespannt. Das sind Momente, über die man sich nach Jahren noch ärgert. Das Krokodil biß zu und wollte das Boot schütteln. Das aber lag im Wasser stabil wie eine Insel und so schüttelte sich das Tier nur selbst und ließ dann sofort wieder los.

## Hyänen
Camp 20

Eine Faust knuffte mich, ich tauchte auf. Maggy, Kirsten, Hamburg, die Konditorei, Freunde, unser Haus – wieder nur ein Traum. Ein Zelt in der afrikanischen Nacht, draußen rauschte der Fluß.

Was war los?

Hinrich zischte: »Wach auf, Rüdiger, wach schon auf. Irgendwas stimmt nicht da draußen.«

Plötzliche Erinnerung. War da nicht in Hamburg schon mal so etwas Ähnliches gewesen? Damals, als wir im Trittauer Forst übernachteten? Richtig, der Förster, der uns überraschte und uns für ausgebrochene Sträflinge hielt.

Damals hatten wir keine Wache aufgestellt, weil wir Anfänger waren. Und diesmal? Müdigkeit, einfach Müdigkeit. Und Leichtsinn natürlich. Komisch, je länger man sich in der Gefahr aufhielt, um so mehr gewöhnte man sich an sie.

Jetzt hörte ich es auch ganz deutlich. Es japste, fiepte merkwürdig hoch, irgend etwas splitterte, als wenn Knochen brachen.

Am Abend zuvor hatten wir Gazelle gegessen. Knusprige Keule, am Spieß gebraten, herrlich. Eine Menge war noch übriggeblieben. Ich erinnerte mich genau, wie Michael den Rest sorgfältig eingepackt hatte. Warum soll man nicht auch zum Frühstück Gazellenkeule essen?

Hinrich kniete vor der Zeltöffnung. Seine Hand fuhr nach hinten, winkte. Leise, ganz leise rutschte ich nach. Eine helle Nacht lag vor dem Zelt. Der Mond übergoß Felsen, Wasser und Ufer mit silbernem Licht, scharf zeichneten sich die Silhouetten der Bäume und Sträucher ab. Eine Schattenriß-Landschaft.

Und da – drei – vier Meter vor unserem Zelt, dort, wo wir vor ein paar Stunden noch gegessen hatten, war schon wieder ein großes Festgelage im Gange. Die Gäste: dreiviertel Meter hoch, nach hinten eigenartig abgeflacht, deutlich sah man die dunklen Tupfen auf dem braunen Fell und die breite Schnauze. Vier Hyänen.

Es gab Gazellenkeule, knusprig gebraten, Hyänen-Selbstservice.

Ich tastete zur Seite, dorthin, wo die Gewehre lagen. Der kühle Lauf – vorsichtig zog ich ihn heran. Da schepperte es sacht, ich war an das zweite Gewehr gestoßen.

Draußen brach es durch das Gebüsch, Zweige rauschten zusammen, hohes, gespenstisch klingendes Bellen hob an, das in einen unheimlichen heulenden Dauerton überging.

»Sie sind weg«, sagte Hinrich. »Pack das Gewehr wieder weg.« Michael hatte von alldem nichts gemerkt. Leises Schnarchen kam aus seinem halbgeöffneten Mund.

»Na, der wird sich wundern, wenn er morgen seine Keule auspakken will«, spöttelte Hinrich und kroch in seinen Schlafsack.

Eigentlich gehörten sie dazu, wie die Paddel zum Boot. Es gab nur wenige Nächte, die nicht von ihrem Gebell und Geheul unterbrochen wurden. Oft sahen wir ihre funkelnden Lichter in der Dunkelheit glühen, uns beobachtend. Manchmal fühlten wir uns eingekreist, da und dort knurrte es leise, drohend, oder es lachte und kicherte in der Ferne, so daß wir unwillkürlich näher an das Feuer rückten und uns leiser unterhielten. Hieß es nicht, daß Hyänen das kräftigste Gebiß von allen Tieren haben? Mancher Afrika-Camper weiß ein Lied davon zu singen, wie selbst stabile Kochtöpfe morgens aussehen, wenn nachts die Hyänen durchs Camp gezogen waren.

Aus Addis Abeba hatte einmal eine deutsche Touristin berichtet, daß sie zu später Stunde in ihr Hotel wollte, und zu Fuß durch die leeren Straßen ging. Plötzlich tappten leise Schritte hinter ihr. Sie sah sich um und entdeckte zwei Hyänen, die ihr nachschlichen.

Vielleicht hatte sie übertrieben. Aber wie war das denn in Harrar gewesen? Dort in der Provinzhauptstadt?

»Hier gibt es Leute, die füttern nachts gegen Bezahlung Hyänen.«
Ein italienischer Händler hatte es uns erzählt. Wir brauchten nicht
lange zu suchen. »Mister, du wollen heute sehen Hyänen? Du mir
geben etwas Geld, für Fleisch zum Füttern.«

Ein magerer, heruntergekommen aussehender Mann. Seine Shammas über und über schmutzig.

»Wo willst du denn füttern?« fragte ich.

»Na hier.« Er zeigte auf den Platz, auf dem wir uns befanden. Die
Hauptstraße war nur dreißig Meter entfernt.

»Der spinnt doch«, meinte Michael. »Hier kommen doch nie Hyänen her. Ist doch viel zu belebt.«

Wahrscheinlich will diese Hyäne nur unser Geld, dachte ich auch.
Den werden wir nie wiedersehen.

Der Mann mußte unser Mißtrauen gespürt haben. »Bitte, geben
etwas Geld für Fleisch. Hier wirklich Platz für Hyänen. Wenn dunkel ist. Bitte gucken.«

Er zeigte auf die vielen Knochen, die in der Gegend herumlagen.

»Was kann schon groß passieren«, knurrte Hinrich. »Gib ihm zwei
Dollar für Fleisch. Wenn er wirklich abhaut, na ja, dann haben wir
eben drei Deutsche Mark in den Sand gesetzt.«

Der Mann bekam sein Geld. »Wiederkommen. Sieben Uhr.« Weg
war er.

Um sieben Uhr standen wir wieder auf dem Platz. Leise Schritte
tappten durch die Dunkelheit heran. Tatsächlich, unser Hyänenfüt-
terer. Er trug einen Korb mit stinkenden Fleischbrocken. »Aufpassen, Mister, aufpassen.«

Er legte beide Hände an den Mund und stieß einen lockenden, mo-
notonen Ruf aus. Wieder und immer wieder. Plötzlich lösten sich aus
der Dunkelheit graue Schatten, schlichen vorsichtig heran, verharrten
lange, wieder ein paar Schritte vorwärts.

Der Mann hatte einen Fleischbrocken vor sich hingelegt, seine
Rufe waren leiser geworden, vertraulicher.

Da schoß der eine Schatten wie ein Blitz heran, schnappte das
Fleisch, war schon wieder in der Dunkelheit verschwunden. Nur eine
Staubwolke blieb zurück.

Der Mann lachte leise. Der nächsten Hyäne hielt er das Fleisch in
der Hand hin. Ein Knurren, ein Sprung, weg war sie.

Michaels Atem ging gepreßt. »Irre«, flüsterte er, »völlig irre. Hättest du das für möglich gehalten?«

Unbemerkt war ein Junge zu uns getreten. Vielleicht elf, zwölf Jahre alt. »Ein Dollar, Mister, ich zeige euch großen Trick«, stieß er mich an.

Hinrich hatte ihm schon das Geld in die Hand gedrückt. Er war nur noch nervöse Spannung. Seine linke Gesichtshälfte zuckte leicht, wie immer, wenn er aufgeregt war. Die Augen hatten sich zu engen Schlitzen zusammengezogen.

Der Junge griff sich einen der blutigen Brocken aus dem Korb, legte sich auf die Erde und nahm das Fleisch in den Mund. Gar nicht mehr scheu, sprang eine Hyäne heran, riß ihm den Klumpen aus dem Mund und verschwand.

Ich hatte auch schon einen Köder in der Hand, hielt ihn den Tieren hin. Doch das war den Äthiopiern gar nicht recht. Sie schimpften und rückten den Korb wieder weg. Dann klatschten sie gar in die Hände und scheuchten die Tiere zurück in die Nacht.

Natürlich wollten sie nicht, daß die Fremden auf den Gedanken kämen, sie könnten die Hyänen selbst füttern. Das schmälert ja die Verdienstquelle. Wer nimmt das schon widerspruchslos hin? Also zahlten wir auch für Selbstfüttern und tatsächlich: Mit derselben Fixigkeit und Gier rissen sie auch mir das Fleisch aus dem Mund.

Dieser Augenblick des Zuschnappens ist eigenartig. Bruchteile einer Sekunde spürt man ihren Atem und schließt unwillkürlich die Augen, fühlt den Riß am Fleisch wie einen wilden Kuß, und ehe man sich dessen bewußt wird, was passiert ist und hätte passieren können, ist der Spuk vorbei.

Viele Nächte hatten wir die Hyänen gehört. Michael sagte einmal: »Von diesen Schreien werde ich wohl noch lange träumen. Das verfolgt einen ja richtig. Und wenn ich sie mal nicht höre, fehlt mir etwas.«

Ja, etwas Unheimliches ging von diesen Tieren aus. Wie hatte Jegiga doch gesagt: »Buda, die Personen mit dem bösen Blick. Nachts verwandeln sie sich in Hyänen und schleichen umher, um die Menschen zu erschrecken.«

Aber macht man sich einmal die Mühe, sich näher mit ihnen zu befassen, kann man sie sogar schön finden. Schön wie Haie oder wie Schlangen zum Beispiel.

# Puffotter!
## Camp 16

Die Nächte waren manchmal kühl am Blauen Nil. Wenn die Dunkelheit sich über das Land gelegt hatte, sank das Thermometer bis zum Morgen manchmal auf achtzehn Grad. Anfangs war das wohltuend, denn tagsüber hatte der Körper unter der sengenden Sonne gelitten. Später begann man zu frösteln.

Holz für ein wärmendes Feuer fand man hier immer. Irgendwo war es während der Regenzeit in den Fluß gerissen worden, eine Zeitlang mitgeschleppt, dann hatten es die kräftigen Drehströme zerkleinert und an das Ufer geworfen. Es gab Felsnischen, die aussahen, als wäre jemand gerade dabei gewesen, Ofenscheite zu zerkleinern. Pulvertrockenes, mürbes Holz.

Wir hatten unser Lager unterhalb einer steil aufragenden Felswand aufgeschlagen. Bis zum Wasser waren es nur ein paar Schritte im weichen, weißen Sand.

»Du bist heute dran mit Holzsammeln«, sagte ich zu Michael. »Wir beide bauen das Zelt auf.«

Michael verschwand. Ich werde doch nicht die erstbesten Äste auflesen, dachte er, ich werde sehen, daß ich einen ganzen Stapel schöner Knüppel finde.

Michael ist ein rationell denkender Mann. Er hatte seine Pistole mit, aber hoffentlich müßte er nie damit schießen. Seltsam. So treffsicher er mit dem Gewehr war, mit der Pistole kam er überhaupt nicht zurecht. Er hielt einfach nicht tief genug, der Rückstoß riß ihm die Hand hoch, sein Schuß landete mit Sicherheit weit über dem Ziel.

Ein schmaler, tiefer Felseinschnitt tat sich vor Michael auf. Da wird genug Holz sein, dachte er. Der Fluß spült es gern in solche Spalten.

Dunkel. Durch den schmalen Spalt fiel nur wenig Tageslicht. Aber Holz, viel Holz lag da. Michael sammelte Stück für Stück auf und warf es hinter sich in Richtung Eingang. Mann, das flutschte ja, freute er sich, da sind die ja mit dem Zelt kaum zur Hälfte fertig, dann habe ich es schon geschafft und mache Pause.

Da – ein scharfes Zischen, so als würde man eine Preßluftflasche öffnen. Michael zuckte zusammen. Was war das? Sein Blick fuhr in die Runde. Nichts. Verdammt, daß es hier so dunkel ist. Er verharrte starr.

Es zischte wieder. Und jetzt sah er sie. Eine kurze, gedrungene

Schlange mit bräunlichen Mustern, nicht sehr lang, ein Meter vielleicht. Sie hatte sich zusammengerollt, ihr Kopf ragte in der Mitte heraus. Der Hals war s-förmig gebogen. Der Körper vibrierte, schwoll vom aufgeregten Einatmen dick an, um gleich darauf unter lautem Zischen wieder schlanker zu werden. Die lange schmale Zunge spielte nervös und fächelte ihr die Witterung des Gegners zu. Wieder zischte sie.

Michael fühlte, wie ihm kalter Schweiß auf die Stirn trat. Was nun? Er hatte sich mit dem Feuerholz selbst den Ausgang zugebaut. Einen guten halben Meter hoch lag sein Stapel direkt vor dem Spalt. Einen Schritt daneben, im Inneren der Höhle, die Schlange.

Für ein paar Sekunden drohte die Angst, Michael zu lähmen. Gedanken rasten wirr durch seinen Kopf. Eine Puffotter, eine dicke, halbstarke Puffotter – soviel wußte er von Schlangen durch meine Bücher, Erzählungen und Terrarien.

Und er wußte auch, daß die Puffotter zu den gefährlichsten Giftschlangen der Welt zählt. Sie verursacht in Afrika die meisten Schlangentode. Dabei ist sie langsam, und es würde ihr nie einfallen, jemanden zu verfolgen. Ihr Stärke ist die Geduld. Das Abwarten und dann das allerdings ungeheuer schnelle Zuschlagen.

Nicht, daß sie es auf Menschen abgesehen hätte. Keine Schlange greift grundlos Menschen an. Aber was soll sie machen, wenn da so 'n 150-Pfund-Koloß auf sie draufzutappen droht? Dann wehrt sie sich und schlägt zu. Und da sie ein Dämmerungstier ist und die meisten Afrikaner barfuß gehen, kommt es täglich zu diesen tödlichen Bissen.

Das Gift zersetzt das Blut. Es gerinnt. Die Blutgefäße weiten sich, werden porös. Die Wunde schmerzt, schwillt an und nach Minuten oder Tagen tritt der Tod ein, sobald Blut oder Blutgefäße sich genügend verändert haben und ihrer Fuktion nicht mehr gerecht werden können.

Ein einigermaßen sicheres Mittel dagegen kann Serum sein. Das hatten wir nicht mit, weil es kühl gelagert werden muß. Und weil die Chance, in Afrika von einer Schlange gebissen zu werden, für uns Europäer gleich Null ist. Und für Michael schien es nun umgekehrt zu sein. Nämlich die Chance, dem Biß zu entrinnen, glaubte er gleich Null.

»Sicher denkt ihr, ich will jetzt rumrollen«, meinte er hinterher keuchend. »Ich stand wie gelähmt, und anstatt was zu tun, fiel mir

Rüdigers Geschichte von der Mamba ein, und die vergrößerte meinen Schock noch.« Das war in Südafrika auf einer Farm in der Nähe von Pretoria. Der Farmer hatte eine Mamba erlegt, sie mit nach Hause geschleppt und sie zusammengerollt in seinen Pantoffel gelegt. Er wollte seiner Frau einen Schrecken einjagen.

In manchen Gegenden sind die Scherze eben härter.

Abends Besuch eines Nachbarn. Der Farmer zu seiner Frau: »Du, kannst du mir nicht mal schnell meine Pantoffel holen? Mir tun die Füße so verdammt weh. Den ganzen Tag Stiefel – man ist eben doch nicht mehr der Jüngste.«

Die Frau ging ins Schlafzimmer. Sekunden später ein spitzer Schrei. Farmer und Nachbar grinsten sich an. Na ja, Spaß gelungen. Nun wird sie ja gleich kommen.

Aber sie kam nicht. »Sie wird jetzt uns einen Schreck einjagen wollen«, sagte der Farmer. »Am besten, wir reagieren gar nicht.«

Aber nach nach ein paar Minuten war die Frau immer noch nicht da. Der Farmer erhob sich. »Wollen vielleicht doch lieber mal nachsehen.«

Die Frau lag tot neben dem Bett. Den Pantoffel des Mannes in der Hand. Auf dem Boden die tote Mamba, daneben zusammengeringelt eine zweite.

Eine lebende!

Der Farmer hatte die erlegte Schlange auf dem Boden hinter sich hergeschleift. Die andere Mamba mußte die Schleifspur aufgenommen haben. Mehr nicht. Ende eines Scherzes.

Michael stand also starr wie ein Baum. Nur keine hastigen Bewegungen, wußte er.

Schreien? Nein. Das Zelt war gut achtzig bis hundert Meter entfernt. Da müßte ich erst aus der Höhle raus. Herrgott, wie komme ich bloß aus der Höhle raus?

Die Schlange bewegte sich keinen Zentimeter vorwärts, aber kringelte nervös auf der Stelle und bebte unter Zischen am ganzen Leib. Dieses laute Zeichen hat ihr auch den deutschen Namen »Puffotter« gegeben (Bitis arietans).

Angst –? Ja, er hatte noch Angst, aber die Panik war verschwunden, er konnte wieder klar überlegen. Es war nur die natürliche Angst, die man vor allem Unbekannten hat. Keinesfalls Feigheit. Die Angst, die oft einen der Reize der Reise ausmachte.

Und dann ging alles blitzschnell. Er sprang hoch, stützte sich seitwärts an den rauhen Wänden ab und jumpte mit einem sagenhaften Pendel-Schwung über sie hinweg in den Holzhaufen hinein, rollte gleich weiter und lief laut schreiend weg. »Rüdiger, Rüdiger, eine Schlange!«

Aber ich war zu weit weg. Und da siegte auch wieder seine Nüchternheit. »Wenn ich da erst hinlaufe und ihm das erzähle und wir kommen her und das Vieh ist weg ... der schlägt mich mit Hohn. Wie oft hat er uns eingetrichtert, nur keine Schlange entweichen zu lassen!«

Und als er sah, daß die Viper liegenblieb, war er völlig der alte. Er behielt sie aus 5 m Entfernung im Auge und gab Signalschüsse aus der Pistole ab.

Ein Stück des Zeltplatzes konnte er einsehen. Er sah, wie ich mich hinwarf, nach dem Gewehr griff, hinter einen Stein robbte. »Hinrich! Sichere du nach der anderen Seite!« schrie ich. Wo war das Signal hergekommen? Im Rauschen des Flusses ließ sich die Richtung nicht sicher feststellen.

Da, wieder drei Schüsse. Jetzt wußte ich die Richtung. Da hinten, die schmale Höhle. Und davor, wild mit den Armen fuchtelnd, Michael.

Michael! Was ist los? In Zick-Zack-Sätzen jagten wir zur Höhle.

»Was ist los, Michael?«

»Eine Schlange«, flüster er zurück. »Eine Puffotter.«

»Wo?«

»Hier, gleich neben dem Eingang.«

Ich legte das Gewehr weg. Puffotter!! Mit dem Python hatte es nicht geklappt. Vielleicht konnte ich eine Puffotter mit nach Hause bringen. »Michael, du Schatz! Dafür kriegst du heute meinen Löffel Kakao mit Zucker!« Ich war glücklich! Ein herrliches Exemplar. Als ich mich behutsam dem Spalt näherte, wollte sie sich gerade unter die Steine zurückziehen. Einen Stock aus dem Holzstoß ergreifen, sie sanft, aber hart genug, um sie am Kriechen zu hindern, zur Erde zu drücken, hinterm Kopf ergreifen und in meinen Strumpf zu tun, war Sache eines Augenblicks. Ich hatte eine Puffotter!

Und im Überschwang hatte ich Michael meinen Kakao geschenkt. Dabei hatte er doch nur seine Pflicht getan. Aber ich hatte es versprochen und er war so abgebrüht, sofort anzunehmen.

Aber auch dieses Reptil sollte ich nicht lange behalten. Ich war gerade eine Woche in Hamburg. Da besuchte mich mein Freund Franz

Gerber. Franz ist Münchner. Und Fußballstar des FC St. Pauli 1973/74 norddeutscher Torschützenkönig. Eine Seele von Mensch und Schlangenfan. Es ist nicht übertrieben, wenn man sagt, er sei selbst eine halbe Schlange.

Er sah den Traum von Tier, lud mich hinterlistig zu einem Steak ein und bearbeitete mich währenddessen so unermüdlich, daß ich mich irgendwann verschluckte. Den Husten deutete er als Zustimmung und los war ich sie.

Ich kam mir fast vor wie Hans im Glück, dem zuletzt auch nur noch die Erinnerung blieb.

Inzwischen ist er durch sie sogar 19facher Vater geworden.


## Wildhunde

Gleich mußte von links der Uolaka in den Abbai münden. Wir hatten Hunger, richtigen nagenden Hunger. Ein saftiges Stück Fleisch stellten wir uns vor, wie es am Feuer brutzeln würde, wie das Fett in die Flammen tropfte und sie kurz aufzischen ließ.

Menschen haben eine Neigung dazu, sich zu quälen.

Wir durften nämlich nicht schießen, auch kein Feuer anmachen. Drei Tage vorher hatten uns Eingeborene zum ersten Mal überfallen, gestern peitschten wieder Schüsse um unser Boot. Gefahr. Angst – ein neuer, unsichtbarer Fahrgast. Wir hielten uns so unauffällig wie es eben ging. Möglichst dicht am Ufer paddeln, keine Laute, kein Feuer.

Nicht schießen, nicht auf uns aufmerksam machen.

Unsere Nerven waren gespannt. Die Haferflocken, die wir uns aus Deutschland mitgebracht hatten, kauten wir trocken. Sie wurden im Mund pappig. Sie waren kaum zu schlucken.

Ein Stückchen Fleisch nur. Oder einen Wels, einen dieser fetten, großen Welse. Waren wir noch in dem Gebiet der feindseligen Eingeborenen? Wir wußten es nicht. Aber Vorsicht heißt die Mutter des Überlebens. Noch nicht schießen. Ein Feuer? Ja, ein ganz winziges Feuerchen würden wir schon wagen. Aber zum Teufel, jetzt ließ sich kein Wels mehr sehen, den wir angeln konnten.

Vor dem Ufer lag ein dichter, breiter Schilfgürtel. Bellte da nicht etwas? Wir steuerten unser Boot tief in die grüne Deckung. Wirklich, da bellten Hunde, sie machten einen höllischen Lärm. Es hörte sich an, als ob sie ein Wild gestellt hätten.

»Du, Hinrich, guck doch mal nach. Vielleicht sind das Wildhunde, die eine Gazelle erbeutet haben. Mann, die könnten wir ihnen doch abnehmen, dann hätten wir Fleisch!«

Hinrich sprang ins flache Wasser. Das Schilf schlug über ihm zusammen. Keine drei Schritte war er weg und schon nicht mehr zu sehen. Plötzlich hörte ich ihn rufen: »Komm her, Rüdiger! Das sind zwei, die haben ein Wildschwein gestellt. Ich kann nicht ran.«

Ich tastete mich durch das Schilf. Ein irrsinniges Bild bot sich mir: mit dem After zum Wasser ein mächtiger Keiler. Offensichtlich waren ihm die Hinterläufe durchgebissen worden, er konnte nicht mehr fliehen. Jetzt saß er auf der Hinterhand und wehrte sich verzweifelt gegen zwei magere, zerzauste Wildhunde, die wie die Derwische herumtobten, mal die Flanke rissen, mal an den Hals fuhren, schnell wie Blitze – Angriff, Biß und schon wieder weg.

Zwischen den Keiler und die Hunde hatte sich Hinrich geschoben. Und es schien, als wüßten diese mageren Teufel, daß dieser Mensch ihnen die sichere Beute abjagen wollte. Sie fegten um ihn herum, so rasend, daß man kaum mit den Augen folgen konnte. Hinrich schlug wie ein Besessener mit dem Dolch nach den Angreifern, aber das sah aus wie der Versuch einer Schildkröte, schneller als eine Gazelle zu sein. Schon rann ihm Blut aus einigen Bißwunden an den Beinen.

Wenn uns hier einer hört! Noch wissen wir nicht, ob wir allein sind. »Nicht schießen!« rief ich, als ich sah, wie er an der Pistolentasche nestelte. »Warte, ich helfe dir! Sicher sind es Jagdhunde, und das Schwein gehört jemandem. Laß uns schnell machen und dann ab durch die Mitte. Aber leise!«

Ich hatte schon meinen Dolch in der Hand. »Los, du den einen, ich den andern!«

Wie wir uns das so dachten! Unsere Gegner waren echte Kämpfer, ein tolles Team. Sie waren viel zu schnell. Wir schlugen mit unseren Dolchen Löcher in die Luft, um uns herum aber tobte der blanke Haß. Bleckende Zähne über hochgekrempelten Lefzen, der Geifer tropfte, heiseres Knurren, Hecheln, Zuschnappen. Ein Fight wie in Urzeiten: Mensch gegen Tier, Messer gegen Reißzähne.

So geht das nicht, dachte ich. So kommen wir mit den Biestern nie klar. Dahinten liegen ein paar große Äste – ich muß unbedingt an die Äste kommen.

Endlich. »Fang auf, Hinrich!« Ja, jetzt konnten wir uns besser wehren. Dagegen kamen sie nicht mehr an, auch wenn sie noch so wild herumfuhren. Sie jaulten, kniffen den Schwanz ein und zogen sich 5 m auf eine Kiesanhöhe zurück. Oben verharrten sie, unerreichbar für uns.

Aber wir waren sie los. Das Wildschwein gehörte uns. Armes, wehrloses Vieh, die Hinterläufe kaputt. Es biß verzweifelt nach uns. Manchmal kann ein schneller Schnitt durch die Halsschlagader gnädig sein.

Die Wildhunde standen immer noch auf der Kiesanhöhe. Klepprige, graue Enttäuschung. »Eigentlich sind wir ja Diebe«, sagte Hinrich. »Das war doch ihre Beute. Wer weiß, wie lange sie schon gehetzt und gejagt haben.«

Wir trennten den Kopf des Wildschweins ab und ließen ihn am Ufer liegen. Den Rest verluden wir. Heute abend würden wir eine Orgie feiern. Wildschweinbraten! Das Blut des Tieres mischte sich mit dem Wasser im Boot. Dazu der Geruch. Aber wir hatten Fleisch für 1 Woche! Da war unwichtig, ob die Hosen bis zum Knie blutig wurden.

Als unser Boot wieder auf dem Fluß trieb, sahen wir, daß die Wildhunde zurückgekehrt waren.

Der Kopf, nur der Kopf war ihnen geblieben.


## Impressionen
### zwischen Camp 20 und 21

»Bald kommen wir nach Hause und haben nicht einmal einen Löwen gesehen. Afrika und keinen Löwen! Wo doch alle Welt glaubt, die gäbe es hier hinter jedem Busch.«

Michael. Lamento eines Kameramannes. Filmst du in Persien, und du hast den Schah nicht im Bild, ist das eben nur ein halber Film.

Und dann sahen wir doch noch einen Löwen. Eine große Akazie stand unweit vom Ufer, weites Geäst reichte bis tief auf den Boden.

Unten, beschattet von einer breiten Gabel, lag er. Schmutziges Gelb, unansehnliche Mähne, alle viere weit von sich gestreckt. Er hob nicht einmal den Kopf, als wir langsam vorbeiglitten, er rührte sich nicht, als Michael die Kamera surren ließ. Hätte er nicht wenigstens einmal blinzeln können? Oder gähnen? Daß es so aussah, als würde er uns anfauchen?

Nichts. Wir waren Luft für ihn. Weniger noch als Luft.

Immerhin: Michael hatte seinen Löwen.

Oder die Nilpferde. Wie waren wir überrascht, die ersten bereits hinterm Uolaka zu treffen. So hoch oben. Manchmal lag so ein riesiger, grauer Felsbuckel im Fahrwasser. Man versuchte, vorbeizusteuern. Doch dann tauchte der Felsbuckel plötzlich auf, prustete empört, wedelte blitzschnell mit den kleinen Ohren und tauchte unter. Das Wasser zog weite Kreise. Irgendwo weit hinten hob sich ein neuer Felsbuckel aus dem Fluß.

Angenehme Störungen.

Die Welse waren viel weniger schüchtern. Fettes, weißes, wohlschmeckendes Fleisch. Man brauchte nur einen Köder ins Wasser zu halten, schon biß einer an. Wählerisch waren die nicht, sie nahmen alles. Das konnte ein Stück Affenfleisch sein, ein Brocken eines gerade gefangenen Artgenossen oder auch nur ein fettiger Lappen. Als wir einmal keinen Köder hatten, nahmen wir ein eitriges Hansaplast. Es dauerte 3 Minuten – und mein Furunkel hatte uns einen Wels beschert. Und hatte man erst einen, brauchte man nur etwas von seinem Gedärm in der Hosentasche mit sich zu schleppen und hatte jederzeit den richtigen Köder.

Und eines Tages hatte ich die glänzende Idee, mein schmutziges Hemd am Boot anzubinden, um es während der Fahrt waschen zu lassen. Waschmaschine Made in Ethiopia. Hätte ich sie doch nie erfunden. Abends war mein Hemd nur noch ein Fetzen. Welse haben zwar keine Zähne, aber ihre Kiefer sind rauh wie Sandpapier. Das Hemd war zerrieben. Haben Sie schon einmal ein Hemd mit Sandpapier gescheuert?

Zweimal kamen Skorpione an unser Feuer. »Schnell ein Filmdöschen her!« Und schwupp waren sie drin. Luftloch. Täglich ein Insekt als Futter. Sie leben heute noch und fressen aus der Hand.


## Camp 38

Dann war da diese große Wasserschildkröte. 60 cm lang, ergab die Messung, 35 cm breit, ganz flacher, weicher Panzer. Ein tapferer Kerl. Er schnappte noch nach uns, als wir ihn schon an Land gezogen und auf den Rücken gelegt hatten, er wollte einfach nicht aufgeben. Wir filmten ihn von allen Seiten. »Nun kannst du sie wieder schwimmen lassen!« Es war der Michael, der diesen Blödsinn von sich gab.

Hatte der eine Ahnung. In mir war – mal wieder – der Entdecker, der Forscher wach geworden.

»Bist du eigentlich wahnsinnig, du Filmfritze? Noch nie in meinem Leben habe ich von Riesenschildkröten am Nil gehört. Womöglich ist das eine Neuentdeckung! Erst vor drei Jahren haben sie in Tansania oder einem Ort weiter eine neue Schlange entdeckt, am Kilimandscharo hatte man den berühmten Blauen Tansaniten entdeckt. Das war doch auch erst ein paar Monate her. Und 1902 das Okapi im heutigen Zaire oder 1928 die Syrischen Goldhamster. Damals dachten die Menschen auch schon, es gäbe nichts mehr zu entdecken.

Und was damals die Hamster, das ist heute vielleicht die Schildkröte«, entschied ich undemokratisch und ganz gegen Vertrag und Gewohnheit. »Deshalb nehmen wir sie mit und lassen sie untersuchen.«

»Ich weiß auch genau, wie das Vieh eines Tages heißen wird! Millionen von Schulkindern werden sie büffeln müssen, sie, die Schildkröte Nehbergii, entdeckt 1974, in der Nähe des Allalla, einem Nebenfluß des Blauen Nil in Äthiopien. Entdeckt, als man schon auf dem Mond landete und die Bestandteile des Mars niemandem mehr ein Geheimnis waren! Jawoll!«

Und da kam dieser Filmtyp und sagte einfach: »Paßt nicht in unseren Topf. Lassen wir schwimmen. Außerdem ist mir Schildkrötensuppe am Nil zu pervers.«

Die Schildkröte Nehbergii kam also in eine der immer wasserhaltigen Boxen unter Deck.

Als wir sie später auf die Esel verladen wollten, war sie uns im Wege, denn sie verlangte ja auch ihre Portion Wasser, um ihren Schild feucht und elastisch zu halten. Also entschlossen wir uns, sie noch einmal von allen Seiten zu fotografieren und dann freizulassen.

Ich sah mich schon im Geiste noch einmal zum Nil fahren, nur um sie wieder einzufangen, weil die Welt nach einem dieser neuen Exemplare verlangte.

»Du wirst es noch bereuen«, dachte ich und ahnte nicht, daß die Zoologen, denen ich meinen Fund gleich nach meiner Rückkehr in Hamburg präsentierte, mich auslachen würden. »Das da? Ich bitte Sie, Herr Nehberg! Backen Sie man lieber wieder Kuchen. Das ist so, als würden sie uns einen Hering aus der Nordsee bringen in der Hoffnung, da etwas Neues aufgetrieben zu haben. Das ist eine ganz ordinäre (das hat *er* gesagt, nicht ich) Weichschildkröte der Gattung Trionyx.«

So war das.

Was wollten wir also noch mit ihr? »Laß sie sein«, sagte Michael zu mir. »Komm, wir setzen sie wieder ins Wasser.«

Sie machte ein paar elegante Schläge mit den Flossen und tauchte unter.

Begegnungen mit Tieren. Da waren einige, die wir nie vergessen werden, da waren andere, vor denen wir Angst hatten, und dann gab es die, die wir gar nicht mehr wahrnahmen. Stoisch auf den Bäumen hockende Geier, ewig kreischende Affen oder die Fliegen, Afrikas schwarze Plage. Sie hocken in den Augen, sie hocken überall. Schlugst du eine tot, waren hundert neue heran.

Am besten, man fand sich damit ab. Widerstand kann sinnlos sein.

# Begegnungen mit Menschen

## Ein Tag wie jeder andere
zum Beispiel Camps 11–17

Meerkatzen jagen neben uns her.

Paviane ziehen sich vom Wasser zurück. Langsam schreiten sie den Berg hinauf. Nur ein oder zwei kräftige Männchen sitzen noch Wache und bellen uns provozierend an. Erst heute mittag hatten wir uns noch mit ihnen angelegt, als wir unsere streng eingehaltenen 45 Minuten Pause verschlafen wollten. Ausgerechnet in ihrem Revier. Das hagelte nur so Proteste. Ein Warnschuß aus dem KK ließ sie sich einen Moment besinnen, auf Anraten ihres Führers hundert Meter höher laufen. Aber dann drohten alle Sippen, Männer, Weiber, Kinder.

Es half nichts. Wollten wir uns entspannen, mußten wir ein paar hundert Meter weitertreiben.

Wie herrlich war es im Schatten. Wie angenehm das vielstimmige Vogelkonzert. Welch eine Fundgrube für Ornithologen! Vom Reiher über den Buntstorch zum Kiwi! Perlhuhnvölker, deren Anblick an die Musik bruzzelnder Pfannen und dampfender Töpfe erinnerte. Zu selten erwischte man einen dieser nervösen und immer im Dauerlauf bewegten Hühnervögel ohne Gewehr.

Dort fand eine Versammlung von 11 Fischadlern statt. Was gäben Hamburgs Naturschutzparks darum, nur ein einziges frei lebendes Paar zu haben! Und hier saßen elf auf einem Geröllfeld und unterhielten sich offenbar über die Naturschutzgesetze.

Und nicht nur die großen, nicht nur die Wappenvögel, nein, auch die kleinen, die flinken, die man oft nur im Schatten sah, mit langen silbernen oder roten Schwänzen sind unvergeßlich. Farborgie und Melodien-Festival.

Als Rentner werde ich mir hier ein Blockhaus bauen. Hier am Succu mit der kolossalen Wildwestkulisse, den prustenden Flußpferden, den landscheuen Krokodilen und den dicken Welsen, die zwischen diesen Vierfüßlern die Oberfläche abschnüffeln.

Das Paradies vor dem Sündenfall.

Jede Pause endet. Das Wechselspiel von Standwassern und Katarakten beginnt von neuem. So wie jeden Tag. Von morgens bis abends.

Wochenlang. Eine Gazelle unterbricht das mechanische Paddeln. Wenn man Glück hat, sieht man vom Fluß aus einen der herrlichen Kadus mit einem Kitz. Wunderschöne Tiere! Ich verstehe die Jäger nicht, die wegen der herrlichen, geschwungenen Gehörne solche Pracht töten. Wir schießen nicht einmal auf Krokodile. Irgendwie mag ich sie. Oder die Hippos. Gutmütig wie Boxerhunde.

Nun ist es gleich 17 Uhr und wir müssen einen Rastplatz suchen. Der schönste Moment des Tages. Wie richtiger Feierabend. Man freut sich darauf wie auf Zuhause. Das Zelt unter dem Baum auf sandigem Untergrund, das beruhigende, verspielte Feuer mit dem dampfenden Topf, das Tagebuch, die Geräuschkulisse der Natur.

## Und dann dies
Camp 4

Es knackt im Gebüsch. Ein vorsichtig äugelnder Mensch kommt und gibt zu verstehen, daß er gute Absichten hegt. Er legt den Handrücken gegen die Stirn und beugt sich fast bis auf den Boden. Warum sollen wir ihn nicht heranlassen?

Zunächst ist er bescheiden, aber geben wir ihm den kleinen Finger, will er gleich die ganze Hand. Wir wissen das aus Erfahrung. Also halten wir uns zurück. Einen Schluck Tee werden wir ihm nicht verwehren. Das würde man in seinem Dorf auch nicht tun. Wasser ist heilig, trinken heilige Handlung.

Aber bald sind es mehr. Drei, fünf, zehn Mann. Der Rekord waren einmal 150 Männer und Frauen und Kinder, die hinter den Bergen am Uanca wohnten und zu uns ins Tal gekommen waren.

Ein Drittel der Männer war mit alten Karabinern bewaffnet. Zum ersten Mal stellten wir fest, daß viele keine Patronen hatten. Aber ohne Gewehr ist ein Amhare kein Mann. So erklärten wir uns den Waffenfanatismus der Männer.

Und nun sitz da einmal 50 bewaffneten Leuten gegenüber, die Unbewaffneten nicht gerechnet. Und du kennst ihre Mentalität nicht. Erinnerst dich der netten Schnacks in den Survival-Büchern: Lächeln als Geste der guten Absicht (bei uns war es mehr ein verzerrtes Grinsen), ein Liedchen singen, weil ja Musik international ist, eine Verbeugung und Goodwill-Bekundung gegenüber den Ältesten, den

Frauen, den Kindern. Wer die Kinder gewinnt, hat das Dorf gewonnen. Alte Ranger-Weisheit.

Trotz aller Diplomatie bleibt es nicht aus, daß die Leute immer dichter ans Zelt rücken. Wie stolz ist man dann auf den Erfolg, daß man sie mit Hilfe des Alten, den wir immer Baba nannten (= Papa), dazu bekommen hatte, sich hinzusetzen. So hatte man sie besser im Blick. Weil sie ihre Waffen nicht ablegten, taten wir es auch nicht. Einerseits schreckten sie ab, das Zielfernrohr wirkte ungemein, und außerdem hatte man sie zur Hand.

War das erste Vertrauen hergestellt, versuchten wir es zu untermauern, indem wir einfach das Gewehr dem Alten in die Hände gaben. Patronen allerdings raus. Patronen nicht raus, das bedeutete schon eine ganze Stufe höher in der Vertrauensskala. Und er war glücklich. Dieses verflixte Zielfernrohr, das war ja der Höhepunkt. Das Nonplusultra.

Zu gern zeigten sie dann auf einen kleinen Vogel in der Ferne: »Da, den knallt mal ab, ihr weißen Helden!« schien ihre Geste zu bedeuten. Und alle saßen gespannt herum.

Da hatten wir keine Chance. Wir ließen unser Nichtkönnen unter diesen Prüfungsbedingungen nicht merken. Der Moment jedoch, ihnen zu imponieren, kam dann ein paar Minuten später. Wie unbeabsichtigt nahm ich mein Repetiergewehr wieder an mich.

Ohne daß sie es sehen konnten, machte ich die Waffe schußfertig. Und dann ging es blitzschnell. Das hatten wir trainiert.

Auf ein Zeichen hin rief Hinrich etwas und deutete auf den Fluß. Alle rissen die Köpfe herum und schauten gebannt in die gewiesene Richtung. In genau demselben Moment, noch hatten sie gar nicht ganz erfaßt, wohin er exakt deutete, da krachte mein Schuß.

Hochreißen, zielen und abdrücken waren eins. Karl May kannte das. Nur daß ich auf nichts Besonderes zielte. Ich schoß einfach in die Richtung.

Aber die Wirkung war jedesmal verblüffend. Die Leute fuhren zusammen, warfen sich manchmal hin, schrien und sahen die Wirkung des Dum-Dum-Geschosses auf der spitzwinklig angeschossenen Wasseroberfläche. Es gab einen unheimlichen, vor allem unerwarteten Knall, und dann sahen sie deutlich die Superfontäne.

Hinrich bekräftigte im Augenblick noch einmal »Anze, anze!« – »Krokodile, Krokodile!« Und keiner zweifelte, daß ich es getroffen hatte. Das hatte der Spritzer bewiesen.

Dann waren wir die kleinen Könige. Manchmal braucht man diese kleinen Tricks, um David und Goliath zu spielen.

Aber wie gesagt. Irgendwann rücken sie einem zu nahe auf den Pelz, und dann beginnt das Befummeln der Ausrüstung. Nachdem wir einmal einen Mann erwischten, der unseren Piz Buin-Sonnenbrandschutz an den Hals setzte, wurde es uns zu bunt. Ihm übrigens auch. Denn er kotzte augenblicklich wie ein Reiher.

Ich schalt ihn laut und deutlich einen Shiffta, einen Räuber, und forderte in deutscher Sprache den Opa eindringlich auf, für Disziplin zu sorgen. Man braucht dafür kein Amharisch. Im Zorn versteht man sich auch so. Man weiß ja, um was es geht, und daß man den anderen einen Lumpen, einen Schweinehund nennt, kann sich jeder in seiner Sprache denken.

Hier, mit dem Ausruf »Shiffta«, erweckte ich nur Heiterkeit.

Und so wandten wir unser letztes Mittel an, um unser Lebensgut zu sichern. Wir baten den Opa, vorm Zelt Platz zu nehmen. Das ehrte ihn. Wir ließen ihn auch hineinsehen. Und er erzählte den Umstehenden, was er verstand von dem, was er da sah. Mehr wollten sie im Moment gar nicht. Dann machten wir ihm klar, daß es uns in ihrer Mitte zu eng wurde. Wir nahmen unser orangefarbenes Ankerseil, schnitten ein Stück davon ab, banden es ihm wie eine Kette um den Hals und schenkten es ihm als Schmuck.

Für Farben, zumal solche leuchtenden, sind die Leute immer zu haben. Liebevoll und neugierig, da aus ihm unbekanntem Material gefertigt, ließ er es durch die Finger gleiten.

Uns ging es aber nicht um das Präsent, sondern darum, das Seil zum Zelt zu bekommen. Dann legten wir einen 10 m Kreis um unser Camp. Ganz einfach das Orangen-Seil auf den Kies, in den Sand, unter den Büschen hindurch. Höflich baten wir die im Wege Sitzenden, ein wenig zurückzurutschen – und im Handumdrehen hatten wir eine Bannzone abgesteckt. Unbewußt rührten wir an etwas Tiefes, an Priester – Zauberer – Könige – Tabus.

Und immer wurde das ohne Protest hingenommen.

Der gute Tip stammte übrigens von einem Entwicklungshelfer, den wir im Hotel International getroffen hatten.

Er war es auch, der uns riet, um Himmels willen nie einen Dosendeckel einfach wegzuwerfen. Alles muß man vertauschen, und wenn man einen Gegenwert erhält, den man hinterher wegschmeißt. Denn hier in der Wildnis wird alles zur Kostbarkeit. Ein Dosendeckel! Das ist ein Spiegel! Das ist eine Waffe, das ist Werkzeug. Das bedeutet ganz einfach, daß sein Besitzer soeben auf der Sozialleiter etwas höher geklettert ist.

Um die nun aus der Loge verdrängten Nachbarn nicht zu verstimmen, gaben wir ihnen Arbeit.

Was waren sie stolz, wenn wir sie morgens beim Abbruch des Camps baten, sich in Reih und Glied zu setzen, und wenn wir dann einen nach dem anderen aufforderten, ein Teil zum Boot zu tragen und sich dann am alten Platz wieder zu setzen! Da viel mehr Träger als Lasten vorhanden waren, ließen wir sie den ganzen Klimbim noch einmal zurück- und wieder hintragen.

Gerechtigkeit muß sein!

Ich glaube, den Spaß haben sie gar nicht bemerkt. Sie taten ihre Arbeit so gewissenhaft und hatten danach so viel zu beschnacken, daß ich annehme, sie unterhalten sich heute noch darüber.

Auf diese Weise konnte der eine von uns das Zelt im Auge behalten und der andere unsere Sachen am Boot. Der dritte überwachte den manchmal 50 m langen Weg.

Zu guter Letzt fiel uns der Abschied fast schwer. Man winkte, ließ einen von ihnen als Ehrengast und Höhepunkt der Show noch ein Stück mitfahren, und niemand ahnte, daß er uns gegen Beschuß von hinten sichern sollte.

Wir hatten zuviel schlechte Erfahrungen gemacht. Dennoch darf man die Faustregel gelten lassen:

Gefährlich sind Einzelgänger und kleine Männer-Gruppen. Geringer ist die Gefahr, wenn Kleinkinder dabei sind. Noch geringer ist sie, wenn Frauen dabei sind.

Bewährt ist ferner die Regel vom Vertrauen, das gut ist und dem Mißtrauen, das besser ist. Oder die Vorsicht, die nicht Feigheit ist. Endlich waren die Winkenden in der Ferne zu sehen. Die Ruhe war angenehm. Ein Tag war wieder gut überstanden. Wir führen unsere Messungen durch: Luft, Wasser. Wir schreiben das Tagebuch. »War heute irgendwas Besonderes los?«

»Nicht, daß ich's wüßte. Das Übliche. Ein Tag wie jeder andere: interessant, schön, gefährlich, lehrreich.«

# El Hakim
## Camp 3

Der Schrei kam von ganz oben. Er wehte dünn und verloren zu uns herab. Nichts Aggressives haftete ihm an, keine Drohung, keine Forderung – nein, so schrie nur ein Mensch in Not, der Hilfe suchte.

Behende wie eine Gemse stieg der Mann die schmalen Serpentinen herab. Halsbrecherisch und gefährlich sah das aus. Die nackten Füße schienen an den Felsen zu kleben. Zentimeter nur neben dem Mann klaffte der Abgrund, trotzdem gebrauchte der Mann seine Hände nicht. Er trug zwei Bündel; sorgfältig achtete er darauf, daß er mit ihnen nicht gegen den Stein stieß.

Wir hatten unser Lager unterhalb der zweiten Portugiesenbrücke am Fuße eines mächtigen Berges aufgeschlagen. Eigentlich war es gar kein richtiger Berg, mehr ein riesiger, zerklüfteter Fels, der neben dem Fluß wie eine steinerne Wand stand.

Hinrich hatte den Mann zuerst bemerkt und auf ihn aufmerksam gemacht. »Da, schaut mal. Ob der zu uns will?« – Neugierig beobachteten wir, wie er abstieg. Sicher, als würde er auf einer Treppe gehen. Was schrie er denn nur ständig?

Jetzt konnte man ihn deutlich hören:

»Hakima!« – »Hakima!« – Immer wieder: »Hakima!«

»Ach, du lieber Gott, der hält uns für Ärzte«, stöhnte Hinrich. »Der wird doch nicht wollen, daß wir mit ihm gehen, um einen Krankenbesuch zu machen?«

Weiße Männer, das hatte man uns in Addis Abeba schon gesagt, weiße Männer sind in den Augen der Äthiopier im Landesinneren meist auch Ärzte. Große, mächtige Zauberer, die die schlimmsten Krankheiten heilen können, die schmerzende Zähne herausholen, Knochen zusammenwachsen lassen können, Wunden zunähen, ja, manche flüsterten sogar, sie könnten Blinde wieder sehen lassen.

Die letzten paar Meter noch. Gewandt sprang der Mann herab, landete federnd und stürzte auf uns zu, einen Schwall unverständlicher Worte ausstoßend. Es war ein älterer Mann. Das schmale Gesicht wirkte krank und elend, die Augen lagen tief in den Höhlen, er trug ein zerfleddertes, ausgebleichtes Hemd und eine Hose, deren linkes Bein nur noch bis zum Knie reichte.

Als er herankam, erkannten wir erst, wie erschöpft er war. Seine Augenlider flatterten nervös, seine Knie zitterten, auf dem Hemd zeichneten sich große Schweißflecken ab. Vorsichtig stellte er die beiden Bündel neben sich ab. Dann fiel er plötzlich auf die Knie, rutschte heran und wollte uns die Füße küssen. Dabei immer wieder dieses unverständliche Kauderwelsch, aus dem wir ab und zu nur das Wort »Hakima« heraushörten. Michael faßte ihn sanft an und zog ihn an der Schulter hoch. Was wollte der Mann nur von uns? Wie sollten wir uns mit ihm verständigen? Ratlos sahen wir ihn an.

Da machte er ein paar Schritte zu seinem Gepäck, bückte sich und band das größere der beiden Bündel auf.

Wir fuhren entsetzt zurück. Ein Kind lag vor uns, ein Baby, vielleicht ein halbes Jahr alt. Große, dunkle Augen sahen uns an, aber diese Augen saßen in einem Körper, der nur noch ein blutender, schwärender Klumpen Fleisch war. Herr im Himmel, da wuchs Furunkel neben Furunkel, aus vielen floß dicker, mit Blut vermischter Eiter heraus. Und immer wieder fuhren die Hände des Kindes hoch und kratzten neue Wunden auf.

Der Mann hatte das zweite Bündel aufgemacht. Sechs Hühnereier lagen darin. Er zeigte auf die Eier und dann auf das Kind. Unaufhörlich sprach er dabei auf uns ein.

»Aha, jetzt verstehe ich«, meinte Hinrich. »Wir sollen ihm sein Kind wieder gesund machen, er will uns dafür die sechs Eier geben. Wahrscheinlich sind sie sein einziger Besitz.«

»Aber wir können ihm doch gar nicht helfen.« Michaels Stimme klang belegt. Er wagte kaum, das Kind anzugucken. »Da muß man ja kein Arzt sein, um zu sehen, daß hier nicht mehr zu helfen ist.«

»Wir können wenigstens so tun.« Hinrich hatte den Schock offensichtlich als erster überwunden. »Manchmal kann ein bißchen Hoffnung schon eine große Hilfe sein.«

Er überlegte eine Weile. »Antibiotica. Ich glaube, wir können nur Antibiotica geben.«

Aber wie? Eine Spritze? Nein, das wagten wir nicht. Ein Baby – wenn es sich herumwarf, die Spritze vielleicht abbrach. Nein.

Aber eine Tablette würde es auch nicht schlucken.

Hinrich – Hinrich der Praktiker. Schon kramte er seinen Becher heraus, goß einen Schluck Wasser rein und löste Antibiotika-Tabletten auf mit etwas Zucker. Dann tauchte er ein sauberes Läppchen in den Saft und steckte es dem Baby wie einen Schnuller in den Mund.

Wahrhaftig, es lutschte daran.

Wieder den Lappen eingetaucht, in den Mund gesteckt. Hinrich als

Babysitter. Beinahe konnte man vergessen, daß es sich hier um ein todgeweihtes Kind handelte. Höchstens etwas Linderung konnten wir geben, mehr nicht.

Der Mann schaute ängstlich – gespannt. Hinrich nahm eine große Packung mit Tabletten, zeigte auf die Sonne, zeigte auf eine Tablette und hob unterstreichend noch einen Finger hoch. Dann wieder der Hinweis auf die Sonne, auf die nächste Tablette. Schließlich drückte er ihm die Schachtel in die Hand.

»Hoffentlich hat er wenigstens verstanden, daß er jeden Tag nur eine Tablette geben soll«, meinte er skeptisch.

Erneut macht der Mann Anstalten, auf die Knie zu fallen. Ich hielt ihn zurück. »Bahardar«, sagte ich betont deutlich zum ihm. »Bahardar.« »Hospital.«

Und deutete auf das Baby.

Er nickte eifrig. Bahardar war der nächste größere Ort. Dort gab es ein Krankenhaus, das unter deutscher Leitung stand. Hingehen würde der Mann nie. Es wäre wohl auch viel zu spät gewesen.

Der Mann schnürte sein Bündel wieder zusammen. Ich hörte, wie Michael tief aufatmete. Wir gaben ihm auch die sechs Eier zurück. Er nahm sie erst nach langem Widerstand. Ein paar Minuten später sahen wir ihn hoch oben am Felsen herumturnen.

Hinrich sagte: »Von mir aus braucht ihr heute kein Abendbrot zu machen. Ich esse keinen Happen mehr.«

Wir aßen an diesem Abend alle nichts.

Nachts im Zelt fragte Hinrich plötzlich: »Woher mag der wohl nur von uns gewußt haben? Hier gibt es doch kein Dorf in der Nähe, nichts. Der ist doch sicherlich von weither gekommen.«

Michael warf sich in seinem Schlafsack herum. »Wahrscheinlich denken wir oft, daß wir hier allein sind«, antwortete er. »Nur Wasser um uns, Felsen, Wald oder Feld. Und dabei werden wir vielleicht oft gerade dann von zehn oder zwanzig Augen beobachtet, wenn wir uns ganz einsam fühlen.«

## Camp 28

Jedenfalls mußten wir uns daran gewöhnen, daß die Nachricht von den weißen Hakims uns auf dem Fluß vorauseilte. Und auch an die Kinder mit den schwärenden Wunden gewöhnten wir uns. Da war diese Frau zum Beispiel, deren Säugling so gräßlich zugerichtet war. Michael gab ihr eine Packung Polyvitamintabletten. Das Hindeuten auf die Sonne und auf eine Tablette war uns nun schon zur vertrauten Geste geworden.

In diesem Augenblick trat aus dem Kreis der Umherstehenden ein finster blickender Mann, Ketten aus unzähligen Zähnen hingen um seinen Hals. Der Zauberer, der Medizinmann des Dorfes.

Wütend riß er der verängstigten Frau das Päckchen mit den Tabletten aus der Hand und fuchtelte aufgeregt damit in der Luft herum. Ein Schwall zorniger Worte prasselte auf uns nieder.

Was wollte er denn? Hatten wir ein Tabu verletzt?

Endlich ging uns ein Licht auf: Wir hätten natürlich ihm die Tabletten in Verwahrung geben müssen. Er wollte der Frau jeden Tag eine für den Säugling überreichen. Wahrscheinlich begleitet von geheimnisvollen Beschwörungsformeln. Schließlich war er der Zauberer im Dorf, er hatte zu kurieren und Wunder zu vollbringen und kein anderer. Wenn sich da nun jeder selbst gesund machen wollte! Wo bliebe denn sein Ruf?«

Wie schnell und wie oft übertreten wir im Eifer des Geschehens und aus Unwissenheit ein Tabu. Wie schnell kann solch ein Fehler böse Folgen haben.

Abends, als wir am Feuer saßen, sinnierte Hinrich: »Diesen Gegensatz, den bringe ich niemals zusammen. Erinnert ihr euch noch an Addis Abeba? Da haben sie eine prachtvolle Bank gebaut, eine Kulturhalle, einen richtigen europäischen Boulevard, ein Postamt, das auch in westlichen Hauptstädten stehen könnte. Und kaum kommst du raus aus der Stadt, dann bist du ein paar Jahrhunderte zurückversetzt. Da haben die Menschen nicht lesen und schreiben gelernt, sie werden oft nicht einmal satt, und wenn sie satt werden, dann von Getreide, Hirse oder Mais oder Tef. Fleisch, Obst und Gemüse gehören zu den Raritäten. Und das in einem Gebiet, das so fruchtbar ist. Ist doch kein Wunder, daß sie bei solch einseitiger Ernährung krank werden. Doch wenn sie krank sind, dann gibt es keine Ärzte, dann ist das nächste Krankenhaus viele Tagmärsche entfernt, und das Heilen wird dem Zauberer überlassen. Aber in der Hauptstadt haben sie eine Kulturhalle!«

Hinrich machte eine wegwerfende Handbewegung und kroch in das Zelt. Wir antworteten nicht.

Was sollte man darauf auch schon antworten?

Eines Tages aber beschlossen wir, die magischen Kräfte des Zauberers und Hakims auch für uns zu nutzen. Einfach aus Selbsterhaltungstrieb. Michael hatte einen jungen Mann behandelt, der offensichtlich unter starken Zahnschmerzen litt. Er gab ihm zwei Schmerztabletten, eine halbe Stunde später kam der Patient freudestrahlend wieder, deutete auf seinen Mund und warf jubelnd die Arme in die Luft.

»Na, siehst du«, knurrte Michael. Und dann leise: »Hoffentlich hält die Wirkung so lange an, bis wir wieder weg sind. Sonst kann es böse werden.«

Doch schien sich da auch etwas zu tun. Michael beobachtete, wie der junge Mann mit den Zahnschmerzen und ein Rudel seiner Altersgenossen in einiger Entfernung tuschelnd zusammenstanden. Dabei blickten sie immer wieder begehrlich auf die Tasche, in der Michael die Medikamente aufbewahrte. Aha! Die Geheimnistuerei war ziemlich leicht zu durchschauen. Wollten sie die Medikamente stehlen? Wenn das so einfach war, Schmerzen wegzuzaubern, nur einen kleinen Caramella [1] lutschen – das würden sie schließlich auch können. Hätten sie nur diese geheimnisvollen Caramellas.

Wir beobachteten die Burschen unauffällig. Tatsächlich. Immer wieder werfen sie heimliche Blicke auf die Medikamententasche. Michael nahm sie demonstrativ mit in das Zelt. Enttäuschung malte sich in den Gesichtern. Dann erneut großes Palaver. Schließlich verschwanden sie im Gebüsch. Ohne den sonst üblichen Gruß, ohne ein »Igse Rßtilinj« [2], ohne ein freundliches Winken.

»Die kommen heute nacht bestimmt wieder«, stellte Michael trocken fest. »Sie werden versuchen, die Tasche zu stehlen, und wenn ihnen das nicht gelingt, dann bringen sie uns um.«

Michael hatte nur allzu recht. In Afrika werden Menschen wegen viel wertloserer Dinge umgebracht.

Wir bauten unser Lager wieder ab. Ein Glück, daß der Fluß uns hier nicht mit Katarakten und Stromschnellen den Weg verlegte. Die halbe Nacht fuhren wir weiter, bis wir an einer großen flachen Sandbank anlegten.

»Hier werden sie uns bestimmt nicht mehr suchen«, meinte Hinrich. »Wir sind auch schon viel zu weit weg.«

---

1 Caramella = Bonbon. Gebräuchliches Wort, stammt aus der Zeit der Besetzung Äthiopiens durch die Italiener.
2 Ingse Rßtilinj = danke; Gott möge es lohnen (amharisch).

Trotzdem stellten wir eine Wache auf.

Als wir am nächsten Tag wieder auf dem Fluß waren, schlug ich vor: »Ich glaube, wir sollten in Zukunft anders verfahren. Wenn wir jetzt mal wieder den Hakima spielen müssen, dann sollten wir nicht einfach die Tabletten verteilen oder eine Spritze geben. Das merken die natürlich bald, daß sie das auch könnten. Wir müßten vielmehr Hokuspokus machen. Die Leute müssen den Eindruck bekommen, daß nicht das Medikament die Hauptsache ist, sondern irgendwelche geheimnisvollen Beschwörungsformeln. Und die kennen nur wir.«

Von Stunde an waren wir nicht mehr gewöhnliche weiße Hakims, sondern große Zauberer. Wenn Michael eine Tablette verabreichte, dann verneigte er sich vorher mehrmals zur Sonne hin, murmelte mit geschlossenen Augen etwas vor sich hin, und bei ganz schwierigen Fällen zog er sogar seinen Belichtungsmesser zur Hilfe heran. Ehrfürchtiges Staunen der Zuschauer, wenn er mit dem Apparat auf den Körper des Patienten zeigte, so als wolle er die Krankheit suchen, und der Zeiger unterschiedlich ausschlug.

Hinrich aber hatte seine größten medizinischen Erfolge mit einem winzigen Langenscheidt-Wörterbuch, aus dem er geheimnisvolle Formeln zitierte.

Und wir lernten noch mehr. Daß nämlich Hilfe nicht umsonst gegeben werden durfte. Ganz einfache äthiopische Logik: Preis und Heilwirkung stehen in direkter Wechselbeziehung.

Alles, was man ohne Gegengabe bekam, konnte in den Augen der Landeskinder nichts taugen. Sie waren es seit Generationen gewohnt, nichts geschenkt zu bekommen. Keinem Zauberer würde es einfallen, ohne Bezahlung in Aktion zu treten. Und da kamen so merkwürdige Fremde den Fluß herunter und wollten einem etwas schenken?

Nein, das mußte Betrug sein. Oder es taugte nicht mehr als eine Handvoll Flußsand.

Michael zum Beispiel konnte prächtig massieren. Doch so richtige Anerkennung fand seine Behandlung erst, als er nicht mehr als »Billiger Jakob« auftrat. Eine Kopfmassage kostete jetzt einen Messingreifen. Manchmal standen die Äthiopier Schlange, um ihre Schädel von ihm bearbeiten zu lassen.

Denn das ist das Merkwürdige: Während bei uns in Deutschland kaum einer gern zum Arzt geht und auch niemand gern Medikamente einnimmt, war es für die Äthiopier beinahe ein Festtag, wenn sie sich medizinisch behandeln lassen konnten. Tabletten und andere Medikamente – sie schluckten alles, verdrehten entzückt die Augen, und man mußte schon höllisch aufpassen, daß sie nicht zuviel des Guten taten.

Gipfelpunkt der Therapie aber war eine Spritze. Tabletten – schön; irgendwelche Säfte – prima; Spritze – nein, nichts ging über eine Spritze.

Am Uanca war es, einem kleinen Nebenfluß, der von Westen in den Blauen Nil mündet. Zu dieser Jahreszeit verstellte er sich als müde dahinplätscherndes Flüßchen, ein paar Wochen später, in der Regenzeit, ist er wieder ein reißender Strom.

Wir hatten eine Reihe von Überfällen hinter uns, Schießereien, Steinbombardements, Verfolgungen. Schon als unsere Expedition erst wenige Tage unterwegs war, begannen unsere Nerven verrückt zu spielen. Gereizte Stimmung herrschte, keiner sagte ein Wort zuviel, Augen und Ohren konzentrierten sich mißtrauisch auf die Umgebung.

Knackte es da eben nicht verdächtig im Gebüsch?

Schon hatten wir die Paddel weggeschmissen und die Gewehre im Anschlag.

Schlichen da nicht leise Füße um unser Lager? Was war das denn eben? Dieser merkwürdige Schrei – habt ihr ihn nicht gehört?

Wir waren Gehetzte, fühlten uns von tausend Augen beobachtet, warteten jede Sekunde auf einen neuen Angriff.

Und das ging nun schon Tage so. Sollte es immer so weitergehen?

Gerade waren wir dabei, unser Zelt aufzubauen, als plötzlich zwei Männer hinter uns standen. Nichts hatten wir gehört, keinen Ast knacken, keinen Zweig, der zurückgebogen wurde, keinen schleichenden Schritt.

Michael tastete nach der Pistole. Aber offensichtlich waren die beiden nicht in böser Absicht gekommen. Sie lächelten, zeigten ihre nach vorn gedrehten Handflächen und entboten uns das traditionelle »Tenaßtilinj« [1].

»Tenaßtilinj«, antworteten wir, und ich hörte, wie Hinrich tief ausatmete.

Viel mehr Worte wechselten wir nicht. Die beiden Äthiopier hockten eine Weile bei uns am Feuer, sie betasteten, bestaunten alles, wir beobachteten sie verstohlen.

1 Teñaßtilinj = amhar. Gruß: »Möge er Gesundheit geben.«

Was wollten sie wirklich? Der eine hustete hin und wieder leicht.

Hinrich kramte im Zelt herum und kam mit einer Flasche wieder. Hustensaft. Dicker, brauner Hustensaft.

Er füllt einen Löffel und reichte ihn dem Äthiopier. Der zögerte erst, dann schluckte er den Saft. Einen Moment schmeckte er nach, dann verzog sich sein Gesicht zu einem breiten Lachen.

»Gosch. Gosch [1].« – Er schlug sich mit der flachen Hand klatschend auf den Bauch.

Ein paar Minuten später verschwanden die beiden.

»Die waren mir trotzdem nicht ganz geheuer«, sagte ich. »Am besten ist es, wenn wir morgen schon um sechs Uhr weiterfahren.«

Hinrich holte mich aus tiefem Schlaf. »Du, da kommen welche«, flüsterte er.

Ein Blick auf die Armbanduhr. Fünf. Mensch, wären wir doch bloß gestern gleich abgehauen.

Michael hockte vor dem Sehschlitz. »Eine ganze Meute«, meldete er. »Die kann man gar nicht alle zählen.«

Ich rutschte nach vorn. Tatsächlich. In der Sternenhelle sah man ihre Shammas ganz deutlich. Geschlossen wie eine weiße Mauer rückten sie vorsichtig näher.

Überfall? – Gegen diese Menge wäre jeder Widerstand sinnlos gewesen.

Aber merkwürdig. Das sah so gar nicht nach einem Überfall aus. Sie hatten jetzt einen dichten Kreis um unser Zelt geschlossen, hockten sich nieder und flüsterten miteinander.

Was sollten wir tun? Drinbleiben? Hatte wohl keinen Sinn. Also raus. Keine Gewehre, ganz friedfertig, freundliches »Teñaßtilinj«.

»Teñaßtilinj« ertönte es uns im Chor entgegen. Ein paar klatschten sogar in die Hände. Na also.

Doch plötzlich erhob sich um uns ein mächtiges krächzendes Gehuste. Es hörte überhaupt nicht mehr auf. Die Männer bogen ihre Köpfe nach hinten, husteten, was das Zeug hielt, einige beugten sich nach vorn, schlugen sich beim Husten mit schmerzverzerrtem Gesicht die flache Hand gegen die Brust, andere husteten, daß ihnen die Tränen in die Augen traten.

Husten! Ein gewaltiger, hundertstimmiger Hustenchor.

[1] Gosch = amharisch: Danke, bravo.

Und viele erwartungsvolle Augen starrten uns an.

»Ach, du Schiete«, stöhnte ich verzweifelt, »wißt ihr, was die wollen? Die wollen Hustensaft. Dem hat gestern abend die Medizin so gut geschmeckt, daß über Nacht das ganze Dorf Husten bekam.«

Ich kann es nicht erklären, warum wir in Hamburg zehn große Flaschen Hustensaft eingepackt hatten. Vielleicht gibt es doch so etwas wie Vorahnungen. Jedenfalls wurden hier sieben Flaschen mit einem Schlag geleert, die achte angebrochen.

Gut zweieinhalb Flaschen verblieben uns noch. Wir hüteten uns, sie noch einmal anzurühren.

Aber auch ohne Hustensaft waren wir ganz erfolgreiche Hakimas.


## Die Jäger
Zwischen Camp 23 und 24

»Da schwimmt eine Antilope«, sagte Hinrich und deutete mit dem Paddel voraus. Er sagte es ganz ruhig, so, als sei Antilope nicht gleichzusetzen mit herrlichem Braten.

Aufgeregt starrten wir nach vorn. Das Wasser war kabbelig, die Strömung ziemlich scharf. Auf den Kämmen der kurzen Wellen zeigten sich Schaumkronen. Der Fluß war an dieser Stelle recht breit.

Da, da vorn! Deutlich sahen wir jetzt den kurzen, etwas gedrungenen Kopf, die großen, hochstehenden Ohren, davor das kurze Gehörn.

Ein Klippspringer.

Wir paddelten, als ginge es um unser Leben. Schießen? Nein, schießen hatte wenig Sinn. Bei dem unruhigen Wasser war ein gezielter Schuß kaum möglich.

Wir kamen näher und näher. Die Antilope mußte wohl spüren, daß sie gejagt wurde. Mit verzweifelten Schwimmbewegungen strebte sie, vor uns das Ufer zu erreichen.

Wir waren schneller. Drei hungrige Männer, jeder mit einem breiten Paddel ausgerüstet – der Klippspringer hatte keine Chance. Hinrich beugte sich schon weit aus dem Boot heraus, packte die kräftigen Hinterbeine, zog aus Leibeskräften.

Michael stand mit dem Messer bereit. Ein kurzer Stoß in die Halsschlagader, das Blut schoß heraus. Der Widerstand des Tieres erlahmte schnell.

Wir zogen es an Bord.

Hinrich sah es als erster. Der rechte Hinterlauf des Tieres war zerfetzt. Blut, die Sehnen hingen heraus, der Knochen war völlig zerschmettert.

Eine Schußwunde.

Wir wußten, was das bedeutete. Der Klippspringer mußte von Jägern angeschossen worden sein. Er hatte sich mit letzter Kraft in den Fluß flüchten können. Jetzt lag er bei uns im Boot. In der Wildnis gibt es kaum etwas Schlimmeres, als einem Mann die Jagdbeute wegzunehmen.

Vorsichtig sahen wir uns um. Hatte man uns beobachtet?

Bloß nicht wieder Feinde machen!

Sie standen am anderen Ufer, vielleicht einhundertfünfzig Meter entfernt. Zwei hochgewachsene, sehnige Amharen. Milchkaffeebraune Haut, feine Gesichtszüge, scharfe Nasen. Unbewegt starrten sie zu uns herüber; die Gewehre auf der Schulter verschränkt, die Hemden über den Hosen flatterten leicht im Winde.

»Wenn wir jetzt verschwinden, haben wir sie auf dem Hals«. Michaels Befürchtung war berechtigt. Schon wieder eine Verfolgung? Nur das nicht.

»Kommt, wir paddeln rüber und geben ihnen das Tier zurück«, schlug Michael vor. »Amharen sind sehr gastfreundliche Leute, vielleicht geben sie uns sogar einen Schenkel ab.«

Wir paddelten zum andern Ufer. Gegen den Strom war das eine verteufelte harte Arbeit. Die Amharen beobachteten uns, ohne daß sich in ihren bronzenen Gesichtern eine Miene verzog. Sie sprachen kein Wort miteinander.

Hinrich sprang als erster aus dem Boot. Zusammen mit Michael packte er die Antilope, sie schleppten sie ein paar Meter an Land und legten sie nieder. Dann zogen sie sich zum Boot zurück.

Ich war an Bord geblieben. Die Pistolentasche zwar geöffnet, meine Hand lag wie zufällig auf dem Gürtel.

Wie würden sie reagieren?

Langsam änderte sich ihre Haltung. Sie waren nicht mehr unnahbar stolz, ich glaubte vielmehr, zögernde Unsicherheit zu bemerken. Sie wechselten einen Blick, dann kam der eine langsam näher. Bei dem Klippspringer blieb er stehen. Der andere folgte vorsichtig.

Lange, spannende Sekunden.

Die beiden sprachen flüsternd miteinander. Jetzt sagte der eine ein kurzes, scharfes Wort, packte das Tier mit der einen Hand am Ohr und schlug mit der anderen flachen Hand gegen den Kopf. So, als würde er mit einem Beil das Tier halbieren.

Auffordernd sah er dann zu uns hin.

»Sie wollen teilen«, flüsterte Hinrich. »Kommt, laßt uns hingehen.«

Wir standen ein wenig verlegen herum. Die Amharen schleppten Holz heran, schichteten es auf, sie nahmen den Bock aus, spießten ihn auf – uns blieb überhaupt nichts zu tun. Gesprochen wurde kaum. Der eine Jäger deutete auf das Fleisch, deutete auf seinen Mund, dann hockten sie sich um das Feuer und forderten uns mit Gesten auf, es ihnen nachzutun.

Es wurde ein merkwürdiges Essen. Die beiden warfen uns von Zeit zu Zeit einen schnellen, prüfenden Blick zu, lächelten leicht, manchmal gab es ein Wort, einen kurzen Satz, mehr nicht.

Auch wir unterhielten uns nur flüsternd.

Unsere beiden Gastgeber langten mächtig zu. Sie schnitten sich lange Streifen aus dem Fleisch, flammten es nur wenige Sekunden über dem Feuer an, würzten es dann reichlich mit einem paprikaähnlichen Gewürz und stopften es beinahe roh in den Mund. Fasziniert sahen wir zu. Ich hätte nie geglaubt, daß Menschen auf einen Schlag so viel essen können.

Hinrich bot Zigaretten an. Sie rauchten schweigend. Die Dämmerung war hereingebrochen, es herrschte ein eigenartiges Halblicht. Der Schein der Flammen fuhr manchmal über die gleichmütigen Gesichter der Jäger, die dann wieder im Dunkeln lagen, nur die Glut der Zigaretten leuchtete von Zeit zu Zeit auf.

Eine Viertelstunde vielleicht noch. Plötzlich erhoben sie sich, schulterten ihre Gewehre. Ein kurzes, ernstes »Tenaßtilinj«, dann wandten sie sich zum Gehen.

»Euer Fleisch«, rief Michael und deutete auf das Wildbret. Es war noch eine Menge Fleisch übriggeblieben.

Keine Antwort, sie gingen und sahen sich nicht einmal mehr um.

# Der Gouverneur
Camp 3

Zweite Portugiesenbrücke.

Er mußte ein sehr wichtiger Mann sein. Die Eingeborenen, die schnatternd um unser Lager herumstanden, schwiegen plötzlich und machten ihm ehrfürchtig Platz.

Er kam von der Shoa-Seite und schritt stolz auf uns zu, einige Boys in seinem Gefolge, die ihm die Waffen trugen. Drei Schritte vor unserem Zelt hielt er an, sah mir eine Weile scharf in die Augen und sagte dann in recht gutem Englisch:

»Ich bin der Gouverneur dieses Distrikts hier. Ich möchte Sie fragen, was Sie auf meinem Gebiet machen?«

Der Gouverneur trug trotz der Hitze einen langen, braunen Militärmantel. Auf dem Kopf hatte er einen weichen, karierten Hut, an den Füßen Sandalen.

»Ich bitte Sie vielmals um Entschuldigung, daß wir uns bei Ihnen nicht angemeldet haben«, antwortete ich in demütigem Ton. Verflucht, der Kerl konnte uns Schwierigkeiten machen. »Wir sind drei Deutsche. Und wir wollen versuchen, mit unserem Boot den Abbai hinunterzufahren. Ich möchte mich noch einmal bei Ihnen sehr höflich entschuldigen.«

Seine Miene wurde freundlicher. »Aha, eine Expedition. Ich werde euch helfen. Ich habe schon vielen Expeditionen geholfen.« Er kramte unter seinem Mantel, holte einen Lederbeutel hervor, den er um den Hals trug, und entnahm ihm einen abgegriffenen Brief.

»Da«, sagte er. »Ich kann gut englisch sprechen. Aber ich kann nicht lesen.«

Der Brief bestand aus wenigen Zeilen: »Dieser Gouverneur hier hat uns bei unserer Expedition sehr geholfen. Wir können ihm nur unsere besten Empfehlungen und unseren Dank aussprechen.«

Eine englische Briefmarke. Unterschrift: British Abbai Expedition 1968.

Ich gab den Brief mit einer Verbeugung wieder zurück. Er sah mich fragend an. Offensichtlich wartete er auf eine Reaktion.

»Das ist ein sehr, sehr guter Brief«, sagte ich.

Er strahlte. Und dann erteilte er an die Umstehenden eine Reihe schneller Befehle. Die stoben auseinander.

»Ich werde Läufer ausschicken«, erklärte er uns. »Die sollen euch überall ankündigen. Dann wird euch nichts geschehen. Ihr steht hier unter meinem Schutz. Ich bin der Gouverneur.«

Nach dieser stolzen Feststellung holte er aus seiner Manteltasche eine kleine Flasche hervor und bot sie uns an. Wir wagten nicht abzuschlagen. Hinrich traute sich als erster. Vorsichtiges Nippen. Seine Miene verriet höchstes Erstaunen:

»Whisky«, stöhnte er, »richtiger schottischer Whisky. Nun verrat mir nur einer, wie der Knabe hier in der Wildnis an echten Whisky kommt.«

»Er ist eben der Gouverneur«, stellte Michael achselzuckend fest und wischte sich genießerisch den Mund ab. Dann reichte er mir die Flasche weiter.


## Handel

Die Währung des Landes ist der äthiopische Dollar. Ein gutes Zahlungsmittel auf dem Lande ist auch der Mariatheresientaler. Am begehrtesten jedoch sind weder Geld noch Gold, sondern Munition und Waffen. Ein Gewehr ist im Landesinneren das Wertvollste, was ein Mann besitzen kann. Für eine Patrone zahlt er mit einem Huhn und mehr.

Wir hatten in einem Dorf zwei Hühner gekauft und mit zwei Patronen bezahlt. Der Mann holte sein Gewehr und versuchte, die Patronen einzupassen. Das Kaliber war zu groß, eine Kleinigkeit zu groß. Hinrich machte ihm klar, daß er die Hühner zurücknehmen sollte. Schließlich wollten wir ihn ja nicht betrügen. Er schüttelte entschieden den Kopf.

Eine Patrone zurückgeben? Freiwillig gibt doch keiner eine Patrone zurück!

Er holte einen scharfen, an der Innenfläche sehr rauhen Stein hervor und begann, an den Patronen herumzufeilen. Wir machten schnell, daß wir Distanz gewannen. Knallte es noch nicht? Nein, nichts geschah. Wir sahen uns um. Die Patrone war jetzt wohl in dem Lauf, der Mann schlug mit dem Stein noch ein paarmal zu, dann ließ er das Schloß einrasten.

Er winkte uns freundlich nach.

## Feinde
zwischen Camp 4 und 9

Kam der Schrei zuerst oder der Steinhagel? Nein, es war wohl der Steinhagel.

Hinrich hatte am frühen Vormittag eine dieser farbenprächtigen Nilgänse geschossen. Der Schuß war über das Wasser gerollt und hatte sich dann in den Bergen hundertfach gebrochen, die zu beiden Ufern des Flusses steil aufragen.

»Wenn man hier schießt, dann löst man jedesmal ein kleines Gewitter aus«, sagte ich.

»Auf jeden Fall ist es ein paar Kilometer weit zu hören«, konstatierte Hinrich trocken.

Eine phantastische, sagenhafte Landschaft. Gelbe, manchmal ins Braune übergehende Sandsteinwände, die wie abgeschnitten zum Fluß hin abfielen.

Ein Cañon. Wir hatten eben erst unser Camp am Uanca verlassen. Einsam kam man sich vor, einsam und gefangen. Nach vorn rückten die Sandsteinwände so eng zusammen, daß man meinte, sie müßten einen erdrücken. Nirgendwo eine Landemöglichkeit, aber für die Augen eine Wonne.

Und die steingewordene Landschaft kämpfte noch immer mit dem Fluß ihren Millionen Jahre alten Kampf. Mitten in den schäumenden Wassern ragten noch riesige Felsen, manchmal geduckt und gedrungen, manchmal wie eine Bastion.

Wir mußten ständig lavieren, um nicht gegen eine der Felsbarrieren geworfen zu werden. Bald glaubten wir, unsere Hände seien schutz- und hautlos, so brannte das rohe Fleisch und als Beigabe die drükkende Hitze und dünne Luft. Unser aller Atem ging immer kürzer.

Mittags konnte ich nicht mehr. »Laßt uns anhalten«, bat ich. »Pause machen.«

Mein Wunsch mußte den beiden anderen wohl aus der Seele sprechen. Keiner widersprach. Eifrig suchten wir nach einem guten Ruheplatz.

»Da, dieser kleine Einschnitt«, Hinrich deutete nach vorn. Dort trat der Fels ein wenig zurück und ließ an seinem Fuße Platz für einen schmalen Uferstreifen.

Wir steuerten unser Boot darauf zu. Noch bevor wir anlegten, rupfte Michael schon die Gans.

Ich warf mich in den Felsschatten und sammelte neue Kräfte. Hinrich, dieser verflixte Kerl, war einfach nicht totzukriegen. Keine Minute Pause gönnt er sich. Er suchte schon wieder Feuerholz.

Und auch Michael hatte mit der Gans genug zu tun.

Gab es sonst überhaupt noch Menschen auf der Welt? Vögel zwitscherten, Affen kreischten, neben uns sang der Fluß sein Lied. Nein, wir waren im Paradies, außer uns gab es hier keine Menschen.

Es schepperte dumpf und häßlich. Ein zweites Mal. Da, schon wieder. Müde öffnete ich die Augen einen Spalt. Hinrich hatte sich aufgerichtet, Michael die Gans zur Seite gelegt. Beide spähten mißtrauisch umher.

Auf dem Bootsdeck rollte ein faustgroßer Stein. Wo kam er her? Verdrossen richtete ich mich auf. In diesem Augenblick knallten wieder drei Steine herunter, zwei gegen das Boot, einer haarscharf neben Michael.

Hinrich, was war plötzlich bloß mit Hinrich? In schnellen Sätzen raste er auf das Boot zu. Schrie: »Kommt doch, kommt doch schon. Die schmeißen uns sonst noch tot!«

Michael hatte immerhin noch so viel Geistesgegenwart, sich die Gans zu schnappen, bevor er an Bord sprang. Ich stieß das Boot ins Fahrwasser, schwang mich hinein.

Ein Hagel von Steinen prasselte auf uns nieder. Ich wurde von einem Brocken an der Schulter getroffen, die sofort blutete. Michael schrie gellend, als ihn ein Stein ins Kreuz traf. Wutentbrannt riß er seine Pistole heraus und feuerte ein paar Schüsse in die Luft.

Von dem Felsen antwortete ein vielstimmiger Wutschrei.

Wieder klatschten Steine neben uns. Wir zogen die Köpfe ein und rissen die Paddel durch das Wasser.

Nichts mehr. Nur noch wütende Schreie.

Ich drehte mich um. Da oben standen sie. Sieben, acht Mann. Fäuste wurden gegen uns geschüttelt, ein paar machten Anstalten, herunterzuklettern. Ob sie uns verfolgen wollten?

»Was war denn eigentlich los?« stieß ich hervor.

»Keine Ahnung«, keuchte Hinrich. »Ich habe nur zufällig nach oben gesehen, und da entdeckte ich sie, wie sie sich gerade aus der Deckung erhoben, um wieder mit diesen Steinen zu schmeißen.«

»Aber warum denn nur? Wir haben ihnen doch gar nichts getan!«

»Warum, warum!« äffte Michael mich nach. »Frag doch Radio Eriwan. Laßt uns lieber sehen, daß wir Land gewinnen.«

Von dieser Stunde an hörten wir den Schrei. Zuerst lauschten wir nur kurz, dann wurden wir unruhig, später nervös, und schließlich bekamen wir Angst. Wir hörten den Schrei tagsüber, nachts wurden wir von ihm aus dem Schlaf gerissen; mal ertönte er dicht über uns, dann wieder ganz schwach in weiter Entfernung; er flatterte uns vorweg wie ein Vogel, der unsere Ankunft meldete, er tönte hinter uns her, enttäuscht und drohend zugleich.

Dieser Schrei! Er stieg aus tiefer Kehle auf, schwang sich empor zu einem häßlichen, hohen Kreischen, verharrte so eine Weile und brach dann urplötzlich, übergangslos ab. Jedesmal, wenn er ertönte, platzte unser Gespräch, nackte Furcht schlich heran und jagte uns weiter.

Wir wurden verfolgt. Seit Tagen schon. Der durch Mark und Bein gehende Schrei kündigte uns an von Berg zu Berg. Ganz offensichtlich war er ein Verständigungsmittel. Ich mußte an die Schilderungen von Kämpfen mit Indianern denken, an die Angst, die die Verfolgten überfiel, wenn sie die dumpfen Trommeln hörten, oder die Rauchsignale irgendwo in den Bergen aufsteigen sahen.

Plötzlich verstand ich diese Angst, ich erlebte sie.

Wenn die Steine dann auf uns herabflogen, dann war das beinahe eine Erlösung. Endlich Aktion, endlich geschah etwas. Wir sahen die Gegner, wir konnten fliehen, uns verstecken, unsere Gewehre schußfertig machen.

Wir konnten etwas tun.

Aber dieser Schrei. Da blieb nur die Furcht. Du konntest sie spüren, wie sie wuchs, das Herz in ihren kalten Griff nahm und es langsam, langsam zusammenpreßte.

Nachts war es am schlimmsten. Ein Feuer wagten wir schon lange nicht mehr anzumachen. Wer Wache hatte, war noch am besten dran, der konnte wenigstens die Augen in die Dunkelheit bohren. Aber im Zelt? Da lag man und sollte schlafen, denn am nächsten Tag wurden die Kräfte wieder gebraucht. Doch der Schlaf – wo blieb er? Vielleicht in Addis Abeba, vielleicht in Hamburg? Auf die Steine, auf den Schrei – man konnte nur warten, lag da und wartete.

Hinrich und Michael ging es ebenso. Nervenbündel – das ist so ein Wort, zu Hause gebraucht man es oft, man sagt es einfach so dahin: »Mensch, bist du ein Nervenbündel.«

Wir wußten jetzt erst, was ein Nervenbündel ist.

Manchmal machte der Fluß einen plötzlichen Knick, beinahe im rechten Winkel. Was hinter der felsigen Ecke lag, konnte man nur ah-

nen. Wir hatten gerade den Baschillo passiert, einen weiteren Nebenfluß. Eine Bergkulisse, wie sie am Colorado oder in Arizona nicht
großartiger ist. Sie kennen sie vom Western-Film. Plötzlich stand ein
Mann mit einem halbwüchsigen Jungen am Ufer. Betont freundlich
riefen wir unser »Tenaßtilinj« hinüber und beobachteten gespannt,
wie die beiden reagieren würden.

Sie waren von uns genauso überrascht worden, wie wir von ihnen.
Zögernd antwortete der Mann. Auf einmal aber warf er sich hinter
einen Felsen, zog den Jungen neben sich, und schon gellte dieser
furchtbare Schrei wieder über den Fluß.

»Der will Verstärkung heranholen«, rief Hinrich. »Los, Tempo!«
Unsere Paddel peitschten das Wasser. Doch wir kamen nicht sehr
weit. Einen halben Kilometer vielleicht noch, dann machte der Abbai
wieder eine scharfe Biegung, und dahinter warteten sie schon auf
uns.

Vier Männer. Drei trugen ein Gewehr. Sie standen in dem flachen,
mit Kieselsteinen übersäten Wasser und winkten. Ein Schwall scharf
klingender Befehle ertönte. Ihre Bedeutung war klar: Wir sollten anlegen.

»Was machen wir?« zischte Michael. »Sollen wir ranfahren? Aber
dann sind wir ihnen auf Gnade und Gedeih ausgeliefert. Wenn wir
versuchen vorbeizufahren, schaffen wir es vielleicht.«

»Versuchen wir es.« Hinrich ließ überhaupt keinen Zweifel aufkommen.

Wir taten so, als würden wir nicht verstehen, was die vier von uns
wollten. Immer wieder riefen wir »Teñaßtilinj« und »Hakima« – auf
Ärzte schießt man nicht – winkten freundlich, gleichzeitig aber ver-
schärften wir unsere Paddelschläge. Das Boot machte sofort bessere
Fahrt.

Wir waren schon ziemlich auf gleicher Höhe, als der eine Äthiopier, der ohne Gewehr, ins Wasser sprang und in unsere Richtung
schwamm. Sein Gesicht verzerrte sich vor Anstrengung, trotzdem
sah er nicht so aus, als wollte er uns angreifen. Er schwamm hervorragend. Seine muskulösen Arme fuhren in schnellem Takt durch das
unruhige Wasser und zogen ihn schnell vorwärts.

»Was der wohl von uns will?« In Hinrichs Stimme schwang Ratlosigkeit. »Der kann uns doch nicht allein und ohne Waffen zwingen,
ans Ufer zu fahren.«

Wir beiden anderen waren uns über die Absichten des Schwimmers genauso wenig im klaren. »Was machen denn die anderen?« warf mir Michael über die Schulter zu.

Die drei standen am Ufer, zwei auf ihre Gewehre gestützt, der dritte redete eifrig auf sie ein. Er zeigte immer wieder aufgeregt zu uns hin.

Ich wandte mich wieder dem Schwimmer zu. Ein paar kurze, kräftige Schläge noch, dann war er heran. Seine Hände griffen nach den Halteseilen, klammerten sich fest. Er lächelte – tatsächlich, er lächelte.

Mir fiel ein Stein vom Herzen. Der sieht doch ganz freundlich aus, dachte ich. Wer uns anlächelt, so wie der da, der kann doch keine bösen Absichten gegen uns hegen.

Michael und Hinrich mußten wohl ähnlich denken. Wir freuten uns alle drei mit dem Mann, der sich gelassen vom Boot mitziehen ließ. Michael beugte sich heraus, schlug ihm auf die Schultern und machte Anstalten, ihm an Deck zu helfen. Doch er schüttelte nur grinsend den Kopf.

»Na, dann laß ihn«, brummte Hinrich. »Weiß der Kuckuck, warum der hergekommen ist.«

In diesem Augenblick ertönte vom Ufer ein gellender Ruf. Sofort ließ der Mann das Halteseil los und begann zurückzukraulen. Hatte der denn überhaupt keine Angst vor Krokodilen?

»Die wären wir los«, meinte ich leichthin. »Wahrscheinlich wollten sie nur wissen, was wir für komische Leute sind.«

»Wissen sie es denn jetzt?« Hinrich war schon wieder voller Mißtrauen. »Laß uns lieber sehen, daß wir weiterkommen.«

Wir tauchten die Paddel ein. Drei, fünf, zehn Schläge. Das Boot tanzte auf dem kabbeligen Wasser. Als dem letzten Mann gehörte es zu meinen Pflichten, nach hinten zu sichern. Gewohnheitsgemäß drehte ich mich um. Mal sehen, was unsere Vier da machten.

Es traf mich wie ein Schlag. Zwei der Männer hatten sich hinter einen Felsen gekniet, die Gewehre aufgelegt und zielten auf uns. Der dritte rannte am Ufer mit uns mit. Jeden Augenblick mußten die Schüsse fallen.

»Achtung!« schrie ich, »die schießen!« Wir reagierten sofort. Hinrich warf sich in der nächsten Zehntelsekunde über Bord, tauchte neben dem Boot unter, mit der rechten Hand hielt er sich fest. Michael und ich – wir hatten uns so klein wie möglich gemacht, Michael fingerte gleichzeitig an der Gewehrumhüllung herum.

Patsch! Patsch! Links von unserem Boot, vielleicht drei Meter entfernt, wurde das Wasser zerrissen. So, als würde man kleine Steine ins Wasser schmeißen. Der scharfe, peitschende Knall der Abschüsse pfiff erst Bruchteile von Sekunden später heran.

Die Pistole, dachte ich. Quatsch, was sollte die Pistole. Die beiden waren sicher hundertzwanzig Meter entfernt. Da hätte ich genausogut Grimassen schneiden können, die wären ebenso wirksam gewesen.

Erneut zwei Einschläge neben uns. Hinrich hatte sich wieder an Bord gezogen. Flach lag er an Deck. »Diese Mistbande«, schrie er. »Diese elende Mistbande.« Seine Stimme kippte vor Wut über.

In uns brannte der Zorn. Warum jagten sie uns so? Warum waren sie hinter uns her? Wir hatten ihnen nichts getan, überhaupt nichts. Wir fuhren nur mit unserem Boot hier auf diesem verfluchten Fluß. Warum, zum Teufel, wollten sie uns töten?

Wo war übrigens der vierte Mann, der Schwimmer? Da sah ich seinen schwarzen Kopf auftauchen, nahe am Ufer schon.

Michael schob mir das Gewehr zu. Merkwürdig, wie doch so eine Waffe in der Hand beruhigt. Meine Nerven flatterten nicht mehr so heftig. Hinter mir ratterte plötzlich Hinrichs halbautomatisches Kleinkaliber los. Fünfzehn Schuß pro Magazin. »Haltet ein bißchen drüber«, befahl er. »Wenn wir einen von ihnen töten, haben wir den ganzen Stamm auf dem Hals.«

Ich schoß hoch in die Luft. Nur Krach machen. Zeigen, daß man nicht wehrlos war. Schon waren keine Männer mehr zu sehen. Sie mußten sich tief hinter die Felsen geduckt haben. Auch der andere, der am Ufer mitgelaufen war, hatte ein sicheres Versteck gefunden. »Schnell weiterfahren!« Hinrich vertauschte schon wieder das Gewehr mit dem Paddel. Verzweifelt versuchten wir, so rasch wie möglich vorwärts zu kommen. »Paß du hinten auf!« schrie Michael.

Noch war nichts zu sehen. Das Ufer lag still und verlassen da. Schnell ein paar Paddelschläge. Sollten wir sie endgültig los sein?

Plötzlich sah ich, wie sie den Berghang entlanghasteten. Jeden Stein benutzten sie als Deckung. Aha, die wollen uns den Weg abschneiden, fuhr es mir durch den Kopf. Der Fluß verlief hier in vielen Windungen. Da hinten schien er auch schmaler zu werden. Wenn es ihnen gelang, vor uns dorthin zu kommen, uns irgendwo an einer Ecke zu erwarten, dann . . . Lieber nicht dran denken. Sie mußten unbedingt aufgehalten werden.

Ich zog das Gewehr mit dem Zielfernrohr. Ganz fest einziehen in die Schulter, ruhig durchatmen. Wenn bloß das Boot ruhiger läge.

Wo waren sie?

Da! Zwei sprangen gerade wieder hinter einem Stein hervor, riefen sich etwas zu und rannten los. Durch das Fernrohr waren sie gut zu erkennen.

Ich hielt zwei, drei Schritte vor dem ersten Mann. Druckpunkt, durchziehen. Deutlich sah ich den Schuß in den Boden fahren, die kleine Staubwolke. Dann hörte ich auf einmal einen Schrei, sah den Mann zusammenbrechen. Der andere warf sich sofort hin.

Mir brach der Schweiß aus. Um Gottes willen! Hatte ich einen Mann getötet? Herr, hilf mir, laß es nicht wahr sein. Ich wollte doch nicht treffen, ich wollte doch nur einen Warnschuß abgeben.

»Was ist los?« schrie Hinrich.

»Ich glaube, ich habe einen getroffen.« Meine Stimme klang merkwürdig stockend.

Hinrich und Michael sagten gar nichts. Sie paddelten nur noch verzweifelter. Die Gedanken überschlugen sich. Da war die eine Stimme, sie sagte: »Jetzt hast du einen Menschen getötet. Du, Rüdiger Nehberg, du hast einen Menschen getötet. Mörder!« – Und da antwortete die andere Stimme: »Warum schießen sie auch auf uns. Haben wir vielleicht angegriffen? Sollten wir uns abknallen lassen? Jeder Mensch hat doch das Recht, sich zu wehren, wenn er angegriffen wird.«

Und da war die Angst. Gab es hier nicht noch so etwas wie Blutrache? Wir hatten gehört, daß die Bergstämme jeden töten würden, der einen aus ihrer Mitte getötet hatte.

Ich sah wieder nach hinten. Und plötzlich – konnte das denn sein? Ich rieb mir die Augen. Das Bild blieb. Es waren wieder vier Männer, die da standen, aufgeregt miteinander sprachen, dann am Ufer entlangrannten. Wirklich, alle vier. Der eine hinkte ein ganz klein wenig. Manchmal hielt er einen Moment an, rieb sich das Knie und lief dann weiter.

Ich hätte jubeln und tanzen mögen. Also doch nicht getroffen! Keiner war tot, keiner verwundet! Keine Blutrache!

Wahrscheinlich war der Mann von einem Steinsplitter verletzt worden, den mein Schuß ausgelöst hatte. Denn hätte ihn meine Kugel auch nur gestreift, so hätte sie ihn zerfetzt, weil ich sogenannte Teilmantelmunition verwendete. Sie wirkt wie Dum-Dum-Kugeln und

ist gedacht und ideal für die Jagd, weil jeder noch so kleine Streif-
schuß tödliche Wunden reißt und das Tier auf der Stelle fällt.

Und noch etwas: Die ein, zwei Minuten hatten uns einen entschei-
denden Vorsprung verschafft. Wir waren mit unserem Boot zuerst
an der Biegung. Vor uns lag jetzt eine längere, ziemlich gerade
Strecke. Die Verfolger hatten keine Chance mehr, uns einzuholen.

Wir paddelten wie besessen. Die Köpfe schräg nach hinten ver-
renkt, die Herzen hämmernd im Hals oder in der Hose, die Hände
voller Blasen.

Keiner gönnte sich eine Sekunde Ruhe. Nur kurze Kommandos,
die uns helfen sollten, hier und dort einen Meter zu sparen.

»Links dran vorbei!«

»Vorsicht vor dir!«

»Steuerbord stärker.«

»Innenkurve.«

»Die Strömung geht nach rechts. Den Schaumblasen nach.«

Man muß pinkeln und macht in die Hose. Vom Wasser ist sie sowieso naß. Beim Bad heute abend wäscht sich das raus.

Heute abend? Werden wir das erleben?

Hinrich wagt den ersten Witz. »Was gibt's heute abend?«

Michael schreit: »Halt die Schnauze! Gib mir lieber mein Über-
stundenbuch.«

Hatten wir uns das nicht im stillen immer gewünscht?

Na klar. Aber gleich so?

Hatten wir.


Nachts hielten wir mit unserm Boot unter einem Strauch, dessen
Zweige im Wasser hingen. Keiner von uns schlief. Gespannte Sinne
nach draußen. Waren wir die Verfolger endgültig los?

Wir wagten kein Feuer zu machen; wir aßen rohe Haferflocken,
und ich sagte stockend: »Ich weiß nicht, wie ich das geschafft hätte,
wenn der wirklich tot gewesen wäre. Ihr könnt euch gar nicht vorstellen, wie froh ich war, als der Mann weiterlief. Obwohl ich doch
genau wußte, daß er mich töten würde, wenn er könnte.«


Am Mittag des nächsten Tages peitschten wieder ein paar Schüsse neben uns ins Wasser. Sie mußten von einer Bergkuppe abgegeben
worden sein. Wir sahen niemanden. Michael knallte ein paarmal in
die Luft, dann herrschte Ruhe.

Aber unsere Nerven flatterten.

Zwei Tage nichts. Hin und wieder hatten wir in weiter Entfernung Schreie gehört, das war alles. Keine Schüsse, keine Steinwürfe, keine Menschen.

Waren wir sie jetzt los?

Wir hatten die beiden Kinder gar nicht gesehen, die am Ufer hinter einem Gebüsch standen. Erst als sie losrannten und immer wieder »Shiffta! Shiffta!« brüllten, wurden wir aufmerksam.

Verflucht, jetzt ging das schon wieder los!

Zwei, drei Minuten, in denen wir schnell Abstand gewinnen wollten. Plötzlich tauchten vor uns wieder die Kinder auf. In ihrer Begleitung befanden sich jetzt ein älterer und ein jüngerer Mann. Gott sei Dank, sie waren unbewaffnet.

Was war bloß mit dem Älteren los? Er sprang ein paar Schritte ins Wasser, überschüttete uns mit einer Flut wilder Worte, schüttelte die Fäuste, spuckte in unsere Richtung, stieß mit dem Fuß. Er gebärdete sich wie ein Wilder. Auf einmal drehte er sich um, sammelte große Steine am Ufer auf und begann, uns zu bombardieren.

Erbitterung und kalter Zorn machten sich bei uns breit. »Dieser Idiot«, platzte ich, »dieser alte Narr. Ich möchte raus und möchte ihm in die Fresse schlagen. Was tobt der hier rum, als hätten wir ihm seine Scheiß-Hütte angesteckt. Los, Hinrich, ran ans Ufer. Den werde ich mir schnappen.«

Die ganze Anspannung der letzten Tage verlangte nach einem Ausbruch. Zu lange hatten sie uns gehetzt, waren wir geflohen, mußten uns verstecken. Der Mensch hält das, glaube ich, nur eine Zeitlang aus, dann sucht er selbst den Angriff.

Wir waren noch nicht am Ufer, als ich schon aus dem Boot sprang und auf den Alten zurannte. Die Kinder und der junge Mann waren nicht mehr zu sehen. Jetzt aber kletterte auch der Alte wie eine Bergziege den Felsen hoch. Hilflos vor Wut starrte ich ihm nach. Auch nicht halb so schnell hätte ich den Stein erklimmen können.

Kaum aber saß ich wieder im Boot, war auch der Alte wieder heran. Tobte, schrie, schmiß Steine, der Schaum stand ihm auf den Lippen.

Zweimal versuchte ich noch, ihn zu kriegen. Zweimal war er doppelt so schnell wie ich, verhöhnte mich aus sicherer Höhe, raste mir nach, sobald ich wieder umkehrte.

Dann gaben wir es auf. Wir duckten uns, um den Steinen zu entkommen, und hielten ihn dann mit Warnschüssen außer Wurfweite, ließen unsere aufgestaute Wut an dem Fluß aus. Wir fuhren auch kaum noch zusammen, als plötzlich der Schrei ertönte.

Der Schrei, der uns seit Tagen begleitete.

Der Alte hatte ihn ausgestoßen. Und offensichtlich galt er dem Mann, der da hundert Meter über uns auf der Bergkuppe stand. Unbeweglich, das Gewehr quer über die Schultern, beide Arme darübergehängt.

Hundert Meter nur. Er würde uns abknallen können wie auf einem Schießstand. Wir hatten auch nicht die geringste Deckung. Wir hatten keine Chance.

Der Mann aber nahm überhaupt keine Notiz von uns. Er würdigte uns nicht eines Blickes, als wir betont freundlich zu ihm raufwinkten. Den Schrei des Alten ließ er an sich abprallen, und er stand immer noch als dunkle, unbewegliche Silhouette gegen den Himmel, als wir schon weit, weit vorbei waren und uns immer noch ängstlich nach ihm umdrehten.

Wieder wurde es Abend. Wir fuhren noch immer. Bis ein Katarakt vor uns toste und brüllte:

»Bis hierher und nicht weiter.«

Die Dunkelheit tut ihr übriges. Man kann plötzlich nicht mehr. »Laßt uns hier den Morgen abwarten.«

Ich weiß nicht, wer es sagte. Aber man ist erleichtert und fügt sich nur zu gern.

So wie wir sind, naß und fertig, werfen wir uns ins Geröll neben dem Wasser. Taschenlampe und Gewehre bei Fuß. Die Beine wund von den vielen Patronen in der Tasche. Vor uns das Murmeln des Wassers. Hinter uns die Grillen. Ein paar Frösche. Keine Mücken.

Um 5 Uhr beginnen die ersten Vögel zu zwitschern. Eben ist man erst eingedöst.

Ein Schluck Wasser. Die Boxen wagt man nicht zu öffnen, weil die Eingeborenen in diesem Moment kommen könnten. Vielleicht sind wir ja heute raus aus dem Gebiet des wilden Bergstammes!?

Komisch. Denart war hier überfallen worden, als er mit seinem Freund Krieghk 1965 als erster diesen Flußteil zwischen den Tississatfällen und der Gojjambrücke per »Sarg« befuhr. Die britischen Soldaten waren 1968 zweimal beschossen worden. Und nun wir. Das mußte an den Eingeborenen und nicht an den Schiffern liegen.

Man meint, es dämmert. Der junge Tag verleiht ungeahnte Energie, so wie die Dunkelheit einen ängstlich stimmt.

Wir lösen uns gerade lautlos aus den Steinen, als genau gegenüber in der senkrechten Wand ein Hund bellt.

Ein eingeborener Wächter mit seinem Hund! Hat er uns doch aufgespürt trotz Dunkelheit!

Die Hoffnung erlischt jäh. Es ist nicht zu fassen. Keiner von uns sagt einen Ton. Michael faßt mich an. Seine Finger graben sich in mein Fleisch. Das ist nicht Angst. Es gibt einem Sicherheit.

Wie nun, wenn man plötzlich allein dasteht? So wie wir es theoretisch immer durchgespielt hatten? Einer verwundet? Man selbst auch. Boot weg. Zu Fuß nach Addis?

Von hier? Da haben nur sehr starke Charaktere eine Chance. Uns zählen wir nicht dazu. Man mag gar nicht daran denken.

Oder wenn wir versprengt würden? Würde es klappen mit unserer Treffpunkt-Vereinbarung?

»Innenkurve der dritten Kurve flußabwärts.«

Aber was ist Kurve und was nicht?

Für diesen Fall haben wir uns geeinigt, Flußbiegungen von $1-135°$ als solche zu betrachten. Und um festzustellen, ob es sich um Winkel über oder unter $135°$ handelt, braucht man keinen Winkelmesser. Einen rechten Winkel kennt jeder. $90°$. Einen halben rechten dazu sind $135°$. Ganz simpel also.

Aber bloß das nicht!

Allein hätte der Kerl da drüben uns nie aufgestöbert. Das ist der Köter. Den knallen wir ab.

Aber es ist zu dunkel. Das Zielfernrohr schlägt nicht an. Einfach zu dunkel.

Wir zittern. Dabei ist es gar nicht kalt.

Da bellt es wieder. Und da erkennen wir es. Hinrich sagt es, sichtbar erleichtert »Ein Pavian.«

Aber der Schreck wirkt nach. Wenn wir heute wieder den ganzen Tag ohne Pause paddeln sollen, sind wir fertig.

Wir entschließen uns deshalb, um halb acht nach eineinhalb Stunden Fahrt, im Schilf unterzutauchen.

Der Schilfgürtel ist hier nur vier Meter breit. Wir tarnen die Einfahrtsschneide und können von den Bergen nicht eingesehen werden. Dennoch belegen wir auch das Bootsdeck mit Gräsern und holen Schlaf nach.

Unsere einzige Sorge ist, was passiert, wenn man uns hat einfahren sehen? Werden sie sich organisieren und uns planmäßig einkesseln?

Für alle Fälle haben wir unser gesamtes Waffenarsenal bereitgelegt. Unsere Taschen sind patronenschwer und oft hinderlich. Aber wir sind auf Belagerung eingestellt und wollen gewappnet sein, falls wir nicht mehr an die Boxen unter Deck können.

Und da rauscht es auch schon nach einer Stunde. Ich glaube, jeder von uns erstarrte zur Salzsäule. Aber es war nur eine Nilgans, die im Schilf gelandet war.

So kamen wir nach und nach zu unserem Nickerchen. Richtig entschlummern konnten wir nicht. Wir waren zu nervös. Dazu kamen die Tse-Tse-Fliegen. Sie kommen wie Sturzkampfbomber angeschossen, beißen sich augenblicklich und mit solcher Dreistigkeit fest, daß man sie ohne Hast erschlagen kann. Aber es fliegen immer neue an. Und so kommt man um seinen Schlaf.

Gegen Nachmittag meldete sich der Hunger. Sollen wir nicht doch die Deckel öffnen und jeder einen Löffel Kakao mit Zucker naschen? Jeder möchte es gleich gern. Doch die Vernunft siegt. Wenn sie gerade jetzt kommen? Dann fahren wir mit offenen Deckeln und verlieren beim nächsten Kentern die Ausrüstung. Und Sicherheit war unser oberstes Gebot. Ich war sehr stolz auf meine Crew, weil keiner durchdreht. Gefahr schmiedet zusammen. Und wir saßen ja im wahrsten Sinne des Wortes in einem Boot.

Der einzige Luxus, den wir uns gönnten, war ein Becher voll grüner Algen, die es in Mengen um uns herum gab. Schon seit Tagen tranken wir das Wasser ungekocht aus dem Fluß. Einfach, weil es gut schmeckte und wir uns sagten, es ist ja ein Gebirgsfluß und das Wasser hat Gelegenheit genug, sich zu regenerieren.

Hier im Schilf kommen uns jedoch Bedenken. Sind hier nicht die Brutstätten der Bilharzien?

Feuer können wir unmöglich machen. So opfert Hinrich eine Schraubkappe seines Wasserentkeimers Certisil. Den rühren wir unter den grünen Schlamm und lutschen ihn dann scheinbar genüßlich hinunter.

Certisil und Wasserentgiftungstabletten hatten wir mit, falls wir auf irgendeinem Rückmarsch von Schlamm- und Sumpfwasser leben müßten. Sie haben den Vorteil, daß man auf diese Weise zu Flüssigkeit kommt, aber sie sollen den Nachteil haben, daß sie neben der schädlichen auch die gesunde Flora und Fauna abtöten, so daß man diese Methoden immer nur kurzfristig anwenden soll.

Ehrlich gesagt: geschmeckt hat diese Naturkost niemandem. Es bleibt lediglich das Gefühl, daß der Magen mal wieder was zu tun hat. Wir haben ihn ja weiß Gott nicht verwöhnt in den letzten Tagen. Schlimm ist noch die Mittagshitze. Wir haben 34 Grad Celsius im Schatten und spüren keinen erfrischenden Luftzug.

Erst gegen 17 Uhr kommt eine leichte Brise, wie allabendlich, den Strom herauf und belebt uns. Der Wind hat's gut, denken wir. Der kommt von der Gojjambrücke herauf, wo wir noch hinwollen. Keiner hält ihn auf. Keiner sieht ihn und kann ihn greifen.

»Ich glaube, wir sollten jetzt los. Nach sechs wird es gleich wieder dunkel. Wer weiß, wie lange wir in die Dunkelheit hineinfahren können. Wenn wir Pech haben, stehen wir schon um halb sieben vor einem Katarakt, den man nur bei Tageslicht durchqueren kann.«

Michael hat das Paddel unruhig in der Hand. Wir sichern noch einmal nach allen Seiten. Niemand zu sehen. Also ab durch die Mitte! Die Gewehre schußbereit.

Das war in der Gegend des Yasum. Wir sahen keine Menschenseele. Wir hatten die Region der wilden Stämme hinter uns, die nicht einmal von der Regierung unter Kontrolle zu bringen sind, weil ihre Heimat zerklüftet ist. Keine noch so einfache Straße führt zu ihnen. Nur der Fluß.

## Goldwäscher
### Camp 23

Zum ersten Mal sahen wir sie in der Nähe des Tinkotscha-Flusses. Während der letzten 14 Tage hatten wir keinen Menschen zu Gesicht bekommen.

Gab es oberhalb der Schlucht nur Amharen, freundliche und aggressive, so sahen wir von jetzt an nur noch Neger. Zu unserer großen Erleichterung waren sie sehr freundlich. Natürlich verleitete uns das nicht zu Fahrlässigkeiten. Denn immerhin hatten sie am Dabus 1965 zwei von fünf Teilnehmern einer schweizerisch-französischen Expedition nachts im Schlafsack erschossen.

Aber wir waren ja auch freundlich und hielten grundsätzlich überall an. Ein kurzes Händeschütteln nebst Verbeugung und einem Lächeln können Wunder wirken.

Sie hockten am Ufer, hatten große, flache Holzschalen vor sich, die sie mit Sand gefüllt hatten und im flachen Wasser langsam ausspülten. Es waren Shankilas. Recht hübsche Menschen negroider Rasse.

»Goldwäscher!« stieß Michael hervor. »Aber nur Frauen«, ergänzte er fachkundig. Ihre Brüste und Rücken waren mit hübschen Schmucknarben-Ornamenten verschönert, in den Nasenflügeln saßen kokett kleine Stäbchen aus Holz, Knochen, Gräten. Einige trugen einen bleistiftstarken Stab quer durch die Nase.

Sie sahen kaum auf, als wir neben ihnen anlegten. Ihre Holzpfannen bewegten sich beinahe im gleichen Takt. Um den Hals oder im Gewand hatten sie kleine, glatt auspolierte Flaschenkürbisse und feine, angespitzte Holzstäbchen. Wir beobachteten, wie sie mit diesen Stäbchen manchmal ein winziges Körnchen aufpickten und in die Flasche senkten.

Und wir sahen noch eins beim Nähertreten. Die Frauen hatten Lepra. Wahrscheinlich würden Gesunde um diese Jahreszeit gar nicht mehr waschen, weil es einfach nicht mehr lohnte. Sie hätten sich auch anders verhalten: Weglaufen, Dorf alarmieren, neugierig zurückkommen.

Fünf bis sechs Pfannen im Durchschnitt brachten ein Körnchen Gold. Die Hauptsaison ist im September. Wenn der Fluß nach dem Regen zu fallen beginnt.

»Hundearbeit«, meinte Michael. »Wollen wir auch mal versuchen?« Fragend sah er uns an.

Warum eigentlich nicht? Da standen ein paar unbenutzte Holzpfannen herum. Wir nahmen jeder eine, hockten uns hin und begannen ebenfalls. Nach zwei Stunden hatten wir tatsächlich ein paar armselige Krümelchen Gold. »Kommt, laßt uns weiter«, stöhnte Hinrich. »Mir tut jeder einzelne Knochen weh.«

Uns ging es nicht anders. Dieses Hocken, die schweren Holzpfannen, das ermüdende Rotieren – nein, nichts für uns.

Wir erhoben uns, wollten zum Boot. Aber da standen plötzlich eine Menge Männer hinter uns. Ein drohender, fester Halbkreis, kein Durchkommen. »Was wollen die denn von uns?« flüsterte ich.

»Ich glaube, die wollen den Goldstaub haben, den wir gefunden haben«, flüsterte Michael zurück.

»Na, sollen sie doch.« Ich nahm den kleinen Lederlappen, in den wir die armseligen Körnchen zusammengebunden hatten, und reichte ihn einem der Männer. Er nahm ihn schweigend. Der Halbkreis aber löste sich noch nicht auf.

»Alles«, sagte ich auf amharisch. »Alles«, und wir zeigten unsere leeren Hände vor.

Ein Hagel von Sätzen prasselte auf uns nieder. Immer wieder deuteten die Männer auf Michael. Was hatten sie denn bloß?

Ich versuchte es auf arabisch. Tatsächlich, einer, ein riesiger Neger mit flachem Gesicht und ausdruckslosen Augen, verstand mich. Er antwortete ebenfalls arabisch.

Eine halbe Minute später wußte ich Bescheid: Michael – sie glaubten, daß Michael Gold im Mund versteckt hatte. Einem der Männer waren Michaels Goldkronen aufgefallen.

»Nicht versteckt«, sagte ich zu dem Neger. »Zähne, Zähne aus Gold gemacht.«

Er grinst nur ungläubig.

Zwei Mann traten auf Michael zu, hielten ihn an den Armen fest. Ein dritter riß ihm den Mund auf, fuhrwerkte mit den Fingern in den Zähnen herum, rüttelte daran.

Michael versuchte, sich loszureißen. Doch seine Arme saßen wie in Schraubstöcken.

Auf Hinrich und mich achtete niemand mehr.

»Los, komm, wir müssen versuchen, sie abzulenken«, zischte ich Hinrich zu. Wir hasteten zum Boot. Mir war plötzlich ein Gedanke gekommen. Michaels Kamera. Vielleicht war das die Rettung.

Wir rissen die schwere Kamera aus dem wasserdichten Beutel und rannten zurück. »Hier, ich werde euch großen Zauber zeigen«, flüsterte ich dem Neger zu.

»Zauber? Wie?« Seine Augen funkelten über der Kamera. Ein paar Worte zu den anderen. Michael wurde plötzlich freigelassen. Die ganze Aufmerksamkeit galt jetzt diesem merkwürdigen, schwarzen Apparat.

»Das ist ein Zauberauge«, erklärte ich. »Wenn du da durchguckst, dann kommen die Gegenstände, die du siehst, auf dich zu, wenn ich es will.«

Hoffentlich klappte es, betete ich insgeheim. Der Neger schaute ungläubig.

»Da, du mußt hier durchsehen.« Ich hielt ihm die Kamera vor das Gesicht. »Siehst du dahinten den Strauch?«

»Ja«, stieß er gebannt hervor.

»Ich werde jetzt zaubern, daß der Strauch auf dich zukommt«, sagte ich und drehte an der Gummilinse. Entsetzt sprang der Neger zurück. Seine Augen rollten wild. Durch das vergrößernde Objektiv mußte er wirklich den Eindruck bekommen haben, daß der Strauch auf ihn zukam.

Der schwarze Riese hatte sich wieder gefangen. Verlegen lachte er. Dann guckte er noch einmal durch die Kamera. Die anderen drängten heran. Jeder wollte das Zauberauge ausprobieren. Ich ließ die Sträucher und Bäume, den Fluß und die Felsen kleiner und größer werden, ich war ein großer, weißer Medizinmann.

Kein Mensch dachte mehr an Michaels Goldplomben. Schon gar nicht, als Hinrich das Tonbandgerät holte und die Stimmen der Männer einfing. Als Michael dann sogar noch den Elektronenblitz aufflammen ließ und ich erklärte, daß wir Gewitter ohne Donner und Regen machen könnten, wurden wir den Goldwäschern wohl unheimlich. Einer nach dem anderen machte sich davon.

Der riesige Neger war der letzte.

Aber wie schnell kann es Mißverständnisse geben. Ohne böse Absicht. Dann gilt das Gesetz der Wildnis. Hart und einfach. Und vieltausendmal bewährt.


## »Herrenschneider«
### Camp 27

Ich mußte immer wieder zu dem Mann hinsehen, der da an seiner Hütte lehnte und versonnen in das Feuer starrte. Die Mädchen mit den großen Schmucknarben auf den Rücken tanzten um die Flammen. Eine Art Fruchtbarkeitstanz, dachte ich. Sie hatten sich lange Stöcke zwischen die Schenkel geklemmt und ihre Bewegungen strahlten etwas ungemein Aufreizendes, Provozierendes aus.

Unser erstes Camp hinter Mabil. Ein richtiges, großes Dorf. 30 Hütten. Ein Idyll.

Aber dieser Mann da – der gehörte doch nicht in dieses Dorf, in dem nur »Shankilas« wohnten, wie die Amharen die Neger abschätzig nannten. Shankilas – Farbige. Der Mann war kein Amhare, auch wenn der Gesichtsschnitt dem der Amharen glich. Aber er hatte eine höhere, hagere Figur, quer über den Schultern ein uraltes Gewehr, die Arme von hinten lässig darüber gehängt. Vor allen Dingen aber trug er diesen typischen, leichtgeschwungenen Dolch direkt vor dem

Bauch. Diesen Dolch und die Art, ihn so zu tragen – das gab es doch nur bei den Danakils.

Wie kam ein Danakil[1] hierher? Sicherlich war er keiner und es schien uns nur so. Aber ich mußte unwillkürlich an die Expedition des Amerikaners Macmillan, 1902, denken. Sein Partner wurde von den Danakils kastriert, als er auf dem Wege zum Nil war.

Meine Gedanken wanderten zurück:

Ich hatte in der Zeitung inseriert: »Suche jemanden, der mir bei Erstellung einer amharischen Sprachliste helfen kann.« Tags darauf klingelte das Telefon: »Mein Name ist Paproth. Klaus Paproth. Sie suchen jemanden, der amharisch spricht? Ich war mit meiner Frau lange in Äthiopien. Wir sprechen amharisch. Kommen Sie doch mal vorbei.«

Sie wohnten in Blankenese, Hamburgs Renommierviertel. Nette, entgegenkommende Leute. Wir stellten eine Liste der wichtigsten Wörter zusammen, und plötzlich fiel so ganz beiläufig der Name »Herrenschneider«.

»Herrenschneider?« horchte ich auf. »Was meinen Sie denn damit?«

»Ooch, die werden in der deutschen Kolonie in Äthiopien so genannt«, erzählte Klaus Paproth. »Das sind, glaube ich, Angehörige einiger Danakil- und Gallastämme. Wenn bei denen ein junger Mann heiraten will, dann muß er dem Schwiegervater den Hautfetzen eines besiegten Gegners überreichen. Er zieht die Haut in einem etwa fünf Zentimeter breiten Streifen ab, der an der Unterlippe ansetzt, über den ganzen Körper verläuft und unterhalb von Penis und Hoden endet.«

»Und so etwas soll es heute noch geben?« fragte ich ungläubig.

»Ja, das gibt es immer noch.«

Spinner, dachte ich auf der Heimfahrt. Wollten sich vielleicht nur interessant machen. Hautfetzen – Penis – Hoden! Zwanzigstes Jahrhundert, Leute, wir fliegen zum Mond!

Dann aber erzählte mir Elke Leichtweiss in Addis Abeba auch davon. Und von Rainer Kappler, einem in Äthiopien arbeitenden Vertreter der Firma Hoechst, erfuhr ich, daß erst vor einem Jahr im »Ras Desta Hospital« ein Amhare und ein Italiener lagen. Beide waren

---

1 Danakil: Äthiopischer Stamm im Norden Äthiopiens am Blauen Nil in der Danakilwüste. Moslems. Kuschitische Sprache.

Danakils in die Hände gefallen. Dr. Bekirow, ein jetzt in den Staaten lebender bulgarischer Chirurg, konnte durch eine schnelle Operation den Amharen retten.

Der Italiener starb.

Es bedurfte nicht mehr viel. Es bedurfte nur noch einer deutschen Entwicklungshelferin, Cordula Göbel, die mir beim Frühstück im Hotel erzählte, sie habe mal in Kombolcha, bei der Provinzhauptstadt Dessie [1], eine Galla-Hochzeit mitgemacht.

»Und Sie erzählen mir wirklich keine Märchen?«

»Nein, wirklich nicht«, versichert sie. »Ich habe selbst gesehen, wie die grausige Trophäe an der Hütte des jungen Paares befestigt wurde.«

Das alles war noch bei unserer ersten Expedition gewesen, bei der gescheiterten. Für Hinrich und mich gab es überhaupt kein Halten mehr. Herrenschneider – das durften wir uns doch nicht entgehen lassen.

Flug nach Dessie, ruppelnder, schaukelnder Landrovertrip nach Kombolcha. Ein paar elende Hütten, verdreckte Straßen, sonst nichts. Keine Herrenschneider-Trophäe. Hatte Cordula uns belogen? Sie hatte uns den Standort der Hütte doch genau beschrieben.

Abends kamen wir mit zwei Italienern ins Gespräch, die der abessinische Krieg dort zurückgelassen hatte. »Ja, diese Sitte gibt es hier noch vereinzelt«, berichteten sie. »Ihr müßt mal zur Missionsstation raus. Nach Kamisi. Eine Gehstunde östlich von der Straße liegt dann Gheraniya. Der Missionar dort, Mr. Gordon, kann euch bestimmt mehr darüber berichten.«

Am nächsten Mittag waren wir an der Station. Die Sonne brannte wie ein glühender Backofen über uns. Dornen hatten die Hemden zerrissen, die Hände und das Gesicht aufgeschrammt. Wir waren ziemlich geschafft.

Stacheldraht rings um die Station. Ein Schäferhund knurrte uns böse an. Endlich der Missionar, ein Mormone. Er lebte hier mit Frau und Kind schon seit mehreren Jahren.

Wir wurden freundlich willkommen geheißen. Zwei Weiße zu Besuch – das war ein Feiertag. Die Amerikaner erzählten von ihrem Leben. Schule für die Kinder zum Beispiel. Manchmal kommen sie, manchmal bleiben sie wochenlang weg. Der Missionar hat sich einen

1 Dessie = Hauptstadt der Provinz Wollo.

wirkungsvollen Trick einfallen lassen: Wer zur Schule kommt, der erhält von seiner Frau einen Schokoladenpudding (wir auch).

Das half etwas.

Einmal in der Woche wurde Markt abgehalten. Alte, meist gespendete Kleidung hing über Wäscheleinen, die Eingeborenen kamen von weither, befühlten, betasteten, handelten. Bunte, leere Konservendosen standen am höchsten im Kurs. 5 Cent das Stück. 7½ Pfennig.

Und in allen Räumen hingen Gewehre. »Wir haben hier allein im letzten Jahr dreiunddreißig solcher Tötungen gehabt«, erklärte der Missionar. »Da muß man schon für alles gewappnet sein.«

»Aber ist denn diese Sitte nicht verboten?« fragte ich ein wenig naiv.

»Natürlich ist sie verboten.« Der Missionar sah mich lächelnd an. »Es steht sogar die Todesstrafe drauf. Aber die Hauptstadt ist weit, wissen Sie.«

»Und woraus entstand dieser Brauch?« wollte Hinrich wissen.

»Das ist im Grunde ein soziales Problem. Die Lebensbedingungen hier in der kargen Gegend sind armselig. So armselig, daß man sich kaum einen Bevölkerungszuwachs erlauben kann. Da einer Ehe aber nun mal gewöhnlich Kinder entspringen, mußte der Eheanwärter eben vorher einen anderen Mann zeugungsunfähig machen. Das war wohl der eigentliche Ursprung dieses Brauchs. Daß dabei die Menschen meist starben, liegt wohl auf der Hand.«

Am nächsten Morgen brachen wir schon früh auf. Wir wollten uns ein paar Dörfer in der Umgebung ansehen, erklärten wir dem Missionar. Etwas fotografieren und so. Daß wir in Wahrheit nur eine solche Herrenschneider-Trophäe sehen wollten, sagten wir nicht. Der Missionar hätte sicher versucht, uns davon abzuhalten. So aber gab er uns sogar noch einen Dolmetscher mit. Hussein.

Und außerdem eine Handvoll Centstücke und die Taschen voller Bonbons. »Immer eine Kleinigkeit geben, wenn Sie fotografieren«, ermahnte er uns. »Sonst werden die Leute böse.«

Ein mehrstündiger, anstrengender Fußmarsch. Im ersten Dorf nichts. Kaum Männer waren zu sehen, nur Kinder und alte Frauen. »Caramella, Caramella« schrien die Kinder und umringten uns. Wir warfen ein paar Bonbons in den Kreis, sie stürzten sich balgend und streitend darauf.

»Was sollen wir hier bloß fotografieren?« meckerte Hinrich. »Hier gibt es doch nichts als Dreck. Laß uns bloß wieder zurückgehen.«

»Komm, noch ein Dorf«, bat ich. »Jetzt sind wir einmal hier. Vielleicht haben wir doch noch Glück.«

Hinrich knurrte nur verbissen.

Das nächste Dorf. Was war denn eigentlich anders? Nichts. Die gleichen Hütten, die gleichen Kinder, die gleichen alten Frauen.

Doch da! Ich stieß Hinrich an. »Du, guck mal, diese Hütte dort links. Ja, da über der Tür. Siehst du, das könnte so eine Trophäe sein. Lenk doch die Kinder mal ein wenig ab.«

Hinrich griff in die Tasche und warf eine Handvoll Bonbons weit in die andere Richtung. »Caramella«, schrie die Horde und sauste begeistert davon.

Ich hatte mich inzwischen wie beiläufig näher an die Hütte herangeschoben. Dieses graue, unansehnliche Etwas, das da an dem Pfosten neben dem Eingang hing? Tatsächlich, das schien eine menschliche Haut zu sein. Von der Sonne gegerbt und zusammengeschrumpft. Aber deutlich sah man den Penis, den langen Lappen des Hodensackes.

Mein Herz hämmerte. Solche Bilder! Die würde man uns aus den Händen reißen.

Ich machte den Fotoapparat klar. Fotografierte. Schlechtes Licht, verdammt. Der Eingang lag im Schatten. Hoffentlich würde sich das Grau der Haut überhaupt von der Farbe des Pfostens abheben.

Warum nimmst du es nicht einfach ab, dachte ich mir. Nimm es doch da runter und hänge den Bauchfetzen in die Sonne. Irgendwo, wo er sich besser abzeichnet.

»Hinrich. Noch mehr Bonbon!« rief ich. Der schaltete sofort. Eine sich überschlagende, johlende Meute. Keiner achtete auf mich. Ein paar schnelle Schritte zur Hütte, die Trophäe abgerissen. Prima, geht ja ganz leicht. Schnell dahinten auf den Stein legen. Das ist ein guter Kontrast. Schön ausbreiten, 50 cm zurück, knipsen, knipsen.

Und schon wieder diese Gedanken: Ob wir das Ding einfach einstecken? So als Souvenir mit nach Hause bringen? Mensch, die im Völkerkunde-Museum in Hamburg würden bestimmt Mund und Augen aufsperren.

Verlockender Gedanke.

Ich hatte den alten Mann gar nicht gesehen. Er hockte tief im Eingang der Nebenhütte, verschwamm beinahe mit dem Dunkel in der Hütte. Vielleicht war es ein Kranker, vielleicht auch war er nur alt, um mit rauszugehen, die Herden zu hüten, die Felder zu bestellen. Denn alle rüstigen Männer und Frauen waren auf dem großen Markt.

Er mußte mich schon eine ganze Weile beobachtet haben. Mißtrauische, glitzernde Blicke trafen mich. Plötzlich schrie er gellend.

Ich riß den Bauchfetzen an mich und hängte ihn wieder an den Türpfosten. Der Alte hörte nicht auf zu schreien. Ich verstand kein Wort. Aber daß das keine Freundlichkeiten waren, ließ sich unschwer erraten.

Hussein kam angerast. »Was haben Sie gemacht?« jammerte er. Seine Augen rollten hin und her. »Der Mann ruft, Sie seien ein Räuber, Sie wollten stehlen.«

»Ich habe nur fotografiert«, verteidigte ich mich lahm.

Der Dolmetscher sagte ein paar schnelle Worte zu dem Alten. Der stutzte einen Moment, schrie dann aber sofort weiter.

»Er bleibt dabei. Sie wollten rauben. Wir müssen hier weg. Gleich werden wir alle Männer auf dem Hals haben.«

Um uns war plötzlich mordlüsterne, feindselige Atmosphäre. Die Kinder, die sich eben noch um unsere Bonbons gebalgt hatten, starrten uns böse an. Aus den Hütten kamen ältere Frauen, schimpften, schrien. Schon flogen Steine.

Wir rannten los. Da war der Dorfeingang. Nur weg. Tappten da nicht Schritte hinter uns?

Der Dolmetscher lief immer weit voraus. Manchmal drehte er sich um, winkte, rief. Wir stolperten über die Steine, keuchten, ich bekam keine Luft mehr. Dieser Scheiß-Fotoapparat – er schlug beim Rennen immer gegen die Hüfte. Sollte ich ihn wegwerfen? Nein, auf keinen Fall.

Da tauchte das erste Dorf wieder vor uns auf. Der Dolmetscher war schon zwischen den Hütten verschwunden. Bildeten wir uns das nur ein, oder liefen wir auch hier durch ein Spalier feindseliger Blicke?

Hinrich griff in die Tasche, holte Cents heraus, warf sie hinter sich. Verfolgte man uns? Würden sie sich nach dem Geld bücken?

Wir wagten nicht, uns umzublicken. Nur weiter, weiter.

Endlich der Stacheldraht der Station. Der Schäferhund bellte. Der Missionar und seine Frau standen auf der Terrasse und sahen uns erstaunt entgegen.

Wir fielen in die Korbstühle. Rasselnder, pfeifender Atem. Ängstliche Blicke nach draußen. Kamen sie hinterher? Kein Mensch kam.

Niemand hatte uns so weit verfolgt. Wir waren vor dem eigenen schlechten Gewissen davongelaufen.

Später beichteten wir. Der Amerikaner sah uns eine ganze Weile schweigend an.

»Das hätte sehr böse für Sie ausgehen können«, meinte er schließlich. »Die Bräuche verletzen, das gilt hier als ein sehr schweres Vergehen. Hoffentlich werden Sie dieses Erlebnis nicht so leicht vergessen. Die Erinnerung daran könnte Ihnen hier im Lande das Leben retten.«

Ich fuhr aus meinen Gedanken hoch. Die Trommeln dröhnten, der Tanz der Frauen war wilder geworden. Wie rasend zuckten die schlanken Leiber, die Schenkel öffneten sich, doch bevor der Stab zu Boden fallen konnte, schlossen sie sich wieder fest. Entrückte Augen, verzerrte Münder. Im dichten Kreis saßen die Männer herum, klatschten rhythmisch in die Hände. Der Schein der Flammen geisterte über die Menschen. Michael schrie etwas und machte aufgeregte Gesten. Er wollte mehr Holz haben, größeres Feuer, er wollte filmen.

Ich sah zu Hinrich. Der hockte drei Schritte neben mir. Ich nickte verstohlen zu dem Mann hin, der da fast im Dunklen mit der Hütte verschmolz.

Hinrich nickte zurück. »Hab' schon gesehen«, flüsterte er. »Der Dolch. Unverkennbar. Mußte gerade an unsere Herrenschneider-Geschichte von vor 2 Jahren denken.«

## Der Polizist
### zwischen Camp 48 und 49

Auf der Karte war das Dorf als Abatimbo el Gumas verzeichnet. Noch rund hundertsiebzig Kilometer Fußmarsch lagen vor uns. Hundertsiebzig Kilometer bis nach Asosa.

Der Vierzig-Hütten-Scheich hatte uns Attayib als Führer und Gorne und Yizzan als Träger mitgegeben. Fünf Dollar für jeden. Hundertsiebzig Kilometer, dann wieder zurück. Fünf Dollar!

Ein Schandgeld? – Ein fürstlicher Lohn?

Von dem Geld würden Attayib, Gorne und Yizzan dem Vierzig-Hütten-Scheich die Hälfte abzugeben haben.

Die letzten fünfzig Kilometer. Menge, der erste Ort mit festen, gemauerten Häusern, einer Polizeistation.

Der Polizist war ein schmieriger Geselle. Für die Auskunft, wo wir etwas zu essen kaufen könnten, verlangte er drei Zigaretten. Mit Attayib tuschelte er dauernd.

»Er will von meinem Geld etwas haben«, jammerte Attayib. »Er sagt, wenn wir ihm nichts abgeben würden, dann müßte er uns einsperren.«

Ich ging zu dem Polizisten. Er stritt lautstark ab. Michael wollte ein paar Schuhe kaufen. Ob es hier Schuhe gäbe.

»Ja«, sagte der Polizist. »Sie kosten vier Dollar.«

Wir erfuhren später, daß er anderthalb Dollar selbst einsteckte.

Doch die Stunde der Rache kam: Er sah unseren Fotoapparat. »Könnt ihr mich fotografieren?« fragte er.

»Ja«, sagte Michael. »Ein Bild kostet 1 Dollar. Wir schicken es dir zu.«

Er ging tatsächlich darauf ein. 1 Dollar wechselte den Besitzer. Er rannte in seine Station, kam mit Gürtel und Pistole wieder, stellte sich wichtig in Positur. Michael knipste.

»Noch ein Bild«, sagte der Polizist.

»Erst einen Dollar«, antwortete Michael und hielt die Hand auf.

Er zahlte, holte sein Gewehr raus, baute sich wieder auf. Ganz Würde. Michael knipste.

In dem Apparat war nicht einmal ein Film.

Aber in seiner Tasche waren wieder die 8 Dollar. Wir schämten uns nicht.

# Der Fluß

Später würde mich einer fragen: »Nun sag bitte, Rüdiger, was war denn nun eigentlich so schön an der ganzen Geschichte? Ihr seid überfallen worden, habt Hunger gehabt, wäret beinahe ertrunken, mußtet kämpfen, die Fliegen plagten euch – was war denn nun so schön?«

Und ich würde eine Weile überlegen und sagen: »Weißt du – schön? Man konnte einfach Feuer anmachen, wo man wollte.«

Die Idylle hat eben verschiedenartige Gestalten. Dem einen erscheint sie als grüne Wiese, auf der man sich mit Butterblumen zudecken und die Gedanken in den blauen Himmel schicken kann; andere sehen sie gern als schroffe Berge mit Schneemützen oder als verträumtes Dörfchen, zeitlos zwischen den Jahrhunderten eingebettet.

Für mich ist sie Einsamkeit. Einsamkeit in fremder, unbekannter Natur. Vielleicht tagelang keine anderen Menschen zu sehen, keine anderen Gebote und Verbote als die, die man sich selbst auferlegt.

Man kann eben einfach Feuer anmachen, wo man will.

Beschreibe einer mal Schönheit! Zum Beispiel Marilyn Monroe: Blond, ebenmäßige Züge, straffe Brüste, schwellende Hüften, lange, schöne Beine? – Ach du lieber Himmel! Blonde mit ebenmäßigen Zügen, straffen Brüsten, schwellenden Hüften und langen, schönen Beinen gibt es zu Tausenden und aber Tausenden auf der Welt.

Nein, man muß Schönheit wohl sehen, man muß sie erleben, in sich reintrinken, um sie begreifen zu können.

Trotzdem: Da war der Cañon. Der Fluß schoß hindurch wie ein Rennpferd, dem die Zügel freigegeben wurden. Donnernde Hufe, dicke, weiße Schaumfetzen, vorwärts, nur vorwärts. Links und rechts ragten steile Felsen auf, schroffer, abweisender Sandstein, siebzig, achtzig Meter hoch. Und im oberen Viertel dunkle Höhlen, Löcher fast nur, wer-weiß-wann und wer-weiß-wie in den Stein gehauen.

Man hatte uns erzählt, daß Eremiten in den Höhlen wohnen würden. Sie kämen nie mehr heraus, sie empfingen nie Besuch. Die karge Verpflegung würde man ihnen mit langen Seilen herablassen. Im übrigen beteten und meditierten sie.

Ein Leben lang.

Zu sehen war nichts. Nur graubraune abweisende Wände mit finsteren, etwas mehr als mannshohen Löchern.

Michael war fasziniert. »Wenn man seine Phantasie hier spielen läßt – denkt doch mal an die Wolkenkratzerschluchten von Manhattan, an die Betonfassaden am Osdorfer Born in Hamburg oder im Märkischen Viertel von Berlin. Sieht das nicht beinahe so ähnlich aus hier? Nur Stein, kalter, nackter Stein und Löcher drin, hinter denen man Menschen vermutet. Und der Fluß? Denkt euch mal das blaue, reißende Wasser weg, stellt euch vor, hier unten fließt nur ein Strom aus kilometerlangem Autoblech, aus Chrom und blitzenden, surrenden Rädern.«

»Dann wären wir ja genau wieder zu Hause«, entgegnete Hinrich trocken.

Michael guckte verblüfft hoch. »Ja, stimmt, hast recht. Es war wohl nur so ein plötzlicher Eindruck, eine Ähnlichkeit, die man unbewußt registriert.« – – –

Oder wir saßen in der Abenddämmerung irgendwo am Ufer. Die Felswände waren zurückgetreten, der Fluß hatte sich verbreitert, und mit jedem Meter, den er sich nach beiden Seiten hin dehnte, war er sanfter geworden. Leise streichelte er das Ufer, das über und über mit kleinen Kieselsteinen bedeckt war.

Gab es einen Platz, an dem man besser seinen Gedanken nachhängen konnte?

Lautlos war ein Fischreiher-Pärchen herangeschwebt, setzte sich weich und elegant auf den Fluß. Leuchtende blaue Bälle. Von Zeit zu Zeit fuhren die langen, spitzen Schnäbel blitzschnell ins Wasser, tauchten mit einem zappelnden Fisch auf. Ganz oben am blauen Abendhimmel kreiste ein dunkler Punkt. Er wurde größer und größer – ein Adler. Urplötzlich schoß er herab, verschwand für eine Sekunde gänzlich im Wasser, kam wieder hoch. Breite Schwingen klatschten ein-, zweimal gegen den Fluß, fast sah es so aus, als sei er zu schwer, sich wieder in die Luft zu schwingen.

Sekunden später war er wieder ein dunkler Punkt am Himmel.

Wir schwammen in einem Meer von Stimmen. Tausend Vögel sangen gleichzeitig, durch die Bäume tobte eine kreischende Pavianfamilie, ein Rabe krächzte, irgendwo in der Ferne heulten Hyänen, es zirpte und schwirrte und piepste, Falter segelten um unsere Köpfe, drüben am anderen Ufer klatschte ein Krokodil ins Wasser.

Im Westen tauchte der rote Feuerball unter. Für eine kurze Zeit sah es so aus, als würde der Fluß brennen. Dann ermatteten die Flammen, das Wasser funkelte nur noch wie ein breites Armband voller unzähliger Brillanten.

Urplötzlich brach die Nacht herein, übergangslos beinahe. Sterne spiegelten sich im Fluß, ein leichter, kühler Wind fuhr über die Haut und ließ sie leicht frösteln. Wir rückten näher an das Feuer heran.

»Danach habe ich mich immer schon gesehnt«, sagte ich. »Danach und nach nichts anderem. Ich habe es nur nicht gewußt.«

Hinrich stocherte mit einem Zweig im Feuer herum, Michael starrte in die Dunkelheit.

Oder dieses Zeremoniell: In einem Dorf hatten wir ein Pfund Kaffee erworben. Die Bohnen waren noch grün, aber schon ihr Anblick ließ uns das duftende Getränk ahnen.

Wir sind alle drei Kaffeenarren.

Hinrich war der Zeremonienmeister. Mit einem Kochgeschirrdekkel saß er vor dem Feuer und verwandelte grüne Kaffeebohnen in dunkelbraune. Der Geruch, der durch das Lager zog, trieb die Müdigkeit mit Peitschen aus den Knochen.

Hinrich, der Heilige. Unbewegt hockte er da, zog den Weihrauchduft tief in sich rein, als wäre er das Elixier des Lebens. Schließlich suchte er eine Steinmulde und einen Stein, der genau hineinpaßte – pulverfein zerkleinerte Hinrich die Bohnen; selbst das Wasserkochen wollte er keinem anderen überlassen. Von wegen Prise Salz und so.

Dann schlürften wir den Kaffee. Wenn man Kaffee richtig genießen will, muß man ihn schlürfen. Und man muß es an einem Lagerfeuer tun, in der Wildnis, und der Tag vorher muß einen windelweich geprügelt haben, so daß man jeden Knochen spürt, jede Sehne, jeden Muskel.

Wenn man so Kaffee getrunken hat, dann weiß man erst, wie Kaffee wirklich schmeckt.

Oder morgens. Meist war es Hinrich, der uns weckte, da er stets die 1. Wache machte und dann durchschlafen konnte. Auftauchen aus tiefem Schlaf. Wüstes Traumdurcheinander – Maggy, Gazellen, stolze Amharen, tanzende Negerinnen, Kirsten, Krokodile, Konditorei, Schüsse. Es dauerte immer ein paar Sekunden, bevor ich zu mir kam. Ach ja, das Zelt, Michael, Hinrich, der Fluß. Und dann war man aber auch wieder voll da. Ausgeruht, gestärkt. Voller Tatendrang. Man spürte die belebende Wirkung der reinen Luft.

Draußen rauschte der Fluß. Ich steckte den Kopf aus dem Zelt. Es herrschte noch Dämmerlicht.

»Los, raus, Michael«, sagte ich. »Du bist dran, Frühstück machen.«

Dann ging ich zum Fluß, mich waschen. Das Wasser war warm, viel wärmer als die Morgenluft. Hinrich prustete neben mir wie ein Flußpferd. »Herrlich«, stöhnte er, »was Rüdiger? Herrlich.« – – –

Oder einfach nur so dahintreiben lassen. Manchmal war er gnädig, der Fluß. »Ruht euch ein wenig aus«, flüsterte er uns zu, »ich trag' euch schon.« Und wir brauchten nur die Paddel leicht ins Wasser zu stecken, sie als Steuer benutzen, alles andere besorgte er.

»Da, guckt euch das Land an«, sagte der Fluß, »die weiten Baumwollfelder dort, wo die Woll-Schneeflocken aus den unzähligen Blüten herausplatzten. Oder dahinten, diesen mächtigen Basaltstock. Und da, seht ihr die undurchdringliche Dornenhecke. Der Affenbrotbaum drüben, in dem die Geier so gern nisten. Diese kleinen Punkte dahinten, ja, wo der dünne Rauch aufsteigt: ein Dorf mit vielen Rundhütten und vielen Menschen; vielleicht freundlichen Menschen, vielleicht feindlichen.

»Schaut euch das Land an«, sagt der Fluß, wenn er gut gelaunt war.

Es kam manchmal vor und plötzlich schlug er um in einen Teufel. Aber das gehört auch zur Schönheit. Sonst wird sie farblos und langweilig. –

## Kentern
zum Beispiel in der Schlucht
zwischen den Camps 17 und 24

Das eine muß man dem Abbai lassen: Er griff uns nie heimlich aus dem Hinterhalt an. Er kündigte seine Attacken stets lange und deutlich an, wir konnten uns vorbereiten, die Muskeln anspannen, alle Kräfte mobilisieren, sogar ausweichen durften wir, wenn uns der Gegner zu gewaltig erschien.

Zuerst lag es wie ein leises, fernes Summen in der Luft, wurde lauter und lauter, schließlich dröhnte es in den Ohren, daß man sich nur noch schreiend verständigen konnte. Wieder mal ein Wasserfall, Stromschnellen, ein Katarakt.

Dieser hier gab noch ein wenig mehr an als seine Vorgänger. Drei gewaltige Felsblöcke hatten sich mitten im Fluß aufgebaut, sie ragten hoch aus dem Wasser und bildeten eineinhalb bis zwei Meter breite Tore, durch die es hindurchfauchte und brodelte. Wo das Wasser auf den Felsen traf, zerplatzten riesige Blasen. Ein feiner, durchsichtiger Schleier lag über allem. Dahinter wieder Felsen. Kreuz und quer. Keine Chance zum Manövrieren.

»Sieht beinahe so aus, als stiegen giftige Dämpfe auf«, stellte Michael mit dem Blick des Kameramannes fest.

Hinrich knurrte nur etwas Unverständliches vor sich hin. »Wollen wir es mal mit einem Ballon versuchen?« fragte er dann.

Wir hatten in Hamburg eine Anzahl Luftballons eingepackt. Wenn wir an eine gefährliche Stelle kamen, dann setzten wir einen Ballon auf das Wasser und beobachteten, wie er trieb. Auf diese Weise konnten wir am besten den genauen Verlauf der Strömung feststellen.

»Ich glaube, es hat wenig Sinn«, meinte ich nach einem prüfenden Blick. »Durch die engen Felstore kommen wir mit unserem Boot nie und nimmer. Und dann dahinter die Felsbrocken! Da knallen wir voll drauf.

Die beiden anderen nickten zustimmend.

Ausladen also. Ans Ufer und ausladen. Verdammter Fluß, warum machst du es uns nur so schwer?!

Ungefähr fünfhundert Meter ging es zu Fuß weiter. Wir brauchten gute zwei Stunden für diese fünfhundert Meter. Es gab keinen Weg, nur glatten, abweisenden Felsen. Mal mußte das Boot hochkant gezogen werden, dann konnten wir es ein paar Schritte tragen, zerrten es über Steinbuckel, ließen es eine steile Wand hinab, die Halteseile schnitten sich tief in die Schultern ein. Immer öfter mußten wir eine Verschnaufpause einlegen.

Wie angenehm waren da die anderen Passagen! Die, bei denen wir nur auszusteigen brauchten und das Boot an langen Seilen durch die Höllenstrecke schießen lassen konnten. Lediglich die Deckslast wurde dann abgebunden und geschleppt.

Verflucht, war das eine Schinderei!

Und die Sonne gab uns den Rest. Mitleidslos brannte sie auf uns nieder. Schweißtropfen? Nein, das waren keine Schweißtropfen mehr, das war ein ganzer Schweißstrom, der an uns abfloß.

Hinrich schimpfte dauernd vor sich hin. Michael sagte kaum etwas, aber sein Atem ging pfeifend, die Anstrengung kerbte sich in tiefen Ringen in sein Gesicht ein. Ich hätte am liebsten mit der Faust immer wieder gegen das Boot geschlagen und im nächsten Augenblick vor ohnmächtiger Wut geheult. Ich konnte verstehen, daß hier in der Schlucht viele unserer »Vorfahren« aufgegeben hatten. Wie einfach und verlockend hatten sich ihre Beschreibungen gelesen. Zu Hause im bequemen Sessel. – Und wie erbarmungslos war die Realität.

Absetzen. Der Katarakt schien nicht mehr ganz so wild zu sein. Von hier konnten wir es versuchen.

Aber so weit war es noch lange nicht. Einen halben Kilometer flußauf lag die Ausrüstung. Denselben Höllenweg noch einmal. Und noch einmal. Zehnmal.

Wir warfen uns an das Ufer. Ausruhen – eine Viertelstunde Luft schöpfen, kein Wort sprechen, nur tief atmen.

Ich hatte eine Felsbadewanne ausfindig gemacht, wie wir es nannten. Große Steine, die ein fast geschlossenes Viereck bildeten. Das Wasser hatte sich zwischen ihnen gesammelt, hier konnte man ungefährdet baden. Phantastisch. Das Wasser war 23°. Konstant Tag und Nacht. Bei Tississat hatten wir noch 21° gemessen und im Sudan sollten es sogar 26° werden. Es löste die verkrampften Muskeln, zauberte die Erbitterung weg, es gab kein Selbstmitleid mehr.

Wir hatten es ja schließlich so gewollt. Oder?

Hätte uns jetzt jemand angeboten, uns sofort herauszufliegen – keiner von uns hätte akzeptiert.

»Los, wir versuchen es wieder«, sagte ich. Schweigend machten wir uns daran, die Ausrüstung einzuladen, das Boot wieder einzusetzen.

Die Strömung griff mit Gier nach uns.

»Wir müssen sehen, daß wir in die Strommitte kommen«, schrie Hinrich. Wir stemmten uns in die Paddel. Vergeblich. Immer wieder wurden wir zurückgeworfen. Plötzlich faßte ein rasender Strudel das Boot, drehte es in blitzschnellen Wirbeln, wir konnten uns nur noch krampfhaft festhalten. Kein Gedanke mehr, zu paddeln. Nur nicht rausgeschleudert werden.

Ein mächtiger Felsbuckel raste auf uns zu. »Bremsen!« schrie Hinrich, der dem Unglück als Bug-Mann um drei Meter näher war als ich. »Vollbremsung!«

Sein Schrei ging unter im Lärm des 2-Meter-Wasserfalls, der uns mit unbeschreiblicher Gewalt anzog und den wir übersehen hatten. Tatsächlich übersehen, so unglaublich das klingt.

Vollbremsung! Das war trainingsgemäß unser letzter Notruf, letzte Station vor dem Jenseits.

Das letzte Mal hatte er ihn ausgestoßen, als uns die Gewalt der Strömung durch eine Außenkurve peitschte und uns an einer senkrechten Wand entlangtrieb. Diese Passagen nannten wir Sägeblattpassagen, weil die Felszacken uns ihre scharfen Zähne zeigten.

Da entdeckten wir eine gewaltige Höhle am Fuße dieser Wand. Wahrscheinlich vom Grund des Stromes herausgefräst und 50 cm über dem Wasserspiegel ragend. Ein schmaler Schlitz, in den uns der Strom hineinreißen wollte, wohin, in welche Gründe, weiß der Teufel. Man reagierte wie ein Elektronengehirn. »Vollbremsung!« Und schon riß ich als Heckmann und Vollbremser den Notanker aus der Sicherung und katapultierte ihn am 15-Meter-Seil zwischen die Felsen am Ufer. Wir hatten Glück. Die Pfeugen griffen augenblicklich. Es gab einen Ruck, ein geringes Dehnen und Spannen des Seils und dann hingen wir straff unmittelbar vor dem Höllenschlund. Er war gar nicht laut, lockte nur leise saugend wie eine Riesenturbine.

Nach der ersten Straffung zog das Boot automatisch ans Ufer. Der Bug lag vor der senkrechten Wand und dem Höhlenmaul. Unheimliche Sparbüchse, wie Hinrich sie gleich taufte. Damals hatten wir Glück gehabt mit unserem Anker. Und wir waren stolz auf unsere pfiffige Idee.

Viele »Erfindungen« hatten wir für diese Fahrt gemacht: Die Sehschlitze am Zelt, die ein Hinausspähen ermöglichten, aber durch versetzte Anordnungen kein Hineinsehen. So konnten wir ungesehen innen Wache stehen und niemand konnte sich während des sonst üblichen Kontrollgangs ums Zelt herum diagonal anschleichen. Oder der Wellenschliff an unseren Messern: Mit ihm öffneten wir Dosen und fällten Bäume und kratzten uns versonnen, wenn es irgendwo juckte.

Na, gut. Hier bei der Sparbüche hatte es funktioniert. Und weiter?

# Zwischen Camp 17 und 23

Hinrich hatte kaum geschrien, ich den Notanker ans Ufer raketiert. Wir erwarteten den Ruck. Aber es blieb bei »Hau . . .« und ». . . ruck« machte es erst, als das Boot mit der Nase die Felsenwand traf. Aber der Anker hielt nicht, die Stelle, die ich getroffen hatte, war sandig. Wäre ein idealer Campingplatz gewesen. Aber was nutzte uns das in dieser Sekunde? Nicht Sand, Grund täte uns not.

Da wurde unser Boot hochgeschoben, etwa zwei Meter, drehte sich ein wenig und sauste dann seitlich in die Tiefe. Ich wurde aus meinem Sitz geschleudert, mit einer Hand bekam ich gerade noch das Halteseil zu fassen.

Festhalten, dachte ich verzweifelt. Festhalten. Das Boot ist die einzige Sicherheit. Läßt du los, bist du verloren.

Das Wasser tobte über mir. Ich wurde wieder und wieder hinuntergedrückt, kam für Sekunden hoch, konnte ein-, zweimal Luft schnappen. Ich schlug wild mit den Beinen, kämpfte gegen die Strudel, die mich umherschleuderten. Für einen winzigen Moment sah ich Hinrich einen Meter vor mir auftauchen. Entsetzte, aufgerissene Augen.

So sieht es also aus, dachte ich. Das ist nun die Endstation. Ertrunken. Maggy würde nie erfahren, was aus uns geworden ist. Weg, keine Spur mehr.

Nein! Nein! Etwas in mir wehrte sich. Das darf noch nicht das Ende sein. Nicht aufgeben! Festhalten. Das Boot, das Boot ist die Rettung! Wo war Michael?

Ich schaffte es, wie weiß ich nicht. Ich lag auf einmal auf dem kieloben treibenden Boot. Vor mir tauchte von Zeit zu Zeit Hinrichs verzweifeltes Gesicht auf. Ich quälte mich Zentimeter um Zentimeter nach vorn, hielt ihm die Hand hin. Abgerutscht. Noch einmal, Hinrich! Hier ist meine Hand. Pack doch schon zu!

Sekunden später lagen wir beide auf dem Boot. Keine Zeit zum Atemschöpfen. Wir mußten die Paddel an den Seilen heranziehen. Wir mußten versuchen, hier herauszukommen. Wo war Michael?

»Paddel doch stärker, du Pflaume!« schrien wir uns gegenseitig an oder zu. Je nachdem. Wer weiß das heute. »Nach links!!!! Was willst du denn immer nach rechts?« – »Ich paddel doch gar nicht nach links. Hast du dein Glasauge verloren«, geiferte der andere in der Hitze des Gefechts zurück.

Und endlich merkten wir, daß wir 15 m hinter dem Wasserfall vor Anker lagen. Wir hatten den Anker geschleppt und der hatte sich erst nach dem Sturzflug am Flußgrund verhakt. Nun lagen wir da wie »auf Reede« und als warteten wir auf die kleinen Boote, die unsere Ladung löschen kommen würden.

Gemeinsam zogen wir am Ankerseil. Es rührte sich keinen Deut. Im übrigen hätten wir gar nicht über dem Liegeplatz des Ankers ausruhen können, denn wir kamen weder gegen die gewaltige Strömung an noch wollten wir uns abermals von den herabstürzenden Wassermassen massieren lassen. Mit einer Träne im Auge kappten wir das wertvolle Seil. Immer denkt man: »Hoffentlich sind das nicht gerade die 12 Meter, die uns irgendwann fehlen, wenn wir das Boot am Langseil unbemannt über irgendwelche Strudel ablassen mußten.«

Der Fluß hatte Einsehen mit uns. Wie einen Spielball, des Spiels plötzlich müde, schleuderte er uns aus der Strömung, jagte uns eine noch kurze Strecke und schmiß uns dann ans Ufer.

Keuchender, stoßweiser Atem. Ich lag völlig erschöpft auf dem Bauch, das Gesicht gegen Sand und Steine gepreßt. Sekunden? Minuten? Ich schaute mühsam hoch. Zentimeter vor mir Hinrich, eine große blutende Wunde auf der Stirn, bleich wie der Tod, geschlossene Augen.

Sofort arbeiteten die Gedanken wieder. Wo war Michael? Ertrunken? Gegen einen Felsen geschmettert und totgeschlagen worden? Oder hatten ihn die Kroks erwischt, die oft hinter den Katarakten auf Beute lauern?

Wir rappelten uns hoch, kletterten, stolperten, hasteten am Ufer zurück. »Komm schnell, laß ihn uns finden! Jede Sekunde kann wichtig sein.«

Er hockte auf dem Felsen mitten im Fluß, gegen den unser Boot geprallt war. Klitschnaß. Um ihn herum tobte die Hölle, wollte ihn fressen. Aber der Fels war groß. Wenn Michael sich in der Mitte aufhielt, konnte ihm nichts passieren. Hinrich und ich führten am Ufer einen Freudentanz aus. Michael winkte begeistert zurück. Mit Worten verständigen konnten wir uns nicht. Entfernung nur zwölf Meter, aber man verstand ja kaum sein eigenes Wort.

Wie konnte er da von dem Felsen herunter? Schwimmen? Unmöglich, die Strömung hätte ihn sofort gepackt und weggerissen. Wir mußten irgendwie helfen. Hinrich kam schon mit dem langen Nylonseil angerannt. So könnte es gehen.

Erster Wurf. Das Seil klatschte einen guten Meter von Michael entfernt ins Wasser. Zweiter Wurf. Wieder nichts. Dritter Wurf. Daneben. Beim elften Mal schafften wir es. Michael hatte das Seil aufgefangen, band es sich um die Brust; hoffentlich zog er es fest genug zu.

Er zögerte keine Sekunde. Das Wasser schlug über ihm zusammen, manchmal sahen wir seine Arme, wie sie versuchten, gegen die Strömung anzukämpfen. Wir zogen aus Leibeskräften. Zur Sicherung hatten wir das Ende um einen Felsen geschlungen. Wenn nur das Seil ihn nicht zerschnitt, dachte ich. Nylon ist zwar stabil, aber durch seine Elastizität kann es bei hoher Spannung schneiden wie ein Draht. Kein Bergsteiger würde ein Nylonseil zum Klettern benutzen.

Das Seil hielt. Es schnitt auch nicht. Es hatte nur ein paar Sekunden gedauert, bis Michael aus dem Wasser stieg. Mir schienen sie eine Ewigkeit.

Nach einer Viertelstunde erst konnte er erzählen: »Ich merkte, wie es mich auf einmal aus dem Sitz hob. Das Boot rutschte unter mir weg. Instinktiv griff ich mit beiden Händen zu, bekam ein Stückchen Felskante zu fassen und hielt mich daran fest. Das war eigentlich schon alles. Ich zog, das Wasser schob und so landete ich auf dem glitschigen Felsen. Ich suchte mich zu orientieren. Das Boot und euch sah ich nicht mehr. Nach einer Weile tauchten dann Hinrich und du am Ufer auf. Den Rest kennt ihr selbst.«

Ein nüchterner, sachlicher Bericht. Von der Angst, die ihn auf den Felsen befallen hatte, sprach Michael nicht. Das war auch unnötig, wir kannten die Angst zur Genüge – mit ihren vielen schrecklichen Gesichtern.

Eine halbe Stunde später fuhren wir weiter. An diesem Tag mußten wir noch zweimal aussteigen, das Boot und die Ausrüstung schleppen.

Aber was bedeutete das schon?

Abends im Zelt sagte Hinrich: »Diejenigen, die hier zur Regenzeit fahren, haben gar keine Ahnung, welche Mühe und Gefahren sie sich ersparen. Dann steht der Fluß sechs, sieben Meter höher, und man braucht keinen Gedanken daran zu verschwenden, daß unter einem ganze Felsengebirge stehen, die uns jetzt das Leben so schwer machen.«

Und wie oft war uns Ähnliches passiert! Mal war es Michael, den es erwischte, mal Hinrich, mal ich. Der Nil war gerecht. Jedem stellte er ein Bein, jedem reichte er wieder die Hand.

Wieviel Glück gehörte doch zum Gelingen!

Wenig kann man sich letztlich darauf einbilden, wenn man das Glück hatte, es zu schaffen. Zu jeder Stunde drohte das Unglück, lächelte das Glück. Mehr als einmal am Tage sagten wir »Mensch, haben wir Schwein gehabt.«

»Verdammt, das war aber haarscharf!«

## Die Schlucht
zwischen Camp 17 und 23

Auf einmal rückten die Basaltberge wieder canonartig zusammen. 10 km weiter talwärts standen ein paar steinerne Brückenpfeiler. Ein Italiener, Signor Castanio, hatte hier 1903 versucht, einen Übergang über den Fluß zu schlagen. Im Auftrage Kaiser Meneliks. Mehr als diese Sandsteinklötze erinnert nicht mehr daran. Die Eisenteile wurden schon auf ihrem Wege vom Hafen zum Nil von den Danakils geraubt und zu Schwertern verarbeitet.

400 m danach mündet der Guder in den Blauen Nil.

Die Schlucht!

Wir hatten schon in Addis Abeba von ihr gehört. Leute, die den Blauen Nil ein wenig kannten, erzählten, die Schlucht berge vielleicht die größte aller Gefahren, die auf uns lauerten.

»Warum?« wollte ich wissen.

»Weil sie einen psychisch kaputtmacht«, lautete die Antwort. »Sie gibt das Gefühl, man sei lebendig in ein Grab eingeschlossen.«

Und dann erzählte man uns die Geschichte von dem Kunstmaler Matzner, einem Österreicher, der schon einige Zeit in Addis Abeba lebte. Eines Tages brach er mit einer selbstgezimmerten Hühnerleiter (anders konnte man seinen Untersatz kaum bezeichnen) auf, er wollte in die Schlucht fahren, sich von den düsteren Farben inspirieren lassen, malen.

Nach drei Wochen etwa war er wieder in der Hauptstadt. Ein gebrochener, geschlagener Mann. Er berichtete, daß sein Floß von Krokodilen angegriffen und vernichtet wurde. Deshalb habe er umkehren und sich zu Fuß durchschlagen müssen. Später wurde sein Floß am Blauen Nil gefunden, unversehrt, kein Zeichen einer Krokodilattacke.

Den Österreicher hatte die Schlucht zur Umkehr gezwungen. Ihre Stimmung, die sich auf das Gemüt legt, Depressionen auslöst, die einen Menschen fertigmachen, ohne daß er physisch angegriffen wird.

Am Ende der Schlucht, dort wo der Tinkotscha sein Wasser dem Nil schenkt, muß es auch gewesen sein, wo Steuben 1959 von 3 Amharen gespeert wurde. Nur sein Gewehr bewahrte ihn vor dem Tod. Fast bewußtlos ließ er sich vom Strom weitertreiben. Andere Amharen pflegten ihn gesund und brachten ihn in Nachtmärschen nach Debra Marcos, weil viele Stämme miteinander in Fehde liegen.

Warum hatte Steuben die 3 Eingeborenen an sich herangelassen? Er war allein unterwegs. Ein echter Einzelgänger. Unerschrocken. Aber die Wochen des Alleinseins in der düsteren Schlucht hatten ihn mürbe gemacht. Endlich Menschen. Endlich Leben! Und da stachen sie ihn nieder.

Die Schlucht ist einhundertvierzig Kilometer lang.

Wir waren jetzt den zweiten Tag drin. Blauschwarzer Basalt düsterte zu beiden Seiten. Zwei- bis dreihundert Meter hoch türmte er sich glatt und steil auf. Der Fluß wurde enger, an manchen Stellen war er kaum zehn Meter breit. Man hatte das Gefühl, durch eine riesige, schmale Kanüle zu fahren. Manchmal schrie ein Vogel, und der Ruf brach sich an den engen Wänden, echote zurück, zerfiel. Das Gebrüll der Katarakte und Schnellen hallte hohl wie ein Echo im leeren Raum. Keine Spur eines Menschen ließ sich entdecken.

Und Pflanzen, Bäume, ein wenig Grün? Nicht ein Grashalm erfreute das Auge. Grün war hier verboten. Jedenfalls bis zu 10 m über dem Wasserspiegel. Bis dort hatte die Regenzeit-Flut alles glattrasiert. Und was darüberstand, war jetzt, im Februar, gelb und fahl. Das Wasser spiegelte kalten, schwarzen Grabstein-Marmor.

Eine bedrückte Stimmung herrschte. Wir erwischten uns dabei, daß wir während der Gespräche unwillkürlich die Stimmen dämpften. Am seltsamsten aber war es kurz vor dem Morgengrauen. So gegen vier Uhr verstummte wie auf Kommando jeder Laut in der Schlucht. Kein Vogel rief, kein Falter flatterte, nichts regte sich.

Nur der Fluß rauscht.


Da vorn bohrte sich der Abbai in einer doppelten S-Kurve durch die Felswände. Ziemlich heftiges Wildwasser, aber nicht so heftig, daß wir meinten, mal wieder aussteigen zu müssen.

»Wie wäre es denn, wenn Michael hier mal voranginge und uns so richtig in stürmischer Reißwasserfahrt filmte?« schlug Hinrich vor.

Na, Michael brauchte man nur leise zu sagen, daß er etwas filmen sollte, schon hatte er die Kamera in der Hand und sauste los. Erstaunlich eigentlich, wo er die Kräfte hernahm. Wie oft hatte er sich mühsam am Ufer entlangquetschen müssen, wenn wir bequem im Boot saßen.

Und dann immer die schwere Kamera um den Hals. Die Bleiakkus auf dem Rücken. Das Gewehr über der Schulter. Dazwischen 1000 Kabel, die wir nie anfassen durften. Wie hatte er sich sorgfältig auf alles vorbereitet: -zig Reservekabel, Isolierband, die Kontakte mit Zaponlack versiegelt.

Eines Tages, als wir beide allein waren, sagte ich zu Hinrich: »Du, weißt du noch, wie der in Hamburg zu uns gekommen ist? Da waren wir uns doch so ziemlich einig über ihn: werden ihn eben mit durchschleppen müssen. Na, was meinst du jetzt. Von Durchschleppen gibt's da nicht viel, heute habe ich eher den Eindruck, der könnte, wenn's drauf ankommt, uns mit durchschleppen.«

Hinrich nickte nur zustimmend.

Michael verschwand schon um den Felsen. Eine schmale drahtige Gestalt. Er würde sich jetzt da vorn einen günstigen Standplatz suchen, seine Kamera aufbauen und auf uns warten. Ein Fanatiker seiner Arbeit.

Zehn Minuten gaben wir ihm. Dann schwang sich Hinrich in seinen Sitz, ich stieß das Boot ab, jumpte nach, ab ging's.

Die Strömung faßte uns, trieb das Boot. Im Nu wirbelte sie uns durch die Flußmitte auf die andere Flußseite. Jetzt waren wir in der Hauptströmung, jetzt hieß es aufpassen, damit uns das Boot nicht durchging.

Wir pressen unser Paddel gegen das reißende Wasser. Schon ist die erste Kurve da. Durch. Ein schneller Blick nach oben. Ja, da stand Michael, die Kamera schwenkte uns nach. Prima, das werden sicher tolle Aufnahmen werden.

Plötzlich gab es einen gewaltigen Ruck. Ich flog beinahe wieder aus dem Sitz. Das Boot war blockiert, der Fluß rauschte vorbei. Hinrich sah sich mehr verblüfft als erschrocken um.

# Camp 18

Was war passiert?

Die beiden Felsblöcke, die vom Strom überspült eng zusammenlagen, hatten wir nicht sehen können. Unser Boot war mit enormer Kraft in sie hineingepreßt worden und seine Spitze lag fest wie in den Backen einer Flachzange. Keinen Millimeter rührte sie sich. Von hinten schoß das Wasser über das Bootsheck, drückte es mit Urgewalt nieder.

Hinrich sah mich wortlos an. Ich wußte, was er jetzt dachte; an unsere erste Expedition, als der mächtige Baum im Wasser unser Boot in seinem Wurzelwerk gefangenhielt, es nicht wieder freigab und uns zur Rückkehr zwang.

Sollte das hier die Wiederholung sein? Sollte der Blaue Nil wieder stärker sein als wir?

Das Ufer lag kaum vier Meter entfernt. Hinrich ließ sich ins Wasser gleiten. »Grund«, sagte er, »man kann bequem stehen.«

Wir legten uns die starken Nylonseile um die Brust und staksten an Land. Zunächst mußten wir das Boot festmachen. Weiß der Kukkuck, sonst spülte dieser verrückte Fluß es plötzlich wieder frei und trieb es davon.

Michael stand am anderen Ufer und filmte. Von Zeit zu Zeit winkte er uns fröhlich zu. Der hatte den Ernst der Situation noch gar nicht erfaßt, wahrscheinlich dachte er: Mensch, besser können ja die Szenen gar nicht sein. Ist ja beinahe wie gestellt.

Hinter mir fluchte Hinrich: »Mist, verdammter! Wie soll der überhaupt wieder zu uns rüber kommen?« Ach, du grüne Neune! Daran hatte ich ja noch gar nicht gedacht.

Aber erst einmal die Ausrüstung bergen. Stück für Stück schleppten wir an Land. Das Zelt, die Waffen, die Fotosäcke, die Verpflegung. Zwei Stunden bis zur Brust im Wasser, mit einer Hand immer am Seil, sonst riß einen die Strömung weg.

Das Boot war entleert. Hinrich und ich wuchteten mit den Schultern dagegen, versuchten es hochzudrücken. Wir fluchten und schwitzten, obwohl uns das Wasser förmlich zudeckte – nichts. Keinen Zentimeter rührte sich das Aas.

Die Sonne stand schon ziemlich tief über den Felsen. »Ich werde erst mal zu Michael gucken«, rief ich Hinrich zu. »Vielleicht kann ich ihn wieder mit dem Seil rüberholen.«

Hinrich nickte nur und kämpfte weiter mit dem Strom um das Boot.

Mit dem Reserveseil kletterte ich am Ufer entlang, bis auf Michaels Höhe. Nein, hier ging es mit dem Seil nicht, der Fluß war zu breit. Ich deutete Michael an, ein Stück weiter nach vorn zu klettern, dort schien die Schlucht etwas enger zu werden.

Die Dunkelheit löschte schon die Sonnenschatten. Ich versuchte ein paarmal, das Seil ans andere Ufer zu werfen, obwohl ich am Erfolg zweifelte. Es war viel zu schwer, patschte weit vor Michael ins Wasser und wurde von der Strömung fortgerissen.

Drüben schrie Michael etwas. Ich sah seinen weit aufgerissenen Mund, seine aufgeregten Gesten, aber ich hörte nichts. Der Fluß übertönte jedes andere Geräusch.

Schlagartig war es dunkel. Michael verschmolz mit der Nacht, ich sah ihn nicht mehr. Um Himmels willen, er war doch nicht in einen Felsspalt gestürzt? Oder in den Fluß?

Heiß fielen mir die Ermahnungen seiner Eltern ein. »Sie sind der Älteste der Gruppe«, hatte mir Michaels Vater gesagt. »Passen Sie ein wenig mehr auf als die anderen.«

Hinrich war mir entgegengekommen. »Nichts?« fragte er knapp.

»Nichts«, antwortete ich. Und nach einer Weile fragend: »Das Boot?«

Hinrich winkte müde ab.

Wir kletterten zum Zelt zurück. Hinrich briet etwas Eipulver in der Pfanne auf, lustlos schlangen wir das Essen runter. Unsere Gedanken waren bei Michael. Hoffentlich war ihm nichts passiert. Und hoffentlich hatte er nicht die Nerven verloren. Allein dort in der Nacht – das konnte auch einen Stärkeren umwerfen.

Plötzlich riß die Dunkelheit drüben auf. Ein Feuer – wir sahen uns erlöst an. Das konnte nur Michael sein. Gott sei Dank!

Ich mußte an Holger Gleitsmann denken, an seine ständigen Ermahnungen: »Macht, was ihr wollt, aber legt niemals den Survival-Gürtel ab, hört ihr. Niemals.«

Danke, Holger . . .

Michael saß allein in der Nacht. Er hatte nur eine kurze Hose an und ein Hemd. Seine Sachen waren klatschnaß, er fror. Ein Glück, daß ich wenigstens diese Felsspalte in der Dunkelheit gefunden habe und genug Holz für ein Feuer, dachte er. Ob sie es morgen schaffen werden, mich zu holen?

Er rückte näher an das Feuer heran. Jetzt erst spürte er seinen Magen revoltieren. Seit Stunden hatte er nichts gegessen. Da drüben, ein paar lächerliche Meter nur entfernt, gab es genug. Aber dazwischen lag die Nacht und der Fluß.

Der Mond war aufgegangen. Sein bleiches Gesicht spiegelte sich verzerrt im Wasser. In der Ferne heulten Hyänen. Michael mußte an zu Hause denken, an den Brief, den er seinem Bruder zur Verwahrung gegeben hatte. Laß ihn bloß nicht Mutter sehen, nur für den Fall, daß mir etwas zustoßen sollte, gibst du ihn weiter.

Es war ein kurzer Brief: »Liebe Eltern, lieber Andreas. Es war vierundzwanzig Jahre sehr, sehr schön bei Euch. Behaltet mich ein bißchen in guter Erinnerung. Euer Michael.«

Damals hatte er das mehr als einen interessanten Spaß betrachtet. Spannend, mal daran zu denken, daß man nicht mehr zurückkommen könnte. Wer glaubt schon im Ernst daran?!

Seine Gedanken wanderten weiter. Gabrielle. Blonder Wuschelkopf in der Schweiz. »Ich möchte auch dabeisein«, hatte Gabrielle ihm zuletzt geschrieben. »Ich bewundere Dich und Deinen Mut. Ich habe viel Angst um Dich. Bitte, bitte, sei vorsichtig. Ich wäre sehr traurig, wenn Du nicht mehr zurückkämst . . .« – Kleine Gabrielle.

Sein Kopf sank tiefer und tiefer. Gedanken und Träume flossen ineinander. Das Feuer glimmt nur noch. Michael fuhr hoch, warf schnell ein paar Knüppel nach. Prasselnd schlugen die Flammen hoch, und wohlige Wärme hüllte ihn ein.

Morgen, dachte Michael. Vielleicht klappt's morgen . . .

Ich war in der Nacht dreimal aus dem Zelt gekrochen. Hin zum Fluß. Ja, das Boot lag noch fest wie es am Abend landete. Am anderen Ufer Feuer. Michael.

Der Morgen kündigte sich, wie jeder andere Morgen vor ihm, an. Ein blaßblauer Streifen am Horizont, der schnell heller wurde, die Sterne verblichen, plötzlich stieg der große rote Ball am Himmel auf und ließ die Nacht vergessen.

Hinrich kochte Tee. Drüben erschien Michael. Wir winkten uns zu, deuteten mit Gesten an, daß wir erst einmal versuchen wollten, das Boot flottzumachen. Mit dem Boot wäre alles viel leichter, wir könnten versuchen, durch die Hauptströmung ans andere Ufer zu kommen. Michael gab zurück: Okay.

Stundenlange Schufterei. Unsere Hoffnung sank mit jedem Versuch. Hinrich war über die Felsen geklettert, mit ein paar jungen

Baumstämmen kam er wieder. Vielleicht ging es, wenn wir die als Hebel ansetzten?

Aussichtslos. Die Bäume bogen sich und brachen weg. Das Boot rührte sich nicht.

Weinen und Fluchen – was nützt es schon? Aber jetzt mußten wir uns erst einmal wieder um Michael kümmern. Wie denn? Wie denn nur? Das Seil. Um keinen Deut waren wir erfolgreicher als gestern abend. Ob er einfach ins Wasser springen sollte, dachte ich, und schwimmend unser Ufer zu erreichen versuchte? Wir könnten ja in den Fluß schießen, um Krokodile abzulenken.

Ich warf einen Blick in das tosende Wasser. Ob ich mich ohne Seil reinwagen würde? Schon bei dem Gedanken schauderte ich.

Wir beobachteten, wie Michael Schwemmholz zusammentrug. Was wollte er denn damit? Oh, clever der Junge, der wollte sich ein provisorisches Floß bauen. Mit Draht aus dem Survival-Gürtel band er das Holz zusammen. Wir sahen gespannt zu. Das wirkte ja ganz vielversprechend. Ob es klappte?

Michael suchte sich eine etwas ruhigere Stelle, schob den Holzhaufen ins Wasser, warf sich mit dem Bauch darauf und begann sofort mit den Händen zu paddeln. Doch nach wenigen Zügen schon sank das »Floß« wie ein Stein. Das Holz war ausgetrocknet und porös wie ein Schwamm, es saugte sich im Nu voll Wasser und ging unter.

Die zweite Nacht. Wieder der kleine rote Punkt am anderen Ufer.

»Morgen früh kümmern wir uns gar nicht erst um das Boot«, sagte ich. »Das hat wohl doch keinen Zweck mehr. Wir müssen auf jeden Fall erst sehen, wie wir Michael rüberholen. Sonst dreht er durch.«

Hinrich grübelte angestrengt. »Ob wir zuerst mal die Angel-Nylonschnur werfen?« fragte er. »Einen Stein dran, wie eine Steinschleuder und dann später das schwere Seil nachziehen?«

»Versuchen können wir's ja«, antwortete ich. Viel Hoffnung hatte ich nicht.

Der Morgen war noch ganz jung, als Hinrich zum ersten Mal warf. Mist, die steife Schnur verhedderte sich, klatschte ins Wasser. Wieder und immer wieder warfen wir, mal Hinrich, mal ich. Die Muskeln taten uns weh, die Würfe wurden immer kürzer.

»So geht's nicht«, keuchte Hinrich. »Jetzt eine kleine Pause, dann wirst du werfen und ich werde mir die Schnur mal so um die Arme legen, wie man früher immer die Wolle hielt, wenn Oma sie aufräufelte. Vielleicht kann sie dann besser abrollen.«

Donnerwetter, das ging ja gleich viel besser. Da – zum ersten Mal prallte der Stein mit der Schnur am anderen Ufer auf. Michael sprang hinzu – zu spät, schon war der Stein wieder ins Wasser geglitten.

»Los, noch mal«, schrie Hinrich. »Besser zielen.«

Wieder knallte der Stein auf das gegenüberliegende Ufer. Wie ein Panther stürzte Michael heran, erwischte die Schnur mit dem Fuß, warf sich in voller Länge über sie. Noch im Liegen schlang er sie sich um den Körper. Dann erst stand er auf.

Wir schrien und rissen vor Begeisterung die Arme hoch. Jetzt das schwere Seil anbinden. Zieh, Michael, zieh!

Das war nun nur noch Routinesache. Aber Michael kam immer noch nicht. Was war denn das für ein schwarzer Beutel, den er sich so sorgsam um den Hals band. Ach ja, die Kamera, Mensch, wir hatten ja ganz vergessen, daß wir einen Kameramann am anderen Ufer hatten.

Michael stieg ins Wasser und dachte: Hoffentlich geht das gut, hoffentlich geht das gut. Ob es hier Krokodile gibt? Lieber nicht dran denken. Rüdiger und Hinrich müssen nur schnell ziehen, ganz schnell.

Das Wasser schlug über ihm zusammen. Der Fluß bedrängte seine Beine, seinen Körper, seinen Kopf. Luft, dachte er, bekomme ich denn keine Luft mehr? Wenn bloß die Kamera nicht gegen einen Felsen stößt.

Dann lag er auf dem Trockenen. Zwei Verrückte stürzten sich auf ihn, drückten ihn, küßten ihn ab, rissen ihn hoch, schleppten ihn zum Zelt.

Ich hab' vielleicht Kohldampf, sagte er. Mann Gottes, was habe ich für einen Hunger.

Ich rührte schon im Kochgeschirr. Haferflocken und Schokoladenpulver – Michaels Lieblingsspeise. Er riß sie mir aus der Hand, schlang, strahlte und schlang.

Vom Feuer her lockte verführerischer Duft. Wildschweinkeule. Ein kleines Stück hatte Hinrich noch gerettet.

»Dauert es noch lange«, fragte Michael. »Mensch, ich könnte das Fleisch roh essen.«

Eine Stunde später war der Sonntag wieder zum Alltag geworden, zum grauen, sorgenbeladenen Alltag. Das Boot, verflucht, das Boot.

Jetzt stemmten wir alle Mann dagegen. Eine Kraft mehr. Würde der Felsen es nun nicht endlich freigeben? Nein, die Zange hielt.

Wir schufteten bis in die späte Nacht. Müde und zerschlagen lagen wir dann im Zelt. Keiner hatte noch ein Fünkchen Hoffnung.

Am nächsten Mittag gaben wir auf. Hinrich ließ müde die Arme sinken, wankte ans Ufer und warf sich hin. »Es hat ja doch alles keinen Sinn mehr«, schluchzte er. »Wir haben verloren.«

Nur nicht von Stimmungen überwältigen lassen, dachte ich. Es kann kaum etwas Gefährlicheres geben, als sich selbst aufzugeben. Ich schob allen Pessimismus beiseite, holte Karte und Kompaß heraus und fing an zu rechnen.

»Was soll das?« fragte Michael.

»Wir müssen zuerst einmal möglichst genau feststellen, wo wir sind«, erklärte ich ihm. »Denn wahrscheinlich werden wir zu Fuß weiter müssen.«

Wir schätzten, daß wir etwa zehn Kilometer hinter dem Guder sein mußten. Der nächste sichere Ort wäre demnach Debre Marcos gewesen – rund hundert Kilometer entfernt.

Unsere Hoffnungen sanken auf den Nullpunkt.

»Das schaffen wir nie und nimmer«, stieß Hinrich hervor. »Hundert Kilometer über Fels und Stein, bei dieser Hitze. Vielleicht ginge es, wenn wir genügend zu trinken hätten. Aber so? Wir können ja nur einen kleinen Vorrat mitnehmen.«

»Trotzdem«, widersprach ich. »Es gibt keinen anderen Ausweg. Willst du denn einfach hierbleiben und warten, bis vielleicht mal eine andere Expedition den Blauen Nil runterkommt?«

»Aber hier haben wir wenigstens zu trinken. Und Fische fangen wir immer.«

Hinrich zuckte hilflos die Schultern.

In der Nacht fand ich kaum Schlaf. Fieberhaft wälzte ich Pläne. Hatte nicht ein Mann größere Chancen durchzukommen als drei? Der Gedanke setzte sich fest.

Warum aber sollte denn einer größere Chancen haben?

Weil er keine Rücksicht auf andere nehmen muß, antwortete ich mir selbst. Ein Mann kann sich leichter verbergen als drei. Andererseits aber können sich drei besser verteidigen, sagte die andere Stimme.

Ich schob sie beiseite. Einer hat größere Chancen! Der Gedanke ließ mich nicht mehr los.

Aber wer?

Es gab überhaupt nur eine Antwort darauf: Ich.

Ganz logische Überlegung: Ich besaß von uns die größte Erfahrung. Mit dem Fahrrad war ich bis Marokko gefahren, per Landrover durch die Sahara, die Wüste Nefud, zu Fuß hatte ich große Teile in Kenia und Uganda bewältigt und war per Autostop ums Mittelmeer gereist. Und was hatten Hinrich und Michael dem entgegenzusetzen? Nichts.

Noch wichtiger aber war vielleicht das zweite Argument: Wir hingen zwar alle drei sehr an dieser Expedition, wir wünschten uns von ganzem Herzen, daß sie gelingen möge, aber bei mir war die Antriebskraft wahrscheinlich doch noch stärker als bei den beiden anderen. Diese Expedition – das war meine Idee gewesen, mein Traum. Ich hatte die Pläne ausgearbeitet, ich hatte mich zweifellos am meisten engagiert.

Du lieber Gott, ich mochte gar nicht an die Gesichter denken, wenn wir wieder erfolglos zurückkommen würden. Allein die hämischen Mienen in der Botschaft in Addis Abeba. Mindenoh etwa, der Botschaftsrat. Oder auch Fritz von Randow. »Habe ich Ihnen das nicht schon vor ein paar Jahren geschrieben«, würde er sagen.

Ja, verflucht, er hatte es geschrieben. Mußte er deshalb auch Recht behalten?

Und dann erst die Schadenfreude zu Hause! Na ja, nun ist er zum zweiten Mal umgekehrt. Hoffentlich hat er jetzt die Nase voll. Konditor, bleibe bei deinem Kuchen.

Vielleicht dachten die Leute auch gar nicht so, vielleicht bildete ich mir das alles nur ein. Aber die leise Möglichkeit, es könnte so sein, genügte mir schon.

Es gab keine Frage: mich würde der Wille, es unbedingt schaffen zu müssen, stärker vorwärtstreiben als Hinrich oder Michael.

Und vielleicht hatte ich ja auch Glück und stieß schon viel früher auf ein Dorf, auf Menschen, die uns helfen könnten.

Ein unruhiger Schlaf fing mich ein.

Bedrückte Gesichter beim Frühstück. Betont gleichgültig. So, als würde ich sagen: »Gebt mir doch noch mal die Haferflocken rüber«, warf ich den beiden den Brocken hin:

»Ich habe es mir heute nacht genau überlegt. Ihr beide werdet hierbleiben. Ich versuche allein durchzukommen.« Schnell einen Schluck Tee. Hinrich und Michael sahen mich entgeistert an. Hinrich fing sich zuerst: »Was hast du da eben gesagt? Du willst allein weg? Bei dir ist wohl eine Schraube locker, ja?«

Und Michael kniff sich ein gequältes Lächeln ab: »Der spinnt, Hinrich. Laß man, der kommt schon wieder zu sich.«

Ich setzte den beiden meine Überlegungen auseinander. Mit der Zeit wurde ihr Widerstand schwächer. Michael schien am ehesten meine Logik einzusehen.

»Wie lange sollen wir denn hier warten?« fragte er schon halb überzeugt.

»Ich werde morgen abmarschieren«, erläuterte ich. »Dann wartet ihr noch zehn Tage. Wenn ich in Debre Marcos bin, versuche ich entweder Träger zu mieten, die mit mir zurückkommen und uns helfen, das Boot freizumachen, oder aber ich fahre mit einem Lastwagen nach Addis Abeba zurück. Ihr wißt doch, daß unsere Freunde vom »Geophysikalischen Institut« einen Hubschrauber haben. Wenn ich denen unsere Situation schildere, dann helfen sie bestimmt. Na und mit einem Helikopter haben wir das Boot in ein paar Sekunden wieder los.«

Es klang alles so leicht wie ein Kinderspiel. Als würde ich einen Sonntagnachmittags-Ausflug planen.

»Und wenn du in zehn Tagen nicht zurück bist?«

»Dann versucht ihr es allein.«

Ich merkte Hinrich an, daß er seinen Widerstand noch nicht aufgegeben hatte. Aber er sagte nichts mehr, er brütete nur finster vor sich hin.

Am Nachmittag stellte ich mein Gepäck zusammen. Gewehr, eine Dose mit Haferflocken; ich kochte fünf Liter Tee, den ich stark mit Zitrone und etwas Salz und Süßstoff versetzte. Mehr konnte ich nicht mitnehmen. Trinken ist wichtiger als Essen. Ich mußte beweglich sein.

Der Nachmittag rückte heran. Je näher die Stunde meines Aufbruchs kam, um so seltsamer wurde mir. Das spricht sich so leicht dahin: »Ich gehe allein los.« Doch wenn es dann wirklich soweit ist, dann bläht sich die Angst auf. Allein in der Wildnis! Hinter jedem Baum oder Strauch konnte ein Mörder lauern, der mich nur deshalb umbrachte, weil er mein Gewehr haben wollte. Oder ein Tier nahm mich an, verwundete mich. In Gedanken sah ich mich hilflos irgendwo liegen, kein Wasser mehr, nichts mehr zu essen.

Ob ich nicht doch lieber hierbliebe?

Weg mit solchen Gedanken. Ich kroch in das Zelt, riß eine Seite aus dem Tagebuch heraus und fing an zu schreiben:

»Meine liebe Maggy!

Wenn Du diesen Brief jemals bekommen solltest, dann mußt Du sehr tapfer sein. Mit großer Sicherheit lebe ich dann nicht mehr. Es sollte eben nicht sein. Mein Traum, den Blauen Nil als erster von oben bis unten zu befahren, ist ein Traum geblieben. Bitte, nimm es nicht allzu schwer, Du weißt, daß diese Expedition mein größter Wunsch gewesen ist. Denke jetzt in erster Linie nur an Dich und an Kirsten, denke daran, was wir für den Fall besprochen haben, der nun eingetreten ist. Nur das ist wichtig, sonst nichts.

Wir sind wieder mit unserem Boot steckengeblieben. Ich bin allein losgegangen, um Hilfe zu holen. Ich hoffe nur, daß Hinrich und Michael wieder nach Hause gekommen sind.

In Gedanken grüße und küsse ich Euch noch einmal. Die Erinnerung an Euch macht mir hier vieles leichter.

Ich habe Euch sehr geliebt.                                   Euer Rüdiger.«

Ich las den Brief noch einmal durch. Dann faltete ich das Blatt zusammen und verließ das Zelt.

»Da, Hinrich, nimm das bitte.« Ich gab ihm den Zettel. Er sah mich fragend an.

»Wenn mir etwas zustoßen sollte, wenn ich nicht zurückkomme, dann gib das Maggy.«

Mir wurde die Kehle trocken. Hinrich steckte den Brief schweigend in die Brusttasche seines Khaki-Hemdes.

Ich zog mich wieder in das Zelt zurück. Draußen tuschelten Hinrich und Michael miteinander. Wortfetzen drangen an mein Ohr, ich achtete kaum darauf. Meine Gedanken isolierten mich völlig.

Michael hatte sich vor Beginn der Fahrt einmal aus Spaß aus der Hand lesen lassen. »Ihr werdet gesund und heil nach Hause kommen.« Die Stimme der alten Frau war tief und klang beruhigend. »Ihr werdet zurückkommen. Nur müßt ihr sehr vorsichtig sein. Ihr dürft nicht in Leichtsinn fallen.«

So hatte sie gesagt. Waren wir leichtsinnig gewesen? Nein. Ob die Frau vielleicht doch die Wahrheit gesagt hatte? Wie man sich an einen Strohhalm klammern kann! Dabei hatte sie nur mathematische Logik verkündet. Solche Ratschläge könnte ich mir selbst geben.

Ich merkte plötzlich, daß ich nur noch ein Bündel Angst war. Meine Hände fingen an zu zittern. Laß es bloß nicht Hinrich und Michael merken, dachte ich. Diese Hitze. Der Durst. Das waren die größten Hindernisse. Also nur von 16–9 Uhr marschieren. Tagsüber in den Schatten verkriechen. Und nachts irgendwo eine Rast, wenn der Weg zu dunkel sein sollte. Um 16 Uhr wollte ich los. Die Sonne hatte dann ihre Kraft verloren. Lieber in der Abenddämmerung noch weiter und dann wieder am nächsten Morgen, lange bevor die Sonne aufging.

Ich hoffte, 10–30 Kilometer am Tag schaffen zu können. In der Hitze des Zeltes nickte ich ein.

Wecken. 16 Uhr. Hinrich und Michael saßen schon vor dem Zelt, machten Kaffee.

Na, dann wollen wir mal. Ich gab mir einen Ruck.

»Wir haben eben noch mal über alles gesprochen«, fing Michael an. »Weißt du, Rüdiger, dein Plan mag noch so logisch sein. Trotzdem glauben wir, daß es besser wäre, wenn wir uns nicht trennen würden. Wir gehen alle zusammen los.«

»Und darüber brauchen wir jetzt gar nicht mehr zu diskutieren«, setzte Hinrich trocken hinzu. »Wir haben es beschlossen und dabei bleiben wir. Da wird nichts mehr geändert.«

Himmel, ich wollte ja auch gar nichts ändern. Mir fielen auf einmal tausend Steine vom Herzen. Du mußt nicht allein los, jubelte es in mir, wir trennen uns nicht, deine Kumpel lassen dich nicht im Stich.

Die Sonne schien plötzlich noch mal so hell. Ich wagte nicht einmal zum Schein einen Widerspruch. Ich war jämmerlich genug, sofort zuzustimmen.

Neue Beratung. »Wißt ihr, wir vergraben alles, was wir nicht unbedingt mitnehmen müssen«, schlug ich vor. »Vielleicht kommen wir doch noch mal wieder zurück.«

»Und meine Filme«, fragte Michael aggressiv. »Na, wolltest du die etwa mitschleppen?« fragte ich erstaunt. Daran hatte ich mit keinem Gedanken gedacht.

»Sicher«, antwortete Michael kurz.

Ich sah seinem Gesicht an, daß jeder Überredungsversuch Zeitverschwendung gewesen wäre.

Eine ganze Weile später sagte er: »Ihr müßt das verstehen. An diesen Filmen hängt für mich alles. Ich würde es mir nie verzeihen können, wenn ich sie hierließe.«

Ach, wie gut ich ihn verstand.

Wir wollten also alles vergraben und am nächsten Nachmittag aufbrechen. Michael schlug vor, doch noch einmal so zu tun, als ob wir versuchen würden, das Boot freizubekommen. Er wollte die Szene filmen.

Uns war schon alles egal. »Wenn schon, dann tun wir nicht nur so, dann versuchen wir es wirklich«, brummte Hinrich.

Er verschwand noch einmal und schleppte Baumstämme heran. Kräftigere diesmal. Wir hatten Mühe, sie in dem reißenden Wasser zu halten.

»Los, tief ansetzen«, keuchte Hinrich. »Und dann mit der Schulter drunter.«

Michael stand am Ufer und filmte.

Was war denn das? Das konnte doch nicht wahr sein? Hatte sich nicht das Boot eben wirklich um ein paar Millimeter bewegt? Nein, das mußte eine Täuschung gewesen sein.

Wir stemmten uns wieder gegen den Stamm. Tatsächlich, diesmal war es ganz deutlich zu spüren. Ein winziger Ruck.

»Michael«, schrie Hinrich. »Leg die Kamera hin, komm helfen. Vielleicht schaffen wir es doch.«

Seine Stimme zitterte.

Michael stürmte heran. Die jähe Hoffnung verlieh uns Riesenkräfte. Hinrich gab die Kommandos: »Hau ruck! Hau ruck! Hau ruck!«

Zentimeter um Zentimeter bewegte sich das Boot. Und auf einmal war es kinderleicht. Das Heck lag plötzlich nicht mehr nach unten, jetzt preßte die Strömung den Kiel nach oben und wurde unser wichtigster Helfer. Ein ganz leichtes, scharrendes Geräusch. Stein gegen Kunststoff. Dann war unser Boot frei, tanzte auf dem Wasser.

Wir sahen uns ungläubig an. Ich sah, wie Hinrich sich in das Bein kniff. Michael faßte sich als erster. »Bleibt noch einen Augenblick so«, rief er und stürzte ans Ufer. »Ich muß das unbedingt filmen.«

»Hinrich«, schrie ich nach vorn. »Hinrich, gib mir doch den Zettel zurück.«

Hinrich nestelte in seiner Brusttasche und reichte mir den Brief an Maggy. Ich riß ihn in kleine Schnipsel und ließ sie in den Blauen Nil flattern.

Heute sind wir wieder mal glücklich davongekommen, morgen fahren wir weiter.

Die Alten stellten sich das Glück als Frau vor, mächtig und launisch: Fortuna.

Glücklich ist man im Leben immer nur für Augenblicke.

# Die Vergiftung
Camp 15

Der Mensch ist unersättlich. Da hat man Wels, da hat man Gazelle, Tee; Hinrich sein Pfeifchen, Michael und ich eine Tasse Götterspeise und doch, man will noch mehr.

»Ich hätte einen richtigen Appetit auf Salat mit Zitrone und Zukker«, gab Michael eines Abends von sich.

»Hast du eigentlich diese Pflänzchen nie wiedergesehen, die Hinrich und du damals nach eurem Unglück 1970 als Salat verspeist hattet?« wollte er von mir wissen.

Damals hatten wir irgendwelche zarten Keime gefunden, die vorzüglich schmeckten.

Aber so was hatte sich noch nicht wieder geboten.

Nun wollte der Herr also Salat zum Souper.

Soll er. Als geschulter Survival-Mensch hat man da so seinen Ehrgeiz. Ich zockelte in den Busch und machte meine Tests. Dort wuchs schon etwas. Optisch gefällig. Test 1: demnach okay. Abbrechen und riechen. In Ordnung. Kein milchiger Saft? Nein. Wiederum gut. Zerreiben. Riechen. Einwandfrei!

Nun ein Stückchen essen. Gut durchkauen und fein mit der Zunge nach Bitterstoffen abtesten. Aber auch jetzt nichts Unangenehmes. Im Gegenteil, die Pflänzchen schmeckten sehr lecker.

Das änderte sich auch nicht, als ich nach und nach größere Proben schluckte, und endlich konnte ich, stolz wie Oskar, mit dem Haufen Vitamine ins Lager zurückkehren.

Michael lief das Wasser im Munde zusammen.

Er wusch die Blätter, ich löste Zitronensäure-Kristalle auf. Diesen Saft und etwas Zucker mischten wir dann liebevoll und kunstfertig unter das Chlorophyllgewebe.

»Guten Appetit«, verkündete ich stolz.

Hinrich rutschte heran, schnupperte, probierte und meinte nur: »Den Mist frißt man selber!«

»Der will ja nur noch ein Pfeifchen schmöken. Möge er an Lungenkrebs verrecken«, konterte Michael und ließ sich die vergrößerte Portion schmecken. Ich auch. Ganz ordentlich für die Wildnis. Natürlich schmecken Kopfsalatherzen etwas besser. Aber viel nicht. Nur etwas.

Dann war er alle.

»Klasse!« log Michael.

»Na ja!« bescheidete ich mich.

5 Minuten vergingen. Da kreuzten sich Michaels und meine Blicke. Unsere Kehlköpfe hüpften so komisch rauf und runter.

»Sag mal, kitzelt das bei dir auch so eigenartig im Rachen?«

Ja, ehrlich gesagt, bei mir auch.

Aus dem Kitzeln wurde ein Würgen, als zöge sich der Schlund zusammen. Dabei war uns plötzlich komisch zumute. Und als dann gar aus allen Drüsen Speichel in unseren Mund strömte und wir eigenartig rülpsen mußten, waren wir uns einig: Schnell zum Fluß, Stock in den Hals und raus mit dem Mist!

»Tja, die einen sterben an Lungenkrebs, die anderen an Natursalat«, griente Hinrich und schmauchte gemütlich sein Pfeifchen.

## Hinrich
### Camp 26 – über die Hälfte ist geschafft

Etwas stimmte nicht mehr. Hinrich, ausgerechnet Hinrich schien mit den Nerven am Ende zu sein. Vor allen Dingen zwischen ihm und Michael gab es jetzt dauernd Spannungen. Ein gereiztes Wort löste das Widerwort aus.

Ich beobachtete Hinrich aufmerksam. Er verfiel zusehends. Nicht so sehr körperlich – aber seelisch schien ihn etwas zu bedrücken. Die tagelangen Verfolgungen, die düstere Schlucht, der unberechenbare Fluß – hatten sie Hinrich geschafft?

»Kommt, laßt uns abbrechen«, sagte er eines Abends. Ich sah ihn nur groß an. Abbrechen? Der Vorschlag ausgerechnet von Hinrich. Ich konnte es nicht fassen.

Sicher, wir hatten uns schon in der Schlucht darüber unterhalten, ob wir nicht nur bis zum nächsten Dorf weiterfahren sollten. Wir hatten schon viel Zeit verloren und die Schlucht hatte uns alle ziemlich zermürbt. Die Grundnahrungsmittel gingen zur Neige und Michael befürchtete, daß seine Filme naß oder durch die Hitze zerstört würden. Alles Gründe, die für ein Abbrechen der Fahrt sprachen. Aber jetzt, wo sich das Tal endlich etwas weitete, wo Felder und Sand die Ufer säumten, da war doch wieder Hoffnung.

Wenn ich hier von Feldern spreche, so übertreibe ich. Diese Felder waren weiter nichts als »Pflanzungen auf gut Glück« im Schwemmsand der Regenzeit. Schattenspendende Bäume hatte man in Brusthöhe einfach abgehackt. Das Wasser floß tonnenweise vorbei, und doch verstand man es nicht, die Felder zu bewässern. So beschränkte man sich auf Mais, Hirse, Baumwolle. Es gab auch Maniok, die süße Kartoffel, ein paar Tabakpflanzen, ein paar Erdnüsse, aber sonst nichts. Kein Obst. Kein Gemüse. Was wissen sie von Düngung? Gar nichts. Mit dem nächsten Hochwasser wird neuer Sand kommen und sie werden alles neu pflanzen. Wozu brauchen sie Dünger!

Sicher. Was brauchen sie Dünger? Aber man macht sich als mittels Kunstdung genährter Europäer doch seine Gedanken. Sind die vielen Krankheiten, die wir sahen, nicht auch eine Folge der einseitigen Ernährung? Wein, Beerenobst, Citrusfrüchte, Bananen, Gemüse . . . es müßte hier vieles zweimal und öfter zu ernten sein. Aber sie kennen es nicht. Ihre Väter machten es schon so, und so wird es auch richtig sein. Mit dem Ast wird ein Loch gestoßen, mit der Astgabel eine Furche gerissen; kein Spaten. Primitive Speere, Pfeil und Bogen. Dasselbe mit der Viehzucht. Da leben sie mit zwei oder drei armseligen degenerierten Hühnern in ihren Hütten, vielleicht auch mit einer Ziege. Aber täglich ein Ei? Oder einmal wöchentlich Fleisch? Maispapp und damit hat sich's? Eine Köchin kocht den Klitsch gleich für das ganze Dorf. Aber jedes zweite Kind läuft mit dem dicken Blähbauch herum, der den Mangel an tierischem Eiweiß signalisiert, wenn es nicht gerade Würmer hat. Und das, wo vor ihrer Haustür die dikken Welse herumschwimmen. Sie könnten Hühner en masse haben, die in den endlosen, menschenleeren, aber krautvollen Bergen Futter in Hülle und Fülle fänden. Sie könnten Ziegen, oder besser noch Schafe züchten, hätten Fleisch, Milch und Käse. Ziegen reißen die Pflanzen mit der Wurzel heraus und leisten der Erosion Vorschub.

Einmal, es war am Allalla, sahen wir eine Frau mit einem Korb voller Kirschen. Süße, runde, dicke, rote Knubberkirschen. Seit Wochen endlich wieder Obst! Jetzt merkten wir erst, wie uns danach gelüstete. Schnell waren wir uns handelseinig. Und als wir sie in den Mund steckten, waren es Tomaten! So klein wie Kirschen. Weil man weder von Düngung noch Bewässerung etwas weiß.

Es muß geradezu eine Traumaufgabe für einen Landwirt sein, sich hier niederzulassen und diese Menschen zu lehren, mit Hacke und Spaten umzugehen. Neue Gemüsesorten ansiedeln, neues Obst, und über die Kinder müßte man den Geschmack auch den Alten antragen können.

Eine ebenso dankbare Aufgabe fände ein Arzt, ein Lehrer. Als Entschädigung für die Entbehrungen hätten sie die Schönheiten der Natur, vielleicht die Jagd in Verbindung mit einer vernünftigen Hege.

Man kann die Initiative nicht vom Kaiser erwarten. Sein Handeln ist primär amharenbezogen und da wieder speziell auf die Provinz Shoa. Man merkt es daran, daß manche Asphaltstraßen abrupt aufhören, wenn sie Shoa verlassen.

»Wir müssen beide sprechen, Hinrich. Mit dir stimmt doch etwas nicht. Willst du es mir nicht sagen?«

Er sah verlegen zu Boden, versuchte dann Ausflüchte. »Ach, Rüdiger, du siehst doch selbst, daß wir nicht recht vorwärts kommen. Es hat keinen Zweck, glaube mir. Und dann habe ich mich auch für das Studium angemeldet. Das beginnt im März. Wie soll ich denn das schaffen.«

»Erzähle mir bitte keine Märchen, Hinrich«, fuhr ich ihn unwirsch an. »Du willst mir doch nicht weismachen, daß du wegen des Studiums abbrechen willst. Das hattest du doch vorher gewußt.«

»Na ja, aber doch nicht, daß wir so lange unterwegs sein würden, und – da ist noch etwas.« Ich merkte, wie er sich einen Ruck gab. Dann sah er mir gerade in die Augen und begann: »Rüdiger, wir kennen uns jetzt so lange schon. Du weißt, daß ich kein Feigling bin. Aber ich habe durch meine Heirat eine Verpflichtung übernommen – Susanne gegenüber. Und daran muß ich in erster Linie denken. Ich kann nur dann eine gute Ehe führen, wenn ich mein Versprechen einhalte. Und das lautete, daß ich mein Studium rechtzeitig beginne.

Ich habe durch meine Heirat erst ein richtiges Ziel gefunden. Vorher habe ich nur so herumgegammelt, weißt du, mal hier gearbeitet, mal dort. Aber jetzt, jetzt ist das doch etwas ganz anderes.«

Er schwieg eine Weile. Dann deutete er mit der Hand gegen den Fluß. »Weißt du, Rüdiger, früher habe ich mich nach dem da gesehnt. Ich wollte ihn genauso gern bezwingen wie du. Aber jetzt fehlt der Zwang. Ich habe einfach nicht mehr den unbedingten Willen, es durchzustehen.«

Ich sagte nichts.

Was sollte man da auch schon antworten? Auf der einen Seite stand dieser elende, verfluchte Fluß, auf der anderen Seite Hinrichs Argumente. Er mußte ganz allein entscheiden.

»Komm, wollen wir abbrechen?« fragte er leise.

Ich schüttelte den Kopf.

Zwei Tage später stieg Hinrich aus. Wir waren in unmittelbarer Nähe des Dorfes Mabil. Hinrich erinnerte sich der Worte Jegigas, unseres Führers. Er hatte hier oben hinterm Berg gewohnt und uns so viel über die Gegend erzählt, daß Hinrich alles zu kennen meinte. Eingeborene Frauen standen am Ufer und wuschen Berge von Wäsche.

»Willst du es dir nicht doch noch einmal überlegen«, fragte ich. Er verneinte.

»Bleib du hier beim Boot«, sagte ich zu Michael. »Ich bringe Hinrich ins Dorf und versuche dabei, noch etwas Maismehl und Salz zu erhandeln.«

Wir luden die Filmspulen aus. Hinrich hatte sich bereiterklärt, sämtliche abgedrehten Filme mitzunehmen. Wenn wir später aus irgendeinem Grund die Ausrüstung verlieren sollten, dann waren wenigstens diese Filme gerettet.

Schweigend marschierten wir den steilen Weg nach Mabil. Für zwölf KK-Patronen fanden sich zwei Träger und zwei Esel. Hinrich versprach, ihnen später einen Teil seiner Ausrüstung zu schenken. Alle 5 Minuten mußten wir verschnaufen. Nach 1½ Stunden waren wir oben. 10 armselige Hütten. Mabil. Jegigas Paradies.

»Ich will auch mein Gewehr los sein«, sagte er. »Wollt ihr es noch haben?«

Ich sagte nein. Wir hatten genug Waffen.

»Sieh doch zu, ob du es hier verkaufen kannst«, schlug ich vor.

Ein Händler fand sich schnell. »Was will er denn geben?« fragte ich Hinrich.

»Zweihundert Dollar.«

»Bist du verrückt? Das ist doch weit unter dem Preis. Der will dich übers Ohr hauen. Die Knarre ist doch mindestens ihre fünfhundert wert.«

»Mir ist es egal«, antwortete Hinrich. »Soll ich mich denn neben der Ladung Filme auch noch mit dem Gewehr belasten? Mir ist völlig egal, was er dafür gibt.«

Der Händler kam und sagte, er könne das Geld nur in Fünf-Cent-Stücken auftreiben. Er gab Hinrich einen Sack mit viertausend Mün-

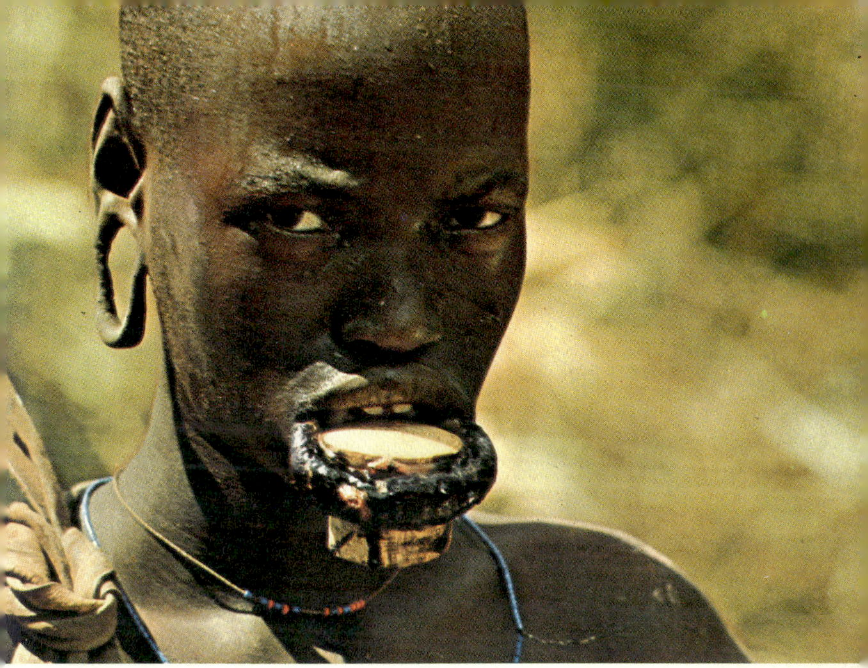
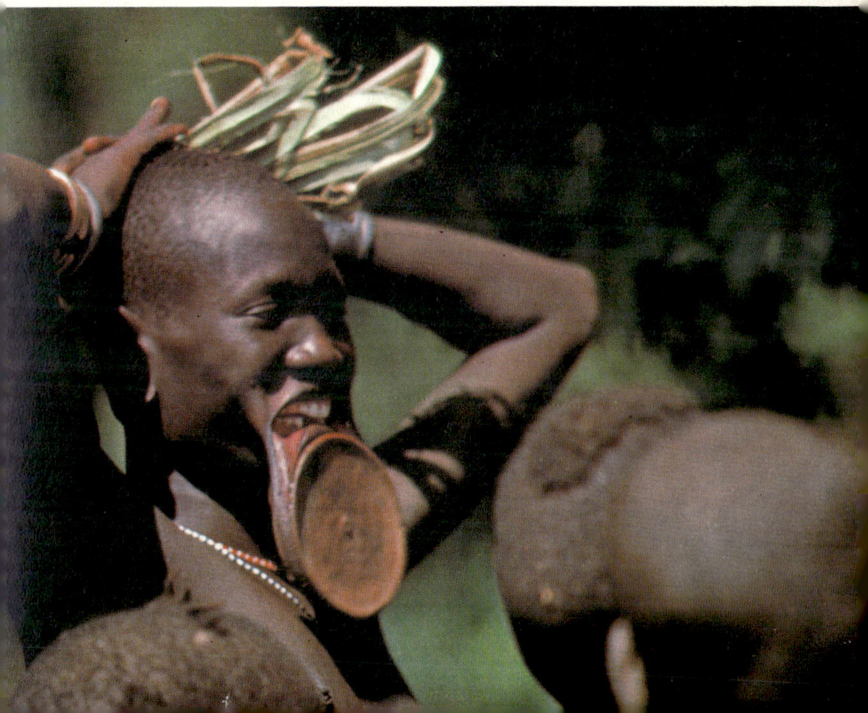

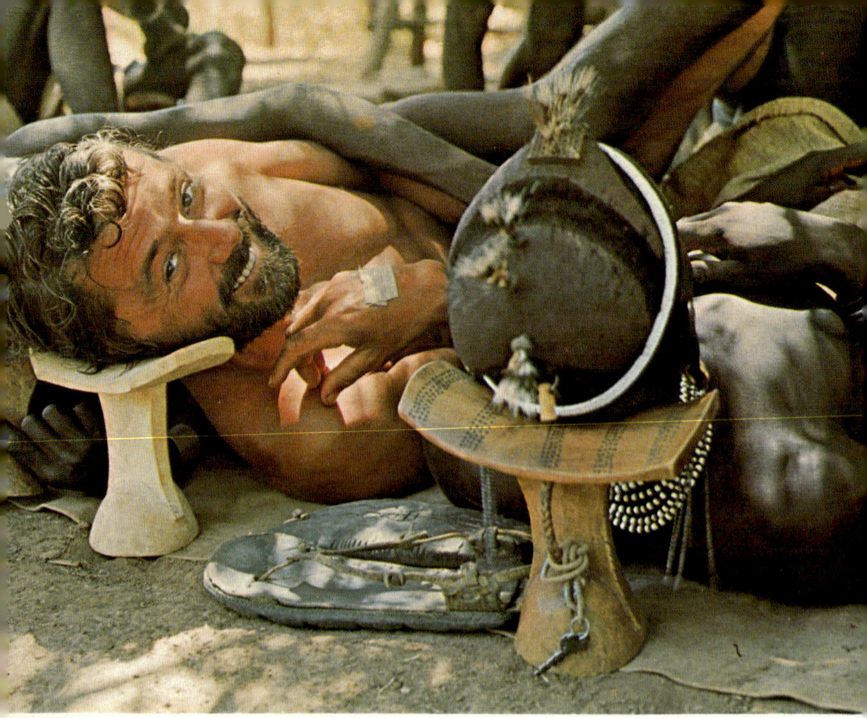

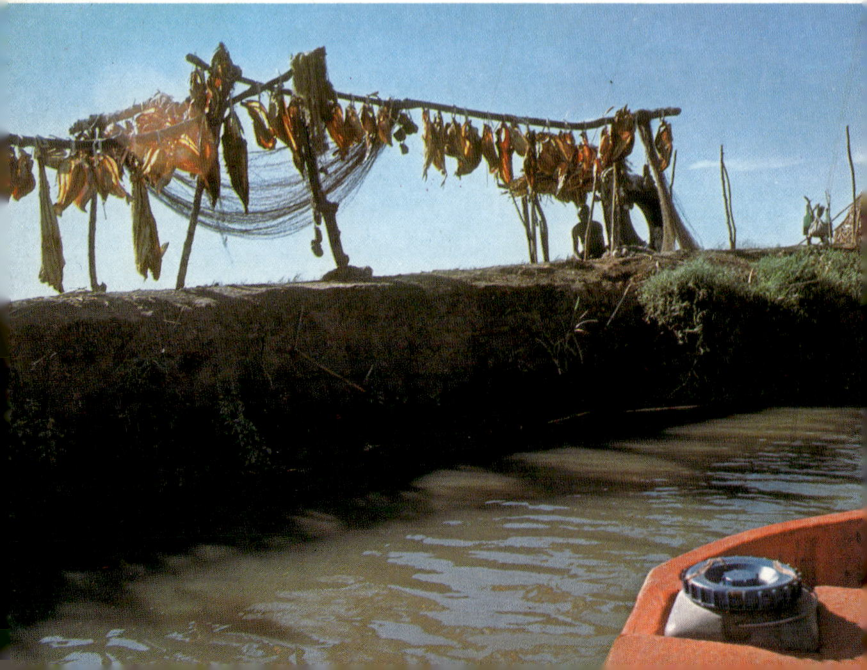

zen. Jedenfalls behauptete er es. Am Gewicht gemessen brachte der Tausch einen beachtlichen Gewinn: Das Gewehr war viel leichter.

Wir standen noch eine Weile verlegen herum. Abschied. Sagte Hinrich: »Schreib mir doch bitte einen kleinen Zettel, Rüdiger. Daß ihr gelebt habt, als ich euch verlassen habe.«

Ich schrieb ihm den Zettel. Ich war froh, daß ich etwas tun konnte. Hinrich steckte ihn achtlos weg. Wir drückten uns lange die Hände.

»Macht's gut, Rüdiger.« Hinrichs Stimme klang brüchig. »Ich wünsche nichts sehnlicher, als daß ihr es schafft.«

Dann drehte er sich um und ging hinter den Trägern her. Kein Blick mehr zurück.

In drei Tagen würde er in Burie sein. Von Burie ging eine direkte Verbindung nach Addis Abeba.

»Komm gut nach Hause, Hinrich!« schrie ich ihm nach. »Komm gut nach Hamburg!«

Ich kehrte zum Boot zurück. Ein dicker Kloß saß mir in der Kehle.

Haßte ich nicht auch schon heimlich diesen Fluß?

Man wußte es selbst nie. Oft änderte es sich mit jeder neuen Flußkurve.


## Gewonnen

»Das da hinten könnte der Berg sein.« Michael deutete mit der Hand nach vorn. Im flirrenden Dunst der Nachmittagssonne erhob sich in der Ferne ein blaßblauer Kegel. Er beherrschte die weite Ebene. Fast eine Idylle: Meerkatzen und Perlhühner tummelten sich am Ufer, den Fluß bevölkerten Enten, die sich überhaupt nicht um die faul im Schlamm liegenden Krokodile kümmerten. In der Ferne ästen Gazellen, ein paar Affenbrotbäume lockerten die Landschaft auf. Paviane tobten in ihnen herum.

»Wenn jetzt bald ein Nebenfluß kommt, dann hast du recht«, antwortete ich.

Wir hatten uns auf der Karte das Ziel unserer Fahrt genau markiert. Linker Hand lag ein etwa tausend Meter hoher Berg, so an die zehn Kilometer entfernt. Von dort stieß dann auch der Nebenfluß Dabus in den Blauen Nil. Am Treffpunkt der beiden Flüsse aber lag Abatimbo el Gumas, ein kleines Dorf, das Ende unserer Reise auf dem Blauen Nil.

Die Spannung im Boot war beinahe körperlich zu spüren. Sollten wir es tatsächlich geschafft haben? Noch wagten wir es nicht zu glauben. Nur nicht zu früh jubeln, dachte ich. Sonst kommt noch im letzten Augenblick etwas dazwischen.

Seit Hinrich sich von uns getrennt hatte, waren wir gut vorwärtsgekommen. Jetzt schien es, als hätte es der Fluß nur auf Hinrich abgesehen gehabt. Quatsch natürlich. Man geheimnist manchmal zuviel in einen Vorfall hinein.

»Laß uns noch eine Nacht Pause machen«, schlug Michael vor. »Die Dunkelheit bricht sowieso bald herein. Vielleicht ist es besser, wenn wir am Tage ankommen.«

Wir bauten das Zelt auf. Es gab Haferflocken und danach eine Fischreiher-Suppe. Schlafen konnten wir beide in dieser Nacht nicht. Wir saßen lange am Feuer, starrten in die Flammen und hingen unseren Gedanken nach.

Am Ziel – wirklich am Ziel?

Mit Sonnenaufgang fuhren wir weiter. Eine halbe Stunde nur, plötzlich schrie Michael auf: »Da! Da vorn! Wir sind da!«

Ein langer, flacher Schilfgürtel verdeckte das Ufer. Dahinter stieß in stumpfem Winkel ein breiter, wasserreicher Nebenfluß auf den Blauen Nil. Der Dabus. Das konnte nur der Dabus sein. Und hinter dem Schilf sahen wir plötzlich auch die Dächer mehrerer Hütten. Abatimbo el Gumas.

Hurrah, wir waren wirklich am Ziel!

Michael steuerte das Boot langsam durch das Schilf ans Ufer. Wenn wir jetzt da aus dem Grün heraustreten, dachte ich, wie werden die Leute uns empfangen? Ob sie uns glauben, daß wir direkt vom Tana-See kommen? Oder ob sie uns für große, weiße Lügner halten?

Leise knirschend rieb sich der Ufersand am Kiel. Raus, das Boot festmachen. Eigenartig – warum war es denn bloß so still hier? Warum ließ sich denn keine Menschenseele blicken?

Riesenenttäuschung. Die Hütten waren unbewohnt, Legionen von Ratten und Mäusen über die Wege huschend, das einzig Lebendige.

»Aber wir können doch gar nicht verkehrt sein«, meinte Michael. »Es stimmt doch alles: der Berg, der Nebenfluß, die Ansiedlung. Nur die Menschen fehlen. Wo sind die Menschen?«

»Jetzt könnte ich einen Tee gebrauchen, einen guten starken Tee«, stöhnte Michael. »Zum Marschieren wird es ohnehin langsam zu heiß. Vielleicht kommen die Leute von allein. Ich werde jetzt ein paar Schüsse abfeuern und du kochst einen Tee. Okay?« Und dann überlegen wir ganz logisch, was wir weiter unternehmen werden.«

Okay. Aber wo war unser Teekessel? »Hast du den Taschai-Pott auf dem Markt verschachert?« fragte ich ihn.

»Nein, den habe ich hinten angebaumelt heute morgen.« Tja, der Kessel war weg. Abgerissen. Gott sei Dank erst heute am letzten Tag. Dennoch schade, denn dagegen hätte man sicher irgend etwas Gutes eintauschen können.

Im Topf schlabberte noch Gazellenbrühe von vor ein paar Tagen. Mit richtigen Fettaugen, Fett, das wir beim Zerlegen von den Därmen abgestreift hatten.

Also nichts mit Tee heute. Doch im selben Moment kam mir die rettende Idee. Man denkt immer, ohne Topf geht es nicht. Und wie haben es unsere Vorfahren gemacht?

Ich schickte Michael unter dem Vorwand, oben am Uferhügel den Ausguck zu besetzen, fort.

Er war froh, sich ein ruhiges, schattiges Plätzchen suchen zu können.

Ich grub eine kleine tiefe Mulde im Ufersand. Parallel dazu knisterte schon ein gewaltiges Feuer. Ich verfeuerte die Balken einer der alten Feldhütten. Als das Holz zur Glut heruntergebrannt war, legte ich 10 kindskopfgroße Kieselsteine hinein. Währenddessen kleidete ich die Mulde schlüssig mit unserem frischen Gazellenfell aus, die Haarseite nach unten. Dann füllte ich die Mulde mit 5 Liter Wasser und wartete eine Viertelstunde, bis ich meinte, die Steine seien »glühend«. Jetzt streute ich Teeblätter aufs Wasser und bugsierte mit frischen Astgabeln die erhitzten Steine ins Wasser. Es zischte. Wasserdampf stieg auf, der Stein kühlte ab. Ich holte ihn raus und stellte fest, daß das Wasser schon so heiß war, daß ich kaum noch die Hand hineinhalten konnte. Die nächsten Steine brachten das Wasser zum Sieden. Dann rief ich Michael zum Tee.

»Bist du wahnsinnig, die herrliche Brühe für einen lumpigen Tee wegzuschütten«, motzte er mich gleich an und hielt mir vor, wie lebenswichtig die herrlichen Fettaugen auf der Brühe für uns gewesen seien.

Wir gingen zu unserem Boot zurück. Ratlos. »Wollen wir mal die Gegend ein wenig beschnuppern?« schlug Michael vor. Ich nickte betreten.

Zwei Stunden irrten wir umher. Plötzlich stieß ich auf einen schmalen, ausgetretenen Pfad. Ein Stück aufwärts und am anderen Ufer des Nebenflusses führt er durch das Ufergestrüpp und über abgeerntete Maisfelder direkt ins Innere. Wir folgten ihm vorsichtig. Das Boot lag getarnt in einem Versteck. Dann stoppten wir vor einem sanften Hügel. Dahinter ringelten dünne Rauchfahnen. Wir keuchten durch die Maisstauden und fanden vor uns eine kleine Ansiedlung. Vierzig Rundhütten. Kinder stürmten uns lärmend entgegen, struppige Köter umkläfften uns, vor einer Hütte stand ein gutaussehender, schlanker Mann und sah uns entgegen. Er hatte die Arme über der Brust verschränkt und trug eine weiße Kappe. Ein Moslem also, dazu ein Mekka-Pilger.

»Salaam alaykum! Marhaba! Bayti Boythum.« Friede sei mit euch! Willkommen; mein Haus sei euer Haus, redete er uns arabisch an. Er streckte die Hände vor, küßte uns auf die Wangen und bot uns einen schattigen Platz an. Dann brachten Kinder Wasser und Erdnüsse.

Der Scheich.

Wir fragten ihn nach Abatimbo el Gumas. »Abatimbo el Gumas, so hieß unser Dorf einmal«, antwortete er. »Wir haben die alten Hütten verlassen und uns hier neue gebaut. Die Felder drüben brachten nur noch karge Ernten. Jetzt nennen wir unseren Ort Dabus. So wie der Fluß, in dessen Nähe es liegt.«

Geschafft! Geschafft! Geschafft!

Wir erzählten dem Scheich unsere Geschichte. Er versprach, uns Träger und Esel für den Marsch nach Asosa zu stellen. Wir wollten ihm dafür unser Boot überlassen. Und einen Teil der Ausrüstung.

Munition. Vor allen Dingen Munition.

Nach dem Mittag gingen wir noch einmal zum Boot. Wir hatten es weit auf das Land gezogen, nur das Heck wurde noch leicht vom Blauen Nil umspielt. Die Sonne lag breit und träge auf dem Fluß, das Wasser war ganz ruhig.

Ich hockte mich ans Ufer und ließ mich von den Gedanken forttragen.

Da lag er und tat so harmlos. So als wisse er nichts von Katarakten, in denen wir fast ertrunken wären, als gäbe es keine Wasserfälle, die uns zu langen Umwegen zwangen, als lauerten nicht Krokodile in ihm und feindselige Eingeborene an seinen Ufern, als gäbe es keine schwarze Schlucht.

Der Empfangschef im Hotel »International« grinste breit über das dunkle Gesicht. »Hallo, Mister«, sagte er, »ich denke, Sie wollten zum Blauen Nil. Im Zimmer steht Ihr Paddel noch herum.«

»Danke«, antworteten wir, »vielen Dank. Können wir das Zimmer wieder haben? Und Blauer Nil – nein, im Augenblick wollen wir nicht mehr dorthin. Sicher später noch mal.«

Wir waren wieder in Addis Abeba. Übermorgen würde unser Flugzeug nach Khartoum starten. Wir sollten dort nur eine Stunde Aufenthalt haben, dann flog die Anschlußmaschine nach Berlin.

Noch zwei Tage Äthiopien.

Der Einhundertsiebzig-Kilometer-Marsch nach Asosa hatte keine großen Schwierigkeiten gebracht. Zunächst ging es am Blauen Nil abwärts, hinweg über umgeknickte, pulververtrocknete Maisstauden, die in der Regenzeit aufweichen und den Boden düngen. Jetzt sprangen einige Ziegen darüber hinweg und stöberten nach etwas Naschbarem.

Wir erreichten den Dabus, der 1 km oberhalb seiner Einmündung in den Nil durchwatbar ist. Wegen der Hitze legten wir häufig Rast ein.

Am anderen Ufer des Dabus ging es auf verschlungenen Pfaden parallel zum Nil durch Buschwald. Wir waren einen halben Tag unterwegs, da stießen wir auf die Zeltforschungsstation Schogali mit amharischen Hydrologen und Ingenieuren. Riesenbegrüßung. Es gab Kartoffelsalat, Toastbrot, Kuchen – Schwalben der Zivilisation.

Es gab auch eine Enttäuschung. Über ihr Funkgerät setzten die Hydrologen sich mit der Hauptstadt in Verbindung: »Benachrichtigt bitte die deutsche Botschaft, daß hier zwei Deutsche bei uns eingetroffen sind. Wir können ihnen gegen Bezahlung einen Wagen nach Asosa stellen. Das Geld soll bei der Ankunft in Addis Abeba beim Water Resources Department bezahlt werden.

Die Botschaft wird gebeten, dafür zu garantieren.«

Am nächsten Morgen war von der Botschaft noch immer keine Antwort da. Der Botschafter sei lunchen und könne jetzt nicht gestört werden, hieß es in einem Funkspruch des Departments.

Wir marschierten weiter. Die Wut trieb uns vorwärts. Denen werden wir es schon zeigen. Bürger, so etwas nennt sich Botschaft, der Herr ist lunchen, er darf nicht gestört werden!

Drei Tage später Asosa. Der übliche Feldflugplatz, die übliche klapprige Dakota. Ein paar Stunden Flug nach Addis. Unterwegs kam der Pilot nach hinten, erkundigte sich bei uns. Er habe gehört, daß wir vom Blauen Nil kämen. Er wolle später da zwischen Asosa und dem Fluß irgendwo eine Farm aufmachen. Wie denn das Land dort wäre?

Landung in Addis Abeba. Wir sahen wieder Menschen in richtigen Anzügen mit Schlips und Kragen und Aktentaschen. War der Blaue Nil nur ein Traum gewesen?

Wir meldeten uns bei der Botschaft. Uninteressiertes Erstaunen. »Ach, Sie sind auch wieder da?«

»Ja, wir sind auch wieder da.«

Ob sie uns denn nicht wenigstens verraten würden, warum man nicht die hundert Dollar für das Auto garantieren konnte.

Verlegenes Lächeln. Der Funkspruch sei verstümmelt bei der Botschaft eingetroffen. – Na ja.

Diesen Abend besuchte uns im Hotel ein junger Reporter. Am nächsten Morgen prangte auf der Titelseite des »Ethiopian Herold« ein langer Bericht über uns. Kurz darauf rief Elke Leichtweiss an: »Herr Nehberg, ich will Sie nur warnen. Die haben jetzt hier den Bericht in der Zeitung gelesen und sind jetzt wach und aufgeschreckt. Jetzt wollen sie einen Fernsehempfang für Sie geben.«

»Na, danke.« Wir sollen wohl die Aufhänger sein, damit die Herren ins Bild kommen.«

»Kommen Sie und Michael heute abend zu uns nach Hause? Mein Mann und ich würden uns sehr freuen. Ein paar Freunde werden auch da sein.«

»Wir kommen.«

Die Botschaft meldete sich: Nochmals herzlichen Glückwunsch zu der gelungenen Expedition. Ob man denn nicht heute abend einen kleinen Empfang geben dürfe?

»Nein«, bedankte ich mich. »Wir sind viel zu müde. Außerdem sind wir schon bei netten Leuten eingeladen.«

Ach, wie gut das tat.

Nachmittags rief Elke noch einmal an. Was wir denn am liebsten essen würden. Sie möchte uns gern unsere Lieblingsspeisen kochen.

»Sauerbraten«, sagte Michael.

»Okay. Und Sie?«

»Backpflaumen mit Makkaroni«, sagte ich.

»Wie bitte?«

»Ja, richtig: Backpflaumen mit Makkaroni.«

Abends schlug ich mir den Bauch so voll, daß mir schlecht wurde. Der Schweiß trat mir auf die Stirn, ich bekam Magenschmerzen, mein Schädel brummte. Ich verdrückte mich in eine stille Ecke. Elke kam: »Ist Ihnen nicht gut, Herr Nehberg? Sie sehen so bleich aus.«

»Mir ist prima«, brummte ich. »Mir kann es gar nicht besser gehen.«

Am nächsten Morgen hatte ich Fieber und blieb im Bett. Mittags verschwand Michael für eine halbe Stunde.

»Wo warst du denn?« fragte ich, als er zurückkam.

»Ich war auf der Post«, antwortete er. »Ich habe ein Telegramm aufgegeben. An Maggy. Daß wir morgen kommen.«

# Rudolfsee

# Michaels Tod

Märkte nehmen in der sozialen Struktur afrikanischer Staaten einen besonderen Rang ein. Markt – das ist nicht nur Handelsplatz, das ist gleichermaßen auch Versammlungsort, zwangloser Treffpunkt, Sportstätte, Kleinkunstbühne; der Markt ist die Basis des politischen Untergrunds, ist Zentrum für Bettler, Aussätzige, Taschendiebe, ist Kultstätte und Musiksaal zugleich. Nirgendwo liegen die Gegensätze Afrikas hautnaher nebeneinander als auf den Märkten. Die Besitzenden und die Besitzlosen präsentieren sich in derselben Szene, für den Besucher in einer unvergeßlichen Vielfalt von Farben, Tönen und Gerüchen.

Unter den Märkten Afrikas aber beansprucht der Mercato, der Markt Addis Abebas, einen besonderen Platz. Er ist der größte des schwarzen Kontinents; er findet täglich statt, er ist zweifellos eine der großen Attraktionen der äthiopischen Metropole. Was immer man kaufen möchte, auf dem Mercato bekommt man es. Unverfälschtes Afrika – wer es in Addis Abeba noch finden will, der kommt um den Mercato gar nicht herum.

Es hatte mich am Nachmittag nicht mehr im Harambee gehalten. Ich verließ das Hotel, in das wir uns einquartiert hatten, und schlenderte zum Mercato. Vielleicht bekomme ich dort noch ein dichtes, festes Netz, das selbst ein Krokodil nicht zerreißen kann, dachte ich. Andreas und Wolfgang waren im Hotel geblieben; Wolfgang baute, wie immer, an seinen Fotoapparaten und Kameras herum, und Andreas gab vor, er müsse noch dringend einen letzten Brief nach Zürich schreiben. Natürlich wußte ich genau, daß er alles andere tun würde, als einen Brief zu schreiben; vermutlich würde er statt dessen in der Hotelhalle herumflanieren und Ana, der kaffeebraunen Empfangsdame, schöne Augen machen. Soll er doch, dachte ich; ab morgen ist es damit sowieso für lange Zeit vorbei.

Der Lärm, die Hitze, der Staub und die Gerüche des Mercato hatten mich eingehüllt wie ein dichter, undurchdringlicher Mantel. Ich beobachtete die beiden jungen Burschen vor mir nun schon eine ganze Weile und ahnte, was da auf mich zukommen würde. Beinahe amüsierte es mich. Wie sie es wohl diesmal anfangen werden, fragte ich mich. Ob sie wieder einen ihrer uralten Tricks versuchten? Einen tausendfach bewährten, der die weißen Besucher des Marktes schon um unzählige Brieftaschen und Geldbörsen gebracht hat? Oder ob ihnen vielleicht endlich mal ein neuer Trick eingefallen war?

Hin und wieder tuschelten die beiden miteinander. Vermutlich sprachen sie den günstigsten Zeitpunkt ab. Jeder von ihnen trug halblange, zerrissene Hosen, die kurz unter den Knien endeten. Der eine hatte ein unglaublich schmutziges Hemd an, der andere nur einen Fetzen Stoff um seine schmalen, ausgemergelten Schultern geschlungen. Statt eines Gürtels hielt bei beiden ein Stückchen Schnur die Sachen zusammen. Schuhe –? Ach Gott, woher sollten sie wohl Schuhe haben? Im Grunde taten sie mir leid. Zwei Bengels – dreizehn, vierzehn vielleicht –, die Schule hatten sie vermutlich noch niemals von innen gesehen; das blieb den Kindern der Reichen und Vornehmen vorbehalten. Jedenfalls solange der Kaiser noch regiert hatte. Wenn sie Glück hatten, dann wohnten sie bei ihren Eltern in einer der windschiefen Wellblechhütten der Altstadt, doch sicher war das keineswegs. Es konnte auch sein, daß sie heute unter einem Baum schlafen mußten, morgen in irgendeiner Anlage und übermorgen in einer Gefängniszelle.

Was blieb diesen Kindern anderes übrig, als zu stehlen? Irgendwie müssen sie ihren Hunger doch stillen. Wir haben gut verurteilen, wir satten, in Sicherheit lebenden Weißen; eine Drei-Zimmer-Wohnung, ein Auto, den Farbfernseher und den bezahlten Urlaub im Rücken.

Wie ungleich doch die Güter der Welt verteilt sind, dachte ich. Man gehe nur einmal nach Afrika, nach Asien, man gehe in eines der Länder, die wir gern »dritte Welt« nennen. Und wer Augen hat, zu sehen, und Ohren, zu hören, der wird bei jedem Schritt über die Ungerechtigkeit der Güterverteilung stolpern. Und seine Probleme zu Hause werden zu Bagatellen zusammenschmelzen, nicht wert, überhaupt einen sorgenvollen Gedanken an sie zu verschwenden.

Wieder steckten die beiden ihre wuscheligen Köpfe zusammen. Ein schräger Blick traf mich. Dann war der eine von ihnen urplötzlich im Gedränge verschwunden. Achtung! Gleich wird es losgehen!

Ich hatte richtig vermutet. Auf einmal tauchte unmittelbar vor mir ein braunes Gesicht auf; große, brennende Augen bemühten sich, so arglos wie nur möglich dreinzuschauen.

»Can I help you, Mister?«

Er hatte eine heisere, brüchige Stimme. Und während er sprach, fummelte er mir ständig mit der einen Hand an Arm und Schulter herum. Geheimnisvoll zischelte er:

»Do you want a very nice girl?«

Zur Bekräftigung seiner Worte schlug er ein paarmal mit der flachen rechten Hand auf die zur Faust geballte Linke. Ein Zeichen, das in allen Ländern der Welt die gleiche Bedeutung hat.

Ich war wirklich enttäuscht. Also doch wieder der alte Trick. Sah ich denn tatsächlich wie ein Greenhorn aus, das auf so etwas hereinfallen würde? Ein Mädchen in Addis Abeba! Das ist wahrhaftig keine Mangelware, die man auf dem Mercato anbieten muß.

In diesem Augenblick bekam ich auch schon von hinten einen kräftigen Stoß. Aha, der andere! Natürlich tat er so, als sei er im Gedränge gestolpert und ohne seine Schuld gegen mich geschubst worden.

»Sorry, Mister, I'm sorry«, krähte er.

Und dann fühlte ich auch schon, wie eine unglaublich flinke Hand an meiner Gesäßtasche herumfingerte. Blitzschnell griff ich zu, bekam ein schmales Handgelenk zu fassen, das verzweifelt suchte, sich loszureißen.

»Ich werd' dir helfen, Schifta*!«

So schimpfte ich auf deutsch und gab mir ganz den Anschein, als wäre ich rasend wütend. Dabei grinste ich innerlich. Die werden schön enttäuscht sein, die beiden, dachte ich. Nicht nur, daß der eine von ihnen sich eine Maulschelle einhandelte, nein, dazu müssen sie auch noch ohne Beute abziehen. Denn als erfahrener Äthiopien-Besucher trug ich selbstverständlich mein Geld nicht in einer Brieftasche in der Hose, sondern in einem Brustbeutel um den Hals. Außerdem waren meine Hosentaschen mit Reißverschlüssen gesichert. Nein, so leicht kam da auch ein geschickter äthiopischer Taschendieb nicht heran.

Der Junge hatte sich inzwischen losgerissen, und ich hatte es ihm nicht gerade schwergemacht. Bevor noch ein Polizist von dem Geschrei herbeigelockt werden konnte, waren die beiden im Gewühl verschwunden. Die Menschen um uns herum kümmerten sich gar nicht um den Vorfall. Ein Mann wäre beinahe bestohlen worden, ein weißer Mann, nun ja. Er ist ja sein Geld nicht losgeworden, hat noch einmal Glück gehabt, was soll also das Gezeter? Teilnahmslose,

* Schifta: amharisch: Räuber

uninteressierte, schadenfrohe Blicke streiften mich. Nein, da hätte mir sicher niemand geholfen. Allerdings hätte ich auch in keiner Sekunde hier Hilfe erwartet. Schließlich war ich nicht das erste Mal auf dem Mercato. Vor ein paar Jahren hatte es einmal in meiner unmittelbaren Nähe eine große Prügelei gegeben. Zwei Jungen schlugen sich, daß die Fetzen nur so flogen, bis endlich der eine der beiden Kampfhähne das Feld räumte. Der andere grinste mich an und erklärte mir wortreich, daß sein Gegner mir meine Sonnenbrille gestohlen hätte. Er habe dies beobachtet und sie für mich zurückgekämpft. Verblüfft nahm ich meine Sonnenbrille entgegen, die er mir mit großer Geste überreichte. Natürlich bekam er ein anständiges Trinkgeld, das er, mir auf die Schulter klopfend, entgegennahm. Erst im Hotel bemerkte ich den Verlust meiner Brieftasche.

---

Abends saßen wir in dem gemütlichen Kaminzimmer unseres Hotels. Die ungewöhnlich starke Hitze des Tages war einer klaren Kühle gewichen. Andreas, den von uns am meisten fröstelte, stand alle Augenblicke auf und legte neue Holzscheite in das prasselnde Feuer. Eine wohlige Müdigkeit breitete sich aus, nur mühselig stolperte das Gespräch dahin. Wolfgang hatte eine Kamera auf dem Schoß und pusselte daran herum. Wann sah man ihn ohne einen seiner vielen Apparate? Wahrscheinlich hatte er auch noch beim Schlafen einen in Griffweite.
Ich dachte wieder an den Prozeß in Gondar zurück. War dieser Bursche vielleicht doch Michaels Mörder? Eine Frage, die mich ständig beschäftigte. Immer wieder sah ich die tiefschwarzen, großen Augen vor mir, in denen Haß und Angst miteinander zu kämpfen schienen; der kahlgeschorene Schädel, die knochigen Schultern, die immer nach vorn fielen, sobald der Richter das Wort an ihn richtete. Er war der einzige Angeklagte in diesem merkwürdigen Prozeß gewesen, zu dem ich extra einen Monat früher nach Äthiopien gereist war. Als Kronzeuge sozusagen. Im Oktober hatte ich in Hamburg ein Telegramm der deutschen Botschaft in Addis Abeba erhalten, etwa folgenden Inhalts: »Der Prozeß gegen ›die Mörder‹, die Ihre Expedition im Januar 1975 am Blauen Nil überfallen hatten, wobei Michael Teichmann erschossen wurde, beginnt am 5. Dezember in Gondar, der Provinzhauptstadt von Begemdir.« Ich dürfte als Zeuge daran teilnehmen, die Reisekosten allerdings ersetze man mir nicht.

Nun ja, hatte ich überlegt, ein paar Wochen darauf wollten wir sowieso nach Äthiopien fliegen, um unsere zweite Expedition zum Omo zu starten; dann kam es auf fünfzehn, zwanzig Tage früher auch nicht an. Zumal ich ja glauben mußte, es stünden alle Männer vor Gericht, die uns damals überfallen hatten. Vor allem aber dieser Mann, den sie in seinem Heimatdorf Josua nannten, mit Spitznamen Jesus. Der Mann, der aus zwei Metern Entfernung Michael von hinten erschossen hatte!

Doch welche Enttäuschung! Nur ein einziger Angeklagter stand da vor den Schranken des Gerichts. Er gab zwar zu, an dem Überfall beteiligt gewesen zu sein, doch mit dem Mord wollte er nichts zu tun gehabt haben. Er habe noch nie eine Schußwaffe besessen, erklärte er. Und die Polizisten hatten bei seinen Habseligkeiten auch kein Gewehr gefunden. Nur einige Stücke unserer ehemaligen Expeditionsausrüstung. Und Michaels Tagebuch. »Ich sehne mich so sehr nach Ina«, stand da als eine der letzten Eintragungen.

Der Richter hatte mich gefragt, ob ich den Angeklagten wiedererkenne. Natürlich konnte ich das nicht. Die Männer, die uns damals überfielen, sie trugen alle ihre Schamas* weit ins Gesicht gezogen; nur die Augen waren frei gewesen. Wie sollte man da jemanden wiedererkennen?

»Hochwürden«, hatte ich dem Richter gesagt, »ich kann beim besten Wissen und Gewissen diesen Mann nicht als den Mörder Michael Teichmanns identifizieren.«

Damit hatte sich meine Aussage erschöpft. Deshalb war ich rund 4000 Kilometer von Hamburg nach Gondar gereist!

Der Prozeß war dann unterbrochen worden. Man würde ihn wiederaufnehmen, erklärte der Richter, wenn die anderen Angeklagten gefaßt seien. Im Augenblick hätte man die Fahndung einstellen müssen, da es in der Gegend zu viele aufständische Bauern gäbe.

Ich glaubte nicht mehr daran, daß Josua jemals den Mord büßen müßte. Vermutlich war dieser arme Hund, der als einziger vor Gericht stand, derjenige, der für die anderen alle den Kopf hinhalten mußte. Er hatte die Teilnahme an dem Überfall zugegeben; das bedeutete für ihn acht bis zwanzig Jahre Kerker. Wer afrikanische Gefängnisse kennt, der weiß, daß dies gleichbedeutend mit einem Todesurteil sein kann.

---

* Schama: ein weites, burnusähnliches Gewand.

Zu später Stunde kam Heiko noch auf einen Sprung ins Hotel. Heiko Karels: Büroleiter beim deutschen Militärattaché in der Botschaft; Ostfriese; verheiratet mit Schenai, was auf deutsch »Lustiger Mond« heißt. Schenai ist eine bildhübsche Türkin; sie und Heiko hatten sich in Deutschland kennengelernt, er war damals Feldwebel in Hamburg-Wentorf, sie Gastarbeiterin. Es wurde nicht eine der vielen Zufallsbekanntschaften, die Soldaten machen. Heiko und Schenai heirateten, gingen später nach Äthiopien, inzwischen ist aus der zweiköpfigen Gemeinschaft eine dreiköpfige geworden. Das neue Familienmitglied heißt Leila, acht Jahre alte vergötterte Tochter.

Mit den Karels hatten wir gestern den Beginn des Jahres 1976 gefeiert. Wie man eben so Silvester in Addis Abeba feiern kann; mit gutem Essen und Wein, Bier, Whisky und noch viel mehr Heimweh, je nach Gusto und Verlangen. Andreas hatte seine ungarische Seele »weinen« lassen, Wolfgang war noch stiller als sonst gewesen, und ich hatte einen leichten Schwips. Am frühen Morgen dann Aufregung: Heiko rief bei mir an.

»Du, es ist etwas ganz Schlimmes passiert.«

»Mensch, Heiko, laß mich doch nur noch ein bißchen schlafen«, knurrte ich ärgerlich zurück.

Jetzt kommt der wieder mit seinen Witzchen, dachte ich. Heiko war bekannt dafür.

»Scheiß auf dein Schlafen«, fluchte der am Telefon. »Dir wird das gleich vergehen. Bei uns haben sie eingebrochen. Ich glaube, einiges von eurem Ausrüstungszeug ist verschwunden.«

Im Nu war ich hellwach. Wir hatten unser Boot und die Expeditionsausrüstung bei den Karels untergestellt. Dort, glaubten wir, seien sie am sichersten. Sein Grundstück ist exterritorial.

Eine halbe Stunde später waren wir alle drei in dem wunderschönen, von dichten Blumenhecken und -stauden eingeschlossenen Haus, das Karels bewohnte. Gott sei Dank! Es sah nicht ganz so schlimm aus, wie ich befürchtet hatte. Die Diebe hatten lediglich einen unserer Überlebensgürtel*, ein paar Säcke Proviant, Angelhaken, Andreas' Windjacke und unser Krokodilnetz gestohlen. Alles Dinge, die wir

---

* Überlebensgürtel: Eigens angefertigter Gurt für Unglücksfälle. Er enthält Dinge, die zum Überleben gebraucht werden (siehe Skizze Anhang).

schnell wieder ersetzen konnten. Ein Glück, daß Heiko die Waffen in einem Zimmer eingeschlossen hatte. Wären die verschwunden gewesen, hätten wir unsere Expedition erst gar nicht zu beginnen brauchen.

Wir benutzten die Gelegenheit, um die Silversterfeier noch einmal aufflackern zu lassen. An Schlaf war jetzt doch nicht mehr zu denken. Heiko wollte sich partout nicht beruhigen.

»Da hat man nun zwei Wächter, die aufpassen sollen, aber die schlafen«, schimpfte er.

»Nicht genug damit«, spottete Wolfgang zurück, »du hast ja auch noch einen Wachhund. Vermutlich hat er den Herrn Einbrechern Pfötchen gegeben. Ach ja – außerdem wird ja euer Haus auch noch nachts angestrahlt. Jetzt weiß ich endlich den Grund: damit die Diebe besser sehen können, was sich lohnt mitzunehmen.«

Heiko warf ihm einen giftigen Blick zu und nahm einen tiefen Schluck gleich aus der Flasche. Seine Frau aber meinte nachdenklich:

»Na, das Jahr 1976 fängt ja gut an.«

Ein Glück, daß wir nicht abergläubisch sind.

Dieser letzte Abend vor unserem Aufbruch wurde auch durch Heikos Ankunft nicht mehr unterhaltsamer. Wir drei waren wohl zu sehr in unsere eigenen Gedanken versponnen, als daß wir uns durch Heikos Scherze animieren ließen. Selbst Andreas, sonst einer der lustigsten, wirkte merkwürdig verschlossen. Schon lange vor Mitternacht verabschiedete er sich als erster.

»Ich haue mich hin, seid mir nicht böse.« Und zu Heiko gewandt: »Seh'n wir uns morgen noch mal?«

»Na klar«, antwortete der. »Ich bin zur Stelle, wenn es losgeht.«

Treue Seele, dachte ich. Auf Leute wie Heiko kann man sich bei jeder Gelegenheit hundertprozentig verlassen. Er hatte uns das schon einige Male bewiesen. Wir verabschiedeten uns dann auch gleich. Heiko blieb noch. Die Sperrstunde von 24–5 Uhr durfte er überschreiten. Er hatte eine Ausnahmegenehmigung.

»Also, bis morgen früh dann.«

»Bis morgen früh.«

Eine halbe Stunde später lag ich in meinem Bett. Doch ich wußte genau, daß ich nur schwer Schlaf finden würde. Durch die dünne Wand hörte ich Wolfgang im Nebenzimmer schnarchen. Wie gut er es doch hat, dachte ich neidvoll. Der kann einfach abschalten; denkt nicht daran, was vor ihm liegen könnte, und keine Erinnerungen und Träume belasten ihn. Träume, wie sie mich nun schon seit langem quälen, immer dieselbe schreckliche Vision: Ich befinde mich in dieser Schlucht am Blauen Nil. Ich bin allein. Links und rechts türmen sich die glatten, dunklen Basaltwände in den blaßblauen Himmel. Unter mir der Fluß, doch ich sehe ihn nur, ich höre ihn nicht. Ich höre überhaupt nichts, kein Vogelzwitschern, keinen Wind, der in den Büschen spielt, keine Welle, die gegen Steine schlägt. Es ist totenstill. – Und dann taucht plötzlich Michael aus dem Wasser auf. Nur sein Kopf ist zu sehen. Das wächserne Gesicht wird von dem dunklen Bart eingerahmt, den er sich im letzten Jahr hat stehenlassen. Die schmalen Lippen sind blutleer und so fest zusammengepreßt, daß die Backenknochen eckig hervortreten. Weit aufgerissene Augen starren mich an; Augen, die nichts, keine Frage, keine Regung, kein Gefühl erkennen lassen. Sie starren nur, leer, blicklos. Das Schlimmste aber ist das große Loch über der Nasenwurzel. Blut hat sich darin gesammelt. Das Loch endet unmittelbar unter dem Haaransatz, und es nimmt die ganze Breite des Gesichts ein.

Ein Loch anstelle einer Stirn!

Es läuft mir kalt über den Rücken. Ich möchte wegrennen, irgendwohin, nur weg von hier, nur nicht mehr dieses Gesicht sehen müssen; doch an meinen Füßen scheinen Bleigewichte zu hängen, keinen Zentimeter kann ich sie vorwärts bewegen. Etwas hält mich fest, und mein Herz wird zusammengepreßt von einer unsichtbaren Faust, fester, immer fester. Panik! Ich gehe in Panik unter, will schreien, doch ich habe keine Stimme mehr, ich kann nicht fliehen, kann nicht schreien, ich kann nichts tun, nur in dieses bleiche Gesicht schauen, in die leeren Augen, in das entsetzliche Loch über der Nasenwurzel. Dann verschwindet Michael wieder im Wasser. Nicht plötzlich, nein, langsam, ganz langsam, es dauert Minuten. Zuletzt sind nur noch die dichten braunen Haare zu sehen, die sich sanft auf das Wasser legen und den Kopf einrahmen. Wie ein Kranz beinahe. –

Es sind immer dieselben schrecklichen Bilder, die mich quälen. Und dieselbe Frage, die keine Antwort bekommt:

Warum mußte Michael sterben? Warum ausgerechnet Michael?

Einmal hatte ich zu Haus mit Maggy darüber gesprochen. Meiner Frau war natürlich nicht verborgen geblieben, daß mich etwas quälte, daß meine Gedanken sich im Kreise bewegten. Wahrscheinlich glaubte sie, ich machte mir insgeheim Vorwürfe: Ich, der Ältere, der Leiter der Expedition, ich hätte Michael vielleicht von der Teilnahme an der Expedition abraten sollen.

»Das sind doch alles Hirngespinste«, hatte Maggy geschimpft. »Schlag dir solche Gedanken ja schnell aus dem Kopf. Michael war siebenundzwanzig, als ihn der Schuß traf. In zwei Tagen hätte er seinen achtundzwanzigsten Geburtstag gefeiert. Da ist man ein Mensch, der selbst über sich entscheidet, der die Risiken eines Unternehmens abwägen und einschätzen kann. Michael war doch ein Kameramann, der schon einige Erfahrungen besaß. Was meinst du wohl, was er dir geantwortet hätte, wärst du ihm gekommen mit: ›Michael, bleib doch lieber zu Haus!‹ Er hätte dir einen Vogel gezeigt.«

Maggy! Einen klareren, kühleren Kopf soll man erst mal finden. Wenn ich mich irgendwo in der Weltgeschichte herumtreibe, dann führt sie unsere Hamburger Konditorei so, als gäbe es den Rüdiger Nehberg überhaupt nicht. Kein Mensch vermißt ihn. Dabei ist Maggy weiß Gott keine Kaufmannsseele. Als im Oktober 1973 der Jom-Kippur-Krieg ausbrach, befand sie sich gerade bei einer Freundin in Israel. Sie hätte noch gut ausreisen können, Zeit genug war; aber sie blieb in Israel, half in einem Lazarett Verwundete pflegen, Araber und Palästinenser, kochte in einer Gemeinschaftsküche, machte sich mal hier, mal dort ein bißchen nützlich und kehrte erst wieder nach Hamburg zurück, als die Waffen schwiegen. Natürlich hatte Maggy recht. Ich hätte auch nicht den Hauch einer Chance gehabt, Michael von dieser Expedition abzubringen. Warum auch?

———————

Im Frühjahr 1972 waren Michael Teichmann, der Hamburger Ingenieur Hinrich Finck und ich mit einem selbstgebauten Boot den Blauen Nil abgefahren. Von den Tissisat-Fällen bis hin zur sudanesischen Grenze; so runde tausend Kilometer. Keinem Menschen war dies zuvor geglückt, obwohl es eine ganze Menge versucht hatten, ausgenommen eine »Kompanie« von 70 Engländern, die ihr Unternehmen in zwei Etappen durchführte, und der fast täglich von einem Flugzeug Lebensmittel und Post abgeworfen wurde. Sie beendeten ihre Expedition planmäßig am Didessa. Die anderen waren entweder von Krokodilen aufgehalten worden, von räuberischen Eingeborenen oder von Krankheiten. Sie scheiterten an Stromschnellen, Wasserfällen, Felsbarrieren, mangelnder Kameradschaft und manchmal auch nur an der eigenen Erschöpfung.

Auch bei uns war der Erfolg in Frage gestellt. Der Trip dauerte unerwartet lange. Hinrichs Zeit wurde knapp, seine Verträge riefen ihn zurück nach Hamburg. Ob er wollte oder nicht: ein paar hundert Kilometer vor dem Ziel mußte er abbrechen. Mit einem Führer und Mulis schlug er sich in einem mehrtägigen Marsch durch das zerklüftete, wilde Gebirge zurück nach Addis Abeba. Wir überlegten damals lange, ob wir zu zweit überhaupt noch eine reelle Chance hatten. Aber wir versuchten es einfach, schließlich hatten wir ja trainiert, uns allein und ohne jede Ausrüstung durchschlagen zu können.

Vier Wochen teilten dann Michael und ich Angst, Glückseligkeit, Gefahr und Erfolg; im März war es soweit: wir beide hatten als erste Menschen den Blauen Nil in ganzer Länge bezwungen! Ein Kameramann und ein Konditor aus Hamburg. Überall in Deutschland »feierte« man uns, die Zeitungen und Illustrierten brachten lange Berichte, Michael zeigte seinen Film im Fernsehen, ein Buch erschien, und in zahlreichen Vorträgen berichteten wir von unseren Erlebnissen.

Nein, nach diesem Erfolg war es überhaupt keine Frage, daß Michael bei der nächsten Expedition wieder dabei sein wollte. Er hatte ein Anrecht darauf. Einmal hatte er mir gesagt:

»Meine Mutter sieht es nicht gern, daß ich wieder mitmache. Sie hat Angst. Alle Mütter haben Angst um ihre Kinder, das ist natürlich. Aber ich muß einfach! Das ist für mich die große Chance. Ich bin schließlich Kameramann, und das ist kein Schön-Wetter-Job.«

Doch warum machte ich mir dann überhaupt Gedanken? Die Antwort ist einfach: Weil ich einen Freund verloren habe, der mit mir die schrecklichsten und die schönsten Tage meines Lebens geteilt hat. Weil ich ihn verloren habe durch einen Mörder. Das kann man doch nicht einfach so abschütteln. Und dann war da noch etwas: Hatte Michael vielleicht geahnt, daß er in Äthiopien sterben würde?

»Er ist so schwer gegangen, diesmal«, hatte seine Mutter später in Interviews gesagt. »Er muß wohl gespürt haben, daß er nicht zurückkommen würde. Als wir uns verabschiedeten, hat er geweint.«

Natürlich hat er geweint. Ich weiß auch, warum. Da war nämlich Ina – einundzwanzig, dunkelblond, zierlich, kurz vor dem Abitur stehend, das sie sich in Abendkursen erarbeitet hatte. Michael hatte sie etwa ein Jahr vor unserer zweiten Expedition kennengelernt, und einige Wochen später bezogen sie beide eine gemeinsame Wohnung in der Sierichstraße 18; zusammen mit ein paar Freunden, wie das halt so üblich ist bei jungen Leuten heute.

»Hat der Schmetterling jetzt endlich seine Lieblingsblume gefunden«, spöttelte ich einmal.

»Ach, weißt du, das ist ganz seltsam«, antwortete Michael ungewöhnlich ernst. »Du weißt ja, daß Ina nicht meine erste Freundin ist; aber bei den früheren war das ganz anders. Bei Ina fällt mir jede Stunde der Trennung schwer. Du, ich glaube, ich liebe sie.«

Er liebte sie wirklich. Als wir zu unserer ersten Expedition starteten, gab es keine Ina für Michael; da war er lachend und fröhlich ins Flugzeug gestiegen. Beim zweiten Mal ließ er eine Ina zurück, und er war gar nicht mehr der fröhliche, lachend winkende Junge, der ins Flugzeug stieg. Michael hatte feuchte Augen beim Abschied, weil er liebte.

Ist damit alles ausgeräumt? Dieses Gerede von Michaels Todesahnungen? Es scheint so. Doch insgeheim wußte ich es anders, denn er war alles in allem ein merkwürdiger Mensch, dieser Michael. Wenn es darauf ankam, dann konnte er kalt sein wie eine Hundeschnauze; doch dann gab es auch wieder Momente, da träumte er sentimental vor sich hin wie ein Hippie bei Melanies Gitarrensongs. Und hätte ihn vielleicht mal einer gefragt, ob er an übersinnliche Dinge glaube, dann wäre Michael todsicher fuchsteufelswilde Abwehr gewesen; er sei Realist, hätte er bestimmt geantwortet, und an solchen Hokuspokus glaube, wer will, nur er bitte nicht. Doch das war alles nur Tarnung. Wer Michael ein wenig genauer beobachtete, fand bald heraus, wie empfänglich er für alles war, was mit Vernunft und Logik allein nicht zu erklären ist.

Ich hatte einmal einen alten Schlangen-Jogi bei mir in Hamburg zu Gast, einen Österreicher. Der wollte im Ersten Weltkrieg in der Mongolei in einem Kloster gewesen und dort zu einem Lama ausgebildet worden sein. Er machte allerhand irre Sachen, unter anderem ließ er sich eine Schlange in die Nase kriechen und holte sie aus dem Mund wieder heraus. Und dann versuchte er auch, andere Menschen in Trance zu versetzen. Unter anderen auch Michael. Ich habe den Abend noch deutlich im Gedächtnis: Michael hatte sein skeptischstes Lächeln aufgesetzt. Doch ich sah, daß seine Augen ernst blieben.

»Geben Sie mir Ihre rechte Hand«, forderte Alois, der Lama, ihn auf.

Sie saßen sich eine Weile schweigend gegenüber. Alois hatte die Augen fest geschlossen, auf seiner Stirn bildeten sich Schweißtropfen.

»Spüren Sie schon etwas?« fragte er, noch immer mit geschlossenen Augen.

»Nein, mir wird nur etwas warm.« Michael schluckte krampfhaft und versuchte zu lächeln.

»Ja, ja, das ist es ja, was ich meine. Halten Sie nur die Füße ganz ruhig, dann werden Sie gleich auch noch ein Kribbeln fühlen.« Wir sahen Alois an, wie stolz er auf sein Können war.

Wir anderen saßen recht beeindruckt im Kreis. Doch dann geschah nichts mehr. Alois ließ urplötzlich Michaels Hand los und sagte beinahe barsch:

»Wir müssen aufhören. Die Götter wollen nicht, daß ich Sie zu ihnen führe.«

Und nach einer Weile, in das etwas peinlich wirkende Schweigen hinein:

»Aber Sie sollten sich vorsehen, junger Mann! Sie haben eine große Reise vor, und die wird sehr gefährlich für Sie sein. Seien Sie auf der Hut!«

Wir lachten. Natürlich hatte er von unserer bevorstehenden Expedition gehört und nutzte sein Wissen nun für seine »Künste« aus. War nicht schließlich jede Reise ein Risiko? Später meinte Michael:

»Das ist vielleicht ein Spinner, der Alte, was, Rüdiger?«

»Sicher«, entgegnete ich. »War doch aber mal ganz amüsant.«

Michael geriet plötzlich ins Grübeln. »Merkwürdig, ich möchte es eigentlich kaum sagen, aber mir war wirklich auf eine ganz merkwürdige Art heiß geworden, als der Alois meine Hand hielt. Und dann würde ich doch ganz gern wissen, warum er aufgehört hat. Ich habe mich doch innerlich gar nicht gegen seine Mätzchen gesträubt.«

Wer Michael kannte, wußte, daß da doch etwas in ihm nachgeblieben war. –

Unter diesen Vorzeichen hatten wir unsere erste Omo-Expedition gestartet. Andreas, Michael und ich. Und bevor die eigentliche Expedition begann, stand noch ein Abstecher zum Blauen Nil auf dem Programm. Bei unserer letzten Fahrt hatten wir dort in einer Schlucht Felshöhlen entdeckt. Die wollten wir gern noch einmal genauer untersuchen; Michael hatte sogar vor, einen Film davon zu drehen. Dann, so meinte er, habe er als erster und einziger eine »komplette« Blauer-Nil-Filmdokumentation.

Es war eine einzige Enttäuschung. Die Höhlen hatten sich als leer erwiesen, unbewohnt. Vielleicht hatten früher einmal Eremiten hier gehaust; jetzt jedenfalls waren es nur noch ungastliche Felslöcher, in denen unzählige Fledermäuse ihre Nester aufgeschlagen hatten. Hier ein Reiherhorst. Dort der eines Fischadlers. Vorbeiziehende Nilgänse. Gurren zahlloser Tauben in den Felsspalten. Auf den schmalen Kiesstränden vereinzelt ein Zwei-Meter-Krokodil. Nervöse Perlhuhnvölker in den Büschen. Ein Idyll, das es am ganzen Blauen Nil kein zweites Mal gibt.

Wir hatten in der Schlucht unser Lager aufgebaut. Andreas glaubte, den Ort wiederzuerkennen. Er hatte einmal versucht, den Blauen Nil allein zu befahren und war an dieser Stelle überfallen worden. Er deutete auf die glatten Felswände rings um die kleine Bucht, in der wir angelegt hatten, und sagte:

»Da, von oben haben sie zuerst mit Steinen geworfen und mich danach auch noch beschossen. Hier hast du kaum eine Chance, ihnen zu entkommen. Der einzige Ausweg ist der Fluß.«

Er hatte recht. Die Felsen, vielleicht vierzig, fünfzig Meter steil aufragend, schlossen den kleinen Platz förmlich ein. Es gab keinen Punkt, an dem man sich verstecken konnte. Wer hier lagerte und von oben attackiert wurde, hatte nicht mal die Möglichkeit, sich erfolgreich verteidigen zu können. Die Felswände boten dagegen jedem Angreifer sicheren Schutz. Unten aber war man nichts anderes als Zielscheibe. Keine Frage, hier konnten wir nicht lagern.

In diesem Augenblick sah ich einen Mann am anderen Ufer ins Wasser steigen. Die Strömung trieb ihn schnell auf uns zu.

»Daß der keine Angst vor Krokodilen hat«, meinte Michael.

Er war vielleicht zwanzig. Ein schmales, zernarbtes Gesicht, unstete Augen, die scheu an uns vorbeiblickten. Der beinahe haarlose Schädel war voller Grind und Schorf. Ohne ein Wort zu sagen, stieg er aus dem Wasser und wollte das schmale Nebenflußbett hocheilen.

Michael rief ihn an. »Tenastelin«*, sagte er, den landesüblichen Gruß, der eigentlich nie ohne Erwiderung bleibt. Freundlich reichte er ihm die Rechte. Der Eingeborene zögerte sichtlich. Schließlich brachte er ein kaum verständliches »Tenastelin« über die Lippen, berührte für einen winzigen Moment Michaels Hand und hastete dann wie eine Gemse den Pfad hoch, ohne sich auch nur einmal noch umzuschauen.

»Mensch, hast du gesehen, wie der mich angeschaut hat?« fragte Michael verdutzt.

Ja, das war mir auch aufgefallen. Ein zugleich tückischer und ängstlicher Ausdruck hatte in den Augen gelegen. Keine Sekunde blieben sie auf einem Punkt, hetzten umher, als fürchteten sie, die Gedanken hinter der Stirn zu verraten.

»Das war vielleicht eine Type«, pflichtete auch Andreas Michael bei. »Wenn die Leute hier alle so sind, dann laßt uns lieber zusehen, daß wir möglichst keinem mehr begegnen.«

Michael nickte gedankenvoll. Wir schoben unsere beiden Boote wieder in den Fluß und ließen uns dahintreiben. Andreas übernahm diesmal die Führung. Plötzlich hatte sich die Stimmung verändert, ohne daß es dafür einen konkreten Grund gab. Was war los? Mißtrauen, Sorge, Vorsicht belasteten uns plötzlich. Die unheimliche Atmosphäre dieses Canyons trug dazu noch bei. Seine Stille wirkte beinahe körperlich. Kein Windhauch regte sich. Vor uns löste sich ein Fischreiher von den Felsen und zog mit lautlosem Flügelschlag davon. Ich spähte aufmerksam die Wände links und rechts ab. Das Gewehr hatte ich wie zufällig neben mich gezogen. Doch nichts zeigte sich. Und dennoch wurde ich das unheimliche Gefühl nicht los, ein Gefühl, als würden viele versteckte Augen auf uns blicken.

»Ist dir auch so, als beobachtet man uns?« fragte ich leise Michael. Er nickte mit zusammengebissenen Zähnen. Die Backenknochen traten in seinem schmalen, ausgezehrten Gesicht deutlich hervor.

»Wäre besser, wenn wir diese Schlucht und die bewohnte Gegend dahinter bald hinter uns hätten«, stieß er gepreßt hervor.

Nach zwei Kilometern Fahrt tauchten vor uns wie riesige Phallus-Symbole zwei Monolithen auf. Gut zwanzig Meter hoch ragten sie aus dem Wasser; mit kleinen, zornigen Gischtkronen brach sich der Fluß an ihren Sockeln. Etwa 200 Meter dahinter sah ich plötzlich in den schwarzen Felswänden wieder zwei Höhlen.

* Tenastelin: Amh. Gruß: Gott sei mit dir

215

»Die werden wir uns morgen mal vornehmen«, stieß ich Michael an.

»Du wirst schon sehen, das wird sich mehr lohnen«, nickte er kurz zurück.

Guter, alter Michael, dachte ich. Hast wohl gemerkt, wie tief die Enttäuschung nach der Untersuchung der ersten Höhlen in mir nagte. Willst mir also wieder ein bißchen Mut machen. Urplötzlich überfiel mich ein warmes Gefühl der kameradschaftlichen Zuneigung. Wie beruhigend ist es doch, Freunde um sich zu haben. Ich schöpfte eine Handvoll Blauen Nil und klatschte das Wasser über Michaels nackten, braungebrannten Rücken. Er drehte sich verdutzt um. Grinste dann breit.

»Na, wieder der alte, Alter?«

Ich zeigte als Antwort nur mit dem Daumen der rechten Hand nach oben.


Andreas hatte sein Boot mit leichten Schlägen gegen die Strömung gestoppt. Er wartete, bis wir heran waren und deutete dann nach vorn:

»Da – das scheint mir der richtige Platz für die Nacht zu sein.«

Einen idyllischeren Flecken konnten wir wirklich kaum noch finden. Allmählich traten die Felsen der linken Uferseite zurück. Auf einer Länge von etwa 100 Metern gaben sie einen herrlichen Kiesstrand frei, der flach ins Wasser führte. Dahinter dichtes Buschwerk, das sofort in einen kleinen Wald überging. Ein schmaler Pfad schlängelte sich sanft ansteigend, verdeckt den Berg hoch. Durch einen engen Schnitt in den Felsen sprudelte ein Bach silberklares Wasser in den Blauen Nil und kuschelte sich in einem weißen Sandbett.

»Mensch, Klasse!« staunte Michael. »Mann, das ist ja fast wie ein Stück aus dem Paradies. Wenn wir hier bleiben, nenne ich diese Gegend hier ›Paradiescamp‹.«

Michael hatte die Angewohnheit, jedem Camp einen typischen Namen zu geben. Ich bezeichnete sie dagegen in meinem Tagebuch einfach nach dem Datum, an dem wir dort lagerten.

Andreas war bereits am Ufer, hatte sein Boot an Land gezogen. Sekunden später lag auch unser »Pfannkuchen« auf dem Trockenen. »Pfannkuchen« hatten wir es diesmal genannt, weil es so ungeheuer plump und häßlich wirkte, negative Merkmale, die ganz im Gegensatz zu seinen Schwimmeigenschaften standen.

Ich warf noch einmal einen Blick in die Runde. Ja, hier schienen wir tatsächlich einigermaßen sicher zu sein. Es gab genügend Deckung. Ein plötzlicher Überfall von oben war nicht möglich, und Angreifer, die sich dem Lager nähern wollten, mußten wir rechtzeitig entdecken.

Während ich Andreas half, die Zelte aufzubauen, streifte Michael ein wenig durch die Bucht. Plötzlich sah er im Boden für Bruchteile von Sekunden etwas auffunkeln. Neugierig ging er näher.

»Rüdiger«, hörte ich ihn gleich darauf rufen, »komm doch mal her. Was meinst du, was ich hier gefunden habe?«

Triumphierend hielt er eine Rasierklinge hoch. Sie war beinahe noch neu.

»Wer mag die wohl hier verloren oder weggeschmissen haben?« rätselte ich herum.

»Vielleicht die beiden Amerikaner«, überlegte Michael. »Du weißt doch, deren Brief wir vor ein paar Tagen gelesen haben.«

Ein alter Äthiopier hatte uns damals, am 8. 1. 75, beim Start an der alten Portugiesenbrücke bei Mota ein Schreiben gezeigt, dessen Inhalt er selbst nicht lesen konnte. Er stammte von zwei jungen Amerikanern. Sie teilten in dem Brief mit, daß sie vorhaben, am Ufer des Blauen Nil bis zur sudanesischen Grenze zu wandern. Seit einigen Tagen aber hätten sie das Gefühl, verfolgt zu werden. Man habe sie auch schon einige Male aus dem Dickicht heraus mit Steinen beworfen. Sie hätten Angst, schrieben sie, nicht mehr lebend nach Addis Abeba zurückzukommen. »Falls uns was passiert, informiert unsere Eltern!« stand da unter anderem. »31. 12. 1974 Bill Hammatt, Peter Antles«. Routinemäßig hatte ich den Inhalt des Briefes im Tagebuch notiert.

»Sicher, die könnten es gewesen sein«, meinte ich zu Michael. »Oder hast du vielleicht schon mal gehört, daß sich Äthiopier hier im Landesinneren mit Klingen rasieren? Und wäre sie von einer früheren Expedition, dann müßte sie weit über ein Jahr alt sein und wäre rostig. Inzwischen hatten wir hier zwei Regenzeiten.«

Andreas rief. Er hatte auch etwas entdeckt: Abdrücke im Sand; fast so, als hätte vor kurzem hier ein Zelt gestanden.

»Wenn das wirklich die Amerikaner waren«, sagte er, »dann können sie noch nicht weit sein. Vielleicht holen wir sie morgen schon ein.«

Die letzte helle Stunde des Tages nutzten wir, um über den Fluß zu setzen und auf der anderen Seite einen Blick in die Höhlen zu werfen. Doch schon dieser flüchtige Besuch brachte uns neue Enttäuschung: Außer Fledermäusen, die in Scharen an der Felsdecke hingen, gab es offenbar nichts, das den Weg gelohnt hätte.

Die Felshöhlen in der Schlucht südöstlich der Portugiesenbrücke wurden 1965 von Klaus Denart und Günter Kriegk entdeckt. 1972 waren wir in den Canyon gefahren, die Wände links und rechts des Flusses waren immer steiler geworden, immer enger zusammengetreten, und plötzlich hatte Michael nach oben gedeutet:

»Da! Schau dir das an! Dort sind ja die Höhlen!«

In der etwa fünfzig Meter hohen dunklen Basaltwand gähnte ein tiefes, mehr als mannshohes Loch. Es erinnerte mich sofort an die Verfilmung eines Jules-Verne-Romans, die ich mal gesehen hatte. Da waren Schiffbrüchige auf eine geheimnisvolle Insel verschlagen worden. Als zwei von ihnen die Gegend durchstreiften, standen sie plötzlich vor einer Felswand, in deren Mitte sich zwei große Höhlen befanden. An einer herunterhängenden Liane kletterten sie hoch und mußten zu ihrem Entsetzen entdecken, daß sie sich in der Wabe riesengroßer Bienen befanden, die sie sofort angriffen. Erst in letzter Sekunde konnten sie den gewaltigen Tieren entkommen.

Vielleicht war es die Erinnerung an diesen Film, die unser besonderes Interesse für die Felshöhlen wachrief. Schon früher hatten uns Eingeborene erzählt, daß überall im Hochland von Äthiopien Eremiten lebten, Mönche, die sich völlig von der Menschheit zurückzogen, nur noch meditierten und von ihrem Kloster mit dem Lebensnotwendigsten versorgt wurden. Ob in ihnen eventuell Zeugnisse vergangener Jahrhunderte ruhten? So wie in den Höhlen von Qumran am Toten Meer, wo man erst 1947 noch Fragmente uralter Schriften fand? Vielleicht waren sie gar der Eingang zu unterirdischen Dörfern. Das alles gibt's in Äthiopien. Es ist ein ungeheuer vielseitiges Land.

Es gab keinen sichtbaren Zugang zu den Höhlen, außer dem Türloch in der Steilwand. Wir versuchten damals trotzdem, die Wand zu ersteigen, mußten allerdings bald aufgeben. Zum einen fehlte uns die richtige Ausrüstung, zum anderen aber auch das bergsteigerische Können. Diesmal waren wir besser vorbereitet. Seile, Steigeisen, Haken, zwei Fifis, ja, sogar eine lange Strickleiter befand sich in unserer Ausrüstung. Und außerdem fühlte ich mich als »erfahrener« Bergsteiger. Hatte ich doch immerhin die Gipfel der Kalkfelsen von Bad Segeberg bezwungen!

So hatte sich das abgespielt: Eines Tages war Michael ganz aufgeregt zu mir gekommen.

»Du, weißt du, wir wollen doch beim nächsten Mal einen Film von den Felshöhlen drehen. Da habe ich jetzt bei uns im Norddeutschen Rundfunk einen Bayern aufgetan. Der war mal Bergführer und Skilehrer. Und außerdem hat er Expeditionserfahrung. Der könnte uns doch vielleicht helfen.«

So hatten wir Peter Lechhart kennengelernt. Ein As unter den Abenteurern, wie sich bald herausstellte. 1970 hatte er mit vier Begleitern eine Expedition quer durch Grönland unternommen. Das Team bewältigte auf Skiern dieselbe Strecke, auf der der Norweger Fridtjof Nansen 1888 als erster Mensch Grönland von Osten nach Westen bezwang. Lechhart hatte einen großartigen Film von dem Unternehmen gedreht, der auch im Fernsehen gezeigt worden war. Eines Abends besuchte er mich. Ich erzählte ihm von unserem Vorhaben und fragte ihn zaghaft, ob er uns nicht in die Anfänge der Bergsteigerei einweihen könnte.

»Wo denn?« fragte er zurück.

»Da gibt es doch hier die Kalkfelsen bei Bad Segeberg«, antwortete ich. Und als ich sein skeptisches Lächeln sah, setzte ich schnell hinzu: »Sicher, das sind keine Alpen. Aber immerhin werden dort jedes Jahr nicht nur die Karl-May-Festspiele durchgeführt, nein, im norddeutschen Raum gibt es wirklich keinen besseren Ort, an dem man als Bergsteiger trainieren kann.«

Peter Lechhart hörte sich mein Gerede eine Weile an, dann stand er plötzlich auf: ein mittelgroßer, drahtiger Mann, ging zur Tür, hängte sich mit den Fingerspitzen an den Rahmen und machte zehn astreine Klimmzüge.

»Können Sie das nachmachen?« fragte er mich.

Ich war verdutzt. »Nur mit den Fingerkuppen?« antwortete ich kleinlaut. »Nein, das schaffe ich nicht. Jedenfalls keine zehn.«

»Dann üben Sie es«, lachte er. »Und wenn Sie zehn Klimmzüge so schaffen, wie ich es Ihnen vorgemacht habe, dann können Sie mich wieder anrufen. Dann gehe ich mit Ihnen auch in die Kalkfelsen von Bad Segeberg.«

So einer war das, der Lechhart. Zehn Klimmzüge, nur mit den Fingerspitzen an einem einen Zentimeter breiten Türrahmen hängend. Meist sind die Dinger noch staubig und schräg. Aus reiner Schikane.

Ich brauchte drei verbissene Wochen, ehe mir das zum ersten Mal gelang. Noch am selben Tag rief ich Lechhart an.

»Na, dann wollen wir mal«, reagierte er kurz. »Paßt es Ihnen am Sonntag?«

O Gott, dieser Sonntag! Den werde ich so leicht nicht vergessen. Michael hatte sich natürlich gedrückt. Der saß irgendwo auf einem nahen Felsen mit der Kamera und filmte. Und vermutlich lachte er sich über mich kaputt.

Lechhart erklärte mir zuerst die Vielzahl der Knoten, dann stieg er voran. Ich zunächst forsch hinterher. Dann aber wurde es immer steiler, ich durfte gar nicht mehr nach unten sehen, um nicht schwindlig zu werden. Unendlich tief schien mir der Talkessel. Die Touristen, die wohl gerade an einer Führung durch die Karl-May-Szenerie teilnahmen, sahen wie winzige Pünktchen aus. Ich hing an dem Seil wie ein nasser Sack, kam nicht vorwärts und nicht rückwärts. Meine Finger verkrampften sich in einer Haarritze. Mein linker Fuß suchte panisch nach einem Halt. Der rechte stand in der Leiter, dem Fifi. So suchte, grapschte und hoffte ich. Da fing mein rechter Fuß in der Leiter dermaßen zu zittern an; ich hätte nie geglaubt, daß meine Füße, außer auf einem Vibrator, so schnell zittern können. Lechhart konnte ich schon nicht mehr sehen. Nachher erfuhr ich, daß er oben war, gemütlich auf dem Plateau saß und das Seil an einem Baum gesichert hatte.

»Meine Füße zittern wie wahnsinnig«, schrie ich rauf.

»Das ist normal«, kam die Antwort nach einer Ewigkeit, »das nennen wir ›Nähmaschine‹.«

Ich entschloß mich, etwas tiefer zu gehen, um einen erneuten Anlauf zu nehmen. Dazu aber hätte Lechhart etwas Seil nachlassen müssen. Ich schrie nach oben. Er aber tat so, als würde er nichts verstehen. Nach einer Weile rief mir Michael grinsend zu:

»Er sagt, wer nach Seil schreit muß einen ausgeben.«

Was blieb mir schon anderes übrig, als dies zu versprechen? Als ich dann schließlich völlig erschöpft über die Kante kroch und mich im ersten besten Grasbüschel verkrallte, weil ich mir davon größere Sicherheit versprach, zog er mich mit einem kräftigen Ruck zu sich heran. Ich blieb halbtot liegen. Er aber ließ mir gar keine Zeit zum langen Überlegen.

»Bist mächtig unsauber geklettert!« schimpfte er.

Ich muß ihn recht hilflos angesehen haben.

»Na, guck dir doch mal die Fingernägel an. Die sind ja ganz schmutzig, so hast du dich festgekrallt. Ein richtiger Bergsteiger hat keine dreckigen Fingernägel!«

Ich war so erschöpft, daß ich nicht mal Lust hatte, wütend zu werden oder zu lachen.

»Jetzt wollen wir mal wieder nach unten«, forderte Lechhart nach wenigen Minuten. »Ich kriege allmählich Hunger.«

Sprach's und turnte wie ein Affe in Sekunden am Seil in die Tiefe. Mich schauderte es. Schließlich zog ich es vor, den Höhenunterschied von etwa zwanzig Metern auf einem Spazierweg zu bewältigen. Das dauerte natürlich etwas länger. Als ich ankam, hatte Peter bereits den größten Teil des Frühstücks verputzt.

»Das macht nichts«, erklärte er mir lakonisch. »So lernst du es am besten. Hunger macht nämlich mutig.«

---

Nun hockten wir bei diesen Höhlen um das Feuer. Michael und Andreas hatten gebettelt, ich möge ihnen doch mal wieder eine Schokoladencreme bereiten.

»Wozu haben wir schließlich einen Konditor mitgenommen«, grinste Michael.

»Ihr verdammten Süßschnäbel«, stöhnte ich; rührte dann aber gern einen dicken Brei aus Schokoladenpulver, Trockenmilch, Zucker und einem Liter ungekochtem Nilwasser an.

Wie zwei ausgehungerte Jungen stürzten sie sich darüber her. Auf einmal hob Andreas lauschend den Kopf.

»Still!« zischte er. »Da kommt jemand.«

Wir hörten Zweige knacken, leichte, eilige Schritte über den Boden huschen; plötzlich brach ein Mann durch das Buschwerk am Waldrand. Die Schama flatterte um seine nackten Beine, auf den Schultern trug er ein großes Bündel Hirsestroh. Überrascht blieb er einen Augenblick stehen. Dann senkte er den Kopf, eilte zwischen den beiden Zelten hindurch, ohne einen Blick nach links oder rechts zu werfen, von einem Gruß ganz zu schweigen. Am Ufer verhielt er einen Moment, warf ein paar schwere Steine in das Wasser, dann stieg er schreiend und immer wieder das Wasser mit den Händen peitschend in den Fluß und schwamm behende ans andere Ufer. Das war die übliche Art, in der Äthiopier den Blauen Nil durchquerten. Mit dem Lärm hofften sie, eventuell lauernde Kroks vertreiben zu können. Michael hatte eilig die Kamera aus dem Zelt geholt und die ganze Szene gefilmt. Es sollte seine letzte Szene werden. Die Auswertung später ergab aber keine Anhaltspunkte für die Täterbeschreibung.

»Merkwürdig«, sagte er, als er wieder ans Feuer zurückkam, »so abweisend sind doch die Leute hier sonst nicht. Ob der Mann Angst vor uns gehabt hat?«

»Angst?« zweifelte ich. »Dann hätte er ja nicht mitten zwischen unsere Zelte laufen müssen. Dann wäre er sicher ein Stückchen weiter entfernt durch den Fluß geschwommen. Nein, ich glaube nicht, daß der Angst hatte. Der schien mir viel eher feindselig gesinnt zu sein.«

»Ach, wir haben ja schon einen regelrechten Komplex«, wehrte Michael ab. »Überall sehen wir plötzlich Feinde. Wahrscheinlich ist das alles Quatsch. Die sind einfach nur scheu hier.«

Andreas schlug trotzdem vor, für die Nacht Wachen einzuteilen. Michael und ich waren dagegen.

»Wir brauchen dringend den Schlaf, um morgen wieder fit zu sein. Und nachts passiert uns hier ganz bestimmt nichts. Da haben die Äthiopier viel zuviel Angst vor Geistern, die im Dunklen ihr Unwesen treiben. Erst wenn es hell wird, dann müssen wir wieder auf der Hut sein.«

Wir bleiben noch eine Weile am Feuer sitzen. Michael erzählte wieder einmal von Ina. Und von der Zukunft, die er sich mit ihr aufbauen wollte. Eigenartig, ich hatte niemals vermutet, daß dieser sachliche, nüchterne Junge so ins Schwärmen geraten konnte. Zu dem Beruf, den er über alles liebte, hatte er nun auch noch den Menschen gefunden, der ihm offensichtlich unendlich viel bedeutete.

»Ich werde einen Film von dieser Geschichte hier drehen«, meinte er begeistert, »einen Film, da wird sich mancher noch umsehen. Vor allem meine Kollegen beim NDR, die immer so spöttisch meinten, mein erster Film damals sei nur ein Glückstreffer gewesen.«

Nach unserer letzten Expedition hatten wir lange kämpfen müssen, ehe Michaels Film einen Abnehmer fand. Wenn man keinen Namen in der Branche hat, dann ist es eben verdammt schwer, sich ins Geschäft zu boxen. Erst als die »Hörzu« über unsere Bemühungen berichtete, wie man uns von Fernsehanstalt zu Fernsehanstalt gereicht hatte, und wie die Verantwortlichen sich dort meist nicht mal die Mühe machten, Michaels Film überhaupt zu prüfen, da klappte

es plötzlich. Und wir bekamen dann sogar fünfundvierzig Sende-
minuten an einem Sonntagnachmittag. Zu einer sehr guten Zeit.
Die alte Binsenwahrheit: wenn man ein Mister Nobody ist, dann
muß man halt einen Fürsprecher haben. Sonst bleibt man auf der
Strecke.

Ich schlief sehr unruhig in dieser Nacht. Im Traum lief ich vor etwas
Ungeheuerlichem davon. Es kam näher und näher. Ich konnte nicht
fliehen, welche Mühe ich mir auch gab. Schon glaubte ich, keine
Chance mehr zu haben . . . In diesem Augenblick fuhr ich aus dem
Schlaf. Es war empfindlich kühl geworden, dennoch stand mir der
Schweiß auf der Stirn. Michael lag nicht mehr neben mir. Ich hörte
ihn draußen herumrumoren. Er konnte also auch nicht richtig schla-
fen, dachte ich. Durch einen Spalt in der Zeltklappe stahl sich die fahle
Morgendämmerung. Noch hatte die Sonne nicht die Felswände be-
zwungen. Draußen knisterte das Feuer. Wahrscheinlich hatte
Michael trockene Zweige aufgelegt. Gleich darauf drang verführeri-
scher Teeduft ins Zelt. Ich wollte gerade aus dem Schlafsack schlüp-
fen, als ich Michael auf einmal verhalten rufen hörte:
»Steht auf, Leute, ich glaube, wir kriegen Besuch.«
Seine Stimme klang gleichzeitig verwundert und mißtrauisch. Ich
sprang schnell hoch und rüttelte Andreas wach.
»Was ist los?« knurrte der verschlafen.
»Los, aufstehen!« flüsterte ich scharf. »Draußen ist was los.«
Unwillkürlich tastete ich nach dem Achtunddreißiger, dem Revolver,
den wir alle unter unseren Hemden in Schulterhalftern trugen. Ja, al-
les o.k. Sollte ich auch das Gewehr mit rausnehmen? Doch sofort
verwarf ich diesen Gedanken wieder. Warum eventuell harmlosen
Leuten gleich mit der Waffe gegenübertreten? Das könnte erst recht
eine feindselige Stimmung erzeugen.
Andreas hatte die Müdigkeit in Bruchteilen von Sekunden abgestreift. Fast gleichzeitig krochen wir ins Freie.
»Siehst du, da haben wir den Salat!« hörte ich ihn knurren.
Dort, wo der Bach in den Blauen Nil mündete, auf dem Landdreieck
an unserer Uferseite, standen sieben Äthiopier. Keiner von ihnen
sagte ein Wort. Schweigsam, feindselig starrten sie uns an. Sie waren
vielleicht zwanzig Meter entfernt. Waffen trugen sie offenbar nicht,
doch sie stützten sich alle auf mannshohe, kräftige Stöcke, die am
Knauf wie Keulen ausgearbeitet waren. Ihre Schamas hatten sie hoch
ins Gesicht gezogen, bis dicht unter die Augen.

Sehen beinahe aus wie Feddajins*, schoß es mir durch den Kopf.

»Sie sind den Weg auf unserer Seite des Flusses gekommen, haben über den Bach gesetzt und beobachten uns nun«, erklärte Michael, der völlig ruhig am Feuer hockte, die Männer aber keine Sekunde aus den Augen ließ.

Sie standen wie eine lebende Mauer. Es gab keinen Gruß, kein freundliches Winken, keinen Schritt nach vorn oder zurück. Hin und wieder tuschelten zwei verstohlen miteinander.

»Kommt. Laßt uns so tun, als ob wir sie überhaupt nicht wahrnehmen«, schlug Andreas vor. »Aber auf den Tee wollen wir jetzt lieber verzichten. Es wäre sicher besser, wenn wir gleich unsere Zelte zusammenpackten und uns davonmachten.«

Michael nickte. Auch ich war einverstanden. Zwar erschien mir die Situation noch nicht allzu gefährlich zu sein; schließlich hatten wir unsere modernen Gewehre und die Revolver. Und die sieben dahinten waren vermutlich nur mit diesen Keulen ausgerüstet. Aber man muß ja die Gefahr nicht noch provozieren.

»Bleib du mal hier noch ein bißchen am Feuer sitzen«, sagte ich zu Michael, »und beobachte sie. Wir brechen inzwischen die Zelte ab.«

Schnell, aber ohne unsere Aufregung zu zeigen, lockerten wir die Zeltstäbe, schafften die erste Ausrüstung in die Boote, wobei wir uns bemühten, die Gewehre schön sichtbar zu tragen. Sollen sie ruhig sehen, wie gut wir bewaffnet sind, dachte ich.

Urplötzlich waren die sieben vorgerückt und standen in einem Kreis um unser Feuer. Vierzehn Hände streckten sich den Flammen entgegen. Eine vertrackte Situation. Hätten sie unseren Gruß erwidert, hätten sie gefragt, ob sie sich an unserem Feuer wärmen dürfen – nie wären wir auf den Gedanken gekommen, dies abzulehnen. Doch diese vermummten Figuren hier, von denen wir bisher nur die funkelnden Augen sehen konnten, die Hände und die nackten Füße – nein, das war schon eine Situation, die Mißtrauen geradezu wecken mußte.

»Rüdiger«, rief Andreas, »paß mit auf, daß sie nichts stehlen. Halte vor allen Dingen die Schußwaffen aus ihrer Reichweite. Wenn wir nur eine Sekunde unaufmerksam sind, dann stürzen sie sich über unsere Sachen, und jeder läuft in eine andere Richtung weg. Ich

---

* Aufständische in Palästina, Rebellen

werde das verdammte Gefühl nicht los, daß die böse Absichten haben. Beinahe genauso habe ich das im letzten Jahr hier auch erlebt.«

Ich überlegte kurz. Schließlich war es ja ihr Gebiet, auf dem wir, ohne sie zu fragen, lagerten. Deshalb wollte ich nicht gleich zu scharf werden. Trotzdem mußte man unmißverständlich auftreten. Ich deutete den sieben an, daß sie aus der Nähe des Lagers verschwinden sollten. Sie gehorchten überraschenderweise augenblicklich. Alle sieben überkletterten einen Baumstamm, der in einiger Entfernung vom Camp am Ufer lag und jetzt so etwas wie eine Grenze bildete. Dahinter hockten sie sich nieder.

»Komisch«, flüsterte ich Andreas zu, der weiter einpackte, »wenn es ihnen wirklich nur um eine Feuerstelle ginge, dann könnten sie doch ohne Schwierigkeiten ein eigenes Feuer anmachen. Holz gibt es hier haufenweise.«

»Klar«, antwortete Andreas. »Denen geht es auch nicht um Feuer, die wollen klauen.«

Die Spannung schien nachzulassen. Wir packten alle drei jetzt. Plötzlich sprangen zwei der Belagerer wieder über den Baumstamm und hockten sich am Feuer nieder. Ihr gieriger Blick streifte über die Gewehre, die wir in die Boote gelegt hatten. Doch jetzt nahm ich keine Rücksicht mehr. Auf deutsch fauchte ich die beiden an:

»Habt ihr nicht verstanden? Ihr sollte aus unserem Camp verschwinden. Und zwar dalli, dalli!«

Sie verstanden die Worte zwar nicht, aber Gestik und Ton waren unmißverständlich. Blitzschnell hüpften sie vom Feuer weg und gesellten sich wieder zu den anderen. Ich warf einen Blick auf die Uhr: halb sieben. Plötzlich hörte ich Michael rufen:

»Aufpassen! Da kommen noch zwei andere!«

Schnell drehte ich mich um und sah, wie Michael nach links deutete.

Richtig! Aus demselben Gebüsch, aus dem die anderen auch gekommen waren, traten zwei weitere Männer. Auch sie hatten die Schamas weit ins Gesicht gezogen. Aber etwas anderes unterschied sie von ihren Gefährten:

Die beiden trugen Gewehre! Langläufige Büchsen. Der Schaft der einen Waffe war reich mit Messing beschlagen. Damit war die Situation um vieles gefährlicher geworden.

Michael blieb die Ruhe selbst. Gemächlich erhob er sich aus seiner hockenden Stellung am Feuer, rieb sich ein-, zweimal die Hände und rief mir dann zu:

»Laß mich das mal machen. Ich werde versuchen, einfach mal das Eis zu brechen und den Jungs ›Guten Tag‹ sagen.«

Ehe ich noch Zeit fand, etwas zu erwidern, ging er auf die beiden Bewaffneten zu, schon von weitem streckte er ihnen die Rechte entgegen und lächelte die Männer freundlich an.

»Tenastelin«, sagte er laut. Und dann noch einmal: »Tenastelin.«

Die Äthiopier starrten ihn nur schweigend an. Der eine von ihnen machte eine abwehrende Handbewegung, hob sein Gewehr an, und dann traten beide etwa zwei Meter zurück. Aus dem Augenwinkel heraus sah ich, daß die anderen Äthiopier die Szene gespannt verfolgten.

»Na, dann eben nicht, liebe Leute«, wandte sich Michael enttäuscht ab und kehrte den beiden den Rücken zu.

Er war vielleicht drei, vier Meter von ihnen entfernt. Zwischen ihm und den Bewaffneten lag lediglich der Baumstamm. Ich ging zum Feuer, um den Teekessel zu holen; Andreas machte sich an dem Zelt zu schaffen. Seltsam, wie glasklar einem solche Augenblicke im Gedächtnis bleiben. Wie eingebrannt.

In diesem Moment zerriß der erste Schuß den Morgen. Das Echo war noch nicht aus den Bergen zurückgerollt, als der zweite Äthiopier feuerte. Glühendheißes Blei zischte an meinem Kopf vorbei.

Im Niederwerfen sah ich, daß Michael hinter dem Baumstamm lag. Da hat er Deckung gesucht, dachte ich. Die beiden feigen Schützen waren im Gebüsch verschwunden. Gleich darauf blitzte es aus dem Blätterwerk erneut auf. Ich rollte hinter einen Busch am Wasser. Hier hatte ich wenigstens den Rücken frei.

Wumm! Wumm! Das Echo verdoppelte den Knall. Wumm! Wumm!

In diesem Augenblick ließ mich ein entsetzlich schrilles Geschrei herumfahren. Die anderen sieben! Wild ihre Keulen schwingend, kamen sie auf uns zugerast. Ich nestelte noch an meinem Schulterhalfter herum, als es vom Boot her schon knallte.

Andreas! Ohne jede Deckung lag er am Strand, den linken Ellenbogen gekrümmt, den Revolver aufgelegt. Ruhig und überlegt schoß er die Trommel leer. Dann griff er ins Boot zum Gewehr. Auch ich hatte inzwischen meine Waffe in der Hand und feuerte in die Angreifer hinein. Ungezielt allerdings, ohne jegliches Überlegen. Es war, als liefen sie gegen eine unsichtbare Mauer. Die Schreie verstummten plötzlich; eilig rafften sie ihre Schamas zusammen und stürmten mit weit ausholenden Schritten dem schützenden Wald entgegen, ins mannshohe Gras.

Stille. Auch aus dem Gebüsch fiel kein Schuß mehr.

Ob sie weg sind, überlegte ich. Und dann: Du mußt sehen, daß du schnell zum Boot kommst. Zu den Gewehren.

Blitzschnell sprang ich auf und jagte gebückt am Strand entlang. Andreas warf mir schon ein Gewehr zu. Hinter dem Boot schmiß ich mich in Deckung. Lud schnell den Revolver neu. Wie gut, daß wir jeder vierzig Reservepatronen so griffbereit in der Hosentasche haben!

Da!

Ein gellender Schrei vom anderen Ufer. Ich wirbelte herum. Oben, ganz oben auf der 50 m hohen Felswand, sah ich die Silhouette eines Mannes. Er zeigte auf uns, rief irgend etwas nach unten. Ich riß das Gewehr an die Schulter und drückte ohne zu zielen ab.

Der Mann verschwand blitzschnell.

»Bloß weg hier!« keuchte ich. »Wir sind umzingelt! Es kann nicht lange dauern, bis sie ihren ersten Schock überwunden haben und wieder angreifen.«

Andreas riß seinen Dolch aus der Scheide. Zwei scharfe Schnitte gegen das Seil, mit dem wir das Boot vertäut hatten. Es war frei.

Warum kommt nur Michael nicht, dachte ich wütend. Sieht er denn nicht, daß wir hier schnellstens türmen müssen?!

»Michael!« brüllte ich. »Los, komm! Die Luft ist jetzt rein!«

Die Figur dort hinter dem Baumstamm regte sich nicht. Etwas kroch in mir hoch – Furcht, Entsetzen! Nur das nicht, Herrgott, laß es nicht wahr sein! Herrgott, laß ihn vielleicht nur die Besinnung verloren haben!

»Gib mir Feuerschutz!« rief ich Andreas zu.

Seine Antwort wartete ich gar nicht erst ab, sprang auf und hastete über den Uferstreifen. Gleichzeitig peitschten seine Schüsse über mich hinweg ins Dickicht mit den Angreifern. In wenigen Sekunden hatte ich die Strecke zurückgelegt. Nach Luft hechelnd, warf ich mich neben dem Baumstamm nieder.

»Michael! Mensch, Michael, was ist denn?«

Er lag ganz natürlich da. Das linke Bein war etwas angewinkelt, die

Arme hatte er über dem Kopf, das Gesicht war in die Erde gepreßt. Sacht stieß ich ihn an. Und in diesem Augenblick wußte ich, daß Michael tot war. Ich hatte urplötzlich die schreckliche Gewißheit. Und dann sah ich auch das fingergroße, blutverschmierte Loch in seinem Hinterkopf.

Ich drehte ihn herum. O Gott, welch ein Anblick! Über den Augen, fast in Breite der ganzen Stirn der Ausschuß. Diese Strolche mußten ihre Geschosse abgefeilt oder plump selbst gegossen haben, anders war eine solche Wirkung gar nicht möglich. Fürchterliche Wut schoß in mir hoch. Wut auf die Mörder, die einen Menschen bedenkenlos niedergeschossen hatten, der ihnen gerade die Hand zum Gruß reichen wollte.

»Was ist?« hörte ich Andreas leise rufen.

»Er ist tot!«

Meine Stimme gehorchte mir nicht mehr. Sanft ließ ich Michael wieder auf den Boden gleiten. Jetzt konnten wir nichts mehr für ihn tun. Herrgott, was einem in solchen Augenblicken alles durch den Kopf geht! Die Eltern, dachte ich. Wie sollst du es bloß den Eltern beibringen? Und Ina? Und dem Bruder? Gestern abend hatte er noch von seiner Zukunft geträumt. Ein großer Kameramann wollte er werden. In Hamburg fand zur Zeit gerade eine Ausstellung seiner Bilder in der Hamburger Sparkasse statt. Und er liegt hier. Tot. Erschossen. Einfach von hinten erschossen.

Können wir wenigstens die Leiche bergen?

In diesem Augenblick sah ich es im Wald aufblitzen. Unmittelbar darauf der trockene Knall eines Schusses. Ein paar Meter von mir entfernt spritzten die Kiesel auf. Ich lag ungedeckt. Ich warf mich nieder; riß den Revolver hoch und schoß blindlings die Trommel leer. Dann riß ich Michaels Colt aus dem Halfter, steckte ihn zu mir und raste zurück.

»Schnell, hier zum Waldessaum! Wir müssen uns einbuddeln!«

Meine Finger scharrten wie wahnsinnig im Kies. Hoffnungslos. Und der Spaten war irgendwo unter Deck festgezurrt.

»Bist du verrückt? Wofür soll das gut sein?«

»Ja, willst du denn die ganzen Klamotten hier liegenlassen? Wenn wir ein gutes Loch haben, kommen die nicht an uns ran. Munition haben wir ja genug. Und heute abend schmeißen wir den Kram ins Boot und verschwinden in der Dunkelheit.«

»Glaub mir, Rüdiger: bis heute abend haben wir es mit 200 dieser

Leute zu tun. Auf jedem Fels werden sie hocken und das Feuer auf uns eröffnen! Laß den Mist liegen und laß uns abhauen!«

Er brauchte das nicht zweimal zu sagen. Ich sah ein, daß sein Rat der bessere war. Jetzt mußten wir ihren Schock nutzen und fliehen. Andreas hatte das Boot schon ins Wasser geschoben. Ganz klein duckte er sich hinter die Bootskante.

»Los, weg!« brüllte er. »Wir müssen erst mal hier weg. Vielleicht können wir Michael später wieder holen.«

Ich nickte nur, schwang mich in das Boot hinein. Wieder knallte ein Schuß. Mit einem bösen Sirren zischte die Kugel ins Wasser neben uns.

Mit wildem Schwung stießen wir das Boot in die Flußmitte. Eine leichte Strömung faßte uns und trieb uns voran.

# Zehn Tage in der Hölle

Unter allen Schadinsekten gilt die Tsetsefliege (Glossina morsitane) als das gefährlichste. Es gibt sie in etwa zwanzig Arten. Eine dieser Arten befällt Rinder und Pferde und überträgt auf sie mikroskopisch kleine Lebewesen in Form von Geißeltierchen, sogenannte Trypanosomen. Sie vermehren sich in der Blutbahn und haben unweigerlich den Tod des Tieres zur Folge. Die Tsetsefliege ist auch für den Menschen sehr gefährlich. Eine Art, die Glossina papalis, überträgt die Schlafkrankheit. Die 0,02 mm langen Geißeltierchen dringen nach dem Stich in die Blutbahn des Menschen ein und setzen sich im Lymphsystem fest. Sie rufen zuerst Fiber und Hautausschlag hervor; der Mensch magert sehr stark ab, bekommt psychische Störungen, Lähmungen und versinkt oft in einen ohnmachtähnlichen Schlaf. Der Tod tritt bei tiefster Bewußtlosigkeit nach neun bis zwölf Monaten ein; die Krankheit kann sich aber auch Jahre hinziehen.
Die Tsetsefliege ähnelt der bei uns bekannten Bremse. Sie saugt ein Mehrfaches ihres eigenen Körpergewichts an Blut auf. Dabei schwillt ihr Hinterleib enorm an und färbt sich rot. Sie lebt in Gegenden mit großer Luftfeuchtigkeit. In Afrika sind daher besonders die Landstriche beiderseits des Äquators von der Tsetsefliege verseucht; jede Art von Viehzucht ist in weiten Gebieten unmöglich. Viele Aktionen, die Tsetsefliege auszumerzen, sind bisher vergeblich geblieben. Erst 1975 beschlossen die Vereinten Nationen ein neues Programm, welches als Ziel hat, sieben Millionen Quadratkilometer Land von der Tsetsefliege zu befreien, um es als Weidefläche nutzen zu können. Welche volkswirtschaftliche Bedeutung dies hat, geht allein aus der Tatsache hervor, daß auf diesen sieben Millionen Quadratkilometern 120 Millionen Rinder mehr weiden könnten. Das Programm erstreckt sich auf über vierzig Jahre.

Der 10. Tag. Der 10. Tag in der Hölle. Aber eine Hölle, die merkwürdig friedlich aussah und unglaublich schön. So wie in diesem Augenblick, da ich aus dem Zelt kroch: Der Tag hatte seine ersten fahlen Lichter aufgesetzt. Auf dem Fluß lag eine dünne Nebeldecke; in den Gräsern glitzerten schwere Tauperlen. Noch versperrten die schwarzen Basaltfelswände der aufgehenden Sonne den Weg, doch es konnte nur noch Minuten dauern, bis sie ihre goldenen Pfeile über den Fluß werfen würde, um gleich danach als feuriger Ball am Himmel zu stehen. Das Leben am Fluß erwachte wieder. Die leise an den Strand plätschernden Wellen wurden zugedeckt vom Geschrei der Affen, die durch das Geäst jagten, wie sie es jeden Tag tun. Die eben noch bewegungslos auf den Bäumen hockenden Geier breiteten ihre gewaltigen schwarz-weiß gefiederten Schwingen aus, hin und wieder erhob sich einer träge in die Luft und strich mit wenigen Flügelschlägen davon. Von irgendwo erklang das heisere Bellen einer Hyäne, die ihren nächtlichen Beutezug weit in den Morgen hinaus ausgedehnt hatte.

Das paradiesische Bild trügt, denn mit der Sonne kommen die Teufel! Unzählige, kleine Teufel. Aggressiv und erbarmungslos fallen sie über alles her, was Leben zeigt, ruhen nicht eher, als bis sie ihren Rüssel in das warme Fleisch getrieben haben und sich randvoll mit Blut saugen können. Tsetsefliegen! Eine der Plagen Afrikas. Winzige, schwarze Todesboten! –

Seit zehn Tagen wurden wir jetzt von ihnen gequält. Zu Hunderten und aber Hunderten fielen sie über uns her. Im Boot beobachtete ich oft, wie sie als dicke Klumpen auf dem Rücken des vor mir paddelnden Wolfgang klebten.

Wir konnten sie mit Spray einnebeln, was allenfalls bewirkte, daß einige torkelten und aufs Deck fielen. Dann quetschten wir sie rachsüchtig tot. Aber ihr freigewordener Platz auf unseren Rücken wurde augenblicklich von nachrückenden, unbenebelten, kampfstarken Fliegen eingenommen. Was hatte es da schon für einen Sinn, zehn oder zwanzig totzuschlagen? Wir vergeudeten nur unsere Energie und das kostbare Insektenspray. Wir mußten tagsüber nicht nur unser Hemd tragen. Es reichte allein nicht aus; durch den dünnen Stoff stachen sie durch. Wir mußten uns also in die dicken, wetterfesten Parkas hüllen, mußten lange Hosen und Stiefel anziehen, Lederhandschuhe und selbstverständlich Hüte, an denen wir dichte Netze befestigt hatten, festen Gardinenstoff, den wir uns in Addis Abeba vorsorglich gekauft hatten. Die Netze waren aus Nylon. Sie waren weiß, glänzten und reflektierten die Sonnenstrahlen in alle Richtungen. Besonders in unsere Augen. Deshalb mußten wir zusätzlich Sonnenbrillen tragen. Dennoch fanden immer wieder einige besonders pfiffige Brummer einen Durchschlupf unters Netz. Sie saugten sich voll Blut, was wir nicht sofort bemerkten, sondern erst wenn sie ihren Tank randvoll gefüllt hatten und nach Hause wollten. Dann fanden sie den Ausgang nicht mehr und rotierten mit hysterisch schrillem Summton um unsere Ohren. Wir schlugen wie wild nach ihnen, um Ruhe zu bekommen. Bevor wir sie aber trafen, hatten wir uns zehnmal selbst geohrfeigt. Doch dann war endlich Ruhe unterm Netz, und ein dicker Blutfleck, der geplatzte »Tank«.

Nach zwei Tagen färbten sich die Netze mehr und mehr rot. Nach Stunden veränderte sich der Farbton ins Braune, weil das Blut verkrustete. Das brachte aber unbeabsichtigt auch einen Vorteil mit sich. Das grelle Blenden durch die Kunststoffasern ließ nach. So verfielen wir auf die »geniale« Idee, die Netze kräftig durch den Schlamm zu ziehen. Nun waren sie dunkel, und wir konnten die Sonnenbrillen wieder wegstecken.

Zum wilden Totschlagen der Tsetse brauchtet wir beide Hände. Die Ruder ließ man einfach fallen. Weil der Partner meist noch weiterruderte, drehte sich das Boot. Dann mußte man schnellstmöglich versuchen, die Paddel zu sich heranzuziehen, um den Antriebsverlust auszugleichen. Das ermüdet mehr, als man vermutet.

Als Wolfgang einmal sein Netz lüftete, um den Sauerstoff ungefiltert einzuatmen und den Schweiß verdunsten zu lassen, saß sein Gesicht sofort voller Fliegen. Jedenfalls dort, wo er keinen Bart hatte. Mit einem wütenden Rucken des Kopfes wollte er sich der Plagegeister entledigen. Die Fliegen hoben jedoch nur kurz von der Haut ab, ließen den Wackelkopf wieder zur Ruhe kommen und landeten erneut. Wolfgangs teure Weitsichtbrille mit den sich automatisch verdunkelnden Linsen war dabei im hohen Bogen ins Wasser geflogen. Es half kein Fluchen und kein Fauchen. Vom 7. Tage an mußte Wolfgang ohne Brille auskommen. Ab jetzt waren wir es, die ihm mitteilen mußten, wenn in der Ferne ein Filmmotiv auszumachen war, das er selbst noch nicht wahrnehmen konnte. Also müßte im Vorspann seines Films zu lesen sein:

Ferneinstellungsberatung:
Dr. Andreas Scholtz und Rüdiger Nehberg.

Aber wir sind ja nicht so kleinlich.

Dies alles geschah bei vierzig bis fünfundvierzig Grad Tageshitze! Eine mörderische Tortur. In Addis Abeba hatte man uns schon gewarnt. Die Tsetsefliegen werden euch das Leben zur Hölle machen, hatten uns amerikanische Freunde gesagt. Wir lachten nur geringschätzig. Fliegen! Naja, dagegen gibt es Netze. Doch bald dachten wir anders. Andreas war nach drei Tagen so geschafft, daß er ernsthaft daran dachte, aufzugeben. »Ich mache Schluß«, fluchte er, und es bedurfte einiger Zeit, um ihn wieder aufzurichten. Es hielt uns alle drei die Angst gefangen: wann wird der erste von uns krank werden? Wann wird das Fieber kommen und die verräterischen Hautausschläge. Zwar gibt es eine Faustregel in Afrika, die besagt, daß nur jeder tausendste Stich einer Tsetsefliege die Schlafkrankheit überträgt – aber wer gibt Garantien für Faustregeln?! –

Wenn die Dämmerung herabsank und die Tsetses sich zurückzogen für einige Stunden, war die Qual noch nicht vorbei. Dann kamen die Simulium-Fliegen, kleine Bestien, die wie winzige Punkte auf der verschmutzten, verschwitzten Haut saßen, kaum zu sehen. Ihre Stiche hinterließen juckende, rote Schwellungen, die erst nach zehn Tagen zurückgingen. Und nachts überfielen uns die Mücken. Mückenschwärme, die manchmal so dicht waren, daß man das Licht einer Lampe nicht sehen konnte, die sie umschwirrten. Wir sahen aus, als seien wir von der Beulenpest befallen worden. Und es wurde uns schmerzhaft klar, warum die Gegend, die wir durchfuhren, beinahe menschenleer war. Auf den ersten fünfhundert Kilometern der etwa eintausend Kilometer langen Strecke sahen wir höchstens einmal einen einheimischen Jäger oder eine Händlergruppe auf dem Wege zu einem weit entfernten Markt. Sonst nichts. Kein Dorf, keine Ansiedlung, keine Menschenseele.


Mich fröstelte in der Morgendämmerung und ich legte frisches Holz in die Glut des Lagerfeuers. Gleich darauf flackerten die Flammen hell auf. Wolfgang und Andreas rührten sich noch nicht, nur Sepp hatte sich zu meinen Füßen zusammengerollt. Auf weichen Sohlen war er so leise ans Feuer geschlichen, daß ich ihn gar nicht bemerkt hatte. Jetzt schauten mich die schwarzen Kugelaugen aus dem weißen Wollknäuel neugierig und fragend an.
Sepp!
Wir waren mit einem gemieteten (130 DM) Lastwagen am frühen Morgen des 2. Januar 1976 in Addis Abeba gestartet. Unser Ziel war die Brücke über den Gibe, einen Fluß im äthiopischen Hochland. Er vereinigt sich nach 5 Kilometern mit dem Omo, der zuvor nur ein müde dahinplätscherndes Bächlein ist und erst nach der Ehe mit dem

Gibe zu einem reißenden Strom wird. Sie liegt 184 km westlich von Addis Abeba.

Etwa sechs Stunden halsbrecherischer Fahrt. Für Sepp, der damals noch auf weiß der Kuckuck welchen Namen hörte, brachte sie um Haaresbreite den Tod. Urplötzlich jagte etwas Weißes über die unübersichtliche Straße, der Fahrer trat voll auf die Bremse, wir wurden nach vorn geschleudert, und Andreas holte sich eine Riesenbeule, als er mit dem Kopf die Widerstandsfähigkeit der Windschutzscheibe testete. Einen Meter vor dem Volant aber bellte etwas, das wie ein kleiner Eisbär aussah. Beim genaueren Hinsehen erwies sich, daß da ein bißchen Pudel, ein bißchen Spitz und ein Spritzer Schäferhund so drollig gemischt waren, daß wir uns auf den ersten Anblick verliebten. Vor allem Wolfgang war wie aus dem Häuschen. Mit einem Schrei des Entzückens sprang er aus dem Auto, nahm den Hund auf den Arm und fütterte ihn auch schon mit einem Stück Zucker, das er aus der Tiefe einer seiner vielen Taschen hervorkramte. Mehr brauchte er nicht, um das Herz des kleinen Kerls zu gewinnen. Von Stund an wich der Hund Wolfgang nicht mehr von der Seite.

Auf der anderen Straßenseite standen eine alte, zerlumpt angezogene Frau und ein kleines Mädchen. Die Frau war blind; offenbar eine Bettlerin auf dem Weg zur nächsten Ortschaft. Es bedurfte keiner langen Verhandlungen, um ihr den Hund abzukaufen. Vermutlich war sie sogar froh, einen unnützen Fresser so gut loszuwerden. Ein Dollar besiegelte nach kurzem Kauderwelsch den Besitzwechsel, den der Hund von sich aus schon vollzogen hatte. Jetzt waren wir vier. Drei Mann, ein Hund, ein Boot. Über den Namen aber ließ Wolfgang keine lange Diskussion aufkommen.

»Er heißt Sepp«, erklärte er kategorisch.

Wir sahen uns fragend an. Andreas zuckte die Schultern.

»Müßt ihr einsehen«, sagte Wolfgang. »Ich brauch' was Bayrisches in meiner Umgebung. Etwas, das mich an zu Hause erinnert – und wenn's ein Name ist.

Ihr beide kennt euch nun schon so lange von der anderen Expedition her, da könnt ihr doch ruhig mal zurücktreten . . .«

»Ach, red doch nicht so lange«, unterbrach ich ihn, »es sagt ja gar keiner was gegen deinen Sepp. Und daß ihr Bayern manchmal vom anderen Stern seid, das wissen wir doch schon lange«, setzte ich grinsend hinzu.

Wolfgang feixte zufrieden zurück. Und kramte schon wieder in seinem Proviantsack, um eine Scheibe Wurst für Sepp hervorzuholen. Von Andreas' privater ungarischer Salami. Als Taufmahlzeit sozusagen. Und deshalb sagte Andreas auch nichts.

---

Ich setzte Tee auf. Als der aromatische Duft durch das Lager zog, war es mit dem Schlaf von Andreas und Wolfgang auch bald vorbei. Andreas kroch als erster ins Freie.

»Hast du was Schniekes gebacken?« erkundigte er sich hoffnungsvoll.

Andreas war eine Naschkatze, wie sie im Buch steht. Man konnte ihm keine größere Freude machen, als irgendeine Leckerei auf den Speisezettel zu setzen. Manchmal hatte ich den leisen Verdacht, die Tatsache, daß ich Konditor von Beruf bin, spielte ein bißchen bei ihm mit, als er sich meinen Expeditionen anschloß. Bei unserer letzten Fahrt, die so tragisch endete, schleppte er in seinem Proviant sogar eine gute Konfitüre mit; und es gehörte für ihn zu den schönsten Minuten des Tages, sich einmal in Ruhe hinzuhauen und einen Löffel Konfitüre genießerisch auf der Zunge zergehen zu lassen. Diesmal mußte ich ihn allerdings enttäuschen.

»Nur Tee und Hafersuppe, Andreas.« Mit einem Seufzer ließ er sich am Feuer nieder.

Eine knappe halbe Stunde später hatten wir das Camp abgebrochen und uns wieder dem Omo anvertraut. Er vergalt es uns mit allen denkbaren Widerwärtigkeiten. Nicht genug der Schwärme von Tsetsefliegen, nicht genug der brütenden Hitze. Der Fluß stellte uns tückische Strudel, reißende Wasserfälle, Katarakte, Felsen und ständig wechselnde Strömungen in den Weg, besonders jetzt im Januar. Während all meiner Fahrten auf dem Blauen Nil war ich nicht so oft gekentert wie in diesen paar Tagen auf dem Omo.

Es gibt in Addis Abeba eine Gruppe junger, sympathischer Amerikaner. Sie nennen sich SOBEK EXPEDITIONS und fahren Touristen in riesigen Schlauchbooten einige äthiopische Flüsse hinunter. Auch den oberen Omo. Von Dezember bis März aber meiden sie den Omo. Er ist dann für Touristen unzumutbar. Die Boote reißen auf oder verkeilen sich zwischen den Felsen. In der Regenzeit schwebt man über alles hinweg. Aber es ist auch alles feuchter. Von den »Sobeks« hatten wir manch guten Tip bekommen. Ihre Reisen enden in der Regel am Mui River – dort, wo der Omo National Park an den

Omo stößt. Sie marschieren zur Lodge des Schweden Carl Forsmark (35 km) und fliegen von seinem Air-Strip nach Hause.

Es sollte uns möglicherweise vorbehalten bleiben, als erste den ganzen Strom bis zum Rudolfsee abgeklappert zu haben, und ganz ohne Motor, um die Tiere nicht zu verscheuchen. Es ging uns dabei weniger darum, als erste irgendeinen Rekord aufzustellen, sondern darum, filmisch, fotografisch und mit diesem Buch einen groben Gesamteindruck eines unberührten, schönen Stückes Afrika mit nach Hause zu bringen – als Anreiz für Globetrotter, als Trost für diejenigen, denen solche Reisen verwehrt sind, und zu unserer persönlichen Erbauung.

Die unpassierbaren Stellen! Entweder versperrten Felsen den Weg, oder der Fluß wurde plötzlich so flach, daß der Bootsrumpf aufzureißen drohte, oder schäumende Katarakte jede Weiterfahrt zu einem unüberschaubaren Risiko machten. Unter unflätigen Flüchen lenkten wir unsere Boote dann ans Ufer, schleppten jedes einzelne Stück der Ausrüstung und die beiden Fahrzeuge über Stock und Stein, über unwegsame Felsen und durch dorniges Gestrüpp bis zu einer Stelle, an der der Omo gnädig war, uns die Fahrt mit dem Boot wieder zu erlauben. *Unsere* Boote: das waren der bewußte selbstgebaute »Pfannkuchen«, der quasi unzerstörbar war, und ein Gummischlauchboot, das nur für die Filmarbeit gedacht war.

»He, träum nicht!«

Wolfgang rief mich an und wies bedeutungsvoll nach vorn. Es war offenbar wieder einmal soweit. Der Fluß quetschte sich in beinahe rechtem Winkel durch zwei gewaltige Felsbrocken hindurch. Dabei wurde die Strömung so stark, daß man Gefahr lief, mit dem Boot gegen die Felswand geworfen zu werden. Andreas hatte sein leichtes Gefährt schon ans Ufer gelenkt, um von Land aus zu erkunden, ob wir die Durchfahrt wagen konnten. Wir hatten unseren »Pfannkuchen« gerade ebenfalls festgemacht und uns aus den Sitzen geschwungen, als Andreas plötzlich etwas Unverständliches schrie und mit zwei, drei Sätzen ins Wasser jagte.

In diesem Augenblick sah ich, daß sich sein Boot losgerissen hatte und der Strömung zutrieb. Bevor es erfaßt werden konnte, war Andreas heran und stemmte sich mit einem mächtigen Ruck hinein. Ich beobachtete, daß er sich gerade noch die Sicherheitsleine, die er im Boot stets trug, ummachen konnte, dann war er inmitten der Strudel. Sie spielten ein paar Sekunden mit dem leichten Gefährt, warfen es herum, ließen es auf weißen Schaumkronen tanzen und trieben es in immer schnellerem Tempo auf die Felswand zu. Verzweifelt versuchte Andreas mit dem Paddel die Fahrt zu bremsen, doch genauso hätte man auch mit einem Papierschiffchen gegen den Strom fahren können.

In diesem Augenblick wurde das Boot mit wildem Schwung gegen die Felsen geknallt, drehte sich und schwamm gleich darauf kieloben weiter. Andreas? Wo war Andreas? Fieberhaft suchten wir das Wasser ab. Da! Für Sekundenbruchteile sah ich seinen Kopf in den Strudeln auftauchen. Dann schlugen die Fluten wieder über ihm zusammen.

»Seine Sicherheitsleine hat sich mit dem Ankerseil verheddert«, schrie ich Wolfgang zu, der viel näher an der Unfallstelle stand.

Deutlich konnte ich das straff gespannte Ankerseil sehen, das vom Boot aus unter die Wasserfläche wies. Eine tödliche Falle. Andreas hatte keine Chance, sich selbst zu befreien.

Aber da war ja noch Wolfgang! Nicht nur ein hervorragender Kameramann; nicht nur ein guter Bergführer – auch ein erstklassiger Schwimmer und Taucher! Vor allem aber ein mutiger Kamerad! Ohne eine Sekunde zu zögern, sprang er in den Fluß. Kraftvoll kämpfte er sich durch das reißende Wasser, erreichte das Boot, hatte auch schon das Messer aus dem Gürtel gerissen und kappte mit einem blitzschnellen Schnitt das Seil. Beinahe im selben Augenblick tauchte wenige Meter vor ihm Andreas auf. Ein restlos erschöpfter Andreas. Er mußte Unmengen Wasser geschluckt haben. Keuchend schnappte er nach Luft, versuchte verzweifelt, über Wasser zu bleiben.

»Halt dich bei mir fest«, schrie ihm Wolfgang zu, der selbst alle Mühe hatte, nicht von der Strömung besiegt zu werden.

Ein Glück, daß das Ufer nur wenige Meter entfernt war. Wolfgang mobilisierte seine letzten Kraftreserven; noch ein, zwei Schwimmstöße, dann war er im ruhigen Wasser, bekam Grund unter die Füße. Sekunden später lagen sie völlig erschöpft am Ufer. Andreas erbrach sich, Wolfgang rang nach Luft, und beide waren minutenlang nicht in der Lage, sich zu erheben. Schließlich stand Andreas als erster auf, half Wolfgang auf die Beine, schlug ihm auf die Schulter und murmelte etwas, das wie »Danke« klang. Dann machte er sich zu seinem Boot auf. Es war in ruhigeres Wasser getrieben, und ich hatte es an Land gezogen. Gott sei Dank – von der Ausrüstung war nichts verlorengegangen. Das meiste hatten wir sowieso in unserem Boot verstaut.

Wir schafften an diesem Tag nicht mehr viel. Aber an welchem Tag schafften wir denn überhaupt viel? Einmal waren es in vierundzwanzig Stunden ganze fünfhundert Meter Omo gewesen. Fünfhundert Meter! Und so eine elende Schinderei, daß wir abends im Camp kaum noch ein Wort sprachen vor Erschöpfung.

O ja, der Omo zeigte uns vom ersten Tage an die Zähne.

Als die Sonne hinter den Felsen verschwand, machten wir fest und begannen die Zelte aufzubauen. Andreas hatte den Schock noch nicht restlos verdaut. Kaum war er aus dem Boot gestiegen, warf er sich, so lang wie er war, hin, das Gesicht in den Sand gepreßt, um erst einmal das wild pochende Herz, die angespannten Muskeln, die vibrierenden Nerven zur Ruhe kommen zu lassen. Dennoch: Als Andreas nach einem ersten Schläfchen aufwachte, stand er auf und ging wortlos zum Boot. Mit einem scharfen Schnitt trennte er seinen Sicherheitsgurt vom Bootskörper und warf ihn ins Gebüsch.

»Mag sich den holen, der ihn findet. Ich habe die Vorteile eines Sicherheitsgurtes überschätzt. Je mehr Leinen wir an Bord haben, desto schneller kann man sich darin verheddern. Ich glaube nicht, daß ein Mensch zweimal mit so viel Glück rechnen kann, wie ich es heute hatte. Also weg damit; lieber verliere ich mein Boot.«

Andreas konnte nicht ahnen, daß der Tag noch längst nicht alle bösen Trümpfe gegen ihn ausgespielt hatte, daß er sich groteskerweise noch eine Parallele zu dem heute bereits Erlebten aufsparte.

Wie gesagt, Andreas ist von Geburt Ungar. Nichts gegen die Ungarn, aber die Leute von der Donau nehmen halt das Leben mehr von der Sonnenseite; sie sind heiterer als wir und so pingelig genau wohl auch nicht gerade. Solcherart Mentalität hat sicher ihre Vorteile, manchmal allerdings kann sie auch negative Auswirkung zeigen.

Andreas jedenfalls – die Lehre dieses Nachmittags muß demnach noch nicht tief genug gesessen haben, hatte sein Boot wieder mal nicht vorschriftsmäßig festgemacht. Er hatte das Seil einfach locker um einen Stein am Ufer geschlagen. Was sollte hier auch schon passieren? Der Fluß zog an dieser Stelle ziemlich gemächlich dahin, zeigte keine Tücken und Boshaftigkeiten; und außerdem wollte Andreas ja auch nach einem Becher Tee und einer kräftigen Mahlzeit das Boot fester zurren. Ganz sicher wollte er das. Ich hockte derweil am Feuer und backte Omelettes mit Konfitüre.

Noch etwas muß von Andreas verraten werden: Er spricht ein ausgezeichnetes Deutsch, grammatikalisch richtig, nur mit dieser weichen Färbung im Tonfall, die den Ungarn eigen ist, und die unsere harte Sprache aus ihrem Mund so melodisch klingen läßt. Doch wenn Andreas aufgeregt ist, dann verfällt er urplötzlich in dieses komische Ungarn-Deutsch, dann verwechselt er die Artikel, bringt Sätze durcheinander, und je mehr man darüber lacht, um so mehr verhaspelt er sich.

Wir waren gerade beim Abendbrot, als Andreas einen Blick zum Ufer warf. Im selben Augenblick sprang er auch schon auf, rannte los und schrie:

»Einen Hippo klaut der Boot! Mensch! Klaut meinen Boot, einen Hippo!«

Offensichtlich glaubte er, ein Flußpferd habe sich seines Bootes bemächtigt. Mit wenigen Sätzen war er am Wasser und wollte seinem Boot hinterherspringen, das in drei Metern Entfernung dahinschwamm.

In diesem Moment krachte neben mir ein Schuß. Ich fuhr herum. Wolfgang stand breitbeinig da, hatte den Revolver auf den linken Unterarm aufgestützt, zielte erneut und feuerte schon wieder.

»Andreeeaaas!!!« schrie er gellend.

»Ist er denn blind?« knurrte er dann wütend zu mir gewandt. »Der kann wohl gar nicht schnell genug ins Verderben rennen! Aber jetzt ist es, glaube ich, weg.«

»Was war denn?« stotterte ich verblüfft.

»Na, ein Krokodil!« antwortete Wolfgang und beobachtete aufmerksam die Wasseroberfläche. »Hast du es nicht gesehen? Es muß sich wohl den Köder geschnappt haben, den wir an die Angel gemacht haben. Dabei ist natürlich der Kahn gleich mitgegangen.«

Wir legten in jedem Camp die Angeln aus. Sie wurden oft am Boot befestigt, das gleichzeitig unser Schwimmer war und uns einen Biß durch Wackeln anzeigte. Und wie wir nun sehen konnten, hatte Andreas sein Boot nur ungenügend vertäut.

Beim Krachen des Schusses war er stehengeblieben.

»Nicht! Was soll denn das? Gegen ein Hippo kannst du doch nichts ausrichten!«

Nun sprang er doch ins Wasser. Aber nicht weit. Er hatte das Seil gesehen, es zu fassen gekriegt und stürmte schon wieder heraus. Wir waren auch inzwischen dort und schlangen es hastig um einen Strauch. Mit einem seiner tausend Bergsteigerknoten sicherte Wolfgang Seil und Boot.

»Was heißt hier Hippo?« spottete Wolfgang. »Das war ein Krok!«

»Du spinnst ja, ich habe doch den glatten Rücken eines Hippos deutlich gesehen.«

Weiter kamen die beiden nicht. Das Seil straffte. Wasser spritzte auf. Der Busch krümmte sich. Das Boot stoppte in 10 Metern Entfernung. Hinterm Boot turbulierte es.

Jetzt sahen wir alle deutlich den Krokodilschwanz!

»Siehst du!« triumphierte Wolfgang.

Doch da sahen wir auch den glatten Rücken des Hippo!

»Nun guck dir das an! Ich hatte also auch recht! Das ist ein Hippo!«

Ein afrikanisches Schauspiel rollte vor uns ab. Unsere Verblüffung währte nur Sekunden. Gemeinsam zogen wir am Seil. Nun wollten wir's wissen.

»Hau ruck«, kommandierte Wolfgang.

Langsam kam das Boot näher. Das gewonnene Seil wurde sofort um den Strauch geschlungen. Manchmal ging das so leicht, daß wir meinten, das Hippo-Krok habe längst die Angel gekappt. Dann waren es noch 2 bis 3 Meter vom Ufer. Das Wasser war dort flach.

»Das muß ein Baby-Hippo sein. Sonst müßte es doch längst auftauchen bei der geringen Wassertiefe da!« errechnete ich.

In dieser Sekunde tat es einen gewaltigen Ruck. Das Seil ging auf Spannung. Wir schleuderten gegeneinander. Einen Moment verhielt es so. Dann ein erneuter Ruck. Ein schlaffes Seil, ein im Halbkreis treibendes Boot. Gerade noch rechtzeitig, um zu sehen, wie ein 250 cm langes Krokodil auftauchte mit einem gewaltigen 150-cm-Wels quer zwischen den Kiefern. Es warf ihn hoch, noch mal und noch mal.

Deutlich merkte man sein Bemühen, den langen Fischleib in die Längsrichtung zu jonglieren. Nach vier Versuchen gelang es ihm. Der Wels wurde geschluckt.

Wir saßen wie gebannt im Sand. Nur noch einige leichte Wellen, die ans Ufer plätscherten, bestätigten uns, daß wir nicht geträumt hatten.

»Meine Fresse – war das ein Fisch!« staunte Andreas beeindruckt.

»Den Haken können wir auch abschreiben. Der 20. beinahe. Die

Fische im Omo sind größer, als wir gedacht haben«, ergänzte ich.

»Ihr habt Sorgen!« ließ sich Wolfgang deprimiert hören. »Viel schlimmer ist, daß ich gar nicht ans Filmen gedacht habe.«
Tatsächlich, das wollte was heißen.

Andreas riß uns in die Wirklichkeit zurück. »Verflixt! Nun ist auch noch der Pfannkuchen verbrannt!«
Wie ein Signal zog eine unübersehbare Rauchfahne in den windlosen Himmel.

»Ich verzichte auf meinen«, ließ sich Wolfgang vernehmen.
Das war das letzte, was er an diesem Abend sprach. Eindeutig ärgerte er sich über sich selbst.
Solche Szene und dann die Kamera nicht zur Hand! Noch schlimmer: Nicht einmal daran gedacht hatte er! Wo er doch sonst mit dem Ding schläft. Kein Abend verging, an dem Wolfgang nicht vorher sorgfältig die Kamera bereitlegte, ein Mikrofon ans Zelt hängte und sich in Reichweite seinen Schalter installierte. Und wie oft hatte sich das gelohnt! Keine Nacht brachte dieselben Geräusche. Einmal waren es »nur« die zornigen Colobus-Affen, ein anderes Mal die Flußpferde mit ihrem Konzert in Moll, mal die Löwen, mal die Hyänen.

»Ihr glaubt nicht«, hatte er uns belehrt, »wie wertvoll es für meinen Film ist, wenn ich nicht einen einzigen Studioton zu nehmen brauche.«
An diesem besagten Abend sprach er also nicht mehr. Ohnehin redete er nie Überflüssiges!
Ich hatte ihn durch Peter Lechhart kennengelernt. Wir »lagen« uns vom ersten Augenblick.

---

Wolfgang Bróg, so stellte sich heraus, war trotz seiner jungen Jahre bereits ein Kameramann mit Erfahrung. Einmal hatte er allein mit seiner Freundin Buzzi eine Expedition in das Himalajagebiet unternommen. Buzzi ist Medizinstudentin in München, vierundzwanzig, hübsch und ein Mordskumpel.

»Es waren unermeßlich schöne Tage dort inmitten der Bergriesen«, erzählte Wolfgang einmal in seiner spärlichen Art. »Wir hatten tagelang keinen Menschen gesehen. Eines Morgens aber tauchte plötzlich so ein Bursche auf. Er war mit einem Gewehr bewaffnet, bedrohte uns und wollte durchaus Buzzi als Beute haben.

Verdammte Situation. Wir hatten keine Pistole, kein Gewehr; wir boten ihm unsere Habseligkeiten, aber er wollte Buzzi. Sechs Stunden haben wir auf ihn eingeredet. Sechs Stunden ohne Erfolg. Psychologie gegen ein Gewehr. Sechs Stunden der Ohnmacht, in denen einem die Gedanken kreuz und quer durch den Kopf schießen. Hätte ich eine Waffe gehabt – ich hätte geschossen. Aber heute glaube ich, daß ich dann nie mehr lebend aus dem Tal herausgekommen wäre. Irgendwo hätte man uns abgefangen. Und endlich gab er auf. Ohne geschossen zu haben. Er stand auf und ging fort. Buzzi und ich fielen uns um den Hals und brachten kein Wort mehr heraus. Später erfuhren wir, daß in demselben Gebiet wenige Wochen zuvor zwei schwedische Ehepaare überfallen worden waren. Die Männer hatte man erschossen, die beiden Frauen vergewaltigt und mitgeschleppt. Eine konnte sich später befreien und fliehen. Der Polizeioffizier in der nächsten Ortschaft kommentierte lakonisch: ›Was gehen Sie auch in diese Gegend! Das ist Ihr Risiko.‹«

Das Risiko. Auch diesmal gab es ein Risiko. Es war uns allen bewußt. Auch Buzzi. Dennoch riet sie Wolfgang nicht ab, sondern sagte:

»Leute, wie gern käme ich mit. Ich beneide euch!«

So war Buzzi. Ein Schatz. Und so lernten wir einander kennen.

Noch nie zuvor hatte ich einen Menschen wie Wolfgang gekannt, der sich mit solcher Akribie und Geduld seinen Apparaturen widmen konnte. Für seine Kameras stürzte er sich bedenkenlos in die größten Gefahren. Als ich gleich am ersten Tag bei einem Kentern eine wertvolle 50-mm-Optik verlor, tauchte er beinahe eine Stunde danach. Vergeblich. Und anschließend sprach er für den Rest des Tages kein Wort mehr mit mir.

Ein paar Tage später waren wir mit unserem Boot dicht an einer Flußpferdherde vorbeigefahren. Die riesigen Tiere lagen unbeweglich wie graue Felsbrocken im Wasser, kleine Augen und wackelnde Ohren beobachteten uns aufmerksam. Wir hatten uns bereits an den Anblick gewöhnt und auch daran, daß die vierzig Zentner schweren Kolosse sehr friedfertig sind. Vielleicht waren wir schon zu leichtsinnig geworden. Plötzlich setzte sich nämlich einer der Flußpferdbullen in Bewegung und kam drohend auf uns zu.

»Mensch, der nimmt uns an!« schrie Wolfgang, der vorn im Boot saß.

Wie die Wilden paddelten wir los, doch unser Gefährt war viel zu langsam, viel zu plump. In wenigen Sekunden war das Tier heran; vermutlich fühlte es sich von uns angegriffen. Unmittelbar vor dem Boot tauchte es weg, und in der nächsten Sekunde riß uns eine gewaltige Kraft in die Luft, wirbelte uns herum, als seien wir ein Fetzen Papier. Ich wurde aus dem Sitz geschleudert und stürzte kopfüber ins Wasser. Jetzt erst kam die Panik. Ich dachte an das riesige Maul des Flußpferdes, an die gewaltigen Hauer. Herrgott, wenn dieser zornige Riese dich erwischt, dann gnade dir Gott. Nur weg hier, nur weg!

Vor mir, in dem schäumenden Wasser, tauchte Sepp plötzlich auf. Ich griff mit der Rechten in das nasse Fell und kraulte wie ein Verrückter. Jeden Augenblick glaubte ich, von dem Flußpferd gepackt zu werden. Endlich! Endlich fester Boden unter den Füßen. Ich hastete an Land, warf Sepp auf den Kies. In diesem Augenblick riß mich ein schriller Schrei herum.

Jetzt hat es Wolfgang erwischt, dachte ich entsetzt! In einigen Metern Entfernung trieb unser Boot ruhig, aber kopfüber, weiter. Unmittelbar daneben sah ich Wolfgang schwimmen. Er trat auf der Stelle. Von dem Flußpferd keine Spur mehr. Warum schrie er dann aber so?

»Los, paß auf, daß mich kein Krokodil schnappt«, brüllte er in diesem Augenblick. »Meine Kamera ist hier ins Wasser geflogen. Ich muß runter.«

Der hat gut reden, dachte ich, unsere Gewehre waren schließlich im Boot. Und mit einem Revolver Krokodile vertreiben – na, darauf möchte ich mich lieber nicht einlassen. Trotzdem riß ich die Waffe heraus, suchte mir zusätzlich Steine zusammen und schmiß sie ins Wasser; genau dort, wo Wolfgang tauchte. Eine bewährte Methode der Eingeborenen, Krokodile zu vertreiben.

Unglaublich, wie lange der Kerl unter Wasser bleiben konnte. In diesem Augenblick tauchte er wieder auf. Triumphierend.

»Ich hab' sie«, schrie er.

Mit wenigen Stößen war er am Ufer.

Die Kamera hatten wir wieder. Aber wie sah das wertvolle Gerät aus! Aus jeder Öffnung floß das Wasser heraus. Wenn es nicht gelang, sie zu trocknen, konnte Wolfgang sie auch gleich liegenlassen. Dann war sie unbrauchbar. Zehntausend Mark im Eimer. Film ade!

Wolfgang verlor keine Zeit, suchte sich auf den Felsen eine kleine, möglichst ebene Plattform, legte ein Tuch aus und nahm die Kamera auseinander; Schraube für Schraube, Feder für Feder, Rädchen für Rädchen.

»Das wird nie mehr was«, meinte ich skeptisch zu Andreas, der das Boot inzwischen gesichert hatte. »Die kriegt er doch nicht mehr richtig zusammen. Guck dir nur mal das Gewirr an.«

Wolfgang kümmerte sich nicht um uns. Mit unendlicher Geduld putzte er auch kleinste Teilchen, legte sie sorgfältig zur Seite und begann schließlich, die Kamera wieder zusammenzusetzen. Ein guter halber Tag war inzwischen vergangen. Wolfgang schien die Tsetsefliegen nicht zu bemerken, die seine Hände zerstachen, er kümmerte sich nicht um die glühende Hitze, er hatte nur Augen für das Gerät. Beinahe hatte er es geschafft. Noch zwanzig Schräubchen lagen auf dem Tuch, die Kamera sah bereits wieder wie eine Kamera aus. In diesem Augenblick aber trat Sepp in Aktion. Er war längst wieder trocken, ausgeruht und freute sich seines Lebens. Er sprang auf die Plattform, stürzte auf sein Herrchen zu und – na ja, er tat schließlich das, was alle Hunde tun, die außer sich sind vor Freude: Er wedelte mit dem Schwanz.

Wir taten alle drei unser Teil, das Unglück aufzuhalten. Wolfgang, indem er Sepp zurückzuscheuchen versuchte; Andreas und ich, indem wir den Hund riefen. Vergebens. Es war bereits geschehen! Mit dem Schwanz hatte Sepp die Schrauben vom Tuch gefegt, irgendwo kullerten sie vom hohen Felsen herunter.

Aus! Alle Mühe umsonst! Verfluchter Sepp – lieber Sepp!

Jeder andere hätte die Kamera genommen und sie wütend in den Fluß geschmissen. Was soll's auch? Was hätte man jetzt noch tun können? Etwa die Schrauben, diese winzigen 1-Millimeter-Schrauben zwischen den Felsen suchen? Ha!

Wolfgang tat genau das. Ohne ein Wort zu verlieren, ohne eine zornige Geste zu Sepp ging er zum Boot, kramte in seinem Gepäck, kam mit einem kleinen Magneten wieder. Was wollte er denn mit dem Ding? Wir hatten uns den Magneten einmal zugelegt, als wir auf dem Markt von Addis Abeba silberne Kreuze als Souveniers kauften. Manchmal sahen sie nämlich nur so aus, als seien sie aus Silber; in Wirklichkeit handelte es sich um blankgeputzten Stahl. Mit dem Magneten prüften wir also, ob der Händler uns übers Ohr hauen wollte. Ich wußte gar nicht, daß Wolfgang ihn mitgenommen hatte.

»Hast du ein Stück Schnur in der Tasche?« fragte er mich.

»Ja.« Ich gab sie ihm. »Was willst du denn machen?«

»Wirst schon sehen«, murmelte er.

Der spinnt, dachte ich und warf Andreas einen bezeichnenden Blick zu.

Wolfgang kümmerte sich nicht um uns. Er band den Magneten an die Schnur und fing doch tatsächlich an, die Felsspalten nach den Schrauben abzuloten. Nach etwa einer halben Stunde hatte er die erste gefunden. Der Erfolg gab ihm Auftrieb. Allmählich begann auch ich zu glauben, daß die Idee wohl doch nicht so verrückt war. Schraube um Schraube sammelte er mit seinem Magnetsucher ein. Achtzehn bekam er zusammen; die beiden restlichen blieben verschwunden. Wolfgang ersetzte sie mit einem Stück Draht, das er entsprechend zurechtfeilte.

Die Kamera war wieder funktionsbereit.

»Das ist ein unheimlich zäher Hund«, flüsterte Andreas mir zu. Ich nickte nur. Weiß der Himmel – ein zäher Hund.

---

Am Abend des zehnten Tages fuhren wir in einen wunderschönen Talkessel ein. Unmerklich waren die Felswände von den Ufern zurückgetreten, entfernten sich etwa zwei bis drei Kilometer von jeder Seite und schlossen in etwa zwanzig Kilometer Länge den Fluß ein, der hier ruhig dahinfloß, an die 200 Meter breit. Ein kleines Paradies. Im flachen Wasser suchten Störche und Reiher nach Fischen; sie kümmerten sich gar nicht um die Krokodile, die unbeweglich wie Baumstämme dalagen. Auf der linken Uferseite hatte sich eine Nilpferdfamilie im Schlamm eingewühlt. Der dichte Wald war bis dicht ans Wasser herangewachsen, Lianen bildeten einen grünen Vorhang, durch den Meerkatzen tobten und Colobus-Affen, die anderswo so gern geschossen werden, weil ihr hübsch gezeichnetes Fell und der langhaarige, buschige Schwanz zu Teppichen verarbeitet wird. Am blaßblauen Himmel schwebten majestätisch einige Adler, und hin und wieder sah man Antilopen, Gazellen und Wildschweine am Ufer grasen. Ein Serval verschwand mit einem geschlagenen Klippschliefer in einer Wurzelhöhle. Ein Traumflecken: Wald, Grasflächen und Busch. Das alles von hohen Bergen auf natürliche Weise eingezäunt. Und mitten hindurch, wie eine Hauptschlagader, der majestätische Strom, der hier 150 Meter breit und ruhig ist.

»Jungs«, sagte ich, als ich all diese Beobachtungen im Tagebuch notiert hatte, »kennt ihr den Manyara-Park in Tansania?«

Nein, sie kannten ihn nicht.

»Wenn ich nicht wüßte, daß man relativ kleine Gebiete zu un-
glaublich attraktiven Parks machen könnte, wie diesen Manyara-
Park oder den Nairobi-National-Park, dann würde ich diesen
Platz hier vergessen. Aber so, meine ich, sollte man eigentlich alles
versuchen, die Äthiopier davon zu überzeugen, diesen Flecken un-
ter Naturschutz zu stellen!«
Wolfgang war sofort Feuer und Flamme:
»Das ist überhaupt die Idee des Jahres! Ich schlage vor, wir sehen
uns hier mal ein wenig um!«
Erst lange nach Einbruch der Dunkelheit kamen wir zurück ins
Camp. Andreas hatte es bewacht.
»Mensch, Andor, stell dir vor: es scheint alles wie geplant für einen
Park: fünf verschiedene Landschaftsformen! Die Möglichkeit, ei-
nen Air Strip zu bauen, und zwar dort, wo der Gogeb in den Omo
mündet. Und wenn man den Fluß verläßt, gibt's auch keine Tsetse
mehr.
Man könnte die Lodge an den Hang bauen. Der Fluß sorgt für
Strom und damit Air Condition. Angler kämen auf ihre Kosten.
Man könnte Bootsfahrten unternehmen und Abenteuer-Schleich-
pfade anlegen. Natürlich muß man den Tierbestand noch auffüllen
und fürs ökologische Gleichgewicht sorgen. Aber die Voraussetzungen sind da. Ist das nicht toll?«
Wir ereiferten uns wie die Kinder, die sich im Schutt eine Höhle gebaut haben.
Andreas studierte inzwischen die Karte. Er schien ihn gar nicht zu
berühren, unser Park.
»He, juckt dich das überhaupt nicht?« wollten wir wissen.
»Du siehst wohl alles nur mit den Augen des Ungarn: Schönes Gelände für einen Weinberg oder so. Aber daß unsere Kinder hier
möglicherweise . . .«
Er räusperte sich. »Weinberge kann man hier auch anlegen. Aber
ich habe eben festgestellt, daß man dieses Tal durchaus auch für
Landrover öffnen kann. Schau nur! Die Italiener haben hier 1940
schon mal eine Straße geplant. Nur, daraus ist nie was geworden.
Aber bestimmt ist das Gelände im Prinzip dafür ideal. Und sieh
mal hier: Bis zur Stadt Soddu kann man mit Ethiopian Airlines
fliegen. Das mag eine Flugstunde von Addis sein. Der Rest ist ein
Katzenspiel.«
Wir redeten uns vor Begeisterung die Köpfe heiß und beschlossen,

in Addis Abeba mit der Wildlife Conservation Organization zu sprechen.

»Ja, aber die verdammten Tsetses. Das nimmt doch kein Tourist in Kauf«, warf Andreas ein.

»Das stimmt. Deshalb sollte man auch gleich vorschlagen, hier eine Forschungsstation aufzubauen. Ich habe gehört, daß man Tsetses nicht künstlich in Laboratorien züchten kann. Man braucht sie in der Natur. Und hier hat man sie.«

Es wurde nach langer Zeit mal wieder ein wunderschöner, geruhsamer Abend. Wir hatten beschlossen, morgen einen Ruhetag einzulegen. Andreas bekam von mir Omelette mit Marmelade gebacken; er strahlte und hatte vergessen, daß er eigentlich schon aufgeben wollte.

Undurchdringlich stand die Nacht um unser Lagerfeuer. Hin und wieder glaubte ich, in dem Dunkel leuchtende Augen zu sehen. Oder spielte mir die Phantasie einen Streich?

»Ihr habt mir noch nie richtig erzählt, wie das damals weiterging, nach Michaels Tod«, meinte Wolfgang plötzlich. »Wie war das eigentlich mit eurer Flucht. Erzähl doch mal, Rüdiger.«

Er hatte recht. Ohne daß wir uns verabredet hatten, war dieses Thema für uns beide bisher tabu gewesen. Warum eigentlich? Es gab keinen erkennbaren Grund.

Fragend sah ich Andreas an. Er nickte nur gedankenvoll. Vermutlich standen auf einmal diese schrecklichen Tage auch wieder vor ihm. Die Angst und die Hoffnung, die sich gegenseitig bekämpften.

Warum soll ich's eigentlich nicht erzählen, dachte ich. Andreas legte neues Holz in das Feuer. Sein Gesicht war sehr ernst geworden.

»Nun mach schon«, sagte er.

Ich setzte mich zurecht. Und dann begann ich von den Tagen nach Michaels Tod zu erzählen.

Von unserer Flucht.

# Die Flucht

Das Boot hatte 2 Sitzboxen, jede fünfzig mal siebzig Zentimeter groß. Ich lag in der hinteren Box. Irgendwie hatte ich es fertiggekriegt, mich so zusammenzukrümmen, daß nur der Kopf über die dicke Kunststoffwandung des Bootes hinwegragte. Ich hatte das Gewehr im Anschlag und jagte Schuß auf Schuß hinaus. Ohne zu zielen. Ohne überhaupt einen Feind zu sehen.

Warum?

Ach, Gott – warum? Wer ist schon eiskalt genug, sich in solchen Situationen von kühler Überlegung leiten zu lassen? Haß und Furcht zugleich beherrschten mich. Und in meiner Hand lag die schlanke Waffe mit dem matt blinkenden Lauf. Schieß! schrie etwas in mir, schieß! Räche Michael! Oder war es gar nicht Rachsucht? War es einfach nur Furcht vor einem neuen Überfall?

»Nun hör doch endlich auf«, stieß mich Andreas an. »Du verpulverst doch unnötig Munition!«

Es konnten nur Sekunden vergangen sein, seit wir das Boot vom Ufer abgestoßen hatten. Mir erschienen sie wie eine Ewigkeit. In der grünen Blätterwand, hinter die sich die Äthiopier zurückgezogen hatten, regte sich nichts. Die Sonne war inzwischen über die Berge geklettert, sie stand zwar noch sehr schräg, doch schon war die Kühle der Nacht vergessen; flimmernde Hitze überzog das Land. Vor mir pendelte der sehnige, braungebrannte Rücken von Andreas in unregelmäßigen Abständen hin und her. Eine dünne Staubschicht bedeckte ihn, durch die Schweißtropfen schmale Bahnen zogen. Merkwürdig, auf welche Nebensächlichkeiten man achtet.

Warum beugt er sich denn dauernd von einer Seite zur anderen? dachte ich, und im selben Augenlick fiel mir auch die Antwort ein. Natürlich wollte er kein festes Ziel abgeben. Konnte denn nicht jede Sekunde aus dem Wald wieder auf uns geschossen werden?

Wir hatten das Boot von Andreas am Ufer liegenlassen, obwohl wir vorher beim Packen ein Drittel der Ausrüstung dort verstaut hatten. Die Flucht in dem Gummifahrzeug wäre fast Selbstmord gewesen. Ein Schuß in eine der drei Luftkammern würde genügen – zwei Personen könnte das Boot dann sicher nicht mehr tragen.

Ich wollte ebenfalls zum Paddel greifen. So schnell wie möglich weg von hier, dachte ich. Doch Andreas, der wie ein Berserker das Wasser aufwühlte, keuchte:

»Laß die Paddel liegen! Paß lieber auf die Ufer auf, ob sie sich vielleicht zeigen!«

Er hatte recht. Wieder schmiegte ich mich eng an den Bootsboden und starrte angestrengt in den Wald. Nichts! Nichts regte sich. Wo waren die Äthiopier? Ob sie es aufgegeben hatten? Sie mußten doch wissen, daß wir uns mit jedem Paddelschlag weiter von ihnen entfernten. Auch das rechte Ufer durfte ich nicht aus dem Auge lassen – war doch dort der Späher aufgetaucht. In diesem Augenblick sah ich genau da etwas Dunkles am Strand liegen. Ein Bündel – das Bündel Hirse. Der Mann hatte es geschleppt, der gestern abend ohne Wort durch unser Lager geeilt war. Andreas hatte es auch gesehen.

»Der holte uns also die Banditen auf den Hals!« sagte er.

Seine Stimme zitterte vor Anstrengung und Nervosität. Eine andere Möglichkeit blieb kaum. Warum wohl hätte der Mann dieses Hirsebündel einfach am Strand abwerfen sollen? Immerhin handelte es sich doch um einen Wertgegenstand, für den er einen weiten Weg zurücklegte. Also mußte er sich einen größeren Gewinn versprochen haben. Am linken Ufer hörte der schmale Trampelpfad abrupt auf. Er mochte vielleicht 100 Meter lang gewesen sein. Ich stieß Andreas an:

»Sieh dir das an! Die können nur durchs Wasser vom rechten Ufer gekommen sein. Der Weg endet hier. Und nach oben gibt es keine Ausweichmöglichkeit.«

Die Felswand war jetzt auch auf der rechten Uferseite wieder dicht an den Fluß herangetreten. Steil und unheilvoll schloß der dunkle Basalt das Wasser von beiden Seiten ein. Es gab kein Ufer mehr. Aus gleicher Höhe war also im Augenblick kein Überfall zu befürchten. Die Räuber konnten uns höchstens von oben her beschießen. Wenn sie uns überhaupt verfolgten.

Vielleicht sind sie mit dem zufrieden, was wir zurückgelassen hatten, hoffte ich einen Augenblick. Doch dann holte mich die Angst wieder ein. Natürlich müssen sie alles tun, daß wir nicht entkommen. Schließlich haben sie doch bestimmt schon ihre Erfahrungen mit Strafexpeditionen gemacht. Die Polizeibehörden sind nicht zimperlich, wenn sie von Überfällen erfahren.

Nein, sie werden alles versuchen, die Zeugen des Mordes ebenfalls zu töten.

Meine Gedanken irrten wieder zu Michael zurück. Wenigstens ist er gleich tot gewesen, redete ich mir ein. Hat sich nicht erst lange quälen müssen. Welch ein billiger Trost!

Hätten wir ihn nicht doch mitschleppen müssen? Bevor ich anfangen konnte, mir Selbstvorwürfe zu machen, erinnerte ich mich der Abmachung, die wir getroffen hatten. Und wäre die Flucht mit einem Toten nicht von vornherein aussichtslos gewesen? Sicher! Außerdem konnten wir den Leichnam in der Hitze unmöglich lange bei uns behalten. Viele logische Argumente. Und doch blieb ein unbewußtes Schuldgefühl zurück.

»Der Fehler war, daß wir so lange gewartet haben«, sprudelte Andreas plötzlich los. »Wir wußten doch, die führten nichts Gutes im Schilde. Wie die schon dastanden und uns anstarrten. Und als sie Michael den Handschlag verweigerten! Aber das soll mir eine Lehre sein. Beim nächsten Mal schieße ich sofort. Da warte ich nicht erst, bis die anderen anfangen zu schießen.«

Ich nickte, obwohl Andreas es gar nicht sehen konnte. Jawohl, zuerst schießen, dachte ich. Und wußte doch, daß das Unsinn war. Wer schießt schon gleich in einem fremden Land, beim Anblick fremder Leute? Man soll wohl Vorsätze, die in solchen Situationen gefaßt werden, nicht auf die Goldwaage legen. Sie werden zu sehr von Emotionen diktiert.

Andererseits war Andreas' Überlegung nicht nur vom Haß bestimmt. Ihn selbst hatten – möglicherweise dieselben Eingeborenen in dieser Gegend schon einmal überfallen. Und wir waren bei unserer ersten Expedition hier auch beschossen worden. Selbst die 70 Engländer, die doch bewaffnet gewesen waren wie eine kleine Armee, mußten zwei Angriffe hinnehmen.

Später, als ich ihr Buch las (»The Blue Nile Revealed«, by Richard Snailham, Seite 198), stellte ich fest, daß eine der Attacken an haargenau derselben Stelle erfolgte.

Als die Italiener 1936 in Abessinien eindrangen, bekämpfte Haile Selassie den waffentechnisch so überlegenen Feind mit der Partisanentaktik. An die Bewohner im Landesinneren ließ er Gewehre verteilen und forderte sie auf, Italiener zu erschießen, wo immer sie angetroffen werden. Der Krieg ging vorüber, doch die Eingeborenen dachten gar nicht daran, die kostbaren Waffen wieder abzuliefern. Sie behielten sie. Häufiger Grund für die ständigen Überfälle im Landesinneren ist also schlicht nur das Verlangen, sich mit erbeuteter Munition einzudecken. So einfach ist das. Nicht immer. Manchmal

waren aus den früheren Partisanen und ihren Söhnen Räuber geworden, die nicht nur der dringend benötigten Munition wegen töteten.

———————

Die Strömung des Flusses war stärker geworden. Unser Boot machte
gute Fahrt. Plötzlich, nach etwa 600 m, bog der Blaue Nil wieder nach
rechts ab, während gleichzeitig die Berge auf der rechten Uferseite
zurücktraten und wieder einen schmalen Uferstreifen freigaben. Die
Felswand auf der gegenüberliegenden Seite war in Wasserhöhe tief
ausgewaschen; sie bildete eine regelrechte Höhle. Wie tief sie in die
Wand hineinführte, konnte man nicht erkennen. Die Strömung trieb
uns genau auf diese Höhle zu. Andreas paddelte verzweifelt dagegen
an. Um Gottes willen, nur das nicht! Nur da nicht rein. Dort würden
wir so richtig in der Mausefalle sitzen. Etwaige Verfolger brauchten
uns nur in aller Gemütsruhe aufzulauern, bis wir lebend oder vom
Wasser zermahlen irgendwo herausgespült wurden. Ich legte das
Gewehr weg und half Andreas beim Paddeln. Langsam, ganz langsam bekamen wir das Boot aus der Strömung und drückten es bis
dicht an das rechte Ufer. Aus dem Augenwinkel heraus sah ich, daß
der Strand höchstens ein, zwei Meter entfernt war. Gleich mußte der
flache Bootsrumpf über die Kieselsteine scharren.
    »Paß auf, Rüdiger! Da kommen welche!«
Andreas' Warnschrei riß mich herum. Und da sah ich sie auch heran-
stürmen.
Sie mußten den schmalen Bergpfad heruntergekommen sein und uns
hier bereits erwartet haben. Drei Mann. Ich wußte sofort, daß sie
derselben Gruppe angehörten, die uns vor kurzem überfallen hatte.
Die Schamas trugen sie auf die gleiche typische Art der Räuber weit
ins Gesicht gezogen. Alle drei hatten Gewehre. Sie waren vielleicht
noch vierzig Meter von uns entfernt. Völlig lautlos stürmten sie näher, die Gewehre trotz des Laufens auf uns gerichtet. Kein Schrei,
kein Schuß. Offenbar hatten sie gehofft, uns in noch größerer Nähe
überraschen zu können. Ich zögerte keine Sekunde. Hatten wir nicht
gerade davon gesprochen, beim nächsten Angriff zuerst zu schießen?
Peng! Peng! Peng!
Dreimal hatte ich durchgezogen. Ich hatte den Lauf tief gehalten.
Unmittelbar vor den Äthiopiern spritzten kleine Erdfontänen auf.

Sie standen sofort. Es sah fast grotesk aus, wie sie, eben noch in stürmischer Bewegung, jetzt erstarrten Salzsäulen glichen. Der eine wollte umdrehen. Ich schoß noch einmal, dicht über seinen Kopf. Mit zwei Paddelschlägen hatte Andreas das Boot ans Ufer getrieben.

»Laß sie nicht laufen«, zischte er.

Ich legte das Gewehr weg, riß den Revolver aus dem Halfter und sprang an Land. Vorsichtig näherte ich mich den Angreifern. Sie trugen ihre Gewehre in der rechten Hand, den Lauf nach unten. Offensichtlich hatten sie Angst. Die Augen wanderten gehetzt umher, suchten nach einer Fluchtmöglichkeit.

Wahrscheinlich hat Andreas jetzt das Gewehr genommen und deckt mich, dachte ich, wagte aber nicht, nach hinten zu blicken. Mit der freien Linken deutete ich den Äthiopiern an, daß sie die Waffen vor sich in den Sand legen sollten. Sie gehorchten ohne Widerspruch.

Ich atmete auf. Wollte hingehen, die Gewehre nehmen, sie in den Fluß schmeißen. In diesem Augenblick schrie Andreas:

»Achtung! Da kommt noch einer!«

Bevor ich irgendwie reagieren konnte, knallte ein Schuß. Ich hörte, wie die Kugel weit an meinem Kopf vorbeisirrte. Wo ich ging und stand, warf ich mich zu Boden, riß den Revolver hoch und feuerte einfach in die Gegend. Der neue Gegner war von rechts gekommen. Vielleicht fünfzig Meter vom Pfad entfernt, war er den Berg hinuntergestürzt. Jetzt befand er sich auf dem flachen Uferstreifen. Er hatte sich nicht einmal die Zeit genommen, das Gewehr anzulegen, sondern schoß gleich von der Hüfte aus. Das war mein Glück. So konnte er wenigstens nicht zielen. Doch die drei anderen Äthiopier hatten blitzartig ihre Chance wahrgenommen. Sie stürzten sich auf die vor ihnen liegenden Gewehre, rissen sie an sich, ich erstarrte. Aus! dachte ich – jetzt ist es aus. Jeden Moment mußte der tödliche Schuß fallen. Hoffentlich treffen sie gleich richtig, zuckte es mir durch den Kopf. Aber vorher nehme ich noch einen oder zwei von ihnen mit. Und so schoß ich blind meine beiden letzten Kugeln aus dem Revolver. Dann ein Hechtsprung zurück zu meinem Gewehr. In diesem Moment knallte Andreas' Büchse. Die vier sprangen in Panik hinter die Felsen.

Bruchteile von Sekunden vergingen. Nichts geschah.

Mir gaben diese Sekunden Zeit, den Revolver nachzuladen. Wie gut, daß wir uns auf Revolver und nicht auf Pistolen geeinigt hatten. Zwar hat man nur 6 Schuß. Aber die sind da, wenn man sie braucht. Ohne

Sicherungshebel. Sofort! Auch wenn die Waffe naß oder etwas schmutzig ist. Und gerade die ersten 6 Schüsse sind die wichtigsten. Was nutzen mir bei Pistolen 5 Reservemagazine, wenn der kleinste Rostfleck – gerade bei einer Wasserfahrt – Ladehemmung bewirkt und im übrigen die Stahlmantelgeschosse viel zu geringe Wirkung erzielen im Gegensatz zur Bleikugel des schweren Revolvers.
Offenbar hatten die vier die Übersicht verloren, ahnten gar nicht, wie wehrlos wir ihnen preisgegeben waren.

»Rüdiger, ich kann das Boot nicht mehr halten«, schrie da Andreas.

Als er gesehen hatte, daß ich nachgeladen hatte, hatte er sofort das einzig Richtige getan: das Boot um die Kurve gezerrt und ins Tiefe gestoßen. Er überkletterte das Fahrzeug und warf sich drüben in den Strom. Seine Finger verkrallten sich im Rettungsseil an der Bordwand. Den Revolver zwischen den Zähnen, das Gewehr in der rechten Hand – so sprang ich ihm nach. Nur tauchte ich gleich unterm Kiel hindurch. Ich hängte mich hinter Andreas ans Seil, schmiß die Büchse ins Boot und behielt den Revolver zwischen den Zähnen. Ein idiotischer Gedanke schoß mir durch den Kopf: Du hast nicht die besten Zähne! Hoffentlich halten sie die Waffe. Als ich eine defekte Zahnbrücke vor der Abreise noch erneuern lassen wollte, meinte Maggy, meine Frau: »Das laß man bis zu deiner Rückkehr.«
Gleich werden sie ihren Schock überwunden haben. Wenn sie in Deckung liegen, werden sie uns wieder angreifen. Es dauerte nur wenige Sekunden, dann hatte die starke Strömung uns wieder im Griff. Doch da knallte es auch schon von den Felsen her. Drei, viermal peitschte neben und unter uns das Wasser auf. Sie müssen uns doch einfach treffen, dachte ich. Sie können doch gar nicht mehr oft vorbeischießen.
Ein Stoß durchfuhr das Boot. Ich dachte, wir seien gegen einen Fels geprallt. Doch es war ein Treffer in eine der beiden Kufen.
In diesem Moment war das alles egal, denn wir wußten von unseren Tests her, daß die Kugeln das Kunststoffmaterial zwar leicht durchschlagen, die Schwimmfähigkeit aber keinesfalls beeinträchtigen könnten. Solange *wir* noch zappelten, war alles o. k.
Die Angst verlieh uns Riesenkräfte. Wir konnten das schwere Boot so drehen, daß es sich zwischen uns und der feindlichen Uferseite befand. Es ragte etwa dreißig Zentimter aus dem Wasser und bot so einen verhältnismäßig guten Schutz.

Dann fielen mir die Krokodile ein. Ob es hier auch noch welche gibt? Unwillkürlich zog ich die Beine so flach unter die Wasseroberfläche wie es ging. Es heißt zwar, die Echsen würden sich meist in ruhigem Wasser aufhalten, aber es wäre mir doch lieber gewesen, dies nicht ausprobieren zu müssen. Zu oft schon hatten wir sie auch in Strömungen gesehen.

Die Strömung wurde immer schneller. Wir hatten keine Zeit mehr, uns um den Feind am Ufer zu kümmern, wir mußten uns völlig darauf konzentrieren, den Halt am Boot nicht zu verlieren.

Plötzlich rasierte eine Kugel haarscharf an meinem Kopf vorbei. Ich tauchte unter, kam wieder hoch und entdeckte zu meinem Entsetzen, daß keine Bootswand mehr zwischen uns und dem Ufer lag. Das Boot war in einen Strudel geraten, drehte sich, ohne daß wir es gleich bemerkt hatten. Für lange Augenblicke schwammen wir ohne Deckung herum. Die Äthiopier waren längst von der schützenden Felswand ans Ufer gekommen. Wie Zielscheiben lagen wir vor ihnen. Das Wasser schlug über mir zusammen. Ich riß an der Leine, versuchte, das Boot wieder zu drehen. Vergeblich! Entsetzliche Sekunden; die Luft wurde knapp, aber ich wagte nicht aufzutauchen. Unter Wasser hangelten wir an der Leine entlang auf die dem Gegner abgewandte Seite.

Im nächsten Augenblick spürte ich, daß wir aus dem Strudel heraus waren. Die Strömung riß uns schnell vorwärts, aber sie drehte uns nicht mehr. Ich tauchte auf, sah Andreas vor mir. Und sah das Boot wieder zwischen uns und dem Ufer. Gerettet? Mit jedem Atemzug führte uns der Fluß weiter von den Angreifern weg. Der Uferstreifen wurde schmaler und schmaler, schließlich hörte er ganz auf. Der Berg lag wieder so nahe am Wasser, daß man uns an Land nicht weiter verfolgen konnte. Vor mir spuckte Andreas Wasser.

»Die müssen jetzt den Berg hoch«, stieß er hervor, »wenn sie uns erneut angreifen wollen. Los, schnell ins Boot!«

Ich hatte kaum noch Kraft in den Armen. Andreas mußte mir helfen, in den Sitz zu kommen. Ich wollte Atem schöpfen, doch der Ungar ließ mir keine Zeit.

»Nimm die Paddel«, brüllte er gegen das Rauschen des Flusses an.

Für eine Sekunde war mir alles egal. Es hat ja doch keinen Zweck, resignierte ich. Warum nicht einfach aufgeben?! Doch im nächsten Augenblick erwachte mein Lebenswille wieder. Da lag das Paddel vor mir; ein Stückchen Holz nur, aber dieses Stückchen Holz konnte uns retten. Ich spürte plötzlich keine Schmerzen in den Muskeln mehr, ich hatte wieder Arme, hatte ein Paddel, konnte etwas tun für mein Leben! Eine Weile sprachen wir kein Wort. Hin und wieder huschte mein Blick ängstlich über den Kamm der Felswand. Nichts! Tiefster Friede um uns. Vielleicht gibt es da oben keinen Weg, auf dem sie uns verfolgen können, hoffte ich. Für einen Moment hielt Andreas mit dem Paddeln inne.

»Waren das dieselben, die uns vorhin überfallen hatten?« fragte er.

»Na sicher«, antwortete ich. »Hast du nicht gesehen, wie sie ihre Schamas trugen? Genauso wie die beim Lager. Außerdem kamen sie vom Hirse-Ufer!«

»Ob sie uns verfolgen?«

»Wenn sie können – sicher.«

Eine Zeitlang erstarb das Gespräch. Verbissen padelten wir, versuchten, unser Boot so schnell wie möglich zu machen.

»Vielleicht wäre es besser, wenn wir unsere Gewehre verstecken würden«, schlug Andreas vor.

Ich war erstaunt. »Wie kommst du denn darauf?«

»Na ja, es sind möglicherweise nur die Waffen, die sie haben wollen. Wenn wir auf andere Leute stoßen sollten, und sie sehen die Gewehre nicht, dann lassen sie uns vielleicht in Ruhe.«

So verkehrt schien Andreas' Vorschlag nicht zu sein. Moderne Gewehre sind wirklich eine zu verlockende Beute im Landesinneren. Und wir hatten ja noch immer unsere Revolver unter den Hemden. Ich versteckte die beiden Gewehre unter der Zeltplane. Aber so, daß wir sie mit einem Handgriff wieder hervorholen konnten.


Einen Kilometer mußten wir jetzt bestimmt schon wieder zurückgelegt haben. Rings um uns nur das Rauschen des Flusses. Eintönig tauchten die Paddel ins Wasser. Ich war mit den Gedanken wieder bei Michael.

»Da, Rüdiger – da vorn!«

Es war der völlig tonlose Stimmfall von Anderas, der mich in die Wirklichkeit zurückholte. Ich wußte sofort, daß uns etwas Schlimmes erwartete: ich wußte es, bevor ich es sah. Ich wollte gar nicht hinschauen.

Etwa zweihundert Meter vor uns wanderte der Fluß sanft nach links aus. Auf der rechten Seite waren die Berge niedriger geworden und hatten erneut einen Uferstreifen freigegeben. Auf der linken Seite fiel die Wand zwar noch steil zum Wasser hin ab, doch hinter der Biegung schien der schroffe Fels auch hier aufzuhören. Offensichtlich hatten wir das Ende der Schlucht erreicht. Und genau auf dem Landstreifen in der Kurve standen Männer. Vielleicht zwanzig, vielleicht dreißig. Fast jeder trug ein Gewehr. Sie zielten nicht auf uns, doch sie hielten die Waffen so, daß sie nur abzudrücken brauchten.

Aber gehörten sie zum Stamm, der uns überfallen hatte? Ich bezweifelte es. Nur ein paar von ihnen trugen Schamas; die meisten waren nackt bis auf einen schmalen Lendenschurz.

»Wir müssen versuchen, so vorbeizukommen«, flüsterte Andreas. Ohne daß es auffiel, versuchten wir, das Boot so weit wie möglich auf die andere Flußseite zu steuern. Der Blaue Nil war an dieser Stelle vielleicht fünfzig Meter breit. Gleichzeitig verbeugten wir uns immer wieder tief vor den Männern, die uns schweigend entgegenstarrten. Obwohl wir noch über 100 Meter von ihnen entfernt waren. Die Spannung wurde unerträglich. Würden sie auf uns schießen? Würden sie uns vorbeifahren lassen? Mußten nicht jeden Augenblick unsere Verfolger auf den Bergen auftauchen? Andreas' Nerven machten nicht mehr mit. Urplötzlich warf er seine Paddel zur Seite und stürzte sich ins Wasser. Auf der dem Ufer abgedrehten Seite hielt er sich am Boot fest. Ich überlegte einen Augenblick. Sollte ich an Bord bleiben? Aber dann war ich die einzige Zielscheibe. Egoismus oder Reflex? Ich ließ mich ebenfalls in den Fluß fallen. Langsam, unerträglich langsam, führte die Strömung das Boot in die Kurve. Wir waren fast ganz an die linke Uferseite getrieben worden. Einen Meter vor mir stieg die glatte Felswand auf. Gleich mußten wir in der Biegung sein. Ich spürte, daß wir Grund unter den Füßen hatten.

Plötzlich durchbrach ein gellendes »Jellum! Jellum!« (Nicht, nicht!) die Stille: Andreas! Angst und Entsetzen ließen seine Stimme beinahe überschlagen.

Im selben Augenblick war auch ich um die Felswand herum. Höchstens fünf Meter von uns entfernt begann ein schmaler Uferstreifen. Und auch dort erwarteten sie uns mit angelegten Gewehren. Viele Männer. Im Hintergrund auch einige Frauen und Kinder. Ich brachte kein Wort heraus. Die Gedanken hämmerten hinter der Stirn: Jetzt haben sie uns doch erwischt!

Es gibt keinen Ausweg. Hoffnungslos! Ende.

Ich legte die Hände über den Kopf und watete ans Ufer. Andreas hinterher. Im Nu waren wir von den Äthiopiern umringt. Gleich werden sie uns abtasten, dachte ich, und dann werden sie die Revolver finden, und dann ist alles aus. Andreas stand dicht neben mir. Er hatte die Arme steil nach oben gestreckt, seinem Gesicht war nicht anzusehen, was er dachte. Tue etwas, befahl ich mir. Laß sie nicht merken, daß du Angst hast!

»Hakim. Hakim.«

Meine Stimme war merkwürdig heiser. Ich deutete mit dem Finger gegen meine Brust und sagte gleich noch einmal: »Hakim (Arzt).« Hakim ist das Zauberwort in vielen Ländern Afrikas. Wer von den Eingeborenen als Arzt akzeptiert wird, dem öffnen sich Tür und Tor. Denn ein Arzt, das ist für sie so etwas wie ein Zauberer. Er kann Wunden schließen, Schmerzen verschwinden lassen, kühlende Salbe auftragen, er hat viele rätselhafte Pülverchen und Mittel und seltsame, blitzende Instrumente. – O ja, ein Hakim, das ist überall ein geachteter, angesehener, gefürchteter Mann. Wir hatten das bereits auf unseren früheren Expeditionen oft erfahren. Manchmal hatten die Eingeborenen Schlange gestanden, um sich eine Spritze geben zu lassen. Die Männer um uns herum beobachteten uns mißtrauisch. Aber Feindseligkeit glaubte ich in ihren Blicken nicht entdecken zu können. Ob die vier, die uns angegriffen hatten, zu ihnen gehörten? Ob sie jeden Augenblick auftauchen konnten?

Ich lächelte verzerrt in die dunklen Gesichter. »Hakim«, sagte ich noch einmal. Und dann bettelnd: »Indschera, Indschera!« (Brot.) Dabei zeigte ich auf einen Korb mit dem typischen äthiopischen Fladenbrot und tat so, als seien wir entsetzlich hungrig. Gleichzeitig dachte ich: Ein weißer Mann bettelt sie an. Fleht um sein Leben. Wie werden sie das aufnehmen? Doch wir hatten jeden Stolz verloren. Wenn es notwendig gewesen wäre, hätten wir uns vor ihnen niedergekniet, vor denselben Leuten, die man oft noch gern »Wilde« nennt. Ein merkwürdiges Gefühl beschlich mich.

Ein älterer Bekannter in Hamburg hatte mir einmal erzählt, wie er in den letzten Wochen des Krieges in russische Gefangenschaft gekommen war. Er hatte in einem Keller in einem kleinen Nest an der Oder gehockt. Oben hämmerte die Artillerie alles kurz und klein. Danach Stille. Er hörte leise, schnelle Schritte, rauhe Stimmen in einer ihm fremden Sprache. Durch das Kellerfenster wurde der kurze Lauf einer Maschinenpistole geschoben und jemand befahl: »Komm Frietz, komm!«

Mit erhobenen Händen war er ins Freie geklettert. Da standen sie – vier junge Kerle, erdbraune Uniformen, die Stahlhelme in den Nakken geschoben, Handgranaten am Koppel, neugierige Augen, die ihn abtasteten.

In dieser Situation war beinahe so etwas wie Scham in ihm wachgeworden. Da hatten sie ihn also gefangen, dieselben, denen er sich so überlegen deuchte. Hatte es ihm nicht seine Propaganda wieder und immer wieder eingeredet?! Ja, wenn es noch Engländer gewesen wären oder Amerikaner, vor denen er hier stand und zitterte, die er verlegen angrinste. Aber Russen!! – – –

Jetzt konnte ich dieses Gefühl nachempfinden. Ging es mir jetzt nicht ähnlich? Auf Gedeih und Verderb waren wir einer Horde kaum bekleideter, mit uralten Gewehren bewaffneten Leuten ausgeliefert. Und von einer Sekunde zur anderen fiel die ganze Zivilisation von uns ab, verwandelten wir uns in Menschen zurück, die keine zivilisatorischen Rangstufen mehr kannten, die nur Furcht hatten – Furcht vor anderen Menschen. Nackter Kampf ums Dasein. Mit Psychologie gegen Waffen.

Eigenartig, wie klar man in solchen Sekunden der Ausweglosigkeit denken kann.

In der Zwischenzeit waren die Männer vom anderen Ufer durch den Fluß geschwommen. Ein dichter, wild auf uns einschreiender Kordon umringte uns. Drohend wurden Fäuste gegen uns geschüttelt. Ich blickte zu Andreas. Der zuckte nur hilflos die Schultern. Dann sah ich die Frau mit dem Kind. Es war vielleicht ein halbes Jahr alt. Mit dem typisch hervortretendem Bauch afrikanischer Kinder. Aber dieser Kopf! Über und über mit eiternden Wunden bedeckt, unzählige Fliegen saßen darin. Immer wieder kratzten die kleinen Händchen die schwärenden Löcher, wischten den Eiter und das Blut im Gesicht umher. Matt versuchte die Mutter von Zeit zu Zeit die Fliegenschwärme zu verjagen. Vergeblich. Nur für Sekunden ließen sie von ihrem Opfer ab.

Was hast du noch zu verlieren, dachte ich. Wenn sie uns töten wollen, dann töten sie uns auf jeden Fall. Du kannst nur versuchen, ihre Gunst zu gewinnen. Ich unterdrückte meine Angst und stieß die vor mir stehenden Männer sacht zur Seite. Die Frau sah mir mit unsicheren Augen entgegen. Was wollte dieser Weiße von ihr?

»Madanit«, rief ich ihr zu und lächelte sie freundlich an. »Madanit (Medizin).«

Dabei deutete ich immer wieder auf das Kind in ihrem Arm. Sie schaute sich hilflos um. Offenbar wußte sie nicht, wie sie sich verhalten sollte. Ein paar Schritte von der Mutter entfernt stand ein älterer Mann. War das ihr Vater? Seine sprungbereite Haltung ließ es ahnen. Ich trat auf ihn zu, zeigte auf die Frau und fragte:

»Abat?« (Vater.)

Er nickte nur knapp.

»Turunu (gut)«, lobte ich ihn und deutete verlangend auf einen Korb mit Brotfladen, der zu seinen Füßen stand. Doch er zog ihn mit einem Ruck zu sich heran. Aufgeregt sprach er auf mich ein und wies immer wieder auf das Kind.

»Du sollst erst das Kind heilen, dann gibt er dir Brot«, flüsterte Andreas, der mir gefolgt war.

Endlich hatte er seine Sprache wiedergefunden! Doch meine Hände zitterten von allem Erlebten und der Anstrengung dermaßen, daß ich nicht in der Lage war, die Medizindosen im Überlebensgürtel zu öffnen.

»Hakim Malaria!«

Andreas log die Leute geistesgegenwärtig an, um sie unsere Angst nicht merken zu lassen. Dabei heißt Malaria auf Amharisch »Wäba«. Dennoch nickten sie verständnisvoll. Andreas schraubte meinen Apothekendeckel auf und fingerte die begehrten Dinge raus. Ich wandte mich wieder dem Kind zu. Langsam beugte ich mich nieder und küßte das kleine Gesicht. Eine Geste mehr, die meine Hilfsbereitschaft andeuten sollte. In diesem Augenblick hörte ich, wie der Alte der Frau einen kurzen Befehl gab. Im selben Augenblick streckte sie mir das Kind entgegen, legte es mir in den Arm.

Ein ungeheures Gefühl der Erleichterung befiel mich. Wenn sie mir das Kind gab, dann mußte sie Vertrauen gewonnen haben. Und die anderen würden uns nicht mehr als unwillkommene Fremde sehen. Strohhalme, an die man sich klammert.

»Nur gut, daß wir soviel Antibioticum dabei haben«, meinte Andreas.

Und dann:

»Sieh nur zu, daß du dich beeilst. Sonst kommen die vier anderen vielleicht doch noch.«

Ich bedeutete der Frau, sie möge ein Tuch auf den Boden ausbreiten.

Vorsichtig legte ich das Kind nieder. Es lag ganz still da, gab keinen Ton von sich, die großen, dunklen Augen sahen mich merkwürdig verständnisvoll an. Oder bildete ich mir das nur ein?

Verkehrte Welt: Andreas, der Arzt Andreas, reichte mir die Salben zu. Ich versalbe, er assistiert. Denn ich war ja der Hakim, er durfte höchstens den Handlanger spielen.

Vorsichtig tupfte ich die Eiterherde aus, wusch dem Kind die Augen, bestrich die Wunden mit Salbe und verband sie. Die kühle Tinktur mußte ihm wohl tun. Es kratzte sich nicht mehr so häufig. Schließlich weichte ich noch in einer Tasse Antibioticum-Tabletten auf, ließ mir ein sauberes Tuch geben, das ich in den Saft tauchte und dem Kind wie einen Nuckel in den Mund steckte. Dieses Verfahren hatten wir bereits in früheren Jahren mit Erfolg angewandt. Tabletten in ihrer ursprünglichen Form nehmen Kinder in diesem Alter noch nicht an.

»Baqa – das reicht«, sagte ich zu der Frau und gab ihr das Kind zurück.

Ich fühlte mich müde und zerschlagen. Der Kleine würde sich ein, zwei Tage besser fühlen, dann wird die Salbe ihre Kraft verloren haben, die Verbände werden abfallen, niemand wird sie erneuern, es wird alles wieder so sein wie vor ein paar Minuten. Vielleicht aber auch können die Tabletten eine Wendung bringen. Wer weiß?!

Warum, dachte ich, warum sind die Lebenschancen der Menschen so ungleich verteilt? – Doch dann brach der Egoismus wieder durch. Sieh erst mal zu, daß du dein Leben rettest!

Die Männer um uns herum hatten ihr Mißtrauen überwunden. Der eine zeigte schon aufgeregt auf eine große Wunde an seinem Schienbein, der nächste deutete auf seinen Kopf, der angeblich furchtbar schmerzte, wieder einer bleckte die Zähne. O ja, das kannte ich. Haben sie erst einmal einen Hakim unter sich, dann will jeder seine Wehwehchen behandelt haben. Wir verteilten Kopfschmerztabletten und bepflasterten Wunden. Andreas imponierte gewaltig, als er mit einem Belichtungsmesser angeblich Krankheiten im Körper suchte. Und immer wieder streiften unsere Augen ängstlich das andere Ufer ab.

Werden die vier anderen doch noch auftauchen? Wir waren extrem nervös.

Endlich waren sie alle behandelt. Ich deutete auf den Korb mit dem Fladenbrot, schließlich mußten wir unsere Rolle zu Ende spielen.

Der Alte nickte gnädig.

Wie zwei Verhungerte stürzten wir uns auf das Brot, stopften uns den Mund voll. Mir war so übel, daß ich am liebsten alles gleich wieder von mir gegeben hätte. Doch im Gegenteil: ich verdrehte die Augen verzückt, schlug mir auf den Bauch und verbeugte mich immer wieder vor dem Alten. Welch widerliches Theater kann man spielen, wenn es um das bißchen Leben geht.

Zwischen zwei Bissen stieß Andreas hastig hervor: »Mensch, jetzt nur weg hier. Ob sie uns jetzt fahren lassen?«

Wie sollte ich es dem Alten klarmachen? Ich deutete auf unser Boot, machte die Bewegung des Paddelns und fragte schlicht auf deutsch:
»Können wir los?«

Welch Wunder: er verstand sofort, was ich meinte. Eine kurze Weile sah er uns schweigend an, flüsterte dann mit einem jüngeren Mann und plapperte schließlich auf mich ein. Dabei zeigte er auf den Fluß.

»Heißt das, sie lassen uns frei?« flüsterte Andreas.

»Was weiß ich«, gab ich ebenso leise zurück. »Wir versuchen es einfach. Nur keine überstürzte Eile zeigen.«

Betont langsam gingen wir auf unser Boot zu. Welch ein Triumph! Niemand versuchte uns zurückzuhalten. Allerdings drängte die ganze Meute nach. Ein paar Männer stiegen ins flache Wasser, betasteten neugierig dieses merkwürdig geformte Fahrzeug, das Material, das ihnen vermutlich noch nie unter die Augen gekommen war.

»Wenn wir zwei auffordern, ein Stückchen mit uns zu fahren, machen wir uns bestimmt noch mehr Freunde«, meinte Andreas.

Ich machte eine einladende Handbewegung zu den Äthiopiern. Ach, welch ein Fehler! Als hätten sie nur darauf gewartet, stürzte sich der ganze Haufen auf das Boot; jeder versuchte, irgendwo einen Platz zu bekommen. Unser »Pfannkuchen« schwankte wie ein Schilfrohr im Sturm. Es hätte nicht viel gefehlt, und er wäre gekentert.

»Die drücken uns das ganze Boot unter, die Idioten«, schrie Andreas böse und versuchte, ein paar Männer zurückzureißen.

Ich wandte mich wieder an den Alten. Mit den Fingern zeigte ich ihm, daß höchstens zwei Leute mitfahren konnten. Wir taten so, als wollten wir ihnen damit eine Freude machen. Tatsächlich wollten wir uns durch sie gegen Beschuß von hinten sichern.

Eine Weile palaverte er mit seinen Leuten. Dann lösten sich ein Halbwüchsiger und ein älterer Mann aus der Gruppe, kamen grinsend auf uns zu und schwangen sich ins Boot. Die anderen machten einen mörderischen Krach. Alles schnatterte auf uns ein, lachte, winkte, schlug zum Abschied noch einmal auf das Boot. Wir brauchten gar nicht zu paddeln. Sie stießen uns mit einem solchen Schwung in den Fluß, daß die Strömung das Boot sofort ergriff, und wir uns in wenigen Sekunden weit vom Ufer gelöst hatten.

In Freiheit! Aber noch wagten wir nicht aufzuatmen.
Die Schlucht war tatsächlich zu Ende. Weiter und weiter dehnten sich die Ufer zu beiden Seiten des Flusses aus. An vielen Stellen hockten Menschengruppen, die uns neugierig beobachteten. Unsere beiden Mitfahrer schrien dann irgend etwas Unverständliches hinüber, aus dem wir immer weider nur das Wort »Hakim« heraushörten. Vermutlich verbreiteten sie unseren Ruhm in der ganzen Gegend. Hoffentlich brachte das niemand auf den Gedanken, uns erneut zu stoppen, um Kopfschmerzen behandeln zu lassen.
Das Boot machte gute Fahrt. Jedesmal, wenn wir Menschen sahen, verbeugten wir uns tief vor ihnen. Fast immer wurde unser Gruß erwidert. Nach etwa drei Kilometern blieben die Fahrgäste nicht mehr ruhig sitzen. Offenbar war der Reiz des Unbekannten vorbei. Neugierig fingen sie an, das Boot zu untersuchen.
    »Paß bloß auf, daß sie nicht die Gewehre entdecken«, warnte Andreas.
Er hatte gut reden! Ich drückte den beiden ein Seil in die Hand und machte ihnen klar, daß sie es aufrollen sollten. Aber auch das lenkte sie nur ein paar Minuten ab. Dann ließ ich sie Wasser ausschöpfen.
    »Wir müssen sehen, daß wir sie loswerden«, schlug ich vor.
Andreas lenkte das Boot sofort auf das Ufer zu.
    »Raus, ihr beiden«, grinste ich sie freundlich an.
Einen Augenblick stand Überraschung in ihren Gesichtern, vielleicht auch ein leiser Protest. Doch als ich ihnen noch ein paar Tabletten in die Hände drückte, lachten sie fröhlich zurück, stürzten sich über Bord und schwammen mit einigen kräftigen Kraulstößen an Land.
    »Gott sei Dank«, murmelte ich.
Andreas wischte sich den Schweiß von der Stirn und stieß dann die Paddel so heftig in das Wasser, daß unser Boot bedenklich ins Schwanken geriet.
Es war früher Nachmittag geworden. Wir fuhren so lange es noch irgend ging. Hin und wieder Menschengruppen – Frauen, die mit der

Wäsche beschäftigt waren, Männer, die das Vieh zur Tränke brachten. Keiner versuchte uns anzuhalten. –

Andreas hörte es zuerst.

»Da brummt doch was«, stutzte er.

In diesem Augenblick sah ich den dunklen Punkt, genau in der Verlängerung des Flusses.

»Ein Hubschrauber«, schrie ich, »Andreas! Ein Hubschrauber!«

Der warf die Paddel ins Boot, riß jubelnd die Arme hoch:

»Sie suchen uns. Mann, jetzt sind wir gerettet!»

Zweifel und Hoffnung kämpften in mir. Aber konnte er nicht recht haben? War es nicht denkbar, daß irgendwo Entwicklungshelfer die Schießerei gehört hatten und über Funk die nächste Provinzhauptstadt informiert hatten?

Es war kein Hubschrauber; es war ein knallgelb angestrichenes Sportflugzeug. Die Maschine flog sehr niedrig über den Fluß. Sie kam genau auf uns zu. Wir winkten wie verrückt, schrien sinnloses Zeug nach oben. Andreas hatte sein Hemd ausgezogen und schwenkte es über dem Kopf.

Der Pilot drückte das Flugzeug noch weiter nach unten. Höchstens hundert Meter über unsere Köpfe flog er hinweg. Er wackelte mit den Tragflächen, ging in eine Steilkurve und überquerte uns erneut. Wieder eine Kurve; deutlich sahen wir den Flugzeugführer hinter den Plexiglasscheiben seines Cockpits. Es schien mir, als winkte er zu uns hinunter. Dann verschwand die Maschine am Horizont; wurde kleiner und kleiner, ein winziger Punkt nur noch, bis auch der ausgelöscht war am bläßlich-blauen Himmel. Wir waren wieder allein.

»Ob das Marcel war?« fragte Andreas.

Und dann mit einer Stimme, in der schon wieder mehr Skepsis als Hoffnung lag:

»Wenn er es war, dann muß er doch gesehen haben, daß wir nur noch zwei sind. Er muß doch den dritten Mann vermißt haben.«

Marcel war ein junger französischer Journalist. Wir hatten ihn in Addis Abeba kennengelernt. Er habe ein Sportflugzeug, erzählte uns Marcel einmal beiläufig. Wenn ihn die Langeweile packte, dann würde er einmal versuchen, uns auf dem Blauen Nil zu besuchen. Ich schwieg. Sollte sich Andreas noch ein paar Stunden der Hoffnung hingeben. Warum sollte ich sie ihm nehmen? Marcels Maschine war nämlich in den Farben seines Heimatlandes gestrichen – blau-weiß-rot. Andreas hatte damals wohl nur Augen für Ana gehabt, als der

Journalist uns sein Flugzeug auf dem Airport zeigte. Wie konnten wir wissen, daß es der Pilot Fred Lundahl war, der verabredungsgemäß die beiden wandernden Amerikaner suchte, um ihnen Lebensmittel abzuwerfen? Vergeblich spähte er nach ihrem Rauchsignal an der Einmündung des Baschillo. Deshalb flog er den Nil hinauf, machte uns aus. Aber er wußte genau, daß wir nicht die Gesuchten waren. Denn wir hatten ja ein Boot. Der Pilot flog weiter und kehrte 10 Minuten später zurück. Richtung Addis Abeba.

Wir kämpften uns weiter voran. Nur eine einzige kleine Pause gönntern wir uns, um Handschuhe anzuziehen. Zu spät, die Hände waren längst voller Blasen. Aber wenigstens kamen jetzt keine neuen mehr dazu. Zum Pinkeln opferten wir keine Zeit, obwohl das Wasser, als eine Angstreaktion, nach außen drängte. Wir ließen es einfach in die Hose ab. Dort mischte es sich mit dem Schweiß, der in Strömen den Rücken hinunterfloß. Es war schon ein schöner Saustall um uns. Aber wen juckte das jetzt? Es wurde dunkel. Ich schlug vor, so lange wie möglich weiterzufahren. Aber Andreas war dagegen.

»Wir dürfen uns nicht völlig verausgaben«, sagte er. »Bis zur Godscham-Brücke sind es bestimmt noch 4 Tagesfahrten. Mehr als hundertfünfzig Kilometer. Außerdem können wir im Dunkeln leicht eine Stromschnelle oder einen Wasserfall übersehen.«

Ich erhob keine Einwände. Insgeheim beglückwünschte ich mich zur Wahl meines Partners. Genauso hatte ich ihn mir gewünscht.

Am Himmel tauchten die ersten Sterne auf. Die Sicht wurde immer schlechter. Und noch immer fanden wir keine Stelle, die zum Übernachten geeignet schien. Endlich ein dichter Tamarisken-Gürtel. Wir steuerten das Boot hinein, wagten aber nicht, bereits im flachen Wasser auszusteigen. An solchen ruhigen Plätzen halten sich mit Vorliebe Krokodile auf. Erst als der flache Boden über Grund scharrte, sprangen wir an Land und zogen das Boot ganz aus dem Fluß heraus. Weicher Sandboden. Mit den Händen wühlten wir uns eine flache Mulde, legten sie mit der Zeltplane aus und warfen uns hinein. Es wurde empfindlich kühl, doch wir hüteten uns, ein Feuer anzumachen. Die Nacht war noch zu jung, mögliche Verfolger hätten uns so leicht entdecken können.

Gott sei Dank mußten wir zu allem nicht auch noch Hunger leiden. Wir hatten genügend Milchpulver, Schokolade, Holo-Müsli und Eipulver an Bord. Ich mischte einen dicken Schokobrei an und reichte Andreas eine Tasse voll.

»Du, ich mag nichts essen!« winkte er müde ab. »Laß uns lieber alles über Bord werfen, was unnötiger Ballast ist. Dann drückt sich das Boot höher aus dem Wasser, und wir sind einen halben Stundenkilometer schneller.«

Ich würgte meinen Becher Schokolade in mich hinein. Es dauerte keine halbe Stunde, da erbrach ich sie wieder.

Lange Zeit herrschte Ruhe zwischen uns. Ich lag auf dem Rücken, starrte in den Sternenhimmel und ließ meine Gedanken nach Hause wandern. Zu Maggy und Kirsten, zu den treuen Freunden, die jetzt meinen kleinen Betrieb über Wasser hielten. Auf sie war hundertprozentig Verlaß. Nur dadurch konnte ich zu solchen Reisen aufbrechen. Sekunden des Glücks überstrahlten die wahre Situation. Hatten diejenigen nicht doch recht, die mir Verantwortungslosigkeit vorwarfen?

Ich sah, daß Andreas sich gespannt aufrichtete. Beschwörend legte er den Finger auf die Lippen. Und dann hörte ich es auch: Tapsende, schnelle Schritte. Sie kamen näher und näher. Kehlige Stimmen. Etwas klirrte leise. Wir umklammerten die Waffen. Sie hasteten höchstens fünf Meter von uns entfernt vorbei. Fünf dunkle Schatten. Deutlich waren die Silhouetten der langen Gewehre zu sehen, die sie nach Art der äthiopischen Jäger quer über die Schultern trugen. Wir wagten nicht zu atmen. Noch lange, nachdem sie in der Nacht verschwunden waren, rührten wir uns nicht. Waren das unsere Verfolger? Jagten sie uns? Ein Glück, daß wir kein Feuer angemacht hatten. Wieder einmal waren die Nerven zum Zerreißen gespannt. Ich hörte, daß Andreas verhalten seufzte. Beruhigend legte ich ihm die Hand auf die Schulter.

»Wir schaffen es schon«, flüsterte ich ihm zu.

»Woher nimmst du nur solchen Optimismus?« stieß er zurück.

Ja, woher nahm ich ihn? Denn das war nicht nur Trost, den ich Andreas zusprach, ich glaubte inzwischen felsenfest daran, daß wir den Äthiopiern entkommen würden. Warum? Vielleicht deshalb, weil sie schon so viele Gelegenheiten gehabt hatten, uns zu töten, weil wir trotz allem noch lebten. Und weil bisher immer mehr Nilfahrer lebend nach Hause gekommen waren als umgekommen. Zweimal würde sich ein solches Unglück auf einer Reise nicht wiederholen. Mathematische Logik.

»Es ist wohl eine Glaubenssache«, sagte ich zu Andreas. »Weißt du, ich denke, daß wir alle unser Schicksal haben. Und so grausam kann kein Schicksal sein, daß es uns immer wieder entkommen läßt, nur um uns zu quälen, um ein paar Stunden oder Tage später doch noch den Schlußstrich zu ziehen.«

Nüchtern betrachtet: Quatsch.

Andreas schwieg lange. Dann übergangslos:

»Michael muß sofort tot gewesen sein, ja?«

Ich nickte. »Der Schuß hat ihn aus nächster Entfernung in den Hinterkopf getroffen. Wahrscheinlich hat er nicht einmal den Knall gehört. Er muß von einer Sekunde zur anderen hinüber gewesen sein.«

»Eigentlich ein schöner Tod.« Andreas' Stimme war sehr nachdenklich geworden. »Wenn man sich überlegt, wie viele Menschen sich quälen müssen. Und hier bist du weg. Hast eben noch gelacht, erzählt, an zu Hause gedacht, und plötzlich ist es aus.«

Und nach einer Weile setzte er hinzu: »Nur so jung! Mensch, siebenundzwanzig Jahre. Was hat der denn schon von seinem bißchen Leben gehabt?!«

Es war das erste Mal, daß wir über Michaels Tod sprachen. Bisher hatte die Angst um unser eigenes Leben die Erinnerung zurückgedrängt. Lange nach Mitternacht wagten wir es, ein kleines Feuer anzumachen. Getarnt durch Tamariskengestrüpp. Andreas kochte Tee. Das heiße Getränk belebte uns. Zwar war an Schlaf nicht zu denken, aber zum ersten Mal seit dem Überfall fühlten wir uns ein wenig wohler.

»Und was wird aus dem Omo?« fragte Andreas später. »Geben wir ihn auf?«

Ach, der Omo! Unser eigentliches Expeditionsziel. Wie weit weg waren die Gedanken davon.

»Vielleicht werden wir es später noch einmal versuchen, Andreas. Oder steht dir jetzt noch der Sinn danach?«

Ich spürte, daß er heftig mit dem Kopf schüttelte.

Als die Nacht fern am Horizont aufriß, und ein schmaler Streifen den Morgen ankündigte, schoben wir unser Boot ins Wasser. Der Fluß war wärmer als die Luft. Während der Fahrt sprachen wir nicht viel. Ich beobachtete angestrengt das Ufer. Wenn die fünf Männer heute nacht unsere Verfolger gewesen waren, dann mußten wir jeden Augenblick auf einen Hinterhalt gefaßt sein. Doch nichts unterbrach die dumpfbrütende Hitze des Tages. Nur vereinzelt sahen wir in der Ferne Menschen. Einmal kamen wir an einer Landzunge vorbei, die weit in den Fluß hineinragte. Ein paar Halbwüchsige spielten dort. Wir hatten sie gerade passiert, als ein schmetternder Schlag meinen Rücken traf. Der Schmerz durchfuhr mich wie ein Blitz. Dann sah ich den Stein, der ins Boot gekullert war, groß wie eine Faust. Im nächsten Augenblick zischte ein neues Wurfgeschoß an meinem Kopf vorbei.

»Bücken, Andreas«, schrie ich und riß das Gewehr heraus. Sollte ich schießen? Auf diese Zwölf-, Dreizehnjährigen schießen? Wir würden sofort den ganzen Stamm auf dem Hals haben. Ich drohte mit der Waffe. Wie die Wiesel verschwanden die Bengel. Wenig später tauchten sie in sicherer Entfernung hinter einer Bodenwelle auf, lachten höhnisch und schüttelten die Fäuste gegen uns. Wir fuhren hastig weiter. Vor fünf Jahren waren Hinrich und ich in dieser Gegend ebenfalls zuerst mit Steinen beworfen worden. Doch ein paar Stunden danach waren aus den Steinen Schüsse geworden. Gegen Abend gerieten wir in eine Stromschnelle. Normalerweise hätten wir unser Boot an Land gebracht und die gefährliche Stelle umgangen. Doch wir wollten keine Zeit verlieren, glaubten, daß wir das Boot auch so durchsteuern könnten – und kenterten prompt. Ich hatte den Vorfall schon fast vergessen, da meldete Andreas ziemlich kleinlaut.

»Du, Rüdiger, ich muß vorhin mein Gewehr verloren haben.« Ich fluchte. »Hast du es denn nicht festgemacht gehabt?«
»Muß wohl nicht. Jedenfalls ist es weg.«
Wir hatten also noch ein Gewehr und drei Revolver. –
Wieder eine Nacht mit wenig Schlaf. Wieder ein Tag in glühender Hitze und gespannter Aufmerksamkeit. Zerklüftete Sandsteinfelsen säumen das Ufer ein. Die Szenerie gleicht einer Landschaft in einem Wildwestfilm. Und noch immer keine Godscham-Brücke in Sicht! Wir hockten ums Feuer und erzählten uns von früheren Abenteuern oder Geschichten, von denen wir hofften, daß wir damit einander trösten konnten. Von anderen, die ähnliches erlebten. Wie zum Beispiel Doris Krause.

»Wenn ich nachrechne«, sagte ich zu Andreas, »ist das erst lächerliche sieben Monate her, seitdem es passierte. Gerade diese Tragödie kenne ich genau, weil ich Doris Krause kennengelernt habe, und sie mir alles selbst erzählt hat. Es war auch gar nicht so weit von hier entfernt. Auch in der Provinz Begemdir. Nur etwas nördlicher. Genau gesagt: zwischen dem Tana-See und Homera.«

»Machten die auch eine Bootstour?«

»Nein, mit dem Landrover. Aber dennoch ist sie fast wie unsere: denn auch hier krachte plötzlich ein Schuß. Von irgendwo aus dem Hinterhalt. Die Kugel durchschlug die hintere rechte Wagentür und bohrte sich durch die Sitzbank hindurch in Dr. Manfred Krauses rechtes Bein. Ganz oben am Becken. Dadurch, daß die Kugel erst alles mögliche durchschlagen hatte, war sie so deformiert, daß sie einem Dum-Dum-Geschoß glich. Und wie das wirkt, haben wir ja bei Michael gesehen.«

Doris und Dr. Manfred Krause waren Ärzte und auf großer Afrikatour. Im ersten Moment war den beiden überhaupt nicht bewußt geworden, was passiert war. Er fragte nämlich seine Frau:

»Was war das? Ist da womöglich eine Spray-Flasche explodiert?«

»Nein, die sind doch gut verpackt!«

Doris Krause wendete sich skeptisch um zu ihrem amharischen Mitfahrer. Er war ein Mann in mittleren Jahren, saß auf der Hinterbank und hatte sein Gewehr auf dem Schoß liegen. Eigentlich wollte er mit nach Homera.

»Ist Ihnen gerade ein Schuß losgegangen?«

»Jellum, nein!« antwortete er sofort glaubhaft, aber dann zeigte er aufgeregt nach draußen.

In nur 15 Metern Entfernung hatte ein Mann gestanden, der auf den Wagen geschossen hatte. Jetzt hastete er in langen Sätzen davon. Sofort hatte ihn der dichte Busch verschluckt. Sekunden nur waren vergangen. Dr. Krause brachte den Rover zum Stehen.

»Ich habe ganz deutlich hier einen Schlag gespürt«, sagte er und faßte sich an den Oberschenkel.

Als er die Hand zurückzog, war sie über und über mit Blut beschmiert. Blitzschnell sprang Doris Krause aus dem Wagen und riß die Apotheke aus dem Gepäck. Diese Gelegenheit nutzte der Mitfahrer und verschwand panikartig ebenfalls im Busch. Doris Krause stand allein in der unendlichen Einöde, in sengender Hitze. Aber sie verlor keinen Moment den Kopf. Schon oft während ihrer zehnmonatigen Reise durch Afrika hatte sie vor den verrücktesten Situationen gestanden und gelernt, sie zu meistern. Sie zog ihren Mann aus dem hohen Wagen und zog ihn in den Schatten. Sie mußte ihn dringend abbinden. Aber wo?? So schiente sie zunächst das Bein mit einer aufblasbaren Kunststoffschiene und gab ihrem Mann die letzte Morphiumspritze. Als sie zu ihrer Afrika-Reise gestartet waren, hatten sie noch mehr Morphium mitgehabt. Doch irgendwo in der Sahara vor Timbuktu war ihr Dachgepäckträger unbemerkt abgebrochen. Seitdem war auch das Morphium futsch. Und wer glaubt schon wirklich, daß er es mal braucht. Zigmal hätten sie es ergänzen können.

Ihr Mann gab ihr die nötigen Anweisungen. Sehr ruhig und sachlich. Ahnte er schon, wie hoffnungslos alle Bemühungen waren?

In Hamburg war er Chirurg am Boberg-Unfall-Krankenhaus gewesen. Er hatte zur Genüge Verwundungen gesehen mit den unglaublichsten Zerfleischungen. Eigentlich mußte er wissen, wie es um ihn stand. Aber er ließ sich nichts anmerken. Und das war es wohl, was seine Frau befähigte, diese Nerven- und Knochenarbeit durchzustehen. Denn Doris Krause ist alles andere als eine robuste Athletin. Sie ist klein und zierlich.

Schließlich bugsierte sie ihn irgendwie auf den Beifahrersitz, gab ihm alle greifbaren Textilien, damit er sie während der Fahrt auf die Blutungen pressen könnte, und setzte sich selbst ans Steuer. Nur 60 Kilometer trennten sie noch von Homera. Dort sollte ein Hospital sein. Dort würde man ihnen helfen können.

Aber ausgetrocknete Wadis legten sich quer über den Weg. Und der Weg verdiente die Bezeichnung Weg eigentlich gar nicht. Es war die reinste Geröllhalde, und die Frau konnte allenfalls 20 Stundenkilometer fahren, um die Erschütterungen auf ein Minimum zu reduzieren. Dadurch fehlte der Fahrtwind, und die Hitze im Wagen wurde unerträglich. Warum hatte der Mann geschossen? Wollte er rauben? War es ein Eritrea-Rebell? Warum war er denn fortgelaufen? Oder hatte er etwa nur zum Spaß auf das sich bewegende Ziel geschossen?

Trotz der umsichtigen, vorsichtigen Fahrweise blieb es nicht aus, daß der Verband verrutschte. Die schmerzstillende Wirkung des Morphiums ließ nach, und Dr. Krause begann sich zu wälzen. Sie korrigierte den Verband immer häufiger und gab ihm die letzten Schmerztabletten. Der Mann wurde immer schwächer. Erst nach dreieinhalb Stunden erreichten sie Homera. Und dort kam die große Enttäuschung. Das Hospital war nur eine bessere Erste-Hilfe-Station. Es fehlte das rettende Blutplasma. Da sagte Manfred Krause zum ersten Mal: »Ich glaube, ich sterbe.«

Er verblutete.

Doris Krause stand vor der Tatsache wie wir: Er ist nicht mehr. Gerade hast du noch mit ihm gesprochen. Jetzt ist er tot.

Nur ganz allmählich wurde sie sich ihrer neuen Situation bewußt.

»Nie in unserem Leben waren wir so glücklich wie auf dieser zehnmonatigen Afrikareise«, berichtete sie später. »Sie war der Traum unserer elfjährigen Ehe. Nie hatten wir den Trip bereut. Und wenn mich heute jemand fragen würde, ob ich das noch einmal machen würde, gäbe es gar nichts zu überlegen.«

Sie saß damals bei mir zu Hause und nippelte gerade ihren fünften Cinzano.

»Trinken Sie viel?« fragte ich schmunzelnd.

»Ich? Trinken? Überhaupt nicht! Ich weiß halt nur, wo alles hingehört. Und ich bin ein ordentlicher Mensch!«

Nie hatte sie resigniert. Nie hatte sie den Mord verallgemeinert.

Und komisch: auch wir, Scholtz und ich, empfanden eigentlich gar keinen Haß. Wir waren uns zwar einig, daß man dem eigentlichen Täter eine Lektion erteilen müsse, aber das war kein Haß. Ließe man diese Überfälle am Nil einfach durchgehen, könnte niemand mehr sicher den Strom hinunterfahren. Und das war's, was wir wollten: Unseren »Nachfahrern« ein »sauberes« Flüßchen hinterlassen. Weiter nichts.

Ich war so ins Grübeln verfallen. Hoffentlich nahm Maggy den Mord nicht zum Anlaß, mir meine noch geplanten Reisen auszureden! Wie würde ich mich dann aus der Affäre ziehen? Losfahren würde ich ja doch wieder. So oder so.

»Und wie ging es weiter?« wollte Andreas wissen.

»Doris Krause kam gar nicht zum Nachdenken: Polizei, Behörden, Überführung und – ja, und die Dorfbewohner von Homera! Sie zählen höchstens dreitausend Seelen. Eine kleine und arme Dorfgemeinde. Aber eine, die sie nie vergißt.

Stand da plötzlich der Dorfälteste vor ihr und überreichte ihr mit zitternden Händen 300 Mark. Wer nie in den Ländern der sogenannten Dritten Welt war, kann kaum ermessen, was dreihundert Mark für diese Leute sind. Sie sind ein Vermögen.

Er gab sie ihr für einen Sarg. Jeder im Dorf hatte etwas dazugegeben.

»Du hast deinen Mann verloren. Wir sind bestürzt und beschämt. Aber wir haben auch etwas verloren: Den guten Ruf unserer Gastfreundschaft.«

Ja, die Gastfreundschaft! Bei den meisten Stämmen Afrikas ist sie eine der größten Tugenden, bei manchen gar heiliger Brauch. Vielleicht ist sie schlechthin die schönste Eigenschaft unserer südlichen Nachbarn.

Um ihren toten Mann nach Addis zu bekommen, brauchte sie ein Flugzeug. Das mußte schnell gehen. Eine kleine Maschine war nicht verfügbar. So mußte Frau Krause eine Maschine der Ethiopian Airlines anfordern. Die kam dann auch sofort. Eine DC 3. Sie mußte alle Sitzplätze bezahlen. Dreißig an der Zahl. Addis–Homera. Hin und zurück.

Lange sagte niemand von uns etwas. Dann murmelte Andreas in seinen »Bart«:

»Einen Unterschied gibt es dennoch zu uns.«

»Welchen?«

»Dort war es ein verrückter Einzelgänger. Bei uns war es eine Bande. Und die kam nicht zufällig des Weges. Die wohnte dort. Und es war auch nicht in einer der tausend kleinen Nilkurven. Es war in der Schlucht. Und die finden wir auch vom Hubschrauber aus! Und haben wir den Ort erst identifiziert, müssen wir eine Razzia machen in den nächstgelegenen Dörfern. Wenn die Regierung will, fangen wir die Mörder nebenbei.«

Ich merkte, wie energisch er sein Paddel ins Wasser hieb. Ich hatte alle Mühe, mitzuhalten. –

---

Der Mann war von hohem Wuchs und sehr schlank. Plötzlich trat er aus dem Busch und beäugte unser Boot neugierig. Die Morgensonne spiegelte sich in seinem Gewehr. Wir hatten ihn nicht kommen hören.

Wo ich stand, ließ ich mich hinter einen Stein fallen, mit entsichertem Revolver. Andreas ging auf den Mann zu. Überrascht drehte der sich um.

»Tenastilin«, grüßte Andreas freundlich und reichte ihm die Hand. Doch als der Äthiopier die Rechte ergreifen wollte, griff Andreas mit der Linken blitzschnell zu, riß das Gewehr an sich und sprang zurück. Der Amhare erstarrte. Dann sank er auf die Knie, rutschte auf Andreas zu, bittend die Hände erhoben. Ich kam aus meiner Deckung hervor und versuchte, ihm mit Handbewegungen klarzumachen, daß er keine Angst zu haben brauchte. Wir nahmen ihm die Patronen ab und reichten die Waffe zurück. Dadurch merkte er, daß wir keine bösen Absichten hegten. Daß wir nur vorbeugen wollten.

Über die Vor- und Nachteile dieser Handlung kann man streiten. Wir waren in einer Ausnahmesituation. Die Debatte erübrigte sich da.

»Wir wollen lieber schnell weiter«, meinte Andreas. »Der ist doch bestimmt nicht allein in der Gegend.«

Wir bestiegen das Boot, fuhren zum anderen Ufer und legten – deutlich sichtbar für den Mann – die Patronen auf einem Stein ab. Später sah ich, daß er schwimmend den Fluß überquerte.


Der vierte Tag der Flucht. Wir mußten uns in unmittelbarer Nähe der Brücke befinden.

»Vielleicht ist es besser, wenn wir den Soldaten dort nichts von dem Überfall sagen«, überlegte ich.

»Warum denn?« fuhr Andreas herum.

Ich blieb die Antwort schuldig. Etwas warnte mich. Ich wußte, wie peinlich es gerade den nationalbewußten äthiopischen Offizieren ist, wenn sie Negatives von ihrem Land hören. Wäre es nicht denkbar, daß sie die Zeugen eines mörderischen Überfalls auf Gäste des Landes mundtot machen würden? Nur um den Ruf ihres Landes nicht in Gefahr zu bringen?

»Laß uns lieber erst in Addis Abeba die Wahrheit sagen«, schlug ich Andreas ohne nähere Begründung vor. »Ich hab' so ein blödes Gefühl.«

Er akzeptierte, wenn auch kopfschüttelnd.

Am Nachmittag des vierten Fluchttages tauchte ein schmaler Strich am Horizont auf.

»Die Brücke«, jubelte Andreas. »Das muß sie sein!«

Ich warf die Paddel ins Boot, riß beide Arme hoch und schrie. Ein ungeheures Glücksgefühl durchströmte mich. Von einer Sekunde zur anderen fiel die Anspannung der letzten Tage von mir ab. Gerettet, dachte ich. Mensch, wir sind gerettet!

Wie eine riesige Stahlklammer schwang sich die Godscham-Brücke in schwindelnder Höhe über den Fluß. Der Blaue Nil war hier 40 Meter breit, seine Ufer stiegen steil an. Viele Soldaten standen in der Mitte des Brückenbogens, hantierten gefährlich mit ihren Maschinenpistolen herum und machten uns klar, daß wir vor der Brücke anlegen sollten.

Eine Minute später waren wir von einer Menge Uniformierter umringt. Sie schrien uns an, durchsuchten das Boot, fanden natürlich auch sofort die Waffen. Endlich durchbrach ein Offizier den Kreis. In reinstem Englisch fuhr er uns an.

»Was tun Sie hier auf dem Blauen Nil?«

»Wir sind eine deutsche Expedition«, antwortete ich.

»Jetzt, um diese Zeit?« Seine Stimme war voller Argwohn. »Wissen Sie nicht, daß wir einen Regierungswechsel hatten?«

»Jawohl, das wissen wir. Und wir haben ein Empfehlungsschreiben Ihrer Regierung.«

Wir nestelten in unseren Papieren und reichten ihm den Schein, den uns die Tourist Organization vorsorglich ausgestellt hatte. Er studierte ihn aufmerksam, prüfte die Stempel, das Datum.

»Wo ist der dritte Mann?« fragte er. Wir waren baff. Wußte er es schon? Hatte der Pilot vielleicht doch alles erraten und Alarm geschlagen?

»Hier steht, daß Sie zu dritt eine Filmexpedition unternehmen wollen!« fuhr der Offizier fort.

Ach so. Also wußte er doch nichts. Also, Klappe halten.

»Er ist nur bis Mota mitgekommen und erwartet uns jetzt in Addis.« Andreas hatte schnell geschaltet.

Der Offizier wurde die Freundlichkeit selbst.

»Bitte, kommen Sie nach oben. Vielleicht möchten Sie meine Gäste sein, bis wir einen Lastwagen aufgetrieben haben, der nach Addis fährt.«

Na also, warum nicht gleich so.

Ein kurzer Befehl an die Soldaten. Schon packten sie das Boot, schleppten es zur Brücke hoch. Wir wurden mit Kaffee bewirtet, bekamen zu essen, mußten erzählen. Hölle und Paradies – wie dicht können sie beisammen liegen!

»Sind hier in den letzten Tagen zwei Amerikaner den Nil runtergekommen?« wollten wir gespannt wissen.

»Hier? Seit über einem Jahr ist hier kein Mensch runtergekommen. Wir wüßten das genau, denn wir tun hier vier Wochen ohne Urlaub Dienst. Da weiß man dann über alles Bescheid. Und Amerikaner? Sind hier nie aufgekreuzt.«

Nach einer Stunde etwa hielt ein alter, klappriger Lastwagen vor dem Postenhäuschen.

»Er fährt nach Addis Abeba«, erklärte der Offizier. »Wollen Sie sehen, daß er Sie mitnimmt?«

Der Fahrer witterte das Geschäft seines Lebens. Siebzig Dollar verlangte er. Schließlich hatten wir ihn auf vierzig heruntergehandelt. Irgendwie brachten wir auf dem vollbeladenen Wagen unser Boot auch unter.

Es wurde eine Fahrt, die ich mein Leben lang nicht vergessen werde. Enge Serpentinen, auf der einen Seite die Felsen, oft so nahe, daß man sie mit der Hand berühren konnte. Auf der anderen Seite nichts, kein Geländer, keine Stützmauer, keine Steine, nur Abgrund. Ich wagte nicht, hinzuschauen. Der Fahrer schien davon unberührt. Fröhlich quatschte er auf uns ein, gestikulierte mit den Händen, riß dann das Steuer wieder herum, und der Fuß schien am Gaspedal wie angewachsen. Als wir die Vorstadt von Addis Abeba erreicht hatten, war Sperrstunde. Wir durften nicht weiter. Wir übernachteten in einer armseligen Blechhütte, inmitten vieler Menschen. Es stank unerträglich, die Flöhe pisakten uns, und morgens kam eine dreckige, alte Vettel und kassierte einen Dollar.

»Hotel«, sagte sie zahnlos grinsend, »Hotel, one Dollar, Mister.« Andreas gabelte ein Taxi auf. Eine halbe Stunde später waren wir im Ras-Hotel.

Geh du zur Botschaft«, bat ich Anderas nach dem Frühstück. »Ich will inzwischen versuchen, Hamburg anzurufen. Unser Boot holen wir nachher . . .«

Ich hatte geendet. Minutenlang saßen wir schweigend am Feuer. Wolfgang ergriff schließlich als erster das Wort.

»Wißt ihr«, sagte er, »wißt ihr, was mich am meisten an der ganzen Geschichte beeindruckt hat?«

Und als wir ihn fragend anschauten, fuhr er fort:

»Daß ihr so freimütig zugebt, so viel Angst gehabt zu haben.«

# Angst

Angst ist die psychische Reaktion eines Menschen auf eine scheinbar gefährliche Situation. Beim Erkennen dieser Situation wird aus der Nebennierenrinde das Hormon Adrenalin ausgestoßen. Es bewirkt eine Verengung der Blutgefäße, beschleunigt den Herzschlag, hemmt die Darmbewegung. Adrenalin regt das Blut an, in das Gehirn zu strömen und von dort aus alle Kräfte des Menschen zu mobilisieren. Parallel aber legt es auch die Abwehrkräfte still, die zur Bewältigung der Angst nötig wären. Es gibt keinen Menschen, der ohne Angst ist, wenn immer das auch behauptet wird. Es gibt nur Menschen, die ihre Angst besser als andere unterdrücken können.

## ANDREAS

Zuerst hatte er sich überhaupt nichts dabei gedacht. Einen Tag wollten die beiden wegbleiben? Na, bitte sehr, wenn weiter nichts verlangt wird. Du wirst doch schließlich mal vierundzwanzig Stunden allein bleiben können, nicht? Außerdem ist ja Sepp noch bei dir. Bist doch am Blauen Nil viele Tage lang völlig auf dich allein gestellt gewesen.

Andreas dachte nicht mehr an die Angst, die ihn damals gefangenhielt, die ihn seine Ein-Mann-Expedition schon nach kurzer Zeit abbrechen ließ, weil er fürchtete, im Rachen eines Krokodils zu enden oder unter der Kugel eines räuberischen Eingeborenen oder einsam im Busch, von einer Schlange gebissen oder einer Krankheit übermannt.

Jetzt dachte er wieder daran. Jetzt lag er hier mutterseelenallein. Von allen Seiten drangen die Geräusche der afrikanischen Nacht auf ihn ein. Es zirpte und jaulte und kreischte, Zweige knackten, ein schweres Tier brach durch den Busch, mit samtweichen Flügelschlägen strich ein Nachtvogel vorüber, Hyänen kicherten, von ferne grollte der Jagdruf eines Löwen heran. Waren da nicht leise Paddelschläge auf dem Fluß? Schlich da nicht jemand verstohlen um das Feuer herum? Andreas fühlte sich in einer unheimlichen Welt. Er spürte, wie sich sein Herz schmerzhaft zusammenzog. Gewaltsam versuchte er, die Angst zu unterdrücken, schalt sich selbst einen Narren und Gespensterseher. Er sah, wie Sepp im Schlaf die Ohren spitzte; und dann versuchte er sich selbst mit gespielter Harmlosigkeit zu betrügen, indem er krampfhaft begann, ein Lied zu summen. Doch schon nach wenigen Tönen brach er wieder ab und lauschte weiter den Geräuschen der Nacht. Andreas verfluchte den Augenblick, in dem er sich darauf eingelassen hatte, daß wir uns trennten. Wenn es auch nur für einen Tag sein sollte.

Wir hatten unser Camp in unmittelbarer Nähe einer halbverfallenen Brücke aufgeschlagen, die die Provinzen Wolamo und Kaffa miteinander verbindet. Ende der sechziger Jahre waren die Gouverneure der beiden Provinzen übereingekommen, sie mit einer Handelsstraße zu verbinden. Das blieb jedoch eine einseitige Vereinbarung, denn die Kaffa-Leute führten ihre Straße nicht bis an den Fluß. Es hatte mal wieder Meinungsverschiedenheiten gegeben. So kam es, daß heute eine simple Eisenträgerkonstruktion den 20 Meter breiten Fluß überspannt, die scheinbar nutzlos in der Luft herumhängt. Sie diente auch so ihrem Zweck. Zwar war manche Bohle morsch und unbefestigt, und zehn, zwanzig Zentimeter breite Spalten ließen den Blick in den Abgrund frei. Doch die Eingeborenen, die diesen Alptraum jedes europäischen Baupolizisten benutzten, störten sich nicht daran. In Afrika ist eben alles anders.

Wir wußten, daß 17 Kilometer landeinwärts das Dorf Bole lag. Wir wollten dorthin marschieren, um die Lebensmittel zu ergänzen. Auf einer Musterfarm hoffte Wolfgang seinen Akku nachladen zu können. Vielleicht trafen wir auch zuverlässige Leute, denen wir das bereits belichtete Filmmaterial mitgeben konnten und einen Brief an Buzzi, Maggy und Andreas' Mutter in Budapest.

Bole bot nichts außer vielen Gläsern heißem Tee und faden, aber immerhin – Brötchen. Vermischt mit kleingestampften, schmutzigen Salzbröckchen waren sie sogar ein Genuß. Um nicht unverrichteter Dinge zurückzukehren, beschlossen wir, weiterzufahren. Ein Lkw, der Baumwolle nach Soddu brachte, nahm uns mit. 70 Kilometer, 4 Dollar. Andreas schickten wir für 1 Dollar einen zehnjährigen Jungen mit zehn Brötchen und der Nachricht, daß wir später kommen würden.

Es lohnte sich: Es war Samstag. In Soddu war großer Markt. Wir fanden alles, was das Herz begehrte, und überdies Mister und Mistress

Dye. Die beiden sind Missionare der Social Interior Mission. Sie luden uns nicht nur den Akku auf, sie nahmen nicht nur die Filme in Verwahr – sie hatten sogar schon bei den Bodis* missioniert. Für uns waren sie die erste Quelle, etwas über diesen zwar bekannten, aber noch mangelhaft erforschten Stamm zu erfahren. Mit großen Augen und abstehenden Ohren saßen wir bei einer Tasse dampfenden, duftenden echten Filter-Kaffees (man lese jedes Adjektiv genau!) und vernahmen ihre Geschichte:

»So, zu den Bodis wollen Sie also?«

»Ja, wir hoffen, sie in etwa acht Tagen zu erreichen.«

»Nun, da kann ich Ihnen eigentlich nicht viel sagen. Wir waren übrigens die ersten, die sich daranwagten. Wir hatten in der Ebene des Todes eine Landemöglichkeit in einem trockenen Flußbett ausgemacht. Wir also runter, und bald waren wir umringt von vielen freundlichen und gutaussehenden Menschen. ›Salaam! Salaam! Salaam!‹ tönte es uns immer wieder entgegen. Wir faßten schnell Vertrauen zu ihnen und bauten eine Behelfsstation als Basis-Camp für unsere Arbeit. Nach drei Monaten waren wir fertig.

Mister Dye schlürfte genußreich seinen Kaffee. Unserer war längst ausgetrunken.

»Also sind es sehr nette Wesen?« bohrte Wolfgang neugierig und offensichtlich noch nicht ganz zufrieden.

»Ach, Merle«, warf nun seine Frau ein, »spann die Jungs doch nicht so auf die Folter!« Der Pater schmunzelte verschmitzt.

»Sehen Sie, daß das nette Menschen sind, wage ich dennoch nicht definitiv zu behaupten. Sie erschwerten uns die Arbeit sehr, weil sie andere Vorstellungen haben von mein und dein. Man verliert viel Zeit mit der Sicherung des Eigentums oder der Neubeschaffung des Gestohlenen.«

»Aber schließlich sind Sie ja fertig geworden.«

Ich versuchte, ihm den verlorenen Faden wieder zuzureichen.

»Das ist richtig, meine Herren. Wir waren fertig. Das Häuschen war prächtig geworden für die Verhältnisse, und am nächsten Tag sollte die Arbeit beginnen.«

Er hob erneut seine Tasse. Wieso hat er immer noch Kaffee darin, dachte ich flüchtig und beobachtete, wie der Kaffeesaft endlich den Kehlkopf passierte.

* Bodis, Kuschiten nilotiden Typs

»Am anderen Tag aber war kein Bodi mehr da. Sie sind Wander-
bauern. Und allem Anschein nach war die Zeit gekommen, weiter-
zuziehen. Ohne einen Gruß waren sie verschwunden.«

Da June Dye schon die Tassen wegräumte, durften wir die ausführli-
che Informationsstunde als beendet ansehen.

---

Andreas war eine knappe Stunde allein gewesen, als er den ersten
Besuch bekam. Drei Amharen kletterten wie die Gemsen die Felswände neben der Brücke herunter. Offensichtlich hatten sie von oben
das Camp gesehen und beobachtet, daß es nur von einem Mann be-
wohnt war.

»Tenastilin«, grüßten sie mit breitem Lachen und nahmen, ohne
zu fragen, am Feuer Platz.

Dieses Benehmen war ungewöhnlich, normalerweise gehört es sich,
daß Besucher um Erlaubnis bitten, am Feuer sitzen zu können. Einer
der drei sprach ein paar Brocken Englisch. Woher Andreas käme,
wollte er wissen, ob er wirklich allein sei, wo die Gefährten sich befinden, und wann sie wiederkommen würden. Die Amharen wurden
von Minute zu Minute dreister. Einer begann scheinbar absichtslos
in den Ausrüstungsgegenständen zu kramen, und als Sepp ihn an-
knurrte und bellte, versetzte er ihm einen Fußtritt, daß der kleine
Hund sich überschlug. Ob Andreas keine Patronen für sie hätte und
vielleicht sogar eine Handgranate, wollte der englisch kauderwel-
schende Amhare wissen. Was sie denn mit einer Handgranate wollten, fragte Andreas verblüfft zurück.

»Na, fischen«, antwortete der grinsend.

Nein, er habe keine Handgranate, erklärte Andreas abweisend. Und
Patronen auch nicht. Die paar, die in seinem Besitz seien, die brauche
er selbst für die Jagd dringend. Und im übrigen wäre er froh, wenn
die drei jetzt das Camp verließen, denn er gedächte sich schlafen zu
legen. Er sei müde.

Nach einigem Hin und Her zogen die Amharen tatsächlich ab. Gruß-
los und offensichtlich böse, daß sie nichts bekommen hatten. Andreas
tat so, als bereite er sich zum Schlafen vor, in Wahrheit würde er kein
Auge zutun. Er rechnete damit, daß die drei in der Dunkelheit zurückkommen würden. Einen Mann zu überwältigen, das dürfte ihnen ja nicht allzu schwer vorkommen. Und sie hatten ja sicher eine
Menge Sachen im Camp gesehen, die ihnen begehrenswert erscheinen

mußten. Andreas hatte den Schlafsack ein wenig abseits vom Feuer aufgeschlagen. So war er im Schein der Flammen nicht sofort zu sehen. Und nun lag er hier; den Revolver schußbereit neben sich, nervöse Aufmerksamkeit, und starrte in die Nacht. Die Angst zog krampfartig durch seinen Körper und ließ ihn manchmal zittern, ohne daß er sich dagegen wehren konte. Er dachte an den Überfall vor einem Jahr zurück, dachte an Michaels Tod und schalt sich selbst einen Narren, hier allein zurückgeblieben zu sein.

Sie kamen kurz nach elf Uhr. Sehr große Mühe, sich anzuschleichen, gaben sie sich nicht. Andreas hörte sie über die Brücke gehen, sie redeten miteinander, und gleich darauf war das Brechen von Zweigen zu vernehmen, und ein Stein polterte die Felswände herunter. Ich werde sie nicht sehr nahe heranlassen, dachte Andreas. Ich werde sofort schießen, wenn der erste von ihnen im Schein des Feuers zu sehen ist. Ich werde sie nicht erst anrufen. Doch dann wieder kamen ihm Bedenken. Wenn sie nun vielleicht doch in friedlicher Absicht kämen? Wenn er sie durch einen Schuß ohne Warnung erst zu Feinden machte? Wenn er einen eventuell gar tötete? Sepp schien von der Gefahr nichts zu spüren. Er hatte sich in den Schlafsack eingekuschelt und schlief den Schlaf des Gerechten. Plötzlich fiel Andreas die Rakete ein. Ob das eine Möglichkeit war, die nächtlichen Besucher loszuwerden?

Wir hatten in Deutschland von einer Firma kleine Leuchtkugel-Schießgeräte mitbekommen. Sie waren Neuentwicklungen, sahen aus wie Kugelschreiber und wurden auch wie diese in der Brusttasche getragen. Nach dem Aufschrauben konnte man mit einem Knopfdruck eine Rakete auslösen, die für einige Sekunden die Umgebung taghell erleuchtete. Leicht zu transportierende Signalgeräte, doch Andreas hatte sie mehr als Gag eingeschätzt. Bisher hatten wir sie erst ein einziges Mal benutzt, als Andreas mit seinem Gummiboot zu weit vorausgefahren war und wir ihn aufmerksam machen wollten, daß er auf uns warten sollte.

Vielleicht kann ich die Amharen mit der Rakete so erschrecken, daß sie türmen, überlegte Andreas. Vor allen Dingen aber wäre die Auseinandersetzung dann nicht gleich auf die Spitze getrieben. Er tastete in seiner Hemdtasche nach dem Gerät. Hoffentlich funktioniert es, dachte er. Technik war noch nie seine Stärke gewesen. Die Geräusche der sich nähernden Amharen wurden immer deutlicher. Sie mußten ihrer Sache sehr sicher sein. Dann sah Andreas den ersten. Er sah seine Silhouette gegen den hellen Sternenhimmel. Komisch, daß er sich gar nicht bemühte, unentdeckt zu bleiben! Dann sah er, daß andere Männer an mehreren Stellen Feuer entzündeten. Blitzschnell griffen die Flammen um sich. Wollten sie ihn ausräuchern? Sicher nicht. Denn das Camp lag unten am Wasser im Schutze unbewachsener Felsen. Was also sollte das bedeuten? Wollen sie ihn einschüchtern? In diesen Sekunden war er eiskalt geworden. Mit einem Schlag verflog die Angst. Nur noch der Gedanke beherrschte ihn: Du mußt sehen, sie möglichst unblutig in die Flucht zu schlagen! Erst wenn das nicht gelingt, will ich den Revolver benutzen.

Ruhig versuchte Andreas mit dem kleinen Gerät zu zielen. Er hatte es auf den linken Unterarm aufgelegt und richtete es auf den Silhouetten-Mann. Tschsch – wum!

Ein roter Faden zischte auf den Mann zu, fuhr scharf an seiner Schulter vorbei, und im nächsten Augenblick war die ganze Umgebung des Lagers in gleißend rotes Licht getaucht. Schreckensschreie gellten auf. Dann sah Andreas, wie mehrere Menschen eiligst die Flucht ergriffen. Mit bewunderungswürdiger Geschicklichkeit hangelten sie eine Felswand hinauf, erreichten die Straße nach Bole und verschwanden im Dunkel. Andreas hatte schnell nachgeladen und schoß ihnen eine zweite Rakete hinterher. Hoffentlich hält der Schreck eine Weile vor, dachte er. Hoffentlich kehren sie nicht wieder um. Und dann kam die Angst wieder. Wenn nur erst der Morgen grauen würde! Wenn nur Wolfgang und Rüdiger schon wieder da wären! Sepp war ebenfalls aufgewacht. Winselnd und fiepend drängte er sich an Andreas.

Der Rest der Nacht verlief, ohne daß etwas geschah. Die nächtlichen Besucher hatten offenbar wirklich einen solchen Schreck bekommen, daß sie verschwunden blieben. Und mit dem Tageslicht gewann Andreas seine Sicherheit wieder. Nun kann es ja nicht mehr lange dauern, dann sind wir wieder zu dritt, dachte er. Alle Augenblicke sah er zur Uhr. Doch Stunde um Stunde verstrich, ohne daß wir auftauchten. Die Sonne stand im Zenit, sie senkte sich wieder den Felswänden zu und verschwand schließlich hinter der Brücke – niemand kam. Als die Dunkelheit nahte, war Andreas immer noch allein.

Zu der Angst um sich selbst kam jetzt noch die Angst um die beiden Kameraden. Herrgott, sie haben doch versprochen, nicht länger als einen Tag wegzubleiben! Ist ihnen doch etwas passiert? Plötzlich fielen ihm alle Gefahren ein: Schlangen, feindliche Anwohner, Durst, sie könnten sich verirrt haben, oder einer ist vielleicht verunglückt, und der andere wagt es nicht, ihn allein zu lassen, um Hilfe zu holen . . .

Unmittelbar vor Einbruch der Dunkelheit kam ein einzelner zehnjähriger Junge. Er wagte sich nicht ganz an das Feuer heran, grüßte scheu aus wenigen Metern Entfernung, legte ein Paket auf die Erde und verschwand nach einigen verstohlenen Blicken wieder. Andreas erkletterte die Felsen und entdeckte zu seiner Erleichterung unsere Brötchen und den Brief. Wenigstens wußte er nun, daß es uns gutging. Wann aber würden wir wiederkommen?? Und was würde die nächste Nacht bringen? Er beschloß, nicht wieder entnervt in die Nacht zu starren, sondern band die beiden Boote aneinander, fuhr in die Strommitte und ankerte dort mittels eines Steines am Seil. Ein Feuer wagte er nicht zu machen, sondern er rührte sich eine kalte Schokolade an.

Am dritten Tag endlich kehrten wir zurück.

»Das mache ich nie wieder, Leute«, ließ er uns gleich unmißverständlich wissen.

Wir spendierten ihm flugs die Flasche Rotwein, die wir in Soddu erstanden hatten, und versuchten, ihn aufzumuntern.

Eines unserer beiden Hühner hatte ein Ei gelegt. Wir waren sofort einer Meinung: das sollte Andreas haben. Nachher beim Dinner würden wir es in ein Spiegelei verzaubern. Doch dazu kam es nicht. Denn als Sepp bellte, und bis wir reagierten, hatte eine Krähe das Ei sehr gschickt im Schnabel fortgetragen. Gut, dann sollte es eben Hühnersuppe geben. Aber das ging nicht, denn Andreas zeigte uns voll Stolz einen 130 Zentimeter langen Wels, den er neben dem Boot vertäut hatte. Der mußte zuerst verarbeitet werden.

Die Sorgen wichen einer angenehmen Entspannung.

An all das mußte Andreas wieder denken: an die beklemmende Angst, unsere Heimkehr, die Wiedersehensfreude, den Wein, das Wels-Menü. Er dachte an seinen Schwur, nie wieder allein am Fluß zurückzubleiben. Und trotzdem saß er nun wieder hier, mitten im Bodi-Land, viel weiter entfernt von jeder Zivilisation als vor acht Tagen an der Bole-Brücke. Sicher, wir hatten alle und lange darüber diskutiert, wie das Problem am besten zu lösen wäre. Aber schließlich war er doch wieder derjenige gewesen, der Wache schieben sollte. Und diesmal gleich für sechs Tage.

Sechs Tage! Eine unendlich lange Zeit für einen Wartenden, der berechtigte Angst hat. Die Angst, die absolut nichts mit Feigheit zu tun hat, die, die dem gesunden Körper als Alarmanlage dient, Angst auch um die Ausrüstung und das Gelingen der Reise.

Anhand der Karten wußten wir, daß zwei bis drei Tagesmärsche von dort entfernt das Gebiet der Dime beginnt. Nicht zu übersehender Anhaltspunkt war der Mount Smith, der mit 2740 Metern Höhe beherrschender Punkt in diesem südäthiopischen Bergland ist, dem sich die Ebene des Todes nach Süden anschließt und der jetzt genau östlich von uns lag.

Die Dime schienen uns besonders interessant. Ein kleiner Stamm, der jahrhundertelang verfolgt, befeindet und dezimiert wurde. Warum, wußte niemand. Bei den Dime lebten die einzigen Schmiede weit und breit, die es verstanden, Eisen zu schmelzen. In mühseliger und mittelalterlich anmutender Methode brechen sie eisenhaltiges Gestein aus den Felsen, legen es in Lehmöfen und fachen das Feuer mit Blasebälgen aus getrockneten Ziegenhäuten so stark an, daß der Schmelzpunkt für Eisen überschritten wird. Über diese Schmiede wollte Wolfgang einen kleinen Film drehen. Ich ging mit ihm, denn ich sollte die Dias machen. Eine Woche, so hatten wir nach der Karte errechnet, eine Woche würde dieser Abstecher dauern. Andreas blieb im Camp zurück. Unser großes Boot hatten wir vor dem Abmarsch in einer Sandanschwemmung vergraben. Für den Fall einer plötzlichen Gefahr konnte Andreas also schnell mit seinem wendigen, leichten Gummiboot fliehen, ohne daß unser »Pfannkuchen« eine Beute von Räubern werden mußte. Wir hatten das Versteck sehr sorgfältig getarnt.

Andreas beschloß, das Zelt nicht aufzubauen und alles im Boot zu verstauen. Er würde doch nicht schlafen können. Er trug eine Menge trockenes Laub und Zweige zusammen und bereitete um sein Lager einen breiten Ring auf. Wenn Leute kommen, überlegte er, dann können sie nicht geräuschlos heran, dann müssen sie sich vorher verraten. Bis zum Boot waren es nur ganze zwei Meter. Er hütete sich, das Feuer hell auflodern zu lassen. Er begnügte sich mit einem Häufchen roter Glut, gerade genug, um sich nicht so allein zu fühlen und ausreichend heiß für ein Täßchen belebenden Tee. So saß er, lauschte, träumte und wachte zugleich. Der Fluß zog ruhig dahin. 150 Meter Breite würde er hier wohl gut und gerne haben, schätzte Andreas. Im übrigen die üblichen, vertrauten Geräusche. Wie würde er hier die vielen Wartetage nutzen? Würde er das Glück haben, ein Krokodil lebend fangen zu können? Schließlich gab es sie hier immer häufiger. Dafür hatten die Flußpferdherden schlagartig aufgehört. Die Bodis jagen und verzehren sie.

Wehmütig dachte Andreas an das gute Netz. Wie, geradezu liebevoll, hatte er das Knüpfen auf dem Mercato überwacht! Immerhin sollten sich darin einige der Echsen verfangen, und dann wollte er das Betäubungsmittel MS 22 an ihnen ausprobieren. Bei Haien und Fröschen hätte es schon gut gewirkt, hatten ihm die Pharmazeuten in der Schweiz gesagt. Aber mit Krokodilen hatten sie noch keine Erfahrung. Ob er das nicht nebenbei ausprobieren könne . . .

Und dann kam dieser Moment, in dem wir beschlossen, das Netz liegenzulassen. Einfach so. Für irgendeinen glücklichen Finder. Es hatte sich herausgestellt, daß die Hanfseile sich dermaßen mit Wasser vollsaugten, daß das gesamte Netz 3 Zentner wog. Das Floß wurde extrem kopflastig. Wir kenterten alle naselang. Als wir dadurch die Gewehre verloren hatten, kam der einstimmige Entschluß:

»Netz liegenlassen!«

Sepps gespitzte Ohren ließen Andreas zum 15 Meter entfernten Busch blicken. Ein schlanker junger Krieger winkte freundlich und sagte sein »Salaam« auf. Mit Andreas' Ruhe war es vorbei. Hat dich erst einer gesehen, weiß es bald der ganze Stamm. Und so war es auch. Der einsame Jüngling kehrte bald zurück mit 15 anderen Männern, die eifrig diskutierend Andreas Boot betätschelten.

»Wollt ihr wohl.«

Andreas fürchtete um die Seile, die Paddel, sein Handtuch, den Hut. Erst als er vom Ufer ablegte und es dämmerte, zogen sich die Krieger zurück. Noch lange wartete er, bevor er zurückkehrte ans sandige Ufer.

Die Nacht brach von einer Minute zur anderen herein, und wieder war Andreas mit seiner Angst allein. Diesmal war sie vielleicht noch quälender. Dazu kam eine bleierne Müdigkeit, gegen die er verzweifelt ankämpfte. Nur nicht einschlafen, dachte er. Dann können sie dich im Handumdrehen überfallen. Immer wieder aber ertappte er sich, wie ihm die Augenlider zufielen. Kurz nach zehn Uhr hörte er plötzlich aus der Ferne Stimmen. Viele Stimmen. Zuerst dachte er, wenn sie so laut kommen, dann können sie keine böse Absicht haben. Doch dann wieder überkamen ihn Zweifel. Sie brauchen sich doch gar nicht zu verstecken, sagte er sich, sie wissen doch, daß du allein bist. Warum sollen sie sich da eigentlich heranschleichen? Schnell löschte er die Glut, zog Sepp dicht zu sich heran und hielt ihm die Schnauze zu.

»Still«, zischte er, »sei still.«

Dann sah er plötzlich in einiger Entfernung eine lange Kette glühender Punkte auf sich zukommen. Sie schwankte hin und her. Eine Art Glöckchen ertönte. Andreas rätselte nur wenige Sekunden, bis er erkannte, daß es sich um Fackeln handelte, die nur glühten und nicht loderten. Mindestens dreißig bis vierzig Leute mußten es sein, schätzte er. Er nahm sich nicht mehr die Zeit zu zählen. Die Eingeborenen waren noch etwa zweihundert Meter vom Lager entfernt.

Andreas konnte sie im Licht des hinter ihnen stehenden Mondes in den Konturen genau erkennen. Und plötzlich sah er, daß sie lange Stöcke trugen, die oben keulenartig ausgearbeitet waren. Genau die gleichen Stöcke, die die Räuber am Blauen Nil hatten, schoß es ihm durch den Kopf. Er dachte nicht daran, daß die meisten Eingeborenen in Äthiopien solche Stöcke tragen. Panik überfiel ihn. Er fühlte, wie ihm der kalte Schweiß auf der Stirn stand. Krampfhaft hielt er den Revolver umspannt. Aber was kann ich denn allein gegen diese Menge anfangen, dachte er hoffnungslos. Da nutzt mir auch der beste Revolver nichts. Die schlagen mich doch tot, ehe ich den zweiten Schuß heraus habe. Fieberhaft überlegte er. Die Fackeln kamen näher und näher. Vielleicht noch fünfzig Meter, dann waren sie heran. Da sprang Andreas hoch, warf Sepp in das Boot, schob es vom Sand, kletterte hinterher und paddelte wie ein Besessener los. Er paddelte ohne Unterlaß, bis ein kleiner schmaler Streifen am Horizont den nahen Morgen ankündigte. Dann lenkte er das Boot in einen dichten Schilfgürtel. Die grünen mannshohen Halme schlossen sich hinter ihm so eng, daß ihn kein möglicher Verfolger entdecken konnte. Den ganzen Tag über ließ Andreas den Fluß keine Sekunde aus den Augen. Hin und wieder betete er:

»Herrgott, laß bitte Wolfgang und Rüdiger wiederkommen. Mach, daß ihnen nichts zugestoßen ist. Herrgott, laß mich nicht allein bleiben.«

In der Abenddämmerung sah er plötzlich einen roten Punkt auftauchen. Sekunden später stieß er einen Freudenschrei aus. Unser Boot! Er riß das Raketensignalgerät heraus und schoß. Dann lenkte er sein Gummiboot mit ein, zwei Paddelschlägen aus dem Schilf heraus in den Fluß. Und plötzlich merkte er, daß er wieder leichter atmen konnte.

---

Unser Weg zu den Dime war doch viel schwieriger gewesen, als wir vermutet hatten. Wir trafen zwar auf einige Bodis und versuchten, sie als Führer zum Mount Smith zu kaufen – vergeblich. Sie sahen uns an, als hätten wir etwas ganz Unmögliches von ihnen verlangt und verschwanden schnell im Dickicht. So marschierten wir einen halben Tag durch immer dichter werdendes Dornengestrüpp. Wir mußten auf schmalen Tierpfaden gehen, denn mit unseren Messern hätten wir uns keinen Weg schlagen können. Am Abend gaben wir auf.

»Da brauchen wir mindestens eine Woche, bis wir bei den Dime sind«, resignierte Wolfgang.

Wir übernachteten in einer Baumgabel und marschierten am nächsten Tag zurück. Doch da, wo unser Camp war, befand sich nichts mehr. Nur eine Menge Fußspuren. Wolfgang kontrollierte, ob das Boot noch dort war, wo wir es vergraben hatten.

»Alles o. k.«, rief er nach einem Moment. »Das hat keiner gefunden.«

Mir war es im Augenblick egal. Mich beherrschte nur die Frage: Wo ist Andreas? Wir suchten die Umgebung des Lagers ab. Nirgendwo ein Zeichen, nirgendwo eine Nachricht, auch nicht unter dem vereinbarten Stein.

»Vielleicht ist er ein Stück weitergefahren, aus irgendwelchen Gründen«, meinte Wolfgang.

Wir holten die Schaufeln aus dem Wasser und gruben das Boot aus. Das erste Stück war gerade freigelegt, als die Bodis auftauchten. Wohl 25 Männer und 2 Frauen. Sie trugen lange Stöcke. Einige hatten frische Wunden und blaue Flecken. Sie waren aufgeregt wie ein Ameisenhaufen, steckten die Köpfe zusammen und versuchten zu fassen, was da vor ihren Augen geschah. Seit Generationen ziehen sie mit ihren Familien durch dieses Gebiet. Jeden Stock meinen sie zu kennen und jeden Stein. Nichts gibt es, was ihnen verborgen blieb. Und nun tauchen da zwei solch blasse Gestalten auf, graben im Sand herum und stoßen auch prompt auf einen Schatz. Ich weiß nicht, ob sie so gedacht haben. Aber es schien uns so. Schlimmer noch. Da wir so wenige und sie so viele waren, beflügelte das natürlich unsere

Phantasie, zumal sie uns so nah auf den Pelz rückten, daß sie uns bei der Arbeit behinderten. Der Schweiß lief in Strömen den Rücken hinunter, aber wir machten keine Pause.

»Was nun«, warf Wolfgang ein, »wenn sie glauben, dies sei ihr Eigentum, weil wir es aus ihrem Land gegraben haben?«
Mehr brauchte er gar nicht zu sagen. Fast fühlte man, daß ein solcher oder ähnlicher Anspruch von ihnen geltend gemacht werden könnte. So hieben wir die Schaufeln noch kräftiger in den Sand, ließen den Staub wie Wolken aufwirbeln. Unser Fahrzeug war frei. Mit lautem »Hau ruck« zogen wir es den Sandhang hinunter ins Wasser, schwangen uns hinein und stießen ab. Die Bodis waren so verdutzt, daß sie zunächst nicht einmal unsere ehrlichen »Salaams« erwiderten. Erst, als wir mitten im Strom waren, fanden sie wieder zu sich, winkten und liefen noch lange am Ufer mit.


Abends saßen wir am Lagerfeuer. Die Stimmung war ein wenig gedrückt, es kam kein richtiges Gespräch zustande. Plötzlich stand Andreas auf, wandte sich dem Zelt zu, drehte sich noch einmal um und sagte:
»Nie wieder! Hört ihr! Nie wieder bleib' ich allein. Dies war das allerletzte Mal!«
Viel später erst, in der Missionsstation bei den Karos, erfuhren wir, daß die jungen Männer einzelner Dörfer sich nachts harte Stockschlachten liefern. Es handelt sich um nichts als Sport, der mit Begeisterung gepflegt wird. Das soll man nun alles vorher wissen!


## WIR

Das Flußbett hatte sich verändert. Hatten wir bisher mehr oder weniger sanft ansteigende felsige Ufer mit idyllischen Lagerplätzen angetroffen, so verlief der Omo jetzt stur in Nord-Süd-Richtung und hatte sein Bett 10 Meter tief in die kiesige Ebene des Todes gegraben. Eine gewaltige Rinne. Manchmal schien es uns, als sei in grauer Vorzeit diese Ebene ein gewaltiger See gewesen, der nach und nach mit Kies und Sand zugespült worden war. Nur selten bot sich ein hübscher Lagerplatz. Die schönen Ausblicke ins Land gab es nicht mehr.

Wohl konnte man an den zahllosen Wildwechseln hochklettern und in die Ebene schauen; aber was sah man? Afrikanischen Ur-Busch, so dicht wie ein Stacheldrahtverhau, viele Affen, ein paar Gazellen, und jede Nacht Löwengebrüll und Hyänenpalaver. So weit, so schön. Aber was nutzten diese Akustik und Optik, wenn der Lagerplatz nicht mehr für die Mühsal des Tages entschädigte? Wenn man sich auf den Kies haute und die schöne Umgebung fehlte? Auch die kleinen Entdeckungen blieben aus. Hatten wir doch gleich nach dem Start am Gibe z. B. haufenweise versteinertes Holz gefunden! Oft war es so echt, daß wir es erst bemerkten, wenn wir es fürs Feuer sammeln wollten. Oder die Kristalle. Die Basaltsäulen!
Hier war nur Kies. Von den Mücken ganz zu schweigen.
Menschen begegneten wir hier nicht mehr. Dafür lagen manchmal bis zu 20 zwei bis drei Meter lange Krokodile an den Ufern. Wenn sie uns sahen, glitten sie sofort ins Wasser. Offensichtlich werden sie gejagt. Sonst wären sie weniger scheu. Als endlich wieder Menschen auftauchten, merkten wir sofort, es war ein neuer Stamm. Dazwischen hatte die Leere des Niemandslandes gelegen. Als wir ihnen »Salaam« zuriefen, wichen sie zurück und antworteten nicht. Erst, als die ersten Siedlungen auftauchten, grüßte man uns wieder. Aber nicht mit »Salaam«, sondern mit »Taro«.
Wir waren bei den Mursi*. Wir entdeckten keine Unterschiede zu den Bodis. Sie wirken scheuer, wir sehen weniger Gewehre und mehr Macheten. Hatten wir bei den Bodis schon mal Hühner gesehen – hier gab es das nicht. Aber die Jagd schien ihnen den Hühnerfleischmangel reichlich auszugleichen. In manchem Waldschatten saßen die Jägergruppen und räucherten große Mengen Fleisch. Wir sahen erlegte Große Kudus, Gazellen und Wildschweine, die man auf den Wechseln am Wasser mit Fußschlingen gefangen hatte. Nie bot man uns Fleisch an. Lieber beschränkte man sich aufs Betteln.
Wir hatten gerade ein größeres Jägerlager passiert. Gegenüber schob sich ein kleines Stück sandigen Ufers aus dem Wasser. Als wir anlegten, sahen wir, daß sich hier während der Regenzeit ein Nebenfluß in den Omo ergoß. Jetzt war er trocken. Auf seinem Sand wuchs sogar vereinzelt Tabak!

* nennen sich selbst Taama oder Dama; gehören anthropologisch zu den nilotiden Bodis. Mursi und Surme bilden eine Volksgruppe. In Karten und wenigen Berichten werden sie auch als Murzu, Merzu, Murse, Murutu, Maritu, Merdu bezeichnet.

Als wir Anstalten machten zu bleiben, löste sich ein Trupp von sechs Jungjägern und einem älteren Anführer aus dem Jagdcamp und watete in 300 Metern Entfernung durch eine Furt an unser Ufer. Besuch. Gut oder schlecht, je nach Stamm, je nach Stimmung. Wir waren zu müde, um uns zu freuen. Wir wollten schlafen, sobald wir den Tee getrunken und die letzte Feige gelutscht, wiedergekaut und innerlich weinend, runtergeschluckt hatten.

Jetzt waren sie da.

Wolfgang hatte schnell mit einem Seil unseren Bereich markiert. Das störte den Alten nicht, den Zaun zu überklettern und demonstrativ zum Tee zu greifen. Ich war gleich gereizt, hätte er doch wenigstens eine Fleischkeule mitbringen können. Deshalb verweigerten wir ihm das Getränk und verwiesen ihn hinters Seil. Das ging auch ohne Komplikationen. Ich glaube, er begriff gar nicht, was das alberne Seil da überhaupt sollte. Er forderte mehr und mehr. Den jungen Burschen imponierte das. Voller Wonne hieben sie ihre Macheten tief in den Sand. So baute sich ein Spannungsfeld auf, das uns nichts Gutes ahnen ließ. Als Großvater schließlich zornig heim wollte und gestenreich klarzumachen verstand, daß wir ihn per Boot zu transportieren hätten, riß sogar Andreas die Geduld.

»Hát idefigyelj Te nyárimikulás, ha nem fogod be a pofád, én ugy valagba rúglak, nogy leszállrólad a nadrág! Vágjon beléd a menydörgös ményko Te senkiházi la tor!«

»Was meintest du gerade?« wollten wir wissen.

»Ach, das war ungarisch. Der Kerl regt mich auf. Aber nun geht's mir wieder besser.«

Die Mursi stapften über die Felsbrocken am Ufer und wateten zurück durch die Furt. Endlich konnte ich mit dem Kochen anfangen. Noch bevor alles gegessen war, schlief ich neben dem Feuer ein. Die Mükken weckten mich. Das bedeutete, es war an die 20 Uhr 30. Meine Freunde waren genauso abgespannt. Das fast stehende Wasser schaffte uns mehr als die tosenden Katarakte am Oberlauf. »Laßt uns pennen gehen«, schlug Andor vor. Das wollte sehr viel heißen, denn er saß gewöhnlich bis Mitternacht am Feuer und genoß das Flammenspiel oder den Mond am Himmel.

Jeder kroch in sein Zelt. Andor in seins. Ich in das, das ich mit Wolfgang teilte. Durch den Schlaf eben am Feuer war die gröbste Müdigkeit von mir gefallen. Nur so kann ich mir erklären, daß ich plötzlich Sepp knurren hörte. Aha, ein Pavian«, folgerte ich. Doch dann folgte ein Plumps. Andreas nimmt sein zweites Bad, korrigierte ich die Pavian-Idee. Das war durchaus üblich. Er wusch sich abends dreimal und badete zweimal. Ich wälzte mich auf die andere Seite. Doch dann plumpste es abermals.

Plumps!

Plumps!

Fünfmal. Ganz deutlich.

»He, Rüdiger, hört Ihr das Plumpsen?« raunte Andreas aus seinem Zelt herüber.

Wolfgang und ich schnellten kerzengerade in die Höhe. Wenn Andor nicht badete, wer warf denn dann die Steine? Ich riß das Moskitonetz vom Eingang und spähte in die Nacht. Wolfgang drängte neben mir ins Freie.

»Siehst du was?« wollte er wissen. Denn Fernziele mußten wir nach wie vor für ihn ausmachen, wegen der verlorenen Brille.

Andreas kam angekrochen. Sepp knurrte weiterhin. In genau diesem Moment riß die dicke Wolkendecke auf, und der Vollmond half uns sehen.

Und da erspähten Andor und ich gleichzeitig eine Kette von Männern, die durch die besagte Furt wateten. Manchmal blitzte es rüber. Das war das Phosphoreszieren des aufspritzenden Wassers, wenn sie wieder einen Stein warfen. Sofort danach trug der leise Wind uns den Schall sauber und deutlich in die Ohren.

»Leute, das gilt uns!«

Andreas' Stimme ließ keinen Zweifel zu. Wolfgang, der kühle Bergführer, redete keine großen Analysen, sondern meinte gleich:

»Auf drei Pfaden können sie anschleichen: durch den Busch von vorn. Aber das knistert wegen des vielen trockenen Laubes. Oder sie machen einen großen Bogen durch den Busch und kommen von hinten. Das wäre ebenfalls zu laut. Deshalb glaube ich, daß sie über die Steine am Wasser kommen.«

Wir waren uns einig und verteilten uns an die drei Wege.

»Paßt auf: Jeder macht seine Leuchtkugel schußbereit. Wenn der erste Mursi an jemandem vorbei ist, das Ding in die Luft ballern. Die Verwirrung des Moments nutzen wir dann, die Klamotten in die Boote zu werfen und abzuhauen. Die Revolver nehmen wir nur, wenn sie auch schießen!«

Wir schmierten unsere Gesichter mit Matsch ein. Davon gab's genug. Sepp wurde ins Zelt gesperrt. Dann gingen wir in Stellung. Die Männer waren längst an unserem Ufer. Der dunkle Busch hatte sie verschluckt. Der Mond hatte wieder seine Gardinen vorgezogen. Totenstille. Da lagen wir nun! Meine Nebennierenrinde sonderte allerhand Adrenalin ab. Das Herz pochte. Ich dachte noch einmal meine Aufgabe beim Überfall logisch durch, um nicht unnütze Schrecksekunden zu verlieren. Alle Fasern des Körpers waren gespannt. Die Anschleicher mußten längst in der Nähe sein. Ich hielt die Handflächen hinter meine Ohren, um mehr zu hören. Aber es blieb totenstill. Scheiße, dachte ich, wenn die nun erst in fünf Stunden kommen, hat meine Aufmerksamkeit bestimmt nachgelassen. Finden würden sie mich im Vorbeigehen nicht. Ich lag in einer selbstgegrabenen Sandmulde und hatte einen Trockenlaubgürtel um mich gebreitet. Die Taschenlampe hatte ich ebenfalls mit Lehm entglänzt. So hatten wir etwa eine Stunde gelegen. Meine Leuchtzeiger zeigten 23.05 Uhr an.

In diesem Moment glaubte ich plötzlich, mein Trommelfell müsse bersten. Es krachte, raschelte und knackte. Ich hielt mir die Ohren zu und schloß die Augen. Wie der Vogel Strauß es macht, wenn er sich verstecken will. Doch der Lärm blieb. Wolfgang machte ihn! Er kroch hastig auf mich zu.

»Weißt du was?«

»??«

»Wenn die es auf uns oder die Ausrüstung abgesehen haben, dann kommen die bestimmt nicht jetzt, wo die gesehen haben, daß wir vor einer Stunde noch ein Feuer brennen hatten. Die warten, bis unser Schlaf am tiefsten ist. Sie sind nur schon mal rübergekommen, trocknen sich und ruhen. Und morgen früh sind sie dann da.«

Wolfgang machte eine Künstlerpause.

»Genauso wird es sein«, pflichtete Andreas ihm bei, der sich ebenfalls zu mir auf den Weg gemacht hatte. »Schließlich sind das ja Jäger. Sie kennen alle Tricks, um die scheusten Tiere zu überlisten. Uns Degenerierte nehmen sie ganz nebenbei hopps!«

»Ich pflichtete ihm bei: »Genauso wird es kommen. Daß wir darauf nicht eher verfallen sind!«

»Mein Vorschlag: Ich lege mich an den Steinweg und gebe Euch Sicherung. Ihr packt allen Klimbim in die Zelte. Dann tragt ihr die Zelte wie Riesensäcke auf die Boote – und ab geht's. Und wenn die morgen früh kommen, werden sie ganz schön staunen. Nach einer Stunde Fahrt suchen wir uns ein neues Camp. Notfalls ankern wir mitten im Fluß.«

Der Plan gefiel uns auf Anhieb. Er war so gut, daß wir uns, ob des Streiches, vor Begeisterung auf die Schultern schlugen.

»Seid nicht so laut! Wir dürfen ihnen nicht eine einzige Stecknadel zurücklassen. Die Flucht muß in völliger Vernunft ablaufen!«

So geschah's dann auch. Andreas war zehn Minuten später schon von der Schwärze des Stromes verschluckt. Zuletzt wurden die Angeln eingeholt. Sepp zwischen den »Pötten und Pannen« aus dem Zelt gefischt, und ab ging's! Welch ein Gefühl des Triumphes und des Glücks!!

»Dann kann ich das Tonband ja wieder wegstecken!« warf Wolfgang so nebenbei hin.

»Was für'n Tonband?« Ich glotzte ihn fragend an.

»Ich hatte mir das Tonband eingesteckt. Wenn ich schon nicht filmen konnte, wollte ich doch wenigstens was für den Hörfunk mitbringen!«

»Wolfgang, du bist 'ne Wucht!«

Zu guter Letzt hatten wir noch ordentlich Holz in die Glut geworfen und ein zartes Flämmchen angeblasen. Das später lodernde Feuer sollte den Mursi vortäuschen, wir seien noch einmal aufgestanden. Aber in eben diesem Augenblick des Starts schnellte die Flamme empor. Die gesamte Umgebung war hell erleuchtet. Wir waren angestrahlt. Und da brach auch schon der vielkehlige Schrei der Enttäuschung zu uns herüber. In nicht mehr als 200 Metern Entfernung hörten wir die Männer hastig durchs Dichicht brechen, jedoch es war zu spät. Wir verschwanden auf dem dunklen Fluß.


Ruhig aber dennoch kräftig versuchten wir, Abstand zu den enttäuschten Jägern aufzubauen. Der Strom half uns mit geringer Eigengeschwindigkeit. Mit jedem Meter fiel uns ein Steinchen mehr vom Herzen. Die Ufer sahen wir nur schemenhaft. Der Himmel war weiterhin stark bewölkt. Der Fluß, dessen Hauptströmung manchmal links und manchmal rechts verlief, lenkte uns von selbst. Ein erschrecktes Krokodil plumpste unerwartet aus vier Metern Höhe neben uns ins Wasser. Andreas blinkte uns mit seiner Lampe Zeichen zu. Wir steuerten ihn an. Er war in das Geäst eines gefällten Baumes geraten.

»Vorsicht, hier links könnt ihr vorbei! Leuchtet mir mal, damit ich mein Boot freiziehen kann.«

Ich hielt unser Floß auf der Stelle. Wolfgang leuchtete.

»Aah!!«

Ein Schrei des Entsetzens! Ein Riesensprung ins Boot! Unmittelbar vor Andreas hatte ein zwei Meter langes Krok gelegen. Im Schein der Lampe reflektierten seine Augen wie Glühbirnchen. Es erschrak ebenso wie er, peitschte das Wasser mit einem kräftigen Schwanzschlag und war fort.

»Die Aufregungen nehmen wohl kein Ende«, beklagte sich Andreas, als er wieder Wasser unterm Kiel hatte.

Er sollte recht haben. Nach genau einer Stunde recht flotter Fahrt (5 Kilometer) fanden unsere Taschenlampen am linken Steilufer ein zehn Quadratmeter großes Podest. Die Größe einer Studentenbude. Dahinter senkrechter Fels, der mit Buschwerk überwuchert war. Auf dem Podest ebenfalls Sträucher. Sie ließen gerade so viel Platz frei, wie wir für unsere Zelte benötigten. Selbst wenn die Leute uns verfolgen sollten, glaubten wir hier so sicher zu sein, daß ein Überraschungsangriff nicht möglich war. Erstens gab's zuviel Geäst. Und zweitens hatten wir Sepp, der uns nachts jeden vorbeistromernden Affen, jedes Wildschwein meldete. Erleichtert fielen auch die letzten Sorgen von uns. Ruck, zuck waren die beiden kleinen Zelte errichtet. Wir krochen hinein und schliefen bald und tief. Um halb sieben ließ mein innerer Wecker mich aufwachen. Ich kroch leise aus dem Zelt, schnupperte Morgenluft, erblickte auch drüben ein gutes, sicheres Ufer, keine Verfolger und fand das Leben lebenswert. Sepp schlief noch. Er hatte sich wohlig lang ausgestreckt. Normalerweise lag er zusammengerollt.

Ich sammelte die wenigen trockenen Ästchen fürs Feuer und setzte die obligatorische Hafersuppe auf und das Täßchen köstlichen Kakaos. Während das so langsam der Verkleisterung entgegenbrutzelte, wusch ich mich. Sepp muß ja verdammt müde sein, dachte ich noch. Sonst wedelte er längst ums Feuer, denn morgens bekam er seine Hauptmahlzeit. Meist war es Fisch.

»Hallo, Sepp, komm her«, lockte ich ihn leise.

Die anderen sollten noch ein wenig schlafen: Kleine Freuden, die das Leben verschönern.

Sepp schlief.

Ich schielte hinüber. Aber er regte sich nicht. Schließlich hatte er ja auch wenig Schlaf gehabt. Dann warf ich ein Stöckchen. Sepp stellte sich stur. Nun ging ich hin und wollte ihn wachtätscheln. Der sonst so kuschelige, warme Sepp, unser Talisman und treuer Beschützer, war gar nicht mehr kuschelig und warm. Er war steif und kalt. Es durchfuhr mich wie ein elektrischer Schlag. Noch bevor ich weiterdenken konnte, rief ich die anderen.

»Wolfgang, Andor, Sepp ist was passiert! Sepp ist tot!«
Ich drehte den Hund um und hin und her und koste ihn. Sepp blieb tot. Noch nie waren meine beiden Kameraden so schnell aus den Zelten.

»Red kein' Schmarr'n, Suppenkoch!« warnte mich Wolfgang im Herausstürmen. So, als wolle er sagen: »Mit so was spaßt man nicht!«
Immer ist es der unerwartete Tod, der uns am härtesten trifft. Wie war das denn passiert?

»Hier!«
Andreas fingerte die Haare des rechten Hinterlaufes am Oberschenkel an die Seite. Winzige Blutspuren im weißen Fell, zwei stecknadelkopfgroße Einstichstellen in der Haut! Bei seinen nächtlichen Kontrollgängen ums Camp mußte Seppel auf die Schlange gestoßen sein. Er, der uns so oft rechtzeitig gewarnt hatte, kam nicht mehr dazu, uns zu alarmieren. Vielleicht hat er noch gepiept. Vielleicht hat er noch am Zelteingang gekratzt. Niemand von uns hatte es gehört.

»Ciao, Sepp!« sagte Andreas. Er sagte immer Ciao.
»Mensch, Junge, und ich habe dich manchmal aus dem Zelt geschubst«, bedauerte Wolfgang. »Da hat er uns vor den Mursi gewarnt, um dafür hier zu sterben.«
»Ich grabe ihn ein«, sagte ich. »Sonst holt ihn gleich ein Geier oder ein Krok.«
Sepps Tod ging uns sehr an die Nieren. Er war ein gutes Teamglied geworden.

»Wenn ihr zurückkehrt nach Addis, schenkt ihr mir dann den Sepp?«
Leila Karels freute sich jetzt umsonst.

Es geschah wie in einem Zeitlupenfilm. Die Bewegungen wirkten auf eine groteske Weise abgehackt und langsam. Der Mann lag am Boden; er war halb auf die linke Körperseite gestürzt; jetzt drehte er sich vorsichtig herum, und in seinem Gesicht spiegelte sich der Wechsel der Gefühle überdeutlich. Verblüffung zuerst, die in Wut und lodernden Haß überging. Ich sah, wie seine Rechte zur Seite glitt. In der nächsten Sekunde hatte er das breite Messer in der Hand. Ohne sich sonderlich zu beeilen, erhob sich der Mann vom Boden, wobei mich die schwarzen Augen nicht einen winzigen Moment losließen.

Furcht! Ich schwamm in einem Meer von Furcht und Entsetzen. Meine Beine, meine Arme gehorchten mir nicht mehr. Fliehen? Mit einem schnellen Seitenblick sah ich, daß sich der Kreis brauner Leiber um uns geschlossen hatte, undurchdringlich. Wo waren Andreas und Wolfgang? Sicher standen sie irgendwo außerhalb des Kreises, hatten keine Chance, mir zu helfen. Wahrscheinlich mußten sie sogar um ihre eigene Sicherheit fürchten.

Was hast du bloß getan, dachte ich, was hast du angestellt! Warum konntest du dich nicht beherrschen?! Muß ich diese Idiotie jetzt mit meinem Leben bezahlen? Einer solchen Nichtigkeit wegen?

---

Wir hatten den Omo etwa zu drei Vierteln bezwungen. Die Landschaft am Ufer war nicht mehr so schroff und zerklüftet, die Felswände traten vom Wasser zurück, und – wie herrlich – die Tsetsefliegen waren von einem Tag zum anderen weniger geworden. Hin und wieder sah man Siedlungen und Frauen, die im Fluß große Wäsche machten. Offensichtlich befanden wir uns bereits im Gebiet der Karo*. Vor denen müssen Sie sich genauso hüten wie vor allen anderen Omo-Bewohnern, hatten uns Jäger immer wieder gewarnt. Die stehlen alles, was nicht angebunden ist. Dieses Urteil schien sich schon bei unserer ersten Begegnung mit einem Bodi zu bestätigen. Wir hatten hinter der Mündung eines kleinen Nebenflusses unser Lager aufgeschlagen, als uns ein alter Mann mit einigen Begleitern besuchte. Er habe große Schmerzen im After, machte er uns mit vie-

---

* in manchen Karten auch als Kerre oder Caro angegeben

len dramatischen Gesten deutlich. Ob wir nicht Medizin für ihn hätten. Weiße Männer hätten doch immer Medizin.

Andreas – Zahnarzt zwar zu Haus, aber immerhin ja Mediziner – stellte mit einem Blick fest, daß der Alte an Hämorrhoiden litt. Er kramte eine Heilsalbe hervor, der Bodi legte sich bereitwillig auf den Bauch, und Andreas strich ihn ein. Da beobachtete ich plötzlich, wie er während der Behandlung klammheimlich ein Nylonseil losknöpfte, das vom Boot herunterhing. Ganz offensichtlich wollte er es stehlen. Dabei ging er recht geschickt vor. Als er schließlich merkte, daß ich ihn beobachtete, wurde er nicht etwa verlegen – nein, er grinste mich beinahe wie einen Mitwisser an; ließ aber immerhin das Seil wieder los, wenn auch bedauernd. Während wir so palaverten und aus Protest die Behandlung abbrachen, hatten seine Begleiter uns ein Heckseil abgeknotet.

Zur Zeit lagerten wir an einer Flußbiegung. Wenn wir der Karte trauen durften, dann schlängelte sich der Omo jetzt in unzählbaren, sehr engen Windungen weiter, bevor er wieder die Süd-Richtung einschlug, um in den Rudolfsee zu münden. Wir hatten unsere Zelte in einer Missionsstation aufgeschlagen, die früher von schwedischen Priestern geführt wurde, der Philadelphia-Mission. Jetzt waren Amharen hier tätig. Der Missionar selbst war nicht da, nur seine beiden Gehilfen, die uns in der armseligen Hütte freundlich willkommen hießen. Immerhin: einer sprach recht gut englisch.

In der Nacht ging ein mächtiges Gewitter nieder. Es schüttete wie aus Eimern, die Blitze gingen ineinander über und tauchten die Nacht in bläuliches Licht; der Donner fing sich in dem hinter uns liegenden Hochland, rollte zurück und mischte sich mit neuen Schlägen. Es war ein einziges Dröhnen. Die kleine Regenzeit kündigte sich an. Am frühen Morgen weckte uns ein aufgeregter Missionsgehilfe:

»Gentlemen, euer Boot ist verschwunden!«

Wir schossen aus den Schlafsäcken, stürzten zum Fluß – tatsächlich: Kein Boot mehr am Ufer, obwohl wir es weit an Land gezogen und gut verzurrt hatten. Das Unwetter in der Nacht mußte es losgerissen und weggeschwemmt haben.

Was nun?

Der Missionsgehilfe wußte Rat. Er erzählte uns, daß die Station ein Boot besaß, ein einfaches Blechoval, aber mit einem Außenbordmotor. Die Mission verfüge zwar nur noch über fünf Liter Benzin, sie sollten für Notfälle aufgehoben werden, doch er erklärte sich bereit, den knappen Vorrat anzugreifen. Fünf Minuten später starteten wir. Und welch ein Glück: schon nach etwa fünf Kilometern Fahrt sahen wir in der Ferne unseren »Pfannkuchen«. Er lag am Ufer, ein älterer Karo hockte neben ihm, der ihn gerade neugierig untersuchte. Wir machten unmittelbar neben ihm fest. Er zeigte nicht die geringste Scheu. Der Missionsgehilfe dolmetschte. Ja, erklärte der Karo selbstbewußt, er habe das Boot hier gefunden, hier in dem Gebiet der Karo. Es gehöre also jetzt ihm.

»Der meint es nicht so«, erklärte uns der Missionsgehilfe, »er will nur eine anständige Belohnung herausschlagen.«

»Was können wir ihm denn anbieten«, fragte ich zurück. »Vielleicht Angelhaken?«

Er winkte ab. »Da werden Sie kein Glück haben. So etwas machen die sich selbst. Am besten wäre es, Sie bieten ihm Rasierklingen an. Die brauchen sie immer, um sich die Köpfe zurechtzustutzen. Noch lieber nehmen sie Patronen, Malariatabletten und Seife.«

Der Karo hatte unser Hin und Her neugierig verfolgt. Er war vielleicht 35 Jahre alt, tiefbraun, von schlankem Wuchs und beinahe einen halben Kopf größer als ich. Er trug lediglich einen schmalen Lendenschurz aus Tierhaut, in dem er oben ein breites Messer stecken hatte. Wir einigten uns auf drei Patronen. Und weil die Verhandlung so reibungslos und ohne viel Feilschen verlaufen war, beschloß ich, ihm zusätzlich noch einen Ledergürtel zu schenken und leere Gläser mit Schraubdeckel. Im »Konvoi« fuhren wir zurück. Das Motorboot vorweg, der »Pfannkuchen« im Schlepp. In der Station hatten sich inzwischen viele Karos versammelt. Offenbar gehörten sie zu dem Stamm des Mannes, der unser Boot gefunden hatte.

»Der Häuptling ist auch da«, flüsterte mir der Missionsgehilfe zu und deutete verstohlen auf einen etwa vierzig Jahre alten Mann, der sich stolz ein wenig abseits hielt. Ich kümmerte mich nicht mehr um das Treiben. Ich hatte schon seit dem Wecken heftige Kopfschmerzen, war in den letzten Tagen überhaupt immer leicht gereizt gewesen und war nicht ganz in Form. Wenn wir nur erst weiter könnten, dachte ich griesgrämig und begann damit, unser Lager abzubrechen. Andreas und Wolfgang scherten sich nicht um mich. Sie diskutierten heftig und gestikulierend mit den Eingeborenen, das Stimmengewirr wurde immer lauter. Warum quatschen sie denn so lange, dachte ich, warum helfen sie mir nicht lieber einpacken? Doch statt zu kommen, rief mich Andreas.

»Was wühlst du denn bloß da rum? Hast du denn nicht gemerkt, daß der jetzt plötzlich mit den drei Patronen nicht zufrieden ist? Der will mehr haben. Wir verhandeln hier doch schon die ganze Zeit.«

Plötzlicher Zorn ergriff mich. So ein Gauner, wütete ich. Als er allein war, da begnügte er sich mit drei Patronen. Und jetzt, wo er sich in der Überzahl sieht, da will er auf einmal mehr rausschlagen. Aber nicht mit uns. Ich wandte mich an den Missionsgehilfen.

»Wieviel verlangt er denn jetzt?«

»Mindestens zwanzig Patronen«, meinte der verlegen. Ihm war die ganze Angelegenheit offenbar sehr peinlich. »Und dazu noch ein Hemd und Schuhe.«

Ich fühlte, wie die Wut in mir immer heftiger wurde. Der Karo kam einen Schritt auf mich zu. Höhnisch lachend hielt er beide Hände mit breit gespreizten Fingern hoch. Dann deutete er auf mein Hemd. In diesem Moment brach ein Damm in mir. Wut, Enttäuschung, Hilflosigkeit, Resignation und Schmerz suchten ein Ventil – und sie fanden eins. Dieser Strolch, dachte ich, dieser verdammte Strolch! Auf eine merkwürdige Art verschwamm alles vor meinen Augen. Ich fühlte, wie meine Hände hochfuhren, und fast war es, als würden zwei Personen in mir sein – eine, die handelte, und eine andere, die nur kühl beobachtete. Ich sprang auf ihn zu, griff seine Schultern und warf ihn über mein hinter ihn gestelltes Bein zu Boden.

Im selben Augenblick kam ich wieder zu mir. Und beherrschten mich eben noch Zorn und wilde Wut, so trat an ihre Stelle jetzt Angst, nackte Angst. Du hast die Nerven verloren, schoß es mir durch den Kopf. Du hast einen Anlaß gesucht, um all die Anspannung, die Qual und Belastungen der vergangenen Tage loszuwerden. Jetzt wirst du dafür bezahlen müssen! Ich wußte aus Erzählungen, daß die Eingeborenen auf nichts härter reagieren als auf Schläge. Man kann sie beschimpfen, verdammen, betrügen – das schert sie nicht, dann schimpfen sie zurück, verfluchen dich dreimal und betrügen dich selbstredend besser. Aber wehe, wenn man die Hand gegen sie erhebt! Dann fühlen sie sich zutiefst in ihrer Ehre verletzt, und es gibt eigentlich für sie nur eine Antwort: »Blut.«

Von einer Sekunde zur anderen war um mich herum atemlose Stille. Keiner wagte ein Wort zu sagen. Unmerklich hatte sich der Kreis um mich geschlossen. Der Häuptling stand mit verschränkten Armen da und musterte mich finster. Ich sah, wie der Mann sich langsam vom

Boden erhob, wie er das breite Messer zückte und stoßbereit vor seiner Brust hielt. Das Atmen fiel mir schwer, ich versuchte einen Schritt zurückzutreten, doch der Menschenkreis ließ das nicht zu.

»Das hätten Sie nicht tun dürfen«, hörte ich hinter mir den Missionarsgehilfen aufgeregt ausstoßen. »So behandelt man hier nur einen Dieb.«

In diesem Augenblick hörte ich den Häuptling ein paar scharfe Worte rufen. Der Mann vor mir blieb mit einem Ruck stehen, leiser Zweifel breitete sich in seinem Gesicht aus. Ganz langsam senkte er das Messer. Die Leute hinter mir begannen erstaunt zu murmeln.

»Sie haben viel Glück, Mister«, sagte der Missionarsgehilfe. »Der Häuptling hat dem Mann seines Stammes befohlen, sich nicht zu rächen. Weil Sie ein Weißer sind und die Gesetze des Landes nicht kennen. Aber Sie sollen sofort Ihre Sachen packen und das Gebiet der Karo verlassen. Wenn Sie in drei Stunden noch hier sind, dann will er seine Leute nicht mehr zurückhalten.«

Grenzenlose Erleichterung durchflutete mich. Aber ich wagte mich doch nicht zu Andreas und Wolfgang umzudrehen. Ich behielt den Mann vor mir genau im Auge. Widerwillig steckte er das Messer wieder ein.

»Hat es Sinn, wenn ich den Häuptling um Entschuldigung bitte?« fragte ich den Dolmetscher.

»Das wäre sicher nicht verkehrt«, antwortete der. »Und machen Sie ihm gleich noch ein Geschenk.«

»Der Häuptling der Karo möge einem Fremden verzeihen, daß er für einen Augenblick den Kopf verloren hat«, wandte ich mich an das Stammesoberhaupt. »Aber ich habe überall gehört, daß das Wort der Karo gilt. Deshalb war ich so enttäuscht, als der Mann Ihres Stammes plötzlich mehr von uns haben wollte, als er zuerst forderte. Ich habe ihn keineswegs wie einen Dieb behandeln wollen. Als Zeichen meiner Entschuldigung möchte ich dem Häuptling gern meinen Hut schenken.«

Und ich zog den breitkrempigen Jeans-Hut vom Kopf und überreichte ihn mit einer tiefen Verbeugung. Mit unbewegter Miene verfolgte der Häuptling die Worte des Dolmetschers. Erst als von dem Geschenk die Rede war, verzog sich sein Gesicht zu einem breiten Lachen. Schnell redete er auf den Missionarsgehilfen ein, wobei er immer wieder auf uns drei deutete.

»Der Häuptling nimmt die Entschuldigung an«, übersetzte der.

»Und für das Geschenk dankt er Ihnen. Als Zeichen der Versöhnung bittet er Sie, einen Topf voll Bohnen anzunehmen.«
Ein paar Stunden später hockten wir in einem weiten Kreis ums Feuer. Der Schein der Flammen zuckte über bemalte Krieger, die fleißig von den Bohnen aßen. Zu meiner Linken saß der Häuptling. Er trug stolz den Hut, den ich ihm geschenkt hatte. Und an meiner anderen Seite hockte der Karo, der mir offensichtlich verziehen hatte. –

## WOLFGANG

Es war in der Nacht vom 15. auf den 16. Februar, ein gerade angebrochener Tag. Beinahe sechs Wochen war unsere Expedition jetzt unterwegs; wir hatten das letzte Viertel des Omo erreicht. Die Tage zeichneten sich durch monotone Gleichmäßigkeit aus. Brütende Hitze, sobald die Sonne am ewig blaßblauen Himmel aufzog; in den Mittagsstunden kletterte das Thermometer an die 45-Grad-Marke heran. Auch Hemden schützten kaum gegen die alles durchdringenden Sonnenstrahlen. Die Haut auf unseren Schulterpartien hing längst in Fetzen herunter. Wenn man wenigstens ohne Sorgen hätte baden können! Aber die Angst vor den Krokodilen machte jede Sekunde im Wasser zur Qual. Stets nur einer durfte in den Fluß, um sich zu erfrischen, die beiden anderen standen am Ufer, beobachteten die Wasseroberfläche, ob sich irgendwo ein gepanzerter Rücken zeigte, und schmissen in kurzen Abständen schwere Steine in die Nähe des Badenden. Es gab nur einen Trost: Wir überschütteten uns ständig mit Wasser. Nein, Freude und Genuß waren das wirklich nicht. Nachts sanken wir todmüde in die Zelte. Niemand hatte noch Lust, lange am Lagerfeuer zu sitzen. Die abendlichen Gespräche stocherten mühsam dahin, jeder dachte nur daran, möglichst schnell in Schlaf zu sinken. Eine nächtliche Wache teilten wir nicht mehr ein, die Eintönigkeit der letzten Tage hatte uns leichtsinnig gemacht. Später erinnerte ich mich, daß es so gegen fünf Uhr gewesen sein muß. Der Tag hatte bereits seine ersten Vorboten geschickt, durch den Zeltspalt drang erstes Vogelzwitschern. Ein Stoß in den Rücken hatte mich geweckt.

»Nimm doch mal deinen Arm von mir weg«, krächzte der neben mir liegende Wolfgang verschlafen.

Ich warf mich auf die andere Seite. Idiot, dachte ich wütend, was will er denn, ich störe ihn doch überhaupt nicht. Mein Ärger war erklärlich, hatte Wolfgang mich doch gerade aus den schönsten Träumen gerissen. Ich versuchte wieder einzuschlafen, doch schon nach wenigen Minuten fuhr mir Wolfgangs Faust erneut in den Rücken. Diesmal sehr hart und schmerzhaft.

»Verdammt noch mal! Kannst du denn deinen Arm nicht woanders hinlegen?!«

Im Nu war ich hellwach. »Du hast wohl einen Vogel«, fauchte ich zurück und richtete mich halb in meinem Schlafsack auf. »Ich habe doch meine Arme hier drin; ich berühre dich überhaupt nicht. Laß mich gefälligst zufrieden.«

Wolfgang antwortete nicht. Er kann doch nicht schon wieder eingeschlafen sein, dachte ich. Was hat er denn? Im Halbdunkel sah ich, daß er plötzlich steif wie ein Stock dalag. Seine Augen waren weit aufgerissen und starrten mich in namenlosem Entsetzen an. Die Lippen bewegten sich vorsichtig, so, als würde er versuchen zu flüstern. Ich beugte mich vor. Jetzt ist er übergeschnappt, dachte ich.

»Rüdiger«, hörte ich ihn sagen, »in meinem Schlafsack ist eine Schlange!«

Der Schreck fuhr mir wie ein Blitz in die Glieder. Eine Schlange in Wolfgangs Schlafsack. Sollte die Expedition zum zweiten Mal vorzeitig enden müssen? Vor einem Jahr hatte es Michael erwischt. Und jetzt etwa Wolfgang? War Sepps Tod durch eine Schlange nicht genug?

Ich leuchtete das Zelt mit der Lampe ab. Ich hoffte, den Schwanz der Schlange zu sehen und sie blitzschnell rausziehen zu können. Das Moskitonetz hatte sich unten gelockert. War sie dort reingekommen? Dann muß sie an mir vorbei oder über mich gekrochen sein. Das alles schoß mir nur sekundenweise durch den Kopf. Längst stand ich vorm Zelt und hatte Andreas geweckt.

»Leuchte du, ohne ihn zu blenden«, gebot ich, denn Schlangen sind meine Domäne.

Zu Haus in Hamburg habe ich mir einen Ruf als »Schlangenexperte« erworben. Im Keller meines Hauses ist ein Raum als Troparium eingerichtet, in dem sich immer eine Anzahl Schlangen befindet, meist sehr giftige Exemplare; aber auch Pythons und Boas, vier bis fünf Meter lange Prachtexemplare, die so schmerzhaft zubeißen können wie ein Schäferhund. Doch hier, in diesem Moment, war ich auch ratlos. Offenbar hatte die Schlange die Wärme in Wolfgangs Schlafsack gesucht und ruhte dort. Schon die leiseste Bewegung konnte das Tier aufwecken und zubeißen lassen. Das würde für Wolfgang den sicheren Tod bedeuten, denn in unserer Ausrüstung führten wir kein Serum mit. Und bei allen Überlegungen mußten wir davon ausgehen, daß es eine Giftschlange war. Wir hatten deshalb kein Gegengift mitgenommen, weil es meist so ist, daß man mehr über Schlangen redet, als man je zu sehen bekommt.

Für Wolfgang mußten es entsetzliche Minuten sein. Ich las in seinen Augen grenzenlose Furcht. Aber deutlicher durfte er sie nicht werden lassen; er durfte nicht einmal zittern, um die Schlange nicht zu reizen. Schlangen hören nicht. Deshalb konnten wir reden. Nur Wolfgang durfte nicht antworten, weil dann sein Bauch vibrierte. Schlangen »hören« mit den sensiblen Bauchnerven. In Wolfgangs Augen spiegelte sich Entsetzen.

»Bleib ganz still liegen«, warnte Andreas ihn eindringlich.

Aber das war nicht nötig. Wolfgang verhielt sich instinktiv richtig. Zu mir gewandt ergänzte Andreas noch:

»Das beste wäre, er würde ohnmächtig wie der alte Alois. Der war doch in einer vergleichbaren Situation!«

Alois! Das war wirklich eine verblüffende Parallele. Ich hatte eines Tages in einer österreichischen Zeitung von einem Grazer gelesen, der sich als Priester einer Schlangen-Sekte ausgibt und erstaunliche Kunststücke zeigen sollte. Alois Resch mit bürgerlichem Namen, wohnhaft in der Kastellfeldgasse in Graz.

Natürlich ein Scharlatan, dachte ich, war aber doch neugierig und schrieb Alois Resch einen Brief. Ich hielte ebenfalls Schlangen, und wenn sein Weg mal nach Hamburg führe, würde ich ihn gern bei mir begrüßen. Zwei Tage später stand er vor meiner Tür. Und seitdem war er schon einige Male bei mir zu Gast; zuletzt kurz vor Beginn unserer Omo-Expedition. Wolfgang, Andreas und mir erzählte er damals ein wenig aus seiner Vergangenheit, die Geschichte, wie er Schlangen-Yogi wurde. Sie begann 1914, als der erste große Krieg die Welt in Brand setzte. Alois, damals nichts weiter als ein ranker, gesunder Bursche, war bereit, sein Vaterland zu verteidigen; und die Heeresführung der k. u. k.-Monarchie (kaiserlich und königlichen Monarchie) beschloß, ihn gen Osten zu schicken, gegen die Russen. Alois mußte allerdings nicht lange kämpfen. Eine Kugel riß ihm just in dem Augenblick den Brustkorb auf, als sich seine Kompanie zurückzog. Er blieb verwundet im Schützengraben liegen, die Russen nahmen ihn gefangen, pflegten ihn gesund und brachten ihn dann in ein Kriegsgefangenenlager hinter dem Ural. Dort erlebte er die Revolution. Er flüchtete, schloß sich einem marodierenden Soldatenhaufen an und landete irgendwo in der Mongolei. Eines Tages fanden sie Grabstellen und brachen sie auf, denn nach Auskunft der Landesbewohner sollten sie aus der Ära Dschingis Khan stammen. Doch statt der erhofften Schätze fanden sie nur einen Haufen blanker Knochen. Welche Enttäuschung!

Später trennte sich Alois von der Soldateska und zog allein weiter. Als er in einem Kloster Unterkunft suchte, nahmen ihn die Mönche gefangen und schleppten ihn vor ihren Lama. Alois, der sich keiner Schuld bewußt war, erfuhr nun zu seinem Schrecken, daß die Mönche von der Grabschändung erfahren hatten. Furcht überfiel ihn, denn er ahnte, daß es in den Augen der frommen Menschen kaum ein größeres Verbrechen geben konnte. Der Lama, ein hagerer Mann, dessen Haut wie brüchiges Pergament wirkte, sah Alois lange finster an. Dann fragte er ihn in perfektem Russisch:

»Warum, Fremdling, hast du die Ruhe unserer Ahnen gestört?«

Und als er von dem zitternden Alois keine Antwort bekam, fuhr er mit erhobener Stimme fort:

»Du mußt bestraft werden. Doch wir werden dich nicht selbst richten. Das Urteil sollen die Götter sprechen.«

Alois wurde von den Mönchen in ein dunkles Verlies im Kellergewölbe des Klosters gesperrt. Eine halbe Stunde mochte er da gehockt haben, als sich plötzlich eine Klappe in der Tür öffnete. Jemand warf ein Bündel zuckender, ineinander verstrickter Schlangenleiber hinein und schrie Alois mit schriller Stimme zu:

»Die Schlangen sind die Lieblinge der Götter. Du, Fremdling, sollst zwölf Stunden mit ihnen allein sein. Es sind ungiftige Tiere, alle – bis auf eine! Wenn du morgen früh noch lebst, dann haben die Götter Gnade vor Recht walten lassen. Doch wenn wir dich tot finden sollten, dann werden wir deinen Leichnam den wilden Hunden auf dem Feld zum Fraß vorwerfen.«

Mit einem Knall flog die Klappe zu. Alois schauderte. Zwölf Stunden allein mit den Reptilien. Er saß wie gelähmt da. Dann begann er zu beten, doch die Angst in ihm wuchs riesengroß, und irgendwann verlor er die Besinnung. Als er aufwachte, war es stockdunkle Nacht. Er spürte etwas Glattes, Kühles an seinem Hals, dann auch an den

Beinen und Armen. Das Blut stockte ihm in den Adern. Er wagte es nicht, sich einen Zentimeter zu rühren. In der kühlen Zelle hatten die Schlangen den einzigen warmen Punkt gefunden und dort Schutz vor der Kälte gesucht: bei Alois. Du darfst dich nicht bewegen, dachte er instinktiv. Wenn du dich bewegst, dann beißt sie zu. Aber wie sollst du zwölf Stunden regungslos liegenbleiben? Die Verzweiflung übermannte ihn. Er hätte gern geweint, doch wagte es nicht aus Angst, die Schlangen zu erschrecken. Schließlich verlor er wieder das Bewußtsein.

Als Alois wieder zu sich kam, lag er in einem anderen Raum. Der Lama hockte vor ihm; er spürte keine Schlangen mehr an seinem Leib und fühlte sich so frei wie noch nie in seinem Leben.

»Die Schlange hat dich verschont«, sagte der Lama nachdenklich nach einer Weile, während der er Alois unverwandt beobachtet hatte. »Du bist offenbar ein Liebling der Götter, Fremdling; ich habe deshalb beschlossen, dich zum Lama ausbilden zu lassen.«

Und so wurde Alois in die seltsamen Gebräuche und Riten der Schlangen-Sekte eingeführt. Da die Schlangen als Lieblinge der Götter galten, mußte er jede Furcht vor ihnen verlieren lernen. Es war eine harte Schule. Alois mußte sich die Schlangen um den Hals legen, mußte den Finger in weit geöffnete Rachen stecken, sie beißen lassen, und als Höhepunkt sich ringelnattergroße Reptilien durch die Nase, in den Nasen-Rachenraum und dann am Mund wieder rauskriechen lassen. Diese Übung ist heute eine seiner leichtesten. Im Beisein mehrerer Journalisten praktizierte er sie vor unseren Augen. Und mit jedem Tag, mit jeder neuen Übung verlor er mehr von seiner Furcht. Er wurde schließlich Lama, ein Tschöd-Lama.

Drei Jahre blieb er in dem kleinen Kloster in der Mongolei. Dann kehrte er nach Österreich zurück. Dort meditiert er seitdem, versetzt andere Menschen in Hypnose, heilt sie angeblich von irgendwelchen Krankheiten, zeigt seine Tricks mit den Schlangen, wurde über achtzig Jahre – bestaunt, belächelt und vielleicht auch ein bißchen gefürchtet. Ein kleines, zierliches Männchen, schlohweißes Haar, Augen, in denen man hin und wieder den Schalk zu sehen glaubt.

An die Geschichte von Alois mußte ich in diesen bangen Minuten denken. Sie huschte an mir vorbei. War die Situation nicht wirklich ähnlich? Befand sich nicht auch Wolfgang in Gefahr, jeden Augenblick gebissen zu werden? Lag er nicht mit einer tödlichen Schlange Haut an Haut.

»Räum alles an die Seite«, wies ich Andreas an. »Damit uns gleich nichts behindert.« Andor spurte. »Hol den Arterienabbinder aus der Apotheke! Ich bleibe so lange hier hocken und passe auf!«
Ich hörte Andreas poltern und kramen. Wolfgang war schneeweiß. Der Mund stand offen. Die Lippen sahen trocken aus. Ich betupfte sie mit Wasser.

»Hol die Glycerinsalbe!«
Andreas warf sie mir zu. Schlangen waren ihm unheimlich. Erst recht, wenn man sie nicht sah.

»Soll ich dir was zu trinken machen?«
Andreas wollte sich in unserer Ohnmachtsituation nützlich machen und fragte in typischer Zahnarztmanier. Mein Zahnarzt in Hamburg war genauso. Alle Zahnärzte sind wohl so. Gehört zum Berufs-Abc. Wenn der Bohrer am lautesten rotiert und du keine Silbe rausbringen kannst, fragen sie dich, wie's deiner Familie oder dem Geschäft geht. Und wann die nächste Expedition wohin geht.
Mit der Creme reibe ich Wolfgangs Lippen ein. Ich lese in seinen Augen einen Anflug von Dank. Er scheint kaum noch zu atmen. Da wollten wir immer Schlangen fangen am Omo, und nun liegt eine an der unmöglichsten Stelle!

»Ich spüre sie im Kreuz. Armdick!« Kaum kann ich Wolfgangs Worte verstehen.
Andreas bringt noch unser Skalpell und einen Magenbitter.

»Für Kreuzschnitt. Falls sie beißt.«

»Der hilft nur selten. Denn das Gift geht sofort in die Blutbahn. Die Zähne der hiesigen dicken Schlangen sind so lang, daß sie ihr Gift sehr tief injizieren können. Da hilft auch kein Kreuzschnitt. Im Gegenteil. Da zerschneidet man ihm höchstens auch noch sein Gewebe.«

»Ja, aber der Schnaps hier! Den sollten wir zu seiner Stärkung bereithalten.«

»Hilft ihm höchstens, wenn er *nicht* gebissen wird. Wird er aber gebissen, ist Alkohol fehl am Platze.«
So ging das lange hin und her. Wir wußten uns keinen brauchbaren *guten* Rat.
Stocherten wir auf gut Glück im Sack herum, würde sie ihn beißen. Und darauf zu warten, daß sie rauskäme, war ebenso hoffnungslos.

Schlangen liegen manchmal tagelang irgendwo, wenn sie sich wohl fühlen. Der erste fahle Morgenschein kündigt sich an. Kurz nach sechs. Über eine Stunde liegt Wolfgang jetzt auf dem Reptil. Was würde ich denn in Deutschland unternehmen? Wenn es ihm zum Beispiel in meiner Wohnung passiert wäre?

Ja, in Deutschland! Da würde man nun die Feuerwehr alarmieren und ihr, da sie ja auch nichts von Schlangen verstehen, raten, Wolfgang künstlich zu beatmen und die Atmosphäre im Zelt zu vergasen. Bis die Schlange tot wäre.

Vergasen!!!

Das war das Stichwort! Vergasen! Mein Blut pulste. Das war die Chance.

»Andor, schnell eine Flasche mit Insektizid!! Beeil dich.«

Ich wußte, daß die geringste Menge der Insektensprays Schlangen töten konnten, weil sie, wie die Insekten, auch Kaltblütler sind. Es dauert zwar eine Weile – je nach Dosis des empfangenen Giftes –, aber sie sterben unweigerlich unter heftigem Zucken. Ich wußte das aus eigener bitterer Erfahrung. In meinem Schlangenraum hatte einmal eins der Tiere eine Ratte wieder ausgewürgt. Sofort strömten dicke, grüne Fliegen aus ganz Hamburg durchs Fenster und legten ihre Eier darin ab. Maggy, meine Frau, bekam fast einen Anfall, als sie das Gesumm sah und hörte. Was lag da näher, als das Spray zu holen und den Raum auszusprühen?

Gott sei Dank kam ich damals gerade nach Hause. Ich riß sämtliche Tiere aus ihren Boxen und warf sie ins Badezimmer nebenan. Ich duschte lauwarm mitten in das Geringel hinein. Ob sich das Gift fortduschen ließ oder ob sie nichts abbekommen hatten, kann ich nicht beurteilen. Ich weiß nur, daß alle, bis auf die direkt angesprühte, durchkamen. Diese jedoch verendete unter schrecklichsten Zuckungen.

Jetzt handelten wir schnell. »Schlauch her!«

Andreas stürmte zum Boot und holte den Schlauch, den er für seine Krokodilexperimente brauchte. Ich steckte ihn Wolfgang in den Mund. Das andere Ende leiteten wir ins Freie. So bekam er frische Luft. Nebenbei setzte ich ihm den Plan auseinander. Sein Einverständnis konnte er nicht geben. Er lag stocksteif. Mit unserem Kochlöffel lüftete ich nun Wolfgangs Schlafsack an der Brust. Mit der Hand wagte ich das nicht, weil ich nicht wußte, wo die Schlange ihren Kopf hatte. Dann sprühte ich. Ich sprühte wie ein Weltmeister. Hatte das verfluchte Spray schon nichts ausrichten können gegen die verdammten Tsetses, dann sollte es sich hier endlich bewähren!! Ich drückte und spritzte. Auch die Luft im Zelt verpestete ich. Vielleicht kam sie aus dem Sack. Dann sollte es ihr im Zelt nicht besser ergehen. Als die Flasche leer war, zogen wir das Zelt mit dem Reißverschluß zu. Andreas knuffte mich in die Seite. Es war nun hell. Viertel vor sieben.

»Das war überhaupt die Idee deines Lebens. Ich hab' ja keine Ahnung. Aber diese Rettungsaktion hat heute bestimmt Weltpremiere!«

Ich war direkt ein wenig stolz.

15 Minuten übten wir uns in Geduld. Andreas lauschte an der dünnen Zeltwand. Ich hing am Schlauchauspuff und kontrollierte Wolfgangs Atmen. Alles blieb ruhig. Dann öffneten wir das Zelt. Ich erwartete einen zuckenden, sterbenden Schlangenleib und hielt einen Stock bereit, um dem Tier die Qual zu verkürzen. Doch nichts hatte sich verändert. Es roch angenehm nach dem Duftstoff, der der Chemikalie beigesetzt war. Wolfgang atmete kaum sichtbar in den Schlauch. Ich zweifelte an meinem Wissen. Wieso lebte sie noch?

»Hat sich denn gar nichts bewegt im Sack?« fragte ich ihn. Seine Augen antworteten »Nein«.

Doch da, gerade da, mußte etwas passiert sein. Wolfgang spie den Schlauch aus. Seine Augen rissen sich riesenweit auf.

»Sie bewegt sich«, hauchte er.

Und da sah ich es auch. Genau neben ihm schob sich das Tier unter unserer Isolationsdecke aus dünnem Schaumstoff weiter. Diese Decke legten wir immer als Unterlage ins Zelt. Dies beobachten und drauftreten war eins. Ich spürte, ich hatte sie fest.

»Raus, Wolfgang! Raus! Ich hab' sie.«

Ich schrie es laut vor Erleichterung. »Raus!« wiederholte ich aufgeregt. Mein Stiefel zitterte mit mir vor Aufregung. Vielleicht war es nur eine harmlose junge Python?! Vielleicht hatte ich gar nicht auf ihren Kopf getreten. Vielleicht war es der Schwanz, als sie sich rückwärts bewegte. Dann konnte der Kopf noch immer irgendwo vorschnellen.

Wolfgang rührte sich nicht. Er war steif. Da packte Andreas ihn am Schlafsack und Kragen und riß ihn ins Freie. Das war das Werk von fünf Sekunden. Ein Jubelschrei entrang sich unseren Kehlen. Andreas nestelte den »leblosen« Wolfgang aus dem Sack und schüttete ihm zärtlich Wasser ins Gesicht, in den Mund. Ich lüftete nun behutsam die dünne Schaumstoffdecke. Wenn ich tatsächlich hinter ihrem Kopf stand, würde ich sie aufnehmen können und triumphierend in einem der mitgenommenen Schlangenbeutel verstauen! Als ich die Decke hochgehoben hatte, war dort von einer Schlange keine Spur.

Dennoch stand ich auf ihr.

Des Rätsels Lösung: Sie lag unterm Zelt! Wolfgangs Körperwärme hatte sie bei ihrem nächtlichen Pirschgang wohl veranlaßt, unters Zelt zu kriechen. Der sandige Boden hatte ihr das erleichtert. Und durch die dünnen Stoffwände des Zeltes und des Schlafsackes war es Wolfgang erschienen, als hätte er direkt auf ihr gelegen. Im Nu war ich jetzt aus dem Zelt und holte mit dem Stock eine einen Meter lange armdicke Puffotter (Bitis arietans) hervor! Wolfgang hatte seinen Mund immer noch offen. Jetzt aber vor Staunen! Dann klappte er die Kiefer zusammen, schluckte tief und warf die Hände hoch in die Luft:

»Halt sie fest, Rüdiger. Laß sie nicht los! Die muß ich filmen!« Damit stürzte er – nun wieder quicklebendig – zum Gummisack mit der Kamera.

So bekam er seine Aufnahmen vom Fang der Puffotter, und ich bekam abends seinen Becher Götterspeise. Das war ein zu großes Opfer, fand ich. Aber er bestand darauf. Und ich empfand es als nette Geste.

Die Puffotter trugen wir weit fort und ließen sie laufen.

# Die unbekannten »Wilden«

Als die Vollversammlung der Vereinten Nationen am 18. Dezember 1972 beschloß, das Jahr 1975 zum »Internationalen Jahr der Frau« zu erklären, da wurden über diese Absicht Kübel von Ironie und Spott ausgegossen. Man höhnte über das »Jahr der Kochtopfschwingerinnen« oder der »Putzlappenbosse«, und Esther Vilar gar, bekannt geworden durch ihr umstrittenes Buch »Der dressierte Mann«, verfaßte einen geharnischten Protest an die Vereinten Nationen, in dem es unter anderem hieß: »Wir brauchen keinen Schutz!« Und an anderer Stelle: »Die Frauen lassen den Mann für sich arbeiten.« Die renommierte »Frankfurter Allgemeine Zeitung« wies in einem Kommentar die überheblichen Besserwisser zurecht. Sie schrieb u. a.: »Als die Vollversammlung beschloß, 1975 solle das Jahr der Frau werden, ging es ihr vor allem um jene Länder, in denen Frauen noch so gut wie keine Rechte haben. In weiten Teilen Asiens, Afrikas und Lateinamerikas sind Frauen auch heute noch nahezu rechtlos, zumindest stark benachteiligt gegenüber dem Mann, der praktisch mit ihnen machen kann, was er will.«

Das ist richtig und ist es auch wieder nicht. Weil es nämlich nicht nur eine Situation richtig beschreibt, sondern auch Schuld verteilt und urteilt. Die gesellschaftliche Rolle von Mann und Frau aber, etwa in den afrikanischen Ländern, ist seit Jahrhunderten vorgeschrieben und von traditionellen Überlieferungen bestimmt. Unsere Einstellung dazu wird von Unwissenheit und Voreingenommenheit diktiert. Man ändert sie meist erst dann, wenn man das Leben einiger Menschen kennenlernt.

Tschalli heißt in der Sprache der Surme* soviel wie »Schöner Tag«. Die Surme sind ein kleiner, vom Aussterben bedrohter Stamm, der in einem leicht zugänglichen Gebiet westlich der »Ebene des Todes«

---

* Surme gehören wie die ihnen verwandten Mursi anthropologisch zur gleichen Volksgruppe wie die Bodi. Sie werden auch Surma, Korma und Corma genannt.

lebt. Nach Angaben eines Missionars hat er heute noch an die zwei-tausend Angehörige, die in Großfamilien siedeln und vom Hirsean-bau und von der Jagd leben.

Wir waren von den Surme ohne Arg aufgenommen worden. Ihre Haltung uns gegenüber wurde noch freundlicher, als Andreas ein paar kranke Männer behandelte und sie mit Tabletten und Spritzen von Schmerzen befreite. Zwar beobachtete der Medizinmann Andreas' Treiben argwöhnisch, wagte es aber nicht, gegen ihn einzu-schreiten; vermutlich fürchtete er, wir würden über größere Zauber-kräfte verfügen als er.

Tschalli fiel mir zum erstenmal bei einem der abendlichen Tanzfeste auf. Zum dumpfen Hämmern der Trommeln bewegte sie sich in einer Art selbstvergessener Hingabe. Während die anderen Frauen lachten und kreischten, wild die Augen rollten, auf die Männer zustürmten und spielerisch und graziös wieder zurückwichen, tanzte Tschalli eigentlich nur für sich selbst. Man sah ihr an, daß ihre Gedanken weit weg waren, daß ihre Füße dem Klang der Trommeln automatisch folgten. Bewegungen, die seit vielen Jahren einstudiert waren, wäh-rend sie selbst sich Träumen schenkte. Manchmal lächelte Tschalli hingebungsvoll mit geschlossenen Augen, und ihre sonst ein wenig harten Züge wurden dann weich und zärtlich.

Tschalli mochte vielleicht achtzehn, zwanzig Jahre alt sein; bei einer afrikanischen Frau ist das Alter nur schwer zu schätzen. Ihre Haut glänzte im Schein der Feuer wie schwarzes Ebenholz; sie hatte volle, schwere Brüste, die noch nicht schlaff herunterhingen; ihre Hüften wirkten ein wenig breit, die Beine stark und fest; und von der rechten Schulter abwärts bis in Gürtelhöhe trug ihr Rücken eine tiefe, bren-nendrote Narbe. Für den Tanz hatte sie das dichte Haar in unzählige kleine Zöpfe gebunden, während die Unterlippe von einem Tonteller mit mindestens zehn Zentimeter Durchmesser gehalten wurde. Die Surme und die Mursis – ein Nachbarstamm – sind die beiden einzigen Stämme am Omo, deren Frauen noch diesem Brauch folgen.

»Warum ist das so?« fragte ich den neben mir hockenden Missio-nar, einen Amharen, der seit vielen Jahren die kleine, 150 Kilome-ter entfernt gelegene Station leitete, in der uns das Boot abgetrie-ben war.

»Man kann es heute nur vermuten«, antwortete der Geistliche. »Wahrscheinlich rührt das Ganze noch aus der Zeit, in der arabi-sche Sklavenjäger in den afrikanischen Savannen und Urwäldern ihre bedauernswerten Opfer suchten. Damals haben, so nehme ich an, einige Stämme geglaubt, wenn sie ihre Frauen so häßlich wie möglich machten, dann würden die Sklavenjäger sie verschonen. Zur Häßlichkeit gehörte sicher auch das Mittel, die Lippen der Frauen zu verunstalten. Aber wie das mit uns Menschen so ist: Was damals der Häßlichkeit diente, ist inzwischen bei einigen Stämmen Mode geworden. Die Frauen glauben heute, dadurch schöner auszusehen.« Und lächelnd setzte er hinzu: »Sagt man bei Ihnen in Europa nicht, daß über Geschmack nicht gestritten werden darf?«

Ich nickte und zeigte verstohlen auf die tanzende Tschalli.

»Diese Frau dort«, fragte ich, »sie wirkt einsamer als die anderen Frauen. Wissen Sie etwas über sie?«

Der Missionar reagierte, wie es mir schien, ein wenig erstaunt.

»Sie meinen Tschalli, die dort etwas abseits tanzt?« fragte er. Und ohne eine Antwort abzuwarten: »Sie gehört zu den Geschiedenen.«

Er starrte eine Weile ins Feuer; so als sammele er sich.

»Eigentlich ist Tschallis Leben typisch für das Leben einer afrikanischen Frau«, begann er. »Ein verdammt armseliges Leben.«

Sie war das achte von zehn Kindern. Die Mutter gebar sie so, wie sie die anderen vor ihr auch auf die Welt gebracht hatte. Überwältigt von den Wehen, während der Arbeit auf dem Hirsefeld. Für eine Stunde oder auch zwei hatte sie sich zum Waldrand geschleppt, und dort war Tschalli zur Welt gekommen, auf einem Fleckchen altem Laub unter einem riesigen Affenbrotbaum. Eine andere Frau hatte mit Hand angelegt, hatte die Nabelschnur abgebunden, Tschalli auf den kleinen Po geklopft, bis sie schrie, und sie holte frisches Wasser aus dem Fluß, um Mutter und Kind zu säubern. Wenig später arbeitete Tschallis Mutter wieder auf dem Feld.

Tschalli war ein kräftiges Mädchen. Es wurde von dem Fieber verschont, das fünf ihrer Geschwister gleich nach ihrer Geburt bekommen hatten. Sie waren kurz darauf gestorben. Tschalli bekam auch nicht die Lepra und keine anderen Krankheiten; offensichtlich hielten die Götter ihre schützenden Hände über sie. Zum Vater bekam das Mädchen keine tiefe Bindung. Afrikanische Männer bevorzugen Söhne; sie können sie einweisen in die Jagd, in das Stellen von Fallen, in das lautlose Anschleichen auf einen Gegner, in die Kriegstänze und vielen anderen Dingen, die den Tag des Mannes ausfüllen. Ein Mädchen –? Sich darum zu kümmern ist Sache der Frauen, unwürdig eines Mannes. Tschallis Vater hatte vier Frauen. Er unterschied sich darin nicht von den meisten anderen Männern im Dorf. Als Tschalli geboren wurde, war ihre Mutter bereits die älteste Frau in der Familie; die anderen hörten auf ihren Rat, doch der Ehemann bevorzugte die jüngeren. Trotzdem war er kein schlechter Gatte und Vater, er schlug seine Frauen mit der Nilpferdpeitsche nur äußerst selten; er war ein großer, furchtloser Jäger und sorgte immer dafür, daß alle in der Familie genug Fleisch zu essen hatten. Und er schützte sie vor Feinden und gefährlichen Tieren. Tschalli war stolz auf ihren Vater. Manchmal berührte sie tastend die Schmucknarben auf seinem muskulösen Oberkörper. Sie wußte, daß die schmalen Querstriche, die in sieben Reihen vom Schlüsselbein bis zur Hüfte reichten, die Auszeichnung dafür waren, daß ihr Vater einen Feind getötet hatte. Als der Medizinmann sie einschnitt, schlich sich Tschalli hinter die Hütte des Zauberers und sah durch einen Spalt der Zeremonie zu. Sie wußte, daß das bei schwerster Strafe verboten war, aber eine nicht zu unterdrückende Neugier trieb sie an, ließ sie das Wagnis auf sich nehmen.

Es war ein unheimliches Schauspiel. Tschalli sah, wie der mit dem Fell eines Leoparden geschmückte Medizinmann geheimnisvolle Beschwörungen murmelte. Vor ihm loderte ein merkwürdiges Feuer, in das der Medizinmann in unterschiedlichen Zeitabständen jeweils eine Flüssigkeit aus Töpfen goß, die in einer Ecke standen. Unmittelbar darauf leuchtete das Feuer in Farben auf, wie sie Tschalli noch nie zuvor in ihrem Leben gesehen hatte. Manchmal sang der Zauberer mit einer schrillen, sich überschlagenden Stimme, dann sank sie wieder zu einem kaum hörbaren Flüstern zusammen. Tschalli wußte, daß damit der Geist des Getöteten beschworen wurde, er möge seine Kraft, seinen Mut und seine Klugheit auf seinen Besieger übertragen.

Der Vater des Mädchens lag auf einer Ziegenhaut in der Mitte der winzigen Hütte. Er blutete aus den Wunden, die der Medizinmann mit einer scharfen Klinge in seinen Brustkorb geschnitten hatte. Doch kein Laut des Schmerzes kam über seine fest zusammengebissenen Lippen. Nach einer Zeit, die Tschalli unendlich deuchte, nahm der Medizinmann Asche aus der Glut des Feuers und mischte sie mit dem Saft verschiedener Blätter, die er ausdrückte. Dabei tanzte er mit immer wilderen Bewegungen um das Feuer, bis er schließlich erschöpft zusammensank. Doch nur für Sekunden. Mit einem Ruck erhob er sich, trat an das Lager von Tschallis Vater und rieb ihm etwas von der so zubereiteten Asche auf die Wunde. Dann drückte er beide Hände fest auf die Brust des Liegenden, legte den Kopf in den Nakken, stieß einen seltsamen, krächzenden Ruf aus und verließ plötzlich die Hütte. Im selben Moment sank das Feuer in sich zusammen. Tschalli konnte gerade noch aus ihrem Versteck fliehen, bevor der Medizinmann ins Freie trat. In dieser Nacht fand sie lange keinen Schlaf; sie hörte viel später den Vater heimkommen; offenbar hatte er von dem schweren Hirseschnaps getrunken, denn er brummelte ununterbrochen vor sich hin, stolperte schimpfend über die in der Hütte liegenden Leiber, bis er schließlich sein Lager gefunden hatte.

Sonst vergingen Tschallis Tage in einer beinahe vorgeschriebenen Eintönigkeit. Morgens begleitete sie die Mutter, wenn sie aufs Feld ging, spät abends kehrte sie mit ihr in die Hütte zurück. Als sie noch nicht laufen konnte, hatte die Mutter sie – wie das auch alle anderen Frauen taten – in einem Beutel aus Ziegenleder auf dem Rücken getragen. Tschalli lag völlig nackt darin; wenn sie Wasser lassen mußte, so tat sie dies über den Rücken der Mutter hinweg. Dadurch lag sie selbst nie naß und konnte nicht wund werden. Später hörte sie einmal, daß die weißen Menschen ihre Kinder in Tücher einwickeln würden, und sie lachte herzlich darüber. In Tücher einwickeln – welch ein Unsinn! Aber die weißen Frauen sollten das ja auch so ähnlich mit sich selbst machen, wenn der böse Geist in ihnen war und sie ihre blutigen Tage bekamen. Wie unkompliziert waren dagegen doch die Frauen ihres Stammes! Da wurde das Blut mit einem Büschel Gras abgewischt, wenn es an den Beinen herunterlief – fertig.

In ihrem zehnten Sommer wurde Tschalli darauf vorbereitet, eine Frau zu werden. Beim Stamme der Surme bedeutete dies, daß sie die Tellerlippe bekam. Sie erinnerte sich später nur noch mit Schrecken daran.

Es begann bei einem der Tanzfeste, die beinahe jeden Abend stattfanden. Tschalli durfte diesmal lange Zeit in der Mitte der Tänzer und Tänzerinnen sitzen, deren Ring sich immer enger um sie schloß. Die Trommeln dröhnten wild, und Tschalli hätte sehr gern mitgetanzt, doch der Medizinmann hatte ihr vorher eingeschärft, daß sie sich nicht rühren dürfte, sie würde sonst den Zorn der Götter auf sich ziehen. Nach Stunden – die meisten Tänzer waren bereits erschöpft zusammengesunken – nahten vier alte Frauen. Die eine befahl Tschalli, sie solle sich lang auf den Boden legen und die Arme und Beine weit ausbreiten. Kaum hatte sie dies getan, da bemächtigte sich jede der Frauen eines Armes beziehungsweise eines Beines, setzte sich mit ihrem ganzen Gewicht darauf, so daß Tschalli sich keinen Zentimeter mehr rühren konnte. Dann näherte sich der Medizinmann. Diesmal trug er nicht das Leopardenfell mit dem schrecklichen Kopf; er hatte statt dessen sein Gesicht mit den Farben der Fruchtbarkeit angemalt. Der Körper war über und über mit Ketten aus Kernen, Zähnen und Knochen behängt, die klirrten und schepperten, sobald er nur einen Schritt tat. Eine Weile umtanzte er die regungslos vor ihm liegende Tschalli; sie bekam schreckliche Angst, wäre gern aufgesprungen und weggelaufen, doch die alten Frauen hielten sie eisern fest.

Dann gingen die Trommeln plötzlich in einen gleichmäßigen, leisen Wirbel über. Der Medizinmann hockte sich mit gespreizten Beinen über Tschalli, und sie sah, daß er in seiner rechten Hand einen glattgeschliffenen, runden Stein verborgen hielt. In diesem Augenblick riß ihr eine andere Frau, die sich von der Kopfseite her genähert hatte, mit einem Ruck den Mund auf und steckte ihr einen dicken Ast zwischen die Kiefer. Im selben Moment durchraste Tschalli ein entsetzlicher Schmerz. Mit einem zielsicheren, unerhört harten Hieb hatte der Medizinmann den Stein gegen ihre unteren Schneidezähne geschlagen. Sie spürte, wie ihr das Blut in den Hals schoß, warm und sprudelnd, und um nicht zu ersticken, spuckte sie es in weitem Bogen aus. Den zweiten Schlag des Medizinmannes spürte sie nicht mehr. Ein mitleidiger Gott hatte sie in seine Arme genommen und in tiefe Ohnmacht versetzt. Als sie wieder zu sich kam, fühlte Tschalli ihre Arme und Beine frei, sie konnte sich wieder bewegen, die alten Frauen waren fort. Aber die Schmerzen, die durch ihren Körper jagten, waren furchtbar. Tschalli glaubte, sie müsse sterben. Sie faßte mit der Hand an den Mund und merkte, daß sie ein großes Loch im Unterkiefer hatte, vier Zähne fehlten.

Zwei Monate später hatte es wieder ein Fest gegeben. Diesmal hatte ihr der Medizinmann mit einem runden Messer, das er ums Handgelenk trug, einen scharfen, tiefen Schnitt unterhalb ihrer Unterlippe beigebracht, so daß diese wie ein Halbkreis herunterhing. Durch den losen Fleischlappen hatte er einen runden, etwa fünf Zentimeter dicken Holzpflock gestoßen. Der ganze Mund war eine einzige blutende Wunde. Die Voraussetzungen waren geschaffen, einen Teller zu tragen.

Eine der alten Frauen kam in diesem Augenblick mit einer Handvoll großer Blätter zurück. Sie legte sie sanft auf Tschallis Mund, und die spürte sofort kühlende Linderung; der Schmerz ließ nach, und das Blut hörte wenig später auf zu fließen. Die Frau gab Tschalli eine Handvoll anderer Blätter und erklärte ihr, daß sie von Zeit zu Zeit ausgewechselt und mindestens sieben Tage auf dem Mund getragen werden müßten. Sie würden verhindern, daß sich die Wunde entzünde, daß Eiter sich bilde, und vor allem würden sie ein guter Schutz gegen die Fliegen sein. Tschalli befolgte alle Anweisungen genau. Sie fühlte, wie sich die Wunde schnell schloß, und bereits nach sechs Tagen brauchte sie die Blätter nicht mehr aufzulegen. Aus Ton hatte sie inzwischen eine Scheibe geformt, in der Größe eines Kinderhandtellers. Sie wurde von einer Rille gesäumt, in die genau die Lippe paßte. Doch sie durfte die Scheibe nicht selbst einsetzen, so gern sie es getan hätte; das war wiederum Sache des Medizinmannes.

Beim nächsten Vollmond war es soweit. Wieder wurde die Nacht von den Trommeln unterbrochen, wieder stampften die Tänzer den lehmigen, roten Boden des Festplatzes; doch diesmal hatte Tschalli keine Angst. Sie wußte von der Mutter, daß ihr in dieser Nacht keine Schmerzen bevorstanden. Als der Mond genau über dem großen Baum stand, der die Mitte des Platzes einnahm, befahl der Medizinmann Tschalli zu sich. Sein Leib war mit anderen Farben bemalt, und um den Hals trug er eine Kette aus Hyänenzähnen. Alte, unendlich wissende Augen sahen Tschalli aus dem zerknitterten Gesicht an, schienen durch sie hindurchzudringen und alle geheimen Wünsche ihrer Seele lesen zu wollen. Der Medizinmann legte ihr die linke Hand auf den Kopf, murmelte unverständliche Beschwörungen und schob ihr dann mit der anderen Hand die Tonscheibe in den Mund. Tschalli spürte, wie sich die Lippe, die vorher schlapp heruntergehangen hatte, straffte, und sie wurde unendlich stolz. Jetzt bin ich eine Frau, dachte sie, eine richtige Frau. Und sie tanzte in dieser Nacht bis zum Morgengrauen, bis zur völligen Erschöpfung.

Zehn Tage später starb Tschallis Mutter. Sie hatte schon längere Zeit über heftige Schmerzen in der Brust geklagt und auch, daß ihr die Arbeit auf dem Felde immer schwerer fiele. Sie befanden sich gerade bei der Ernte, als sie sich hinlegte, so, als wolle sie eine Pause einlegen. Doch nach einer Stunde lag sie immer noch da, und als ein paar andere Frauen zu ihr hinschauten, da bemerkten sie, daß sie schon anfing, starr zu werden.

314

Der Vater nahm die Nachricht vom Tode seiner ältesten Frau mit Mißbehagen auf. Ausgerechnet jetzt bei der Ernte mußte dies geschehen! Er wies die anderen Frauen und die Töchter, die groß genug waren an, die Arbeit der Verstorbenen mitzumachen. Er selbst ging am nächsten Morgen wieder auf die Jagd. Tschallis Mutter war im achtunddreißigsten Sommer gewesen, als der Tod sie holte. Für eine Surme-Frau war das alt, sehr alt; die meisten sterben eher.

Ein paar Tage lebte Tschalli in Trauer. Sie hatte sehr an ihrer Mutter gehangen. Doch sie war auch jetzt nicht allein. Die anderen Frauen kümmerten sich um sie, als wäre sie ihr eigenes Kind. Für die Familie war Tschalli jetzt beinahe schon eine vollwertige Kraft. Auf dem Felde arbeitete sie wie jede andere Frau. Sie wußte, von welchen Sträuchern sie die Blätter pflücken mußte deren Saft die Wäsche am besten säuberte; sie konnte den Hirsebrei schmackhaft zubereiten, den alle abends gemeinsam aus dem großen Kessel aßen; sie konnte eine Hütte bauen, hatte gelernt, wie man die starken, biegsamen Weidenäste in die Erde rammte, sie oben zusammenband und die Zwischenräume mit Gras und Schilf ausfüllte.

Auch Tschallis Körper hatte sich verändert. Er war weicher und runder geworden, die Knochen standen nicht mehr hervor wie bei den Kindern, die Brüste traten üppig und rund heraus, und Tschalli bemerkte, wie die Blicke der jungen Burschen an ihr hängenblieben. Sie freute sich insgeheim darüber. Manchmal, wenn sie allein am Fluß war, dann betrachtete sie in dem ruhigen Wasser ihr Ebenbild. Ihr Blut wurde dann auf eine geheimnisvolle Weise unruhig, und wenn sie abends tanzte, dann fühlte sie sich wie unter einem inneren Zwang zu den Männern hingezogen.

Eines Tages kam das Oberhaupt einer der Nachbarfamilien zu ihrem Vater, und ein langes Palaver setzte an. Tschalli hörte, daß immer wieder ihr Name fiel, und eine der Frauen erzählte ihr, ein Sohn der Nachbarfamilie wollte sie zur Frau haben. Die beiden Väter handelten jetzt den Preis aus. Nicht im Traum kam Tschalli der Gedanke, dabei gefragt zu werden. Sie kannte den Nachbarsohn nur flüchtig. Sie war eine Frau und Gehorsam gewohnt.

Die beiden Männer einigten sich auf acht Kühe, fünf Ziegen und zwölf Hühner. Das war ein sehr guter Preis. Tschalli war auch eine kräftige, gutaussehende junge Frau, sie konnte arbeiten wie keine andere, und ihr Becken versprach dem Mann eine Menge prächtiger Söhne.

Die Hochzeit fand am ersten Vollmond nach dem großen Regen statt. Tschalli hatte die Hütte der neuen Familie gebaut, die sie jetzt mitbegründen würde. Ihr Mann galt trotz seiner Jugend bereits als ein hervorragender Jäger. Sie hatten noch nicht viel miteinander gesprochen, aber er gefiel ihr, denn er war groß und schlank und hatte ein ebenmäßiges Gesicht. Beim Festtanz, den sie zum Schluß nur noch beide allein führen durften, glaubte sie, ein wildes Feuer der Begierde in seinen Augen lesen zu können, und auch ihr Blut kreiste heiß in den Adern, die Haut prickelte seltsam, und sie konnte es kaum erwarten, daß er sie bei den Händen nahm, gemeinsam mit ihr durch das Feuer sprang und in die Hütte zog. In ihre Hütte!

Doch die Götter hielten ihre Hände diesmal nicht schützend über die Ehe. Sicher – Tschalli arbeitete so gut wie alle anderen Frauen des Dorfes, sie kochte besser, sie war für ihren Mann da, wann immer er es wünschte – aber Tschalli bekam keine Kinder! Sechsmal spürte sie, wie der Samen des Mannes in ihrem Leib zu wachsen begann, wie sich neues Leben in ihr regte, doch jedesmal verlor sie das Kind vorzeitig. Tiefe Niedergeschlagenheit bemächtigte sich ihrer Seele. Tschalli merkte, wie die Gedanken des Mannes sich von ihr abwandten. Die Familie wurde größer, neue Frauen bauten neue Hütten. Direkt neben der ihren. Immer öfter bekam Tschalli die schwere Nilpferdpeitsche des Mannes zu spüren. Er hatte sie selbst aus der Haut eines erlegten Flußpferdes angefertigt, eine Handbreit stark an der dicksten Stelle, zur Spitze hin wurde sie immer dünner. Wenn sie traf, dann platzte die Haut auf, und breite Blutspuren blieben zurück. Als Tschalli zum siebten Mal ihrem Mann nur ein totes, viel zu früh geborenes Kind schenken konnte, jagte er sie aus der Hütte. Er wolle sie nicht mehr wiedersehen, wütete er und schlug Tschalli mit der Peitsche diesmal so heftig über den Rücken, daß sie für eine Weile ohnmächtig zusammenbrach und alle es im Dorf sehen konnten. Auch wir sahen sie noch: die brennendrote Narbe.

Seitdem gehört Tschalli zu den Geschiedenen des Dorfes. Sie wohnt in einer Hütte ein wenig abseits. Ihr Essen verdient sie sich, indem sie auf den Feldern ihres Vaters mitarbeitet. Manchmal kommt einer der unverheirateten Männer zu ihr, bleibt über Nacht und geht am nächsten Morgen wieder. Unbewußt sehnt Tschalli sich wohl nach Zärtlichkeit, doch Zärtlichkeit gibt es im Leben afrikanischer Frauen nicht. Tschalli hat einmal von anderen gehört, daß die Weißen sich mit dem Mund berühren, bevor sie sich vereinigen, und sie hat mit ihnen herzlich darüber gelacht. Ebenso über die Tatsache, daß weiße Frauen ihre Brüste verhüllen, weil sie angeblich die Begehrlichkeit des Mannes wecken würden. Bei ihnen galt die Brust nur als ein Organ zum Milchspenden. Und wenn ein Mann eine Frau haben wollte, dann holte er sich die Begierde beim Tanz, beim aufreizenden Rhythmus der Trommeln, dem zuckenden Feuerschein, der wie flüssiges Gold über die Körper huschte und dem wilden Stampfen der vielen Füße.

»Tschalli wird wahrscheinlich nie wieder einen Ehemann bekommen, obwohl sie sich danach sehnt«, schloß der Missionar seine Erzählung. »Sie wird arbeiten und dann sterben. Und eigentlich ist an ihrem Schicksal gar nichts Besonderes. Es ist das Schicksal unzähliger afrikanischer Frauen. Arbeiten, kochen, für den Mann da sein. –
Und sie können dabei sogar noch lachen«, setzte er bitter hinzu.

Auf unserer Karte hatten wir uns Dschunkura als nächstes Ziel angekreuzt. Dschunkura, das sollte ein größeres Dorf im Lande der Bume sein, ein Stamm, der den schlechtesten Ruf genießt. Stehlen sei seine Hauptbeschäftigung, hieß es allgemein, und die Männer ganz besonders wären zu nichts nutze. Verächtlich nannte man sie die »Krokodilfresser« und die »Leichenfresser«. Angeblich sollten sie ihre Feinde verspeisen, was jeder Europäer, der sie näher kannte, jedoch bestritt.
Die Entfernung sah auf der Karte lächerlich kurz aus. Doch der Omo floß hier in sehr engen und langen Windungen, so daß wir von der Missionsstation aus mit dem Boot mindestens drei Tagereisen einplanen mußten.
»Und wenn ich nun zu Fuß marschiere?« fragte Wolfgang.
»Dann wäre das Boot doch sehr viel leichter; ihr würdet es vielleicht zwei Tage früher schaffen, und wir treffen uns in Dschunkura. Dann hätten wir eine ganze Menge Zeit gespart, zwei ganze Tage.«
Andreas lehnte entschieden ab. »Ich bin auf jeden Fall dagegen, daß wir uns trennen. Lieber ein bißchen länger, als daß sich einer unnötig der Gefahr aussetzt.«

Nach den Erfahrungen, die er gemacht hatte, war diese Meinung nicht verwunderlich. Wolfgang aber ließ sich nicht abbringen.

»Wir trennen uns doch nur für kurze Zeit«, argumentierte er. »Und außerdem würde ich, ehrlich gesagt, ganz gern mal laufen. Ich kriege ja schon O-Beine von der ewigen Sitzerei.«

Mein Widerstand war nur halbherzig. Die Aussicht, zwei Tage einzusparen, verlockte mich, Wolfgangs Plan bald zuzustimmen. Wir trennten uns am nächsten Morgen. Wolfgang nahm nur die wenig Platz beanspruchende und federleichte Olympus-Foto-Ausrüstung mit, fünf Liter Wasser und ein Kilogramm Mehl. Für einen Dollar wollte ein halbwüchsiger Bursche ihn von der Karo-Missionsstation nach Dschunkura führen.

Die beiden hatten das Dorf kaum verlassen, als der Junge schon seine Absicht änderte. Ob es nicht besser wäre, wenn sie wieder umkehrten, versuchte er Wolfgang zu überreden. Im Dorf wäre es doch viel schöner, und er könnte doch auch bei ihnen, bei den Karos, gut leben. So ging es stundenlang weiter, bis der Bursche schließlich überhaupt nicht mehr bereit war, mitzugehen.

Der hat Angst, vermutete Wolfgang. »Hier hast du deinen Dollar«, erklärte er wütend und drückte ihm zehn Kupfermünzen in die Hand. »Und nun hau ab, ich werde den Weg auch allein finden.«

Hochbeglückt zog sein Begleiter von dannen. Wolfgang marschierte allein weiter. Das Gelände wurde immer undurchdringlicher. Dorniges Gestrüpp machte das Laufen zu einer Qual. Er mußte ständig Umwege machen, und mit Bangen bemerkte er, daß sein Wasservorrat sehr abgenommen hatte. Den ganzen Tag über traf er keinen Menschen. Als der Abend hereinbrach, war von Dschunkura weit und breit nichts zu sehen. Wolfgang schlug sein Lager unter einem Baum auf; doch als er in nächster Nähe Hyänen bellen hörte, überfiel ihn die Besorgnis. Er kletterte in eine Baumgabel, band sich dort fest und versuchte so, ein bißchen Schlaf zu finden. Vergebens – die ganze Nacht über bekam er kein Auge zu. Am Mittag des nächsten Tages war auch das Mehl alle. Er bekam Hunger. Als er in einiger Entfernung einen Milan sah, schoß er auf den Vogel, verfehlte ihn aber. Doch der Knall schreckte den Milan auf; er flog weg und verlor dabei etwas aus den Fängen. Wolfgang rannte hin und fand eine tote Schlange, die der Milan erbeutet hatte. Er zog sie ab, briet das Fleisch an einem kleinen Feuer, und es schmeckte ihm gut, fast wie Lamm.

Am Nachmittag entdeckte er plötzlich Flußpferdspuren. Erleichtert atmete er auf. Dann kann also der Omo nicht mehr weit sein, dachte er. Und wirklich – schon wenige Minuten später sah er am Horizont den grünen Schilfgürtel und den Fluß silbern aufblitzen. Auf der anderen Uferseite standen ein paar Hütten. Als die Eingeborenen ihn bemerkten, kamen sie mit einem Einbaum über den Omo und luden Wolfgang ein, bei ihnen zu übernachten. Sie gehörten noch dem Stamm der Karos an. Nein, ein Boot mit zwei weißen Männern sei hier noch nicht vorbeigekommen, erzählten sie. Und Dschunkura –? Sie lachten. Das Dorf Dschunkura gäbe es überhaupt nicht mehr.

Abends saß er mit den Karos zusammen und aß ihren Hirsebrei. Fünf Männer waren ihm aufgefallen: Sie waren größer und schlanker als die übrigen Bewohner, sie trugen Gewehre und hielten sich stolz ein wenig abseits von den anderen. Das seien Gallabs*, erklärte man ihm respektvoll. Sie seien unterwegs, um Bume zu schießen.

Er lächelte innerlich. Bume schießen! Das klang ja beinahe so, als würde bei uns ein Jäger erzählen, er wolle heute Hasen schießen. Aufschneider, glaubte er; die Eingeborenen haben alle einen Hang zur Aufschneiderei.

Am nächsten Morgen wollte Wolfgang aufbrechen. Doch kein noch so schmaler Pfad verlief in der gewünschten Richtung, in Richtung des ehemaligen Dschunkura, wo er sich mit uns treffen wollte. So beschloß er, an den großen Strom zurückzukehren. Notfalls würde er den Leuten einen Einbaum abhandeln, statt allein weiter durch diesen dichten Busch zu laufen. Und in genau diesem Moment passierten wir das Dorf!

Ich vermag nicht zu beurteilen, wer sich mehr freute über dieses unerwartete und zu frühe Wiedersehen – Wolf oder wir. Jedenfalls waren wir wieder zusammen, und das war gut so – denn dort, wo in unserer Karte Dschunkura eingezeichnet war, sahen wir rein nichts von einer Ansiedlung.

Auf einem Sandstrand, unmittelbar hinter zwei großen Baumstämmen, die dort angespült waren, schlugen wir abends unser Lager auf. Wir waren recht sorglos, hatten wir doch den ganzen Tag über keinen Menschen gesehen, obwohl wir uns hier längst im Gebiet der Bume befinden mußten. Andreas sah sie zuerst. Er deutete plötzlich in die

---

* Gallabs, auch Geleba, Gellaba, Gelleb, Geluba genannt, bezeichnen sich selbst als Marille, Merille, Marle

Richtung des Flusses, den die Nacht wie alles andere zugedeckt hatte. »Da kommen sie«, sagte er trocken. Ich blickte mich um. Tatsächlich. Ein Gewimmel von Fackeln auf dem Fluß, das sich schnell näherte, und in der Mitte ein merkwürdiges Licht, das hin und her zuckte. Wir rätselten.

»Wenn es nicht so irre wäre, dann würde ich meinen, da hat einer 'ne Taschenlampe«, sagte Wolfgang. »Aber es wird wohl doch besser sein, wenn wir unser Zelt abbrechen und alles im Boot verstauen, so daß wir schnell ablegen können«, setzte er hinzu. »Denn wenn das Bume sind, dann wollen sie vielleicht Beute machen.«

Es waren Bume. Sieben Kanus, vollgepackt mit etwa vierzig Männern; die meisten mit Speeren bewaffnet, zwei trugen alte, langläufige Gewehre, und einer, ihr Anführer offenbar, hatte tatsächlich eine moderne Stabtaschenlampe in seiner Rechten, mit der er uns anleuchtete. Sein Oberkörper war nackt, um die Stirn trug er ein ledernes Band, in das hinten eine Adlerfeder gesteckt worden war. Wäre seine Haut nicht schwarz gewesen, er hätte in jedem Indianerfilm mitwirken können: Winnetou in Person.

Wir hatten uns hinter die beiden Baumstämme zurückgezogen und hielten wie beiläufig unsere Hände in der Nähe der Revolver. Etwa zwanzig Meter vor unserem Lager blieben die Bume stehen, beratschlagten einen Moment flüsternd, und dann trat der Anführer allein auf uns zu. Er senkte die Taschenlampe, so daß ihr Schein uns nicht mehr traf, und sprach uns in fehlerfreiem Englisch an:

»Good evening, gentlemen, what are you doing here? Can I help you?«

Vor Verblüffung brachte keiner von uns eine Antwort heraus. Der Bume muß mit unserer Überraschung gerechnet haben. Er lachte kurz:

»Ihr habt sicher nicht damit gerechnet, hier einen Mann zu finden, der eure Sprache spricht«, meinte er und fragte dann höflich um Erlaubnis, ob er unser Lager betreten dürfe.

Wolfgang hatte sich als erster gefangen.

»Bitte, komm doch näher«, forderte er den Afrikaner auf und lud ihn mit einer Handbewegung ein, heranzutreten.

Dann erfuhren wir, daß unser Gast Lopir Losheria hieß und einer der Häuptlinge des Dorfes in unmittelbarer Nähe war.

»Narugui nennen wir unsere Siedlung«, erklärte er uns. »Über zweihundert Bume wohnen dort, und ich bin ein Häuptling vom Range der Sträuße. Das ist die zweithöchste Rangstufe bei uns; die oberste ist der Rang der Elefanten. Wir haben bei uns eine Dorfregierung, in der jede Familie einen Vertreter hat.«

Man merkte ihm den Stolz an, mit dem er uns dies berichtete. Der Strahl seiner Taschenlampe streifte unser Boot, »South Ethiopia Expedition seventy six« las er laut und deutlich vor. Die anderen Bume hatten sich inzwischen in einigem Abstand niedergehockt. Die Situation schien recht friedlich, aber unser Argwohn gegenüber den Bume war so tief eingewurzelt, daß wir dem Frieden nicht trauten. Und auch nicht diesem merkwürdigen Burschen, der uns hier mitten im Busch im reinsten Englisch begrüßte, der eine Taschenlampe besaß und – wie wir inzwischen gesehen hatten – auch eine Armbanduhr. Lopir wandte sich an Andreas.

»Ich möchte euch einladen, in unser Dorf zu kommen«, sagte er freundlich. »Dort seid ihr sicherer. Ich weiß nämlich, daß fünf Gallabs hier herumstreichen und Jagd auf Menschen machen.«

Wir sahen uns fragend an. In das Dorf, in ein Bume-Dorf? Wenn sie vielleicht doch böse Absichten hätten, dann wären wir dort völlig in ihrer Hand, überlegte ich. Aber das mit den Gallabs war doch interessant. Das scheint also gestern doch keine Aufschneiderei gewesen zu sein. Andreas mußte zu derselben Meinung gekommen sein, denn er wehrte höflich ab:

»Wir wollen euch keine Umstände machen. Laßt uns ruhig die eine Nacht hier schlafen. Und wenn wirklich Gallabs hier in der Gegend sind – weißen Männern werden sie sicher nichts tun.«

Wir schienen uns einig.

Doch Lopir wurde plötzlich energisch.

»Woher sollen die denn im Dunkeln wissen, daß Ihr Weiße seid?« entgegnete er. »Nein, nein, kommt bitte mit uns; ich kann es nicht zulassen, daß Euch in unserem Gebiet vielleicht etwas geschieht. Was soll man dann von uns denken?«

»Ich glaube, wir können ihm trauen«, flüsterte Wolfgang mir zu. Ich nickte. Mir gefiel dieser Häuptling auch; ich glaubte nicht, daß er Böses im Schilde führte.

Ein kurzer, fragender Blick zu Andreas. Ja, der nickte ebenfalls unmerklich. – Eine halbe Stunde später befanden wir uns unterhalb des kleinen Dorfes der Bume am Strand. Lopir hatte uns in sein Kanu eingeladen und unser Boot am Heck angebunden. Es seien sehr viele

Sandbänke hier, meinte er, für einen Fremden würde es schwer sein, den Weg zu finden.

Wieder bekamen wir Hirsebrei vorgesetzt. Aber er war schmackhafter als bei den Karos, besser gewürzt, meinte Wolfgang, der Hirse-Spezi. Lopir saß uns gegenüber und freute sich sichtlich, daß uns sein Gastmahl mundete.

»Woher kannst du eigentlich so gut Englisch?« wollte ich von ihm wissen.

»Ich habe mir schon gedacht, daß Ihr Euch darüber wundert«, lächelte er. »Ich war einige Zeit in Nairobi gewesen, bevor ich zu meinem Volk zurückkehrte. Ich spreche auch fließend Suaheli.«

Wir sahen uns verwundert an. »In Nairobi?« staunte Wolfgang. »Das ist doch Kenia. Wie kamst du denn dorthin?«

Lopirs eben noch so fröhliches Gesicht war ernst geworden.

»Ich war vielleicht fünf oder sechs Jahre alt«, begann er nach einer Weile. »Wir Bume lebten mit unseren Familien auch damals schon in dieser Gegend; ein kleines Volk, das ständig von den viel zahlreicheren Gallabs, die unsere Nachbarn im Süden sind, bedroht wird. Das ist eine traditionelle Feindschaft zwischen uns; und wenn sie andauern sollte, dann haben wir keine Chance, zu überleben.

Eines Nachts wachte ich durch einen schrecklichen Lärm auf. Schüsse fielen, Menschen schrien in entsetzlicher Angst, viele Hütten brannten. Die Gallabs hatten wieder einmal unser Dorf überfallen und töteten alles, was ihnen über den Weg lief. Ich bekam furchtbare Angst. Meine Mutter, mein Vater waren weg. Irgendwie gelang es mir, unbemerkt aus dem Dorf zu fliehen. Ich versteckte mich in einem verlassenen Hyänenloch und wagte erst am nächsten Tag, wieder in unser Dorf zurückzukehren. Es war ein Anblick, den ich nie in meinem Leben vergessen werde. Nur noch verkohlte Hütten; überall lagen tote Männer, Frauen und Kinder herum, manchen war der Bauch aufgeschlitzt worden; Frauen hatten dort, wo ihre Brüste waren, blutige Löcher. Und auf vielen Leichen hockten die Geier und Marabus und hielten ihr grausiges Festmahl.

Ich lief, so lange mich meine Beine tragen konnten. Wenn ich in die Nähe eines Dorfes kam, machte ich einen weiten Bogen; ich hatte Furcht vor Menschen bekommen. Nachts schlief ich in den

Bäumen, ich ernährte mich von Feldfrüchten, die ich stahl, und hin und wieder gelang es mir, ein Vogelei aus einem Nest zu holen und es auszutrinken. Ich muß viele Wochen unterwegs gewesen sein. Eines Morgens erwachte ich, und vor mir standen drei Männer, die merkwürdige Kleider trugen und Gewehre. Sie sprachen eine Sprache, die ich nicht verstand, aber sie lächelten freundlich, so daß meine Angst schnell verflog. Später stellte sich heraus, daß ich von Soldaten der kenianischen Grenztruppen aufgefunden worden war. Sie nahmen mich mit in ihre Polizeistation, ich bekam dort nach langer Zeit wieder einmal richtig zu essen; und da die Menschen gut zu mir waren, blieb ich bei ihnen. Ich machte mich nützlich und lernte mit der Zeit auch ihre Sprache.

Immer wieder aber hörte ich die Soldaten von einem fremden Paradies erzählen. Eine riesige Stadt sollte dies sein, die Nairobi hieß und in der man alles Glück dieser Erde antreffen würde. Ich bekam Sehnsucht nach diesem Paradies. Doch es dauerte viele Jahre – ich muß so vierzehn gewesen sein – heute bin ich 27 Jahre (1976) –, bevor es mir gelang, mich auf einem Lastwagen zu verstecken, von dem ich wußte, daß sein Ziel diese große Stadt war. Ihr Anblick überwältigte mich! Häuser aus Stein, so hoch wie der Himmel; Menschen über Menschen, die Straßen voller Autos, und wenn die Dunkelheit hereinbrach, dann verwandelte sich die Stadt in ein Lichtermeer. Ich war ein Junge aus dem Busch, ich hatte schon ein wenig von der Zivilisation in der Polizeistation gesehen, aber dieses hier –!

Der Lastwagen, auf dem ich mich versteckt hatte, war zu einem Hospital gefahren. Ich wurde von den Schwestern dort freundlich aufgenommen und durfte bei ihnen bleiben. Es war eine völlig neue Welt für mich; ich sah, wie man Kranke gesund machen konnte, wie man Wunden verbindet; und ich lernte dies alles, nahm es begierig auf, denn irgendwie spürte ich, daß ich dies meinem Volk bringen konnte. Sechs Jahre blieb ich in Nairobi. Aber in meinem Herzen bin ich immer ein Bume geblieben. Und die Sehnsucht nach meinen Leuten wurde von Jahr zu Jahr größer. Eines Tages hielt ich es nicht mehr aus. Ich ging zurück in das Bume-Land. Mit meinen Leuten konnte ich mich anfangs kaum verständigen, ich hatte unsere Sprache so ziemlich verlernt. Doch das dauerte nicht lange, denn die Sprache der Mutter hat ihren Platz im Herzen, man kann sie wohl eine Weile vergessen, aber nicht für immer verlieren. Die Bume akzeptierten mich wieder, ich wurde von ihnen aufgenommen, habe inzwischen vier Frauen und bekam bald den Rang eines Häuptlings der Sträuße. Heute sind wir noch ein paar hundert Menschen«, schloß Lopir. »Und noch immer jagen die Gallabs uns. Ihr habt es selbst erlebt, als ihr bei den Karos wart. Sie wollen Bume schießen, haben sie Euch erzählt. So, als wären wir wilde Hunde.«

»Tut es dir jetzt nicht manchmal leid, daß du zurückgekommen bist?« fragte ich.

»Nicht einen Moment«, erwiderte Lopir. »Ich habe in der großen Stadt eine Menge gelernt. Aber was wäre dies schon wert, wenn ich es für mich behalten würde! Ich will mein Wissen meinem Volk weitergeben, weil es helfen kann zu überleben. Das ist schwer, sehr schwer, denn mein Volk lebt, wie alle Völker hier, in Traditionen, die seit Jahrhunderten in ihm wurzeln. Es ist manchmal ermüdend, dagegen anzugehen!«

Es war spät geworden.

Trotz des interessanten Gesprächs fielen uns allmählich die Augen zu. Lopirs Leute drängten, standen und hockten ununterbrochen um uns herum. Kind und Kegel. Wohl an die 200 Personen. Dennoch spürten wir, daß wir nicht eine Sekunde um unser Eigentum fürchten mußten. Schließlich meinte ich:

»Lopir, wir haben heute viel gearbeitet. Wir sind müde. Wollen wir jetzt alle schlafen gehen?«

Lopir erhob sich langsam, drehte sich seinen Leuten zu, hob die Hände, sprach vier, fünf Worte, und sämtliche Besucher machten wortlos kehrt, zurück in die Nacht, hinauf ins Dorf. Er drückte uns kräftig die Hand.

»Morgen früh könnt Ihr das Dorf filmen. Ich werde Euch assistieren. Ihr müßtet aber um sieben Uhr oben sein. Um neun Uhr müssen die Leute ins Hirsefeld. Wir stehen mitten in der Ernte.«

Wolfgang strahlte. Endlich hatte er »sein« Dorf. Und dazu noch mit einem Dolmetscher und Edelmann wie Lopir, der ihm jede gewünschte Szene ermöglichen wollte.

»Hör, Lopir, was kann ich dir dafür geben? Braucht ihr Schmerztabletten?«

»Nein! Meine Leute sind es gewohnt, normale Schmerzen zu ertragen. Was wir brauchen sind Antibiotica, Morphium und Resochin. Aber auch mit Patronen könnt Ihr uns helfen. Wir besitzen nur sechs Gewehre; die Gallabs dagegen haben über 200. Ihr könnt Euch selbst ausrechnen, welchen Stand wir haben. Auch fünf Meter eures Nylonseiles würden uns gute Dienste beim Krokodilfang erweisen. Unsere Lederriemen können große Krokodile nicht halten.«

Er machte eine kurze Pause.

»Mit solchen Geschenken würdet Ihr uns nicht nur eine Freude machen, sondern jeder Angehörige meines Stammes hätte davon gleichermaßen einen Nutzen.«

Wir willigten gern ein und verabredeten uns für morgen früh, sieben Uhr. Schon im Fortgehen, drehte sich Lopir noch einmal um und rief:

»Wir haben den Uhrenvergleich vergessen!« Wir knufften uns vergnügt in die Seite.

»Mensch, der Junge ist okay!« Und Wolfgang, der einzige, der seine Uhr noch hatte, antwortete: »Es ist 22.30 Uhr.«

Lopir stutzte. Er hielt seine Uhr ganz dicht vor die Augen und korrigierte:

»Das ist falsch. Es ist erst 22 Uhr. Und meine Uhr geht richtig. Vor drei Wochen war ich in der Kibbisch-Mission. Da konnte ich Radio Addis hören und habe sie genau gestellt.«

Mehr um Lopir eine Freude zu machen, stellte Wolfgang seinen Tausend-Mark-Chronometer, der was-weiß-ich-alles anzeigte, auf 22.00 Uhr.

Zu uns gewandt, murmelte er: »Das kann nicht sein. Aber wir werden's am Rudolfsee in der Mission ja sehen!«

Wir sahen's auch. Es war fast Wolfgangs erste Frage, als wir dem Missionar, Mr. Swart, begegneten. Lopirs Uhr war richtig gegangen.

Wir verbrachten eine angenehme Nacht. Um Punkt sieben stand Lopir vorm Zelt.

»Kommt, Freunde! Gebt mir schon mal das Stativ.«

Mit langen, kräftigen Schritten ging er uns voran in die Siedlung. Er baute das gewaltige Stativ mit den vielen Rändelschrauben auf, als hätte er nie etwas anderes gemacht. Wir staunten nur so. Nachdem Wolfgang dann seine Kamera daraufmontiert hatte, winkte Lopir seine Mithäuptlinge herbei und begann, ihnen das Zoom zu erklären. Wolfgang schwitzte Blut und Wasser. Er wollte schon hinzuspringen. Aber er erkannte sofort, daß Lopir das völlig sachgemäß durchführte. »Der Mann ist ein Phänomen«, staunten wir wie aus einem

Munde. Die Aufnahmen verliefen ohne Zwischenfall. Wolfgang hatte sein Dorf im Kasten, mehr sogar, als er erhofft hatte. Lopir erhielt die versprochene Bezahlung. Nur als es ans Seilabschneiden ging, hatte Wolfgang noch eine Idee. Er hatte einen anderen Häuptling gesehen, der ein Messer am Handgelenk trug. Der sollte es abschneiden. Vielleicht wäre das noch eine ganz brauchbare Filmeinstellung. Und so geschah's dann auch. Der Mann schnitt, unter der Regie von Lopir, das Seil schön sauber durch. Der Filmszene wegen hatte ich ihm – dem Messermann – das Fünf-Meter-Stück zu überreichen. Für uns war damit der Fall abgeschlossen. Wir packten und wollten weiter. Mitten im Packen fiel mir auf, daß Lopir allein ins Dorf hochstapfte.

»Eh, hat sich Winnetou bei euch verabschiedet?«
Ich sah nur in erstaunte Gesichter. Also ließ ich alles stehen und liegen und eilte unserem Gastgeber nach.

»Hallo, Lopir, was ist los? Warum gehst du fort, ohne Gruß?«
Er verzögerte seinen Schritt, blieb stehen und wandte sich zu mir um. Als ich ganz nah heran war, sagte er tonlos:

»Lopir ist traurig.«
»Warum ist Lopir traurig?«
»Du hast Lopir Fünf-Meter-Seil versprochen. Für die Gemeinschaft. Jetzt hast du es dem da gegeben.«
Sein Kopf nickte in die Richtung des anderen Häuptlings. Ich wußte einen Augenblick gar nicht, was ich sagen sollte. Für mich war das alles so klar gewesen. Ich faßte Lopir beim Arm.

»Das müßt ihr mißverstanden haben. Er sollte das Seil lediglich abschneiden. Aber gehören sollte es euch allen. Das war doch klar!«
»Ja, mir war es auch klar, aber er sagt, du hast es ihm gegeben.«
In langen Sätzen hastete ich zum Strand hinunter, hin zu der Ansammlung der Bume. Ich ging gleich auf den Seilhalter zu, nahm das Seil vorsichtig in meine Hände und demonstrierte mit Gesten, wie das ganze gedacht gewesen sei. Schließlich gab ich es demonstrativ Lopir. Nun war alles doch noch ins Lot gekommen. Ich atmete erleichtert auf, verabschiedete mich nun und begab mich zu meinen Freunden am Boot. Die Bume diskutierten noch eifrig weiter. Wir knüpften die letzten Knoten. Manchmal sahen wir unser rotes Seil in irgendeiner braunen Hand über den Köpfen. Plötzlich erstarrte Wolfgang in seiner Bewegung. Er stierte ungläubig zu den Bume.

»Nein, das darf nicht wahr sein. Seht euch das an!«

Inzwischen hatten wir's auch gesehen: Ging doch da ein Bume-Mann mit einem Meter unseres Seiles davon! Und da, noch einer! Nun wurden sie wieder zurückgerufen und verschwanden erneut im Haufen. Wir verfolgten verständnislos das seltsame Schauspiel. Nach etwa zehn Minuten löste sich Lopir aus dem Pulk und kam auf uns zu. Er ging langsam und gebückt. Seine Augen waren feucht.

»Wißt Ihr, was passiert ist?« rief er schon von weitem. »Sie wollten lieber weiterhin mit den Lederriemen und Lianen die Krokodile fangen. Das Seil wäre besser als Schmuck, meinten sie. Ich appellierte an ihren Gemeinschaftssinn. Aber sie hörten gar nicht auf mich. Ich wurde überstimmt. Dann teilten sie es auf. Aber sie hatten sich verschnitten. Einer der Häuptlinge bekam dadurch nichts. Da entdeckten sie, daß das dicke Seil ja aus sieben Strängen geflochten ist. Also entflochten sie es. Nun bekamen sogar die Nichthäuptlinge etwas ab. Natürlich ging die Teilung wieder nicht ganz auf, und jetzt sind sie dabei, die Stränge in die jeweils zwanzig Fasern zu zerlegen. Das ist unsere Demokratie.« Das Sprechen fiel ihm schwer. Er kämpfte gegen seine Enttäuschung.

»Es wird noch ein langer Weg sein, bis mein Stamm einsieht, daß er seine Lebensweise ändern muß, wenn er überleben will. Lebt wohl, Freunde! Euer Besuch hat mich sehr geehrt!«

Lange Zeit schwiegen wir. Jeder hing seinen Gedanken nach. Dann meinte Andreas plötzlich, der neben uns paddelte:

»Da haben sie uns nun immer gesagt, vor den Bume müßten wir uns besonders vorsehen. Und wir haben's geglaubt und waren voller Vorurteile. Manchmal müßte man sich schämen.«

Wolfgang aber meinte:

»Sobald ich kann, kehre ich zu den Bume zurück. Von Lopir muß ich unbedingt einen Film drehen.«

Ich schluckte tief und ergänzte: »Vergiß nicht, ihm ein schönes, langes Seil mitzunehmen!«

# Unter Krokodilen,
## den »Bösen Boten der Götter«

Krokodile gehören zur Ordnung der Kriechtiere; neben ihnen gibt es noch zwei weitere Panzerechsen-Familien: die Alligatoren und die Gaviale. Krokodile sind ausschließlich Fleischfresser. Sie leben meist im Süßwasser der Tropen und Subtropen. Das Weibchen legt bis zu 100 Eiern, die sie in Erdhöhlen eingräbt. Kurz vor dem Ausschlüpfen geben die Jungen quakähnliche Laute von sich, die die Mutter herbeirufen. Sie hilft ihnen beim Durchstoßen der hartschaligen Eier. In Ausnahmefällen sollen Krokodile bis zu 7,50 Meter lang und einhundert Jahre alt werden. In der Kulturgeschichte verschiedener Völker haben Krokodile im Altertum eine große Rolle gespielt. Auf altägyptischen Gräbern gibt es zum Beispiel viele Darstellungen, die beweisen, daß man die Tiere zum Teil als Götter verehrt hat. Dies gilt besonders für die Bewohner der vom Wasser abhängigen Städte. Für viele afrikanische Völker gelten Krokodile heute noch als »die bösen Boten der Götter«. Der Angriff eines Krokodils auf einen Menschen wird vielfach als eine Art Gottesurteil gewertet.
Yamko war ein Kind von über hundert, schwer zu schätzen. In der Siedlung der Gallabs rannten und purzelten sie tagsüber umher, und für einen Weißen glichen sie sich wie ein Ei dem anderen. Auffälligstes Merkmal aller: die großen, dunklen Augen, die glänzende schwarze Haut, das dichte krause Haar. Kinder! Wer nur oberflächlich hinsah, mochte sie in einem Paradies wähnen. Eine Schule kannten sie nicht einmal dem Namen nach; den ganzen Tag spielten und tollten sie herum; keiner der Großen tat ihnen etwas, denn wie bei den meisten afrikanischen Völkern kennen auch die Gallabs keine körperliche Züchtigung ihrer Kinder.
»Die können manchmal ganz schön pampig werden«, erzählte uns Russ Deihl in seinem breiten Amerikanisch.
Russ Deihl war Angehöriger des US-Friedenskorps, ein Entwicklungshelfer wie aus dem Bilderbuch: blond und breitschultrig, Augen, so blau wie der Himmel über dem Gallab-Land, Zähne zum Nüsseknacken und Hände, die notfalls Schaufeln ersetzen konnten.

Seit einem halben Jahr schon lebte Russ Deihl unter den Gallabs. Sein Haus war eine schnell zusammengeschlagene Bretterhütte in Form eines Indianerwigwams mit einem anhängenden großen Schuppen, der zugleich Vorratsraum, Schlafstatt, Küche und Gerätelager war und in dem ein unglaubliches Durcheinander herrschte. Der Amerikaner versuchte, den Gallabs moderne Agrokultur beizubringen; wie man die Hirsefelder leichter und besser bestellt, wie die Erträge durch die Anwendung von Dünger reicher werden, was man mit neuzeitigen Pflügen mehr schafft und dergleichen Dinge mehr, die nun einmal zum Alltag der meisten Entwicklungshelfer, gleich welcher Nation, gehören. Abends tanzte er mit den Gallabs. Er sprach ihre Sprache und sang ihre Lieder. Sie hatten volles Vertrauen zu ihm. Er war fast einer der Ihren geworden.

»Wißt ihr«, meinte er einmal, »ich soll die Leute hier auf dem Agrar- und Viehsektor entwickeln. Inzwischen aber haben die mich entwickelt. Ich bin heute so weit, daß ich mich frage, warum ich sie aus ihrem eingefahrenen Leben reißen soll, das mir so gefällt. Ich glaube, eher werde ich ein Gallab als die meine Ackerbauweisheiten annehmen.«

Yamko zählte zu den besonderen Freunden von Russ Deihl. Er mochte an die zehn Jahre alt sein und war so ganz das Urbild des lustigen kleinen Mohren: die schwarzen Augen, die immer ein wenig erstaunt in die Welt guckten, eine Stupsnase, volle braune Lippen, und selbstredend war er nackt, wie der Herrgott ihn erschaffen hatte. Dabei ungeheuer fix. Yamko las Russ die Wünsche förmlich von den Augen ab, und dann strampelte er mit seinen dünnen Beinchen los, um ja so schnell wie möglich seinem großen Freund dienlich zu sein. Wenn der Amerikaner ihm dann später über den Kopf strich und ein paar Bonbons oder ein Stück Schokolade in die Hand drückte, strahlte Yamko über das ganze Gesicht, wobei man raten darf, ob ihm die Geste seines großen Freundes mehr erfreute oder die Süßigkeiten. Der Tag, der so tief in Yamkos Leben einschnitt, begann wie viele andere. Als die Sonne ihre ersten Strahlen in den Omo schoß, zogen die Frauen mit ihrem eintönigen schrillen Singsang hinaus auf die Hirsefelder. Die Männer versammelten sich vor den Hütten, prahlten über Jagderlebnisse, schlenkerten spielerisch die ungeheuer scharfen Messer, die manche von ihnen Tag und Nacht am kleinen Finger oder am Handgelenk trugen und mit denen sie mittels einer blitzschnellen Bewegung einem Gegner das Gesicht zerschneiden konnten, und vergnügten sich bei irgendwelchen Spielen. Die Kinder standen staunend dabei. Manchmal drängten sie so dicht heran, daß die Männer sie mit ein paar scharfen Worten zurückweisen mußten.

Yamko befand sich nicht unter ihnen. Yamko hatte es an diesem Morgen zum Fluß gezogen. Er war hin und wieder gern einmal allein. Dann suchte er sich einen Kletterbaum möglichst hoch über dem Fluß, von dem er einen guten Blick in das zu dieser Zeit recht klare Wasser hatte und all das Leben und Treiben darin genau beobachten konnte.

Yamko hatte sich an diesem Morgen seinen Platz ausgesucht. Fast senkrecht fiel die sandige Uferwand zum Wasser hinab, hin und wieder betupft von kleinen Büschen, vor allem aber bizarr überwuchert von den Wurzeln seines Kletterbaumes. In einigen der großen Bäume horsteten Fischadler. Yamko konnte sich nicht sattsehen an den großen Vögeln, wenn sie sich mit wenigen Flügelschlägen hoch in den Himmel schraubten, um urplötzlich wie ein Pfeil ins Wasser zu schießen, aus dem sie Sekunden darauf mit einem silberglänzenden Fisch in den Fängen auftauchten. Von seinem Felsen aus konnte Yamko bis auf den Grund des Omo sehen. Er beobachtete lange einen mächtigen Wels, der faul und gemächlich seine Bahn zog. Und da, dicht am Ufer, entdeckte er plötzlich, halb unter einem überhängenden Busch versteckt, ein Krokodil, vielleicht zwei Meter lang. Unbeweglich wie ein Baumstamm lag es. Ein ungeübter Blick hätte nur allzu leicht darüber hinwegsehen können. Yamko lächelte mit schiefem Mund. Wer am Omo aufwuchs, für den gehörten Krokodile zu den Selbstverständlichkeiten des Lebens. Der Junge wußte, daß ihr Fleisch unter dem einige Zentimeter dicken Panzer wohlschmeckt. Ein großes Festmahl für den Stamm war ohne das Fleisch eines Krokodils nahezu undenkbar, obwohl die Polizisten die Jagd auf die Tiere verboten hatten und sie streng bestraften. Yamko wußte auch, daß die Männer seines Stammes nicht nur des zarten Fleisches wegen die Krokodile töteten. Viel begehrter noch waren die Steine, die sich in den Mägen der Tiere befanden. Er hatte gehört, daß ein Krokodil pro Jahr einen Stein verschluckt, man also an der Zahl der im Magen befindlichen Steine das Alter des Tieres feststellen kann. Und es hieß weiter, die Krokodile würden um so schneller und besser tauchen, je mehr Steine sie in die Tiefe zögen. Den Männern aber verhießen die Steine, die sie bei einem Krokodil fanden, Zauberkräfte. Wer einen solchen Stein bei sich trug, so sagte man im Dorf, der wurde von schweren Krankheiten verschont, bei der Jagd war das Glück stets auf seiner Seite, und kein Feind war in der Lage, ihn zu besiegen.

Die Sonne streichelte Yamkos Haut und hüllte ihn in einen angenehm wohligen Mantel ein. Müde schloß er die Augen und war gleich darauf eingeschlafen. Als er wieder erwachte, stand die Sonne hoch am Himmel. Der Tag war sehr heiß geworden, und Yamko beschloß, sich zu erfrischen. Er war ein ausgezeichneter Schwimmer, und an das Krokodil, das er vorhin beobachtet hatte, dachte er mit keinem Gedanken mehr, er hatte es schlicht vergessen. Jungen am Omo sind eben genauso leichtsinnig wie die Jungen überall in der Welt. Tausendmal hatte er bereits den Fluß durchquert, und tausendmal war es gutgegangen. Welcher Grund also zur Besorgnis? Natürlich war Yamko immer wieder eingeschärft worden, er solle nicht ohne einen Holzknüppel in den Fluß steigen und vorher damit kräftig die Wasseroberfläche schlagen, damit ein lauerndes Krokodil sich zurückzieht. Aber welches Kind denkt schon immer daran, was die Erwachsenen ihm einreden? Gehen nicht auch bei uns die Kinder oft über die Fahrbahn, ohne das Grün der Ampel abzuwarten? Selbstverständlich vergaß Yamko diesmal den Holzknüppel; er wollte doch nur mal ganz, ganz schnell ein Bad nehmen, sich nur mal für einen winzigen Moment erfrischen. Wer wird denn schon gleich immer die Gefahr an die Wand malen?!

Yamko kletterte geschickt wie ein Affe zum Fluß hinunter, zögerte dort nicht eine Sekunde und stürzte sich in das wie ein Spiegel daliegende Wasser. Ach, welche Herrlichkeit! Die Hitze, die sich in Yamkos Haut eingebrannt hatte, fiel von ihm ab wie ein lästiges Kleid; er fühlte sich frei und beschwingt, und in seiner übermächtigen Freude stieß Yamko einen Schrei aus, der sich über den Fluß schwang und im Blau des Himmels verlor. Ein, zwei Minuten tobte er wie ein Besessener im Omo herum. Er hüpfte von einem Bein auf das andere, tauchte, kam prustend wieder hoch und stürzte sich im nächsten Augenblick wieder in das kühle Naß. Dann beschloß er, ein Stück zu schwimmen. Mit kräftigen Armbewegungen stieß er sich in den Fluß hinaus. Yamko war stolz, daß keiner von den gleichaltrigen Jungen schneller schwimmen konnte als er. Bei Wettkämpfen hatte er stets gewonnen. Nach einigen Minuten warf er sich auf den Rücken und ließ sich faul treiben. Die Sonne bohrte in seinen Augen, glühende Kreise verschwammen vor ihm, er bekam Kopfschmerzen und hatte mit einem Mal keine Lust mehr, zu schwimmen. Er drehte sich um und kraulte auf das Ufer zu, das vielleicht noch vier, fünf Meter von ihm entfernt war.

In diesem Augenblick spürte er eine merkwürdige Veränderung in seinem linken Bein. Das war nicht etwa ein Schmerz, nein, es schien lediglich so, als schlösse sich eine glatte Klammer fest und imer fester um sein Knie und versuchte ihn zurückzuziehen. Dann drehte ihn etwas um seine eigene Achse. Und dann kam von einer Sekunde zur anderen der Schmerz. Er überfiel Yamko so plötzlich und heftig, daß ihm die Tränen in die Augen schossen. Sein linkes Bein schien auf einmal zwischen zwei scharfkantigen Sägen zu liegen, deren Zähne sich immer tiefer in das Fleisch bohrten.

Yamko machte sich keinen Moment Illusionen. Er wußte sofort, daß ein Krokodil ihn angegriffen hatte. Oft genug hatte er am Lagerfeuer gesessen und zugehört, wenn die Männer davon erzählten, wie diese fürchterlichen Tiere sich in ihre Opfer verbeißen. Schaudernd dachte er daran, daß Krokodile ihre Beute mit sich in die Tiefe ziehen, sie dort festhalten, bis sie ertrunken war, um sie erst dann zu fressen. Es hieß, daß der von einem Krokodil Angegriffene sich den Zorn der Götter zugezogen haben muß, die nun ihren schrecklichen Boten aussandten, um den Menschen zu bestrafen.

Yamko kämpfte verzweifelt um sein Leben. Mit wilden Armschlägen versuchte er, das nahe Ufer zu erreichen. Nur wenige Meter vor ihm hingen die Wurzeln des starken Kletterbaumes bis ins Wasser hinein. Wenn ich bis dorthin käme, dachte Yamko, wenn ich mich in den Wurzeln festkrallen könnte, dann wäre meine Chance größer.

Der Schmerz raste in immer schneller wiederkehrenden Wellen durch seinen Körper. Gleichzeitig konnte Yamko ungeheuer klar denken. Er wußte, daß das Krokodil nicht allzu groß sein konnte. Vermutlich handelte es sich um ein sehr junges Tier, noch längst nicht ausgewachsen. Wäre es älter, dann hätte Yamko den Kampf längst verloren. Gegen ein ausgewachsenes Krokodil besaßen nicht einmal die stärksten Männer des Stammes eine Chance, wie dann ein zehnjähriger Knabe?

Der Junge warf einen Blick zurück. Er sah einen schmalen Blutfaden das Wasser hinter sich trüben; und dann sah er auch die stumpfe Schnauze mit den kleinen, bösartigen Augen, die er hinter sich herzog. Richtig; es war noch ein sehr junges Tier, anderthalb Meter groß vielleicht, doch stark genug, um ein Kind zu töten. Mit einem letzten Aufbäumen warf sich Yamko nach vorn. Er streckte die Arme weit aus und fühlte, wie seine Hände sich im Wurzelwerk verfingen. Entschlossen packte er zu. Wenn der Ast nur stark genug ist, dachte er, wenn er nur nicht abreißt!

Irgendwie gelang es ihm, sich aus dem Wasser zu ziehen. Er spürte, wie das Krokodil sich nicht so schnell von ihm lösen konnte, wie es ebenfalls ein Stück aus dem Wasser gezogen wurde und erst dann seine Beute freigab. Schwer klatschte es in den Fluß zurück und war einen Moment später verschwunden.

Yamko schleppte sich keuchend ans Ufer. Dann verlor er das Bewußtsein. Er erwachte wieder, als die Sonne schon sehr tief über dem Fluß stand. Noch immer tobte der Schmerz in seinem Bein. Angstvoll wagte er es, einen kurzen Blick nach unten zu werfen. Als er die tiefe Wunde sah, die quer von dem Knie über den Unterschenkel lief, schauderte ihn. Das Blut war inzwischen bereits verkrustet, und unzählige Fliegen bedeckten das offene Fleisch. Yamko fühlte, wie das Fieber ihn ergriff. Mal fror er, daß es ihn schüttelte, und dann wiederum pulsierte das Blut wie ein heißer Lavastrom durch seinen kleinen Körper.

Ich darf hier auf keinen Fall liegenbleiben, überlegte er. Wenn es mir nicht gelingt, vor Einbruch der Nacht ins Dorf zu kommen, bin ich verloren. Eine Nacht hier draußen, ohne daß die Wunde behandelt wird, überstehe ich nicht. Er hatte viel Blut verloren, und die Hyänen würden ihn sehr bald finden. Es fiel ihm ungeheuer schwer, aufzustehen. Zu seinem Glück fand er neben sich einen dicken, abgebrochenen Ast, auf den er sich stützen konnte. Der Weg ins Dorf war nicht sehr weit, aber für Yamko war jeder Schritt eine unsagbare Qual. Manchmal glaubte er, er habe gar kein linkes Bein mehr, und dann wieder erinnerte ihn eine neue Schmerzwelle daran, in welchem entsetzlichen Zustand es war. Einmal brach er unterwegs zusammen. Und wenn er nicht von weitem die Feuer des Dorfes gesehen hätte und das Licht in der Bretterhütte seines Freundes Russ, hätte er vermutlich nicht die Kraft gefunden, sich wieder aufzuraffen.


Russ war an diesem Abend sehr früh zu Bett gegangen, als ihn ein leises Kratzen und Scharren an der Tür hochschreckte. Er öffnete, sah aber im ersten Augenblick nichts. Erst als er eine Lampe holte, entdeckte er den kleinen Körper, der wie leblos vor seiner Hütte lag. Er schleppte Yamko auf sein Lager im Allround-Schuppen, untersuchte die Wunde, reinigte sie, versah sie mit Antibiotikum und benachrichtigte die Familie Yamkos. Außerdem gab er Yamko Schmerztabletten.

Am nächsten Morgen war der Kopf des Jungen glühend heiß. Er hatte sehr hohes Fieber, warf sich unruhig auf dem Lager umher und sprach wirres Zeug. Die Wunde eiterte stark. Der Medizinmann hatte kühlende Blätter aufgelegt, aber auch dies schien Yamko nur wenig Linderung zu bringen. Der Amerikaner sandte einen Läufer zur zwölf Kilometer entfernten Mission. Der Missionar nahm über sein Funkgerät Verbindung mit seiner Hauptstelle in Dschimma auf, der nächstgelegenen großen Stadt. Er wußte, daß man dort über ein kleines Flugzeug verfügte, und er bat, die Maschine schnellstens zu schicken. Wenn Yamko nicht in kurzer Zeit in einem Hospital behandelt werden konnte, war sein Leben keinen Pfifferling mehr wert.

Zwei Stunden später brummte der rote Vogel über die Siedlung am Omo hinweg, hin zu der fünf Kilometer entfernten Landepiste der Polizeistation Kalam. Russ hatte Yamko schon auf den Platz bringen lassen, auf dem die Maschine landete. Der Junge merkte von alledem nichts. Sein Geist war weit, weit weg. Er phantasierte, versuchte sich auf der Bahre herumzuwälzen, doch Wolfgang und Andreas hielten ihn fest, und außerdem hatte Russ ihn vorsorglich festgebunden. Der Pilot stellte die Motoren gar nicht erst ab. Kaum war Yamko in die Maschine gebracht worden, da erhob sie sich auch schon wieder, strich knapp über die Baumwipfel und nahm sofort Kurs Nordnordost, Richtung Dschimma.

Wir hörten von Yamko am nächsten Tag über Funk. Von der Mission wurde mitgeteilt, daß der Junge im Hospital operiert wurde. Das linke Bein mußte bis unterhalb des Knies abgenommen werden. Den Umständen nach aber ging es dem Patienten jetzt gut. Aller Voraussicht nach würde er die Operation überstehen!

In der Siedlung aber raunte und tuschelte man. Die Götter haben wieder einmal ihren bösen Boten ausgesandt. Sie seien erzürnt gewesen und wollten ihr Opfer haben. Yamko sei noch einmal davongekommen; doch der böse Bote der Götter lauere sicher noch im Fluß. Man müsse sich vorsehen in der nächsten Zeit.

Russ schrieb mir später von Yamko, er hüpfe auf einem Bein umher. Manchmal, wenn er sehr schnell fortkommen wolle, dann kröche er lieber über den Boden. Später würde das alles viel, viel besser bei ihm werden, erzählte er allen. Die weißen Männer hätten ihm versprochen, er würde von ihnen ein neues Bein bekommen, ein Bein aus Holz. Und wenn er damit eifrig üben würde, dann könnte er bald wieder so laufen wie früher. Das Lachen habe Yamko nicht verlernt, schrieb Russ. Und auch mit einem Bein versuche er, seinem amerikanischen Freund behilflich zu sein.

---

Andreas nannte sie von Anfang an nur »die Drachen«.

»Schau sie dir an«, meinte er, »diese geriffelte Haut, die furchterregende Schnauze, in der man auch dann noch die Zähne sieht, wenn sie geschlossen ist; der kräftige Schwanz, mit dem ein Mensch glatt totgeschlagen werden kann. Da fehlen doch wirklich nur noch zwei Flügel auf dem Rücken, und der Drache der Urzeit ist fertig!«

Diesen »Drachen« schenkten wir unsere besondere Aufmerksamkeit, als wir unsere Expeditionsziele festlegten. Über die Lebensweise der Krokodile gibt es noch viele Unklarheiten. Wir wollten beitragen, einige dunkle Punkte aufzuhellen. Und da komme ich wohl nicht darum herum zu gestehen, manchmal recht ausgefallene Ideen zu haben. Ein mir gut bekannter Hamburger Journalist faßte das mal in diesen Satz zusammen:

»Nehberg, auf eine gewisse Art sind Sie ein Verrückter.«

Ich hatte mir nämlich vorgenommen, in den Rachen eines noch lebenden großen Krokodils zu klettern. Ich wollte mich möglichst bis zum Magen vorarbeiten, um dann festzustellen, was sich im Verdauungstrakt eines solchen Tieres alles befindet. Wir hatten ernsthaft alle Vorbereitungen für dieses Unternehmen getroffen. Unter anderem gehörte zu unserer Ausrüstung eine Winde, die mich im Falle einer Gefahr wieder aus dem Tier heraushieven sollte. Natürlich durfte das Krokodil nicht bei Besinnung sein. Wir wollten es vorher fesseln und betäuben. Wie aber betäubt man ein Krokodil?

Echsen sind bekanntlich Kaltblütler. Bei Kaltblütlern wirken die gebräuchlichen Betäubungsmittel nicht. Vermutlich hängt das mit ihrem langsamer arbeitenden Kreislauf zusammen und mit dem Nervensystem, das wesentlich schwerer zu beeinflussen ist als das anderer Lebewesen.

Andreas hatte aus dem Versuchslabor einer pharmazeutischen Fabrik in der Schweiz ein neues Betäubungsmittel bekommen: MS 22 nennt es sich. Es war bei Fröschen und Fischen bereits mit positiver Wirkung erprobt worden, aber noch nicht bei Krokodilen. Angeblich genügten zwei bis drei Gramm davon, um ein zentnerschweres Krokodil zu betäuben. Allerdings war da ein Haken: das Mittel mußte nämlich direkt in den Magen gegeben werden. Wenn man es mit einem Narkosegewehr in die Blutbahn schoß, blieb den Tieren immer noch genügend Zeit, ins Wasser zu tauchen. Und wenn sie dort regungs- und wehrlos lägen, würden sie womöglich leichte Beute ihrer größeren Artgenossen.

Wir mußten also ein Krokodil fangen! Wir mußten es fesseln, ihm etwas Sperriges ins Maul stecken, damit es nicht zubeißen konnte, und dann mit einem Schlauch das Betäubungsmittel einführen. Später wollte ich dann in das Krokodil einsteigen. Ein Kinderspiel! Ich habe schon immer einen Hang zu Vorhaben gehabt, die andere als »Verrücktheiten« abtaten.

Doch die »Drachen« gaben uns überhaupt keine Chance, sie zu jagen. Im Gegenteil, sie machten Jagd auf uns. Unsere erste Begegnung mit ihnen hatten wir gleich am dritten Expeditionstag. Auf einer Landzunge sahen wir den Kadaver eines mächtigen Wasserbocks. Er wog bestimmt an die fünf Zentner. Zwei Krokodile hatten sich über ihn hergemacht und rissen große Fleischbrocken heraus. In respektvoller Entfernung hockten Unmengen schwarzweiß gefiederter Geier. Geduldig warteten sie, bis die Echsen sich gesättigt hatten und ihnen den Rest überließen.

Wir hatten am anderen Ufer unser Camp aufgeschlagen. Am nächsten Morgen machte mich Wolfgang darauf aufmerksam:

»Da, Rüdiger, schau dir das mal an!«

Auf der Landzunge war kein Wasserbock mehr, nur noch ein Haufen sauber abgenagter Knochen zeugte davon, daß da wenige Stunden zuvor noch der Kadaver eines großen Tieres gelegen hatte. Und über den Knochen, über den Fleischfäden, die daran noch klebten, summte es giftgrün: Tausende und aber Tausende von großen, glänzenden Fliegen feierten dort ein Festmahl. Ich spürte, wie Wolfgang schauderte. Und auch mir war nicht gerade wohl bei dem Anblick.

Am gleichen Tag erlebten wir den ersten Angriff. Ich saß im hinteren Sitz des Bootes und war mit den Gedanken zu Hause. Plötzlich wurde ich durch Rauschen im Wasser aus meinen Träumen gerissen. Der schmale, nur Zentimeter aus dem Fluß herausragende Kopf eines Krokodils schob eine regelrechte Bugwelle vor sich her. Im nächsten Augenblick wurde mir das Paddel mit einem mächtigen Ruck aus der

Hand gerissen. Beinahe wäre ich selbst aus dem Boot gestürzt, erst im letzten Augenblick konnte ich das Halteseil ergreifen, das um den Rumpf führte. Das Paddel tauchte ein paar Sekunden später in einiger Entfernung wieder auf. Wolfgang steuerte das Boot drauf zu, so daß ich es aufnehmen konnte. In dem harten, einige Zentimeter dicken Blatt waren zwei Reihen tiefer Einkerbungen zu sehen. Es sah aus, als hätte jemand versucht, das Paddel durchzusägen.

An einem anderen Abend machte Andreas nähere Bekanntschaft mit den »Drachen«. Er saß am Bug unseres Bootes und versuchte, den besten Weg durch die oft tückischen Strudel zu finden. Andreas, das muß man zu seiner Charakterisierung sagen, ist einer von den Lässigen. Lässige Leute haben auch ihre eigene Art zu paddeln. Zum Beispiel stellen sie beide Beine nicht ins Boot, sondern stützen gern einen Fuß auf den Bootsrand. Vielleicht ist das wirklich angenehmer; auf jeden Fall aber sieht es malerischer aus. Ich bemerkte noch, daß Andreas uns zuwinkte und auf das Ufer deutete: Die Bäume waren dort ein wenig zurückgetreten und gaben einen schmalen Sandstreifen frei. Andreas lenkte sein Boot darauf zu. Vermutlich will er dort das Lager aufschlagen, dachte ich. Im nächsten Augenblick hörte ich ihn entsetzt aufschreien. Sein Schrei wurde begleitet von einer heftigen Erschütterung.

»Was ist los?« fuhr Wolfgang vor mir hoch.

Wolfgang hatte gerade Pause und geschlafen. Zu der Zeit hatten wir das Gummiboot längst aufgegeben, weil die Krokodile dreimal je zirca 20 Zähne hineingeschlagen hatten. Wir hatten kein Flickzeug mehr. Ich sah, daß Andreas sich aufs Deck zurückgeworfen hatte. Die Bräune des Gesichts war einer fahlen Blässe gewichen. Er sagte kein Wort, zeigte nur auf den Rand unseres Bootes. Ein großes Stück der Kunststoffwand fehlte.

»Ich habe es erst in letzter Sekunde gesehen«, erzählte uns Andreas. Seiner Stimme war noch immer der Schrecken anzumerken. »Ich sah plötzlich den riesigen Rachen vor mir, sah ganz genau diese fürchterlichen Zähne, die gelbe Innenseite des Maules und konnte gerade noch meinen Fuß zurückziehen, als es auch schon zuschnappte.«

»Mein lieber Mann«, erinnerte er sich später, »Mensch, das klingt, als würde eine riesige Bärenfalle zuschlagen.«

Zwei Angriffe am Tag waren der Durchschnitt. Und unsere Versuche, einen der »Drachen« zu fangen, blieben ohne Erfolg. Wir hatten uns das daheim, im guten alten Europa, so einfach vorgestellt; eine Fußschlinge legen, sie gut tarnen, darunter eine kleine Fallgrube graben und die Schlinge mit einem nach unten gebogenen, stark federnden Baumstamm verbinden, der sofort zurückschnellt, wenn die Schlinge sich schließt. Wenn Krokodile lachen könnten, hätten sie sich vermutlich über unsere läppischen Versuche krank gelacht. Nach einigen Tagen hatten wir unsere Schaufeln bei einem Kentern des Bootes verloren, konnten also nicht mal mehr eine Fallgrube ausheben. Dann ließen wir das schwere Krokodilnetz irgendwo am Ufer liegen, das wir für vierzig Pfund auf dem Markt von Addis Abeba gekauft hatten. Es belastete unser Boot so einseitig, daß es immer wieder kenterte.

Ebenso erfolglos blieben unsere Farbtests. Tagelang hatten wir verschiedenfarbige Luftballons hinter dem Boot hergezogen. Wir wollten beobachten, ob die Echsen von den leuchtenden Farben angezogen würden und lieber in die Ballons bissen als ins kostbare Boot. Aber sie bissen uns überall: ins Heck, in die Paddel, in den Bug und senkrecht in die Flanke. Nur den mundgerechten Ballons taten sie nichts.

Bei den Mursis am Mui-River hofften wir endlich zu unserem Ziel zu kommen. Zahlreiche ausgebleichte Krokodilschädel in dem Dorf, in dessen Nähe wir lagerten, bewiesen uns, daß die Mursis ausgefuchste Krokodiljäger sein mußten. Ich machte dem Häuptling ein Angebot:

»Fang uns ein großes Krokodil«, erklärte ich ihm. »Ihr müßte es uns aber lebend abliefern. Ihr bekommt von uns dafür zehn Meter festes Nylonseil.«

Der Häuptling strahlte. Nylonseil! Das kam in der Wertskala bei den Mursis gleich hinter Patronen.

»Ihr Krokodil bekommen«, antwortete er würdevoll in seinem gebrochenem Amharisch. »Ihr aber müßt geben mir Seil vorher. Ich es brauchen für fangen Krokodil.« (Nicht, daß wir so gut Amharisch sprächen. Aber es gab ja noch Hände und Füße zum Sprechen.)

Dagegen schien nichts einzuwenden. Der Häuptling bekam sein Seil, zog ab – und stand am nächsten Morgen vor unserem Zelt. Sehr aufgeregt:

»Großes, großes Krokodil gefangen«, erzählte er uns wild gestikulierend. »Tier ganz mächtig riesig. Viel Kraft. Wir angebunden mit Seil an Pfahl. Krokodil reißen Pfahl dickes aus Erde. Weg in Fluß. Mit Seil!«

Er unterstrich seine Erzählung mit vielen dramatischen Handbewegungen, rollenden Augen und geschwollenen Muskeln. Nun ja, was konnte man schon dagegen sagen? Wenn ein Krokodil eben so stark ist! Der Häuptling bekam also von uns noch einmal zehn Meter Nylonseil.

»Wir nehmen größeres Baum«, versprach er, »Krokodil nicht wieder wird sein stärker.«

Unsere Bitten, doch bei der Jagd dabei sein zu dürfen, lehnte er kategorisch ab.

»Ihr viel neu«, überzeugte er uns. »Ihr machen laut, und Krokodil nicht wird kommen.«

Am nächsten Morgen gab es eine Neuauflage des Schauspiels vom Vortage. Wieder erwartete uns der Häuptling schon in aller Frühe vor dem Zelt; wieder war er mächtig in Fahrt.

»Riesenkrokodil gefangen«, plapperte er los. »Wir viel großen Baum genommen; aber Krokodil noch mächtig stärker. Wieder ausgerissen, auch Baum. Weg im Omo.«

Natürlich wollte er wieder zehn Meter Nylonseil. Doch weiße Männer sind ja vielleicht ein bißchen dumm – so dumm aber, wie dieser Mursi-Häuptling es sich vorstellt, doch wiederum nicht.

»Erst mußt du uns die Stelle zeigen, wo das Krokodil euch ausgerückt ist«, forderte Wolfgang den Häuptling auf.

Er ging doch tatsächlich mit uns zum Ufer. Zeigte uns dort einen Baumstumpf. Er war keineswegs frisch abgebrochen, das sahen selbst wir Europäer. Der Baum mußte bestimmt schon vor einigen Monaten, vermutlich von einem Sturm entwurzelt worden sein.

»Nix Seil mehr«, knurrte Wolfgang den Häuptling zornig an. »Erst Krokodil, dann Seil.«

Er grinste nur breit. Er war nicht eine Sekunde verlegen, daß wir ihm offensichtlich auf die Schliche gekommen waren. Unser Krokodil bekamen wir natürlich nie. Weshalb auch? Er hatte uns ja schon zweimal zehn Meter Nylonseil abgeluchst. Warum sollte er sich noch anstrengen?!

Es schien wie verhext. Gute sieben Wochen waren wir bereits unterwegs, wir hatten ungezählte Krokodile gesehen; nur gefangen hatten wir keins. Sollte Andreas sein Betäubungsmittel wieder mit in die

Schweiz nehmen müssen, ohne es ein einziges Mal ausprobiert zu haben?

Schöne Blamage!

Bei Russ, kurz vor dem Rudolfsee, bekamen wir noch einmal eine Chance.

»Ihr müßt versuchen, die Gallabs als eure Helfer zu gewinnen«, riet uns der Amerikaner. »Das sind die geschicktesten Krokodiljäger hier am Omo. Sie müssen sich nur ungeheuer vorsehen; denn seit einiger Zeit stehen Krokodile unter Naturchutz, weil sie sonst ausgerottet werden. In unserer Nähe gibt es eine Polizeistation, und die Polizisten sind scharf hinter Krokodiljägern her. Ich glaube, sie bekommen dann eine Prämie.«

»Ausgerottet?« zweifelte Andreas. »Mensch, nach dem, was wir an Krokodilen gesehen haben, scheint aber gerade das Gegenteil der Fall zu sein.«

»Doch, doch, das stimmt schon«, erwiderte Russ. »Früher gab es hier tatsächlich noch viel mehr Krokodile. Die Äthiopier und vor allem diese ›mutigen‹ weißen Jäger haben rücksichtslos Jagd auf sie gemacht. Hier waren früher Europäer, die als Begründung für ihre Krokodilmorderei angaben, die Echsen würden die Fischbrut im Fluß vernichten. Doch als es dann an einigen Stellen überhaupt keine Krokodile mehr gab, wurde mit der Fischbrut noch rigoroser aufgeräumt als vorher – allerdings von den Welsen, die ohne ihre natürlichen Feinde, die Krokodile, ein regelrechtes Terrorregime in dem von ihnen allein beherrschten Wasser errichteten. Gott sei Dank merkten die Äthiopier sehr schnell, daß der Kreislauf der Natur noch immer dann am besten funktioniert, wenn die Menschen in ihn nicht hineinpfuschen. Seitdem stehen die Kroks wieder unter Schutz.«

Russ Deihl hatte recht: Die Gallabs winkten nur ab, wenn wir sie überreden wollten, mit uns auf Krokodiljagd zu gehen. Als wir aber fünf Patronen herausrückten, fanden wir zwei Männer, die uns helfen wollten.

»Wir müssen warten, bis kein Mond scheint«, erklärten sie uns. »Krokodile können sehr gut sehen; wenn der Mond scheint, dann haben wir keine Chance, uns an sie heranzuschleichen.«

Unsere Geduld wurde auf eine lange Probe gestellt. Die Nächte waren mondhell. Schon aus großer Entfernung konnten wir beobachten, wie an einigen Stellen des Ufers viele Krokodile lagerten. Wie knorrige Baumstämme ruhten sie dort regungslos.

»Sie lauern auf Affen und Antilopen, die nachts zur Tränke kommen«, erzählte uns Russ. »Die durstigen Tiere sind unvorsichtig und werden meist eine leichte Beute für Kroks.«

In der vierten Nacht waren dicke Wolkenfetzen am Himmel aufgezogen. Der Mond verschwand hinter einer Wand, und es wurde manchmal so dunkel, daß man die Hand kaum vor Augen sehen konnte. Die Gallabs machten uns klar, daß wir eine möglichst große Wolke abwarten müßten. Am besten wäre es, wenn wir sie nur bis zum Ufer begleiten würden und dann allein arbeiten ließen. Sie baten sich von uns lediglich eine Taschenlampe aus.

»Sie wollen damit die Krokodile anleuchten«, erklärte uns der Amerikaner. »Das ist ihre liebste Jagdmethode. Die Tiere sind geblendet und glauben, das Licht sei eine Naturerscheinung. Sie bleiben ruhig liegen und merken meist zu spät, daß ein Mensch sich ihnen genähert hat.«

Es war ein großartiges Schauspiel. Scharf huschte der Strahl des Scheinwerfers durch die Nacht. In seinem Schein blitzten hier und da leuchtendgrüne Punkte auf: die Augen der am Wasserrand liegenden Krokodile. Dann hatte sich das grelle Licht auf ein Tier fixiert. Unglaublich ruhig wanderte es auf das Krokodil zu, den Schatten des Mannes dahinter ahnte man nur. Von dem zweiten Gallab war überhaupt nichts zu sehen.

»Sie haben sich ein Tier ausgesucht, das in unmittelbarer Nähe eines Baumes liegt«, machte uns Russ Deihl aufmerksam. »Während der Mann mit der Lampe auf das Krokodil zugeht, und das Tier durch das Licht abgelenkt wird, hat sich der andere hinter dem Baum postiert und wartet dort mit einer Schlinge auf den günstigsten Augenblick.«

Der Lichtstrahl war nur noch vier, fünf Meter von dem Krokodil entfernt. Er bewegte sich jetzt nur um Zentimeter vorwärts. Das Tier lag bewegungslos da. Es war nicht allzu groß, vielleicht zwei, zweieinhalb Meter lang. Ein größeres wäre uns lieber gewesen, aber Russ hatte uns vorher schon darauf hingewiesen, daß die zu stark seien.

In diesem Augenblick huschte für Bruchteile von Sekunden ein Schatten durch den Lichtstrahl. Eine an einem Stock befestigte Schlinge legte sich wie von Geisterhand geführt um die stumpfe Schnauze des Krokodils. Eine Sekunde lang verharrte es wie gebannt;

doch dann bäumte es sich auf, peitschte mit dem schuppigen Schwanz das Wasser, daß der Kies vom Flußbett hoch aufspritzte, stemmte die kurzen Beine in den Boden und versuchte sich mit ruckartigen, wuchtigen Bewegungen von dem Seil zu befreien. Der eine Jäger hielt die Taschenlampe weiter auf das Krokodil gerichtet. Er war zu seinem Gefährten hinter den Baum getreten, an dem der das Seil befestigt hatte. Ein Mensch wäre nicht in der Lage gewesen, das um seine Freiheit ringende Tier zu halten.

Der Kampf tobte mit einer Heftigkeit, wie ich sie noch nie gesehen hatte. Doch nach etwas über zwei Minuten erlahmten die Kräfte des Krokodils; es legte Pausen ein, immer längere und gab schließlich auf.

Wir waren vorsichtig herangetreten. »Schnell, die Füße fesseln«, kommandierte Andreas und warf den Gallabs ein weiteres Seil zu. Doch das war leichter gesagt als getan. Jedesmal, wenn sich ihm jemand näherte, schlug das Tier mit den Tatzen und mit dem kräftigen Schwanz so heftig und unverhofft um sich, daß man blitzschnell zur Seite springen mußte, wollte man nicht getroffen werden. Schließlich gelang es den Gallabs doch, das Krokodil zunächst am Maul, dann auch an den Füßen und am Schwanz zu fesseln. Vorsichtig löste Andreas die Schlinge um die Schnauze. Angriffslustig riß das Tier den Rachen auf und versuchte, nach ihm zu schnappen. Doch da hatte Wolfgang schon einen armdicken Ast zwischen die Kiefer geschoben. Rasend vor Wut grub es die Zähne in das splitternde Holz. Jetzt konnten die beiden Gallabs Ober- und Unterkiefer getrennt fesseln und dabei etwas weiter auseinanderziehen. Andreas hatte inzwischen schon drei Gramm des MC 22 mit einem Liter Wasser angerührt, einen dünnen Schlauch in das Krokodil eingeführt und ihm so das Betäubungsmittel eingeflößt.

Behutsam lösten wir jetzt die Rachenfesseln und warteten in einiger Entfernung, was geschehen würde. Nichts geschah vorerst. In Abständen von einigen Sekunden wütete das Tier immer wieder aufs neue gegen die Fesseln an. Aber den Ast hielt es fest zwischen den Kiefern. Es war jetzt nicht mehr lautlos; es stieß ein dumpfes Stöhnen aus. Fünf Minuten vergingen, sieben Minuten – acht.

»Ich glaube, es wird müder«, zischelte Andreas.

Tatsächlich. Die Schnauze lag jetzt flach an den Boden gepreßt; noch immer stark angespannt, wie es schien, aber die Kiefer blieben wie verschweißt im Ast. So verharrte es zehn Minuten. Andreas ging ein, zwei Schritte auf das Krokodil zu. Nichts geschah. Es rührte sich nicht.

»Es hat gewirkt«, jubelte er los, »es wirkt tatsächlich!«

Wie tot lag das Tier da. Andreas hatte etwas von seiner Scheu und dem Respekt verloren. Er kniete sich in die Nähe der Echse und berührte sie mit einem Stock.

»Es ist bewußtlos«, rief er uns zu und wollte mit der einen Hand nach dem Ast zwischen den Kiefern greifen, um ihn wieder herauszuziehen.

In diesem Augenblick klappte der Rachen blitzschnell auf und zu. Andreas sprang weit zurück. Er hatte gerade noch seine andere Hand zurückziehen können, war aber von dem »Kiefer«ast geratscht worden. Die Hand blutete stark.

»Verdammt, da müßt ihr besser aufpassen«, schimpfte Russ. »Das Nervensystem dieser Tiere ist auch dann noch intakt, wenn sie scheinbar leblos daliegen. Selbst gerade getötete Tiere haben ihre Jäger noch gebissen, wenn die ihnen im Triumph den Rachen aufreißen wollten.«

Andreas sagte nichts. Und auch ich war sehr kleinlaut geworden. Ich dachte daran, daß ich ja eigentlich in ein betäubtes Krokodil hineinklettern wollte. Bloß gut, daß ich das Russ nicht erzählt hatte. Verdammter Narr, der ich bin.

Die Betäubung hielt etwa zehn Minuten an. Wir hatten dem Krokodil später die Fesseln gelöst. Mit ungeahnter Schnelligkeit erhob sich das so ungeschlacht aussehende Tier und war im nächsten Augenblick mit einem heftigen Aufklatschen im Fluß verschwunden.

Wir hatten genug von den »Drachen«. Wir wollten das Betäubungsmittel auch bei keinem größeren Tier mehr versuchen.

Die bösen Boten der Götter hatten uns gewarnt.

# Gefangen im Geisterhaus

Der Rudolfsee ist das größte Binnengewässer des afrikanischen Kontinents. Er ist abflußlos und befindet sich im Norden Kenias, seine Spitze reicht noch einige Kilometer nach Äthiopien hinein. Der See liegt 427 Meter über dem Meeresspiegel, er ist etwa 300 Kilometer lang, und seine Wasserfläche bedeckt rund 8600 Quadratkilometer. Inmitten des meist sehr flachen Gewässers – die größte Tiefe beträgt allerdings 73 Meter – liegen einige Vulkaninseln. Das Wasser ist salzig (aber nicht kochsalzig), brackig und nicht trinkbar. An den Ufern leben in der Hauptsache Turkana-Stämme, ein nomadisches Hirtenvolk. Weiter findet man Somalis, Samburus, Rendillen und Gallabs. Der Rudolfsee ist sehr fischreich. Als erste Europäer entdeckten der ungarische Edelmann Samuel Graf Teleki und der kaiserlich-königliche Leutnant Ludwig von Höhnel während einer Safari am 6. März 1888 den See und gaben ihm den österreichischen Namen Rudolfsee.

---

Zu Hause hatte ich diesen Tag oft herbeigesehnt. Ich hatte mir ausgemalt, wie es sein würde, wenn man nach wochenlangen Strapazen endlich das Ziel vor Augen hat. Ein silberner Streifen am Horizont, in dem sich die Sonne spiegelte; von Minute zu Minute wächst er an, bis endlich diese riesige Seenplatte vor einem liegt, groß wie ein Meer – ein Meer mitten im afrikanischen Busch. Vergessen wird alle Mühsal sein, kein Gedanke mehr an die hinter uns liegenden Gefahren – wir sind da! Wir sind am Rudolfsee! Wir haben es geschafft! Wahrscheinlich, so glaubte ich, wird dann einer von uns das Paddel jubelnd in die Luft schmeißen, und wir werden uns in die Arme sinken.

Und jetzt die profane Wirklichkeit! Was unterschied eigentlich diesen Tag von anderen?
Gestern waren wir von Mister Swarts Missionsstation aus auf die letzte Etappe gegangen. Ein stupider, langweiliger Tag, an dem nichts geschah, außer, daß die Sonne uns den letzten Funken Energie aus dem Körper brannte. Monoton tauchten die Paddel ins Wasser, eintönig glitt das Ufer an uns vorbei; mit der Zeit schliefen auch die an

sich schon spärlichen Gespräche zwischen uns gänzlich ein. Jeder gab sich seinen Gedanken hin. Abends hatten wir einen Arm des Flußdeltas erreicht. Der Omo teilte sich hinter Swarts Mission in fünf Arme, die getrennt dem Rudolfsee zustreben. Wir schlugen unser Camp am äußersten rechten Flußlauf auf. Lange vor Morgengrauen fuhren wir weiter. Niemand sprach; wir wußten, daß wir unmittelbar vor dem Ende unserer Expedition standen. Doch so etwas wie Erfolgsstimmung wollte sich bei keinem von uns einstellen.

Warum nur? dachte ich. Warum sind wir beinahe so etwas wie niedergeschlagen?

Und dann wußte ich es plötzlich: Das nahe Ende des Abenteuers bedrückte uns. Ohne daß wir darüber sprachen, fürchtete wohl jeder sich ein wenig davor, wieder in das alltägliche Leben zurückzukehren. Wieder dorthin, wo Autos unseren Weg einrahmen, Kühlschränke, Fernseher, Bungalows, Waschmaschinen und dieser ganze Schnickschnack, der unser Leben angeblich so viel schöner machen soll, wenn man den Werbefritzen glauben will.

Am Nachmittag war es plötzlich so weit. Es gab keinen silbernen Streifen am Horizont, keine Sonne, die sich darin spiegelt, es war alles viel simpler. Der Fluß machte eine leichte Biegung, an den Ufern zeigten sich breite Schilfgürtel, und auf einmal verbreiterte sich der Strom und ging in den Rudolfsee über.

Wolfgang und ich sahen uns an. »Das war's denn also«, sagte der Münchner trocken.

»Ja, das war's denn«, entgegnete ich nicht gerade einfallsreich, schöpfte eine Handvoll des schmutzigbraunen Wassers und klatschte es Wolfgang auf den braungebrannten Rücken.

Andreas hatte inzwischen schon am Ufer festgemacht. Ich sah, wie er wild gestikulierend mit zwei Eingeborenen verhandelte, die offensichtlich gerade vom Fischfang zurückgekehrt waren.

»Die wollen unser äthiopisches Geld hier schon gar nicht mehr haben«, rief er uns zu. »Aber die beiden haben mir immerhin einen ihrer Fische geschenkt. Guckt mal, was für ein Prachtbursche!«

Breit lachend hielt er einen fast armlangen Fisch hoch. Er war von den Fischern bereits ausgenommen. Das Innere war festes gelbes Fleisch, das sehr appetitlich aussah. Ich spürte mit einemmal, daß ich den ganzen Tag über nichts gegessen hatte. Quälender Hunger überfiel mich. Er wurde zum beherrschenden Gefühl, ausgerechnet in dem Augenblick, da wir am Ziel unserer Wünsche angelangt waren. Alltäglicher geht es ja wirklich kaum noch, dachte ich. Wo ist denn nun das große Erfolgserlebnis? Wo ist der Triumph? Nichts von alledem. Nur Hunger hast du, schlichtweg Hunger!

»Ob wir uns bereits in Kenia befinden?« fragte Andreas ein wenig zögernd.

»Wie kommst du denn darauf?« wollte Wolfgang wissen.

»Na, weil die unser Geld hier nicht mehr haben wollten.«

Andreas' Stimme hatte einen leicht besorgten Klang angenommen. Ich verstand ihn, obwohl er eigentlich am wenigsten Grund zur Unruhe haben mußte. Dafür aber Wolfgang und ich. Unsere beiden Visen waren längst abgelaufen. Wir hatten in Addis Abeba nur Aufenthaltserlaubnis für einen Monat bekommen; Andreas als Schweizer dagegen eine für drei Monate. Das sei alles nur eine Formsache, war uns in der Hauptstadt erklärt worden; wir brauchten uns unterwegs nur an die nächste Polizeistation zu wenden, dann würde man uns das Visum ohne weiteres verlängern, zumal wir ja ein Empfehlungsschreiben der Tourist Organization besaßen, in dem um Unterstützung für die Expedition gebeten wurde. Doch Addis Abeba ist weit. Und was dort gesagt wird, muß noch längst nicht im Landesinneren gelten. Dort glaubt mancher Polizeichef, sein eigener König zu sein. Wir hatten das schon einige Male erlebt. Und wir wußten auch, daß die Behörden zur Zeit auf illegale Grenzüberschreitungen besonders empfindlich reagierten. Schließlich gärte es in verschiedenen Gebieten Äthiopiens, und der Waffen- und Menschenschmuggel über die nur spärlich bewachte Grenze blühte. Kein Wunder also, daß Andreas besorgt war. Schließlich reagierte auch die kenianische Polizei gegen illegale Grenzgänger hart. Und die Aussicht, vielleicht bis zur Klärung des Falles in einem afrikanischen Gefängnis ausharren zu müssen, die war weiß Gott nicht gerade erheiternd.

»Wir müssen auf jeden Fall noch auf äthiopischem Gebiet sein«, beruhigte ich ihn. »Hier, aus der Karte geht ganz einwandfrei hervor, daß der Rudolfsee mindestens noch zwanzig Kilometer nach Äthiopien hineinragt. Wir können also noch gar nicht an der Grenze sein.«

»Trotzdem ist es vielleicht besser, wenn wir hier gar nicht erst unser Lager aufschlagen, sondern uns gleich wieder auf den Weg zurück zur Mission machen«, schlug Wolfgang vor. »Wir haben doch von Mister Swart gehört, daß es dort in der Nähe eine Polizeistation gibt. Da können wir unsere Visen dann leicht verlängern lassen und ersparen uns möglichen Ärger.«

Andreas nickte. Und auch mir gefiel Wolfgangs Vorschlag. Zu gut hatte es uns bei dem amerikanischen Missionar gefallen, der mitten im Busch ein Stückchen Paradies aus dem Boden gestampft hatte. Bevor wir auf die letzte Etappe gingen, waren wir zwei Tage lang seine Gäste gewesen. Die Aussicht, schnell wieder in die Behaglichkeit der Musterfarm zurückzukehren, gefiel uns allen offensichtlich sehr. Andreas hatte ein paar Stückchen Holz zusammengetragen, ein Feuer angezündet und briet den Fisch. Das Fleisch schmeckte so köstlich, wie es aussah.

»Laßt uns zu Fuß zurück«, überraschte uns Wolfgang. »Gegen den Strom brauchen wir mit unserem langsamen ›Pfannkuchen‹ viel zuviel Zeit. Gepäck haben wir ja außerdem nicht mehr groß.«

»Und was passiert mit dem Boot?« zögerte Andreas.

»Das lassen wir hier liegen. Wir brauchen es doch nicht mehr. Und wenn Mister Swart es haben will, dann kann er es sich ja holen.«

Wolfgang mußte uns nicht lange überreden. Mit dem plumpen Boot stromaufwärts paddeln, das wäre wirklich Schwerstarbeit gewesen. Danach drängte sich niemand. Wir zogen unser Floß weit aufs Land hinauf und tarnten es notdürftig mit einigen Schilfgräsern. Ein bißchen wehmütig wurde mir schon ums Herz. Schließlich hatten wir das Boot eigenhändig gebaut, und es hatte uns über viele Wochen hinweg treue Dienste geleistet – und jetzt ließen wir es hier einfach so liegen. –

Einen Tag später waren wir wieder bei Mister Swart. Wir saßen auf der blumengeschmückten Veranda des gemütlichen Wohnhauses der Mission und ließen uns mit saftig gebratenen Steaks und herrlich-kühlem Dosenbier verwöhnen. Der Amerikaner hatte uns mit großem Hallo begrüßt. Auch ihm war natürlich jede Abwechslung trotz seiner vielen Arbeit höchst willkommen. Seit elf Jahren lebte er jetzt in Äthiopien, leitete hier mit seiner Frau, die sich gerade wegen einer notwendig gewordenen Operation in den Staaten befand, die Mission. Und was die beiden geschaffen hatten, ist wirklich sehenswert. Herzstück der Farm ist eine große Obstplantage. Windmühlen sorgen dafür, daß die Bäume und Pflanzen ständig Wasser bekommen. Wunderhübsch blühende Hecken umgeben den Wohntrakt. Daneben steht eine Schule mit einem Garten, in dem die Eingeborenenkinder alles lernen, was für eine moderne Landwirtschaft notwendig ist. Der Farm gliedert sich eine eigene Schlosserei an. Alles wirkt ungeheuer sauber und ordentlich, so daß man sich von der ersten Sekunde an wohl fühlt.

Wir genossen zu dritt die abendliche Ruhe. Andreas, dessen Visum ja noch nicht abgelaufen war, hatte sich mit einem Führer zur Polizeistation begeben, um dort unsere Visen verlängern zu lassen. Eigentlich hätte er schon wieder zurück sein müssen.

»Haben Sie mit Ihrer Missionsarbeit hier Erfolg«, wollte Wolfgang von Swart wissen.

Er lächelte verhalten. »Sie dürfen nicht etwa europäische Maßstäbe anlegen«, antwortete er nach einigem Überlegen. »Würden Sie das tun, dann könnte man wohl nur von einem Mißerfolg sprechen. Denn natürlich gibt es hier noch die Vielweiberei, natürlich stehlen die Leute wie die Raben, einfach deshalb, weil in ihrer Vorstellung ein gelungener Diebstahl zum guten Mannestum gehört. Und außerdem glauben sie natürlich auch weiterhin an ihre guten und bösen Geister, auch wenn sie sich offiziell dem Kreuz anvertraut haben. Solche Traditionen, die seit Jahrhunderten bestehen, kann man nicht in ein paar Jahren überwinden. Das war mir klar, als ich nach Afrika ging, und deshalb bin ich auch nicht enttäuscht. Ich bin schon froh, daß mich die Leute respektieren, wenn sie bereit sind, von mir zu lernen. Und ich wäre noch viel glücklicher, wenn es mir eines Tages gelingen sollte, ihnen die Lust am Kriegern und Töten zu nehmen.

Sehen Sie, in diesen Tagen gab es erst wieder Kampf«, fuhr er fort. »Da hatten die Gallabs den Bume eine Menge Kühe gestohlen. Sie hatten die Tiere auf ihr Gebiet getrieben und behaupteten nun steif und fest, sie seien ihr Eigentum. Der Häuptling der Bume aber wollte sich damit nicht abfinden. Er schlug sich zu der Polizeistation durch, die bereits auf Gallab-Gebiet liegt – kein ungefährliches Unternehmen also. Er erklärte dem Polizeioffizier kategorisch, daß für die Rückgabe der Kühe gesorgt werden solle, anderenfalls würde es Krieg zwischen den Bume und den Gallabs geben. Der Offizier funkte mit seiner übergeordneten Dienststelle in Arba-Minsch, einer Stadt, so an die vier Tagesfußmärsche entfernt, und bekam Anweisung, die Angelegenheit auf jeden Fall zu schlichten. Die Äthiopier haben Sorgen genug mit Rebellen und Aufständischen, sie wollen sich keine weiteren Stammesfehden leisten

Also begann der Polizist zwischen den beiden Stämmen zu vermitteln. Die Bume behaupteten, ihnen seien fünfzig Kühe gestohlen worden; die Gallabs dagegen gaben nur den Diebstahl von dreißig Tieren zu. Es war klar, daß die einen über- und die anderen untertrieben. Der Offizier fand sehr richtig, die Wahrheit müsse wohl in der Mitte liegen und ordnete an, vierzig Kühe seien zurückzugeben. Sie sollten auf eine Insel im Flußdelta gebracht werden. Von dort hätten sie die Bume abzuholen, unter Aufsicht von Polizisten.

Die Gallabs trieben auch wirklich einige Kühe auf die Insel. Aber nur als Köder. In Wirklichkeit lauerten sie mit einer überlegenen Streitmacht hinter dem Schilfgürtel den Polizisten auf, und als sie kamen, ihre Tiere abzuholen, da entbrannte eine Schlacht, die acht Tote und viele Verwundete forderte.«

Der Missionar nahm einen tiefen Schluck aus seiner Teetasse.

»Diese Menschen hier brauchen den Kampf offenbar«, seufzte er. »Vermutlich ist dies das einzige Mittel, ihre Aggressionen abzubauen. Sie haben eben kein Fernsehen, das sie abends unterhält. Und dann spielen auch eine Menge Zufälle mit. Zum Beispiel haben sie in diesem Jahr eine sehr gute Ernte gehabt. Das bedeutet: sie konnten sich eine Menge Patronen eintauschen. Und die müssen sie ja nun irgendwie verschießen, und vergessen Sie nicht, die paar Polizisten, die hier für Ordnung sorgen sollen, stehen auf ziemlich verlorenem Posten.«

»Übrigens Polizisten«, warf ich ein, »Andreas ist noch immer nicht zurück. Da wird doch hoffentlich nichts passiert sein?«

Die Dunkelheit hatte längst das Land eingehüllt. Bei dem Gedanken, daß Andreas sich vielleicht jetzt auf dem Weg hierher befand, war mir nicht recht wohl.

»Keine Sorge«, winkte der Missionar ab. »Das sind zwar nur zwölf Kilometer zur Station, aber wer weiß, wie lange er dort aufgehalten worden ist. Sie wissen doch, wie bürokratische Afrikaner sein können. Vermutlich wird er die Nacht über dort bleiben und am nächsten Morgen zurückkommen.«

Wir unterhielten uns noch eine Weile über die günstigste Art der Rückreise. Swart schlug uns vor, nicht auf einen Lastwagen zu warten, der nach Addis Abeba fährt, sondern mit unseren neuen Visen über die Grenze nach Kenia zu gehen.

»Von Nairobi kommen Sie viel schneller wieder nach Hause«, meinte er. »Ehe Sie von hier aus in Addis sind, darüber können Wochen vergehen.«

Spät in der Nacht suchten wir die kleine Gästehütte auf, die uns der Missionar zum Übernachten angeboten hatte. Andreas war tatsächlich nicht mehr gekommen. Durch einen Knuff in die Seite wurde ich geweckt. Fahles Mondlicht fiel durch das kleine Fenster in das Innere der Hütte. Wolfgang hatte sich aufgerichtet und lauschte.

»Da ist was los draußen«, brummte er mißtrauisch.

Ich hörte Motorengebrumm und lautes Stimmengewirr. Eilige Schritte näherten sich von vielen Seiten der Hütte. Und plötzlich eine barsche Stimme:

»Germans – come out! Quickly!«

»Was soll denn das?« fragte ich verwirrt Wolfgang.

Der antwortete gar nicht; er war bereits aus dem Schlafsack gekrochen und ging zur Tür.

»Ach, du lieber Himmel!« hörte ich ihn murmeln. Und dann: »Komm, Rüdiger, mach schnell!«

Draußen hatte eine Kette Uniformierter die Hütte umringt. Die mit Bajonetten versehenen Gewehre hielten sie schußbereit an der Hüfte, die Läufe auf uns gerichtet. In ihrer Mitte stand ein kleiner Offizier. Er hatte die Hand auf der Pistolentasche und forderte uns mit schroffen Handbewegungen auf, herauszukommen. Zögernd hob ich die Arme und trat aus der Hütte. Wolfgang folgte mir, ebenfalls mit erhobenen Armen.

»Was wollen Sie denn von uns?« fragte ich den Leutnant. »Warum bedrohen Sie uns?«

In diesem Augenblick kam Mister Swart herangestürzt. Offenbar war er von dem Lärm geweckt worden. Zwischen ihm und dem Polizeioffizier entspann sich ein schneller Wortwechsel.

»Sie sollen gegen die Gesetze verstoßen haben«, wandte er sich an uns. »Der Offizier wirft Ihnen vor, daß Sie versucht hätten, die Grenze illegal zu überschreiten.«

»Der hat doch einen Vogel«, stieß ich wütend hervor. »Und wo ist Andreas?«

»Den haben sie gleich dabehalten. Leisten Sie bitte keinen Widerstand. Ich tue schon, was ich für Sie tun kann«, mahnte der Amerikaner uns.

»Versuchen Sie, sich mit Heiko Karels in der deutschen Botschaft in Verbindung zu setzen«, bat ich ihn. »Sagen Sie ihm, was mit uns passiert ist.«

Wir wurden auf einen Lastwagen verladen. Der Offizier nahm vorn im Führerhaus Platz, die Soldaten hockten sich um uns auf die Ladefläche. Kalam hieß die Polizeistation, ein trostloses Fleckchen. Stacheldraht umzäunte ein paar schmutzige Lehmhütten mitten in der Wüste. Eine schien etwas gepflegter zu sein. Und dort, an die Tür gelehnt, erwartete uns – breit grinsend – Andreas.

»Na, haben sie euch auch geschnappt, ihr Verbrecher?!« rief er uns zu, als wir von dem Lastwagen kletterten.

»Der scheint ja bei bester Laune zu sein«, knurrte Wolfgang böse. Zwei Polizisten begleiteten uns in die besser aussehende Hütte. Hinter einem wackligen Tisch hatte der Leutnant Platz genommen. Er war wie umgewandelt; bei unserer Festnahme barsch und kurz angebunden, jetzt die Liebenswürdigkeit selbst.

»Mein Name ist Hailu«, stellte er sich vor, »bitte, nehmen Sie mir mein Vorgehen nicht übel, aber ich habe strikte Anweisung, alle festzunehmen, die sich mit ungültigen Papieren im Grenzbereich aufhalten. Sie glauben ja nicht, was hier geschmuggelt wird.«

Wir seien beobachtet worden, wie wir die Grenze nach Kenia überschreiten wollten, erzählte er weiter. Das sei ihm gemeldet worden, und er müsse den Fall jetzt erst einmal klären.

»Aber wir sind doch gar nicht über die Grenze gegangen«, warf ich ein. »Und außerdem: der eine Mann von uns hat doch ein gültiges Visum. Die Tatsache, daß er mit unseren Pässen freiwillig zur Polizeistation gekommen ist, die ist doch der beste Beweis für unsere ehrlichen Absichten.«

Der Leutnant schüttelte lächelnd den Kopf. »Das kann natürlich auch ein raffinierter Trick sein, meine Herren; obwohl ich Ihnen wirklich nichts Böses unterstellen will. Aber meine Anweisungen sind so eindeutig, daß ich Sie erst einmal festhalten muß. Sie können sich hier in der Station frei bewegen, aber haben Sie bitte für meine Situation Verständnis.«

Was blieb uns schon anderes übrig, als »Verständnis« zu zeigen. In unserer Anwesenheit gab der Leutnant einen Funkspruch an seine vorgesetzte Dienststelle in Arba Mintsch durch:

»Zwei Deutsche und ein Schweizer unter dem Verdacht, die Grenze nach Kenia überschreiten zu wollen, verhaftet. Erbitte Anweisung.«

Die Antwort kam postwendend. Und sie war niederschmetternd für uns:

»Festhalten! In einer Woche kommt Lastwagen mit Lebensmitteln. Mit dem Wagen die drei Arrestanten schicken.«

»Sie sehen selbst«, wandte sich der Leutnant achselzuckend an uns. »Ich bitte Sie, mir keine Schwierigkeiten zu machen.«

Wir mußten unser Zelt vor seinem Haus aufbauen. Seine Tür und unser Zelteingang vis-à-vis. Viele Polizisten umringten uns. Sie boten uns Tee und Zigaretten an. Dafür mußten wir ihnen von Addis Abeba berichten. Mit großen Augen und Ohren lauschten sie jeder Kleinigkeit. Leutnant Hailu hatte uns inzwischen Spaghetti kochen lassen und war der ideale Gastgeber in Person. Seine beleibte Haushälterin stand alle fünf Minuten auf, nahm eine Sandale vom Fuß, fixierte mit ihrer Taschenlampe eine Fledermaus, die sich irgendwo im Raum angehängt hatte, und schlug sie mit einem Klaps tot. Dann stülpte sie die Sandale wieder über ihren Fuß und schubste die Leiche aus dem Haus. Draußen streunten Hunde herum und ließen sich die Fleischbröckchen gut schmecken. Diese Vorgänge waren die einzige Beigabe zu den Spaghetti. Sie können sich also vorstellen, wie laff die Nudeln waren, wenn auch gut gemeint.

»Kennen Sie dieses Gericht auch in Ihrer Heimat?« wollte Hailu wissen.

»Natürlich. Das gibt's doch auf der ganzen Welt.«

»Ja. Das kommt aus Äthiopien. Eine Spezialität unseres Landes, die man in der ganzen Welt kennt. Wir nennen das ›Maccaroni‹. Wenn Sie mir Ihr Ehrenwort geben, daß Sie nicht fliehen, bringe ich Sie morgen nach Rati. Das ist nur fünf Kilometer von hier entfernt. Sie können dort bleiben, bis wir Sie nach Arba Mintsch fahren können. Nur eine Bedingung habe ich: Sie müssen sich jeden Tag bei uns melden. Wären Sie einverstanden?«

Natürlich waren wir das. In Rati lebte unser Freund Russ, der amerikanische Entwicklungshelfer. Bei ihm würden wir ganz sicher die paar Tage bis zu unserem Abtransport besser überbrücken als hier, in dieser Trostlosigkeit.


Der Amerikaner begrüßte uns, als seien wir die verlorengeglaubten Söhne. Er hatte von unserer Verhaftung bereits gehört und vorgehabt, uns heute in der Polizeistation zu besuchen.

»Doch, der ist schon ganz in Ordnung, der kleine Leutnant«, meinte er. »Natürlich steht der auch immer unter Druck. Wie er es auch macht, er läuft stets Gefahr, einen Rüffel von seinen Vorgesetzten zu bekommen. Und das bedeutet für ihn: längeres Ausharren an der Grenze. Übrigens auch für die anderen Polizisten. Zwei Jahre müssen die hier Dienst schieben. Urlaub gibt es nicht, Frauen auch nicht. Was glaubt Ihr wohl, wie sauer die sind. Deshalb ist es auch angebracht, sich ihren Anweisungen zu fügen, sie könnten sonst äußerst gereizt reagieren.«

Russ beschloß, uns in einem leeren Haus unterzubringen. Es gehörte einem anderen amerikanischen Peace-Corps-Mann. Aber der war in Urlaub. Das Haus lag unmittelbar neben Russ' Muster-Bananen-Plantage. Es war ein Geisterhaus, wie sich bald herausstellen sollte. Die Lehmwände waren brüchig. Überall waren Löcher, die ins Freie führten. Das Fenster war mit Fliegendraht abgedichtet. Wegen der Hitze legten wir uns auf unsere Schlafsäcke auf den Fußboden. Wir öffneten die beiden Türen. Der Durchzug sollte uns kühlen. Aber mit dem Durchzug kamen die Mücken. Also schlossen wir sie wieder. Die Mücken suchten nun, außer unserem Blut, den einzig hellen Punkt im Raum: das Fenster, durch das ein fahles Licht schimmerte. Das Fenster war ein Meter über unseren Köpfen. Blitzschnell schossen aus den Spalten mehrere Geckos und schnappten sich die Mücken. Wir freuten uns über diese unerwarteten Verbündeten und beobachteten die Silhouettenspiele.

»Was war das?« stieß Wolfgang da hervor. »Hast du mir gerade vor der Nase rumgefummelt?«
Nein, hatte ich nicht. Da, wieder. Und noch einmal. Auch bei mir. Andreas ließ die starke Lampe aufblitzen. Geblendet hängten sich drei Fledermäuse in die Dachbalken. Im ersten Moment schauderte es uns. Aber auch die fliegenden Mäuse meinten es gut mit uns und räumten unter den Mücken auf. Unser letztes Spray hatten wir für Wolfgangs Puffotter versprüht. Kaum hatten wir uns daran gewöhnt, als Wolfgang herüberraunte:
»Leuchte noch mal! Was zwackt mich denn da?«
Wir leuchteten. Unmengen großer, brauner Ameisen bahnten sich soeben einen Weg über unsere Körper. Aber sie stachen nicht. Sie marschierten nur. Jetzt leuchteten wir den Raum genauer ab. Ein Tausendfüßler verschwand in einer Ritze. Zwei Skorpione liefen auf-

geregt im Lichtstrahl unserer Lampe hin und her. Andreas nahm seinen Schuh und drückte sie tot.

»Verdammt! Wie soll man denn hier schlafen?« knurrte er verzweifelt. »Ich gehe und baue mein Zelt draußen auf!«

Sprach's und verschwand in der Dunkelheit. Wir waren zu müde und sehnten uns nach Schlaf. Da klapperte es neben mir. Genau dort, wo wir unsere Essereien abgestellt hatten.

»Eine Maus!«

Sie hüpfte aus unserem Topf, in dem wir den Rest eines Pfannkuchenteiges verwahrten. Es war eine schwarze Maus mit einem weißen Po.

»Igitt, von dem Pfannkuchen esse ich kein Stück mehr!« Wolfgang fluchte und schwor es; da er Pfannkuchen so gerne ißt, wollte das viel heißen.

Kaum war Ruhe eingekehrt, kaum hatten wir – nun zum fünften Male – uns gute Nacht gewünscht, als es abermals im Topf klapperte. Nun hatte ich sie auch gesehen. Ganz deutlich: zwei Mäuse. Siebzig Zentimeter neben mir. Da soll einer ruhig schlafen. Da wir den Teig nun wirklich nicht mehr verbacken wollten, stellten wir den attraktiven Topf weit weg in eine Ecke. Sollten sie sich dort vollfressen. Hauptsache, sie ließen uns endlich schlafen.

»Weißt du was«, meinte Wolfgang, der alte Bastler. »Wir legen den Deckel so, daß er zuklappt, wenn sie wieder hineinspringen.«

Gesagt, getan. Es klapperte recht bald. Aber jedes Mal, wenn wir nachschauten, hüpften die Mäuse irgendwie weg. Der Deckel war nicht mehr ganz rund. Schließlich hatte er eine lange Reise hinter sich. Um vielleicht doch noch zu Schlaf zu kommen, feuerten wir den Deckel an die Seite.

»Sollen sie sich vollfressen. Ich will jetzt endlich schlafen.« Wolfgang und ich verzweifelten langsam.

Morgens lagen zwei tote Mäuse im suppig-zähen Teig. Auch einige Käfer. Manchmal funktionieren Fallen so einfach! Nun, da der Teig endgültig verdorben war, ließen wir die Wunderfalle noch eine Nacht stehen. Neugierig schauten wir am zweiten Morgen hinein: Von den Mäusen keine Spur mehr. Wer hatte sie geholt? Wer kam hier noch nachts durch die Löcher gekrochen, ohne daß wir es ahnten? Uns war unheimlich. Entsprechend konfus träumten wir.

Auch in dieser Nacht sollten wir nicht ungestört schlafen. Russ weckte uns aufgeregt. In seinem Schuppen befände sich eine Schlange, berichtete er, eine Speikobra vermutlich. Er war sehr aufgeregt, hatte nicht mal eine Hose an. Nur Sandalen. Ich sei doch Spezialist für Schlangen, vielleicht könne ich sie vertreiben. Ich verlor keine Sekunde. Eine Speikobra – das ist der Traum eines jeden Schlangenliebhabers. Speikobras sind sehr aggressiv, ihr Biß unbedingt tödlich, wenn nicht sofort ein Gegengift gespritzt werden kann. Wollen sie einen vermeintlichen Gegner nur abwehren, spucken sie ihm ihr Gift in die Augen, das ihn augenblicklich stoppt. Es wirkt wie Tränengas, führt aber zur Erblindung, wenn man es nicht sofort auswäscht. Bis zu zwei Meter Entfernung trifft die Speikobra mit hundertprozentiger Sicherheit. Wer sich also ihr nähert, tut gut daran, eine Schutzbrille zu tragen.

Auf dem Weg zum Schuppen erzählte mir Russ, daß ein Boy, der dort schlief, durch Hühnergegacker geweckt wurde. In einer Ecke will er dann die Schlange gesehen haben, die sich gerade über ein Hühnerei hermachte. Ich war skeptisch. Weiß der Teufel, was der Junge gesehen hat, dachte ich. Kinder machen schnell mal aus einer Grasnatter einen Python. Der Junge hockte angstvoll auf Russ' Bett. Er hatte die Beine an den Körper gezogen und deutete mit ausgestrecktem Arm in eine Ecke. Russ richtete den starken Handscheinwerfer dorthin.

Tatsächlich! Eine Speikobra, unverkennbar. Und welch ein Exemplar! Etwa zwei Meter war sie lang, der Rücken herrlich mattschwarz gezeichnet, der Kopf stark wie eine Kinderfaust. Sie hatte sich in dem grellen Licht halb aufgestellt und den Nackenschild angriffslustig gespreizt. Ohne Augenschutz konnte ich mich ihr unmöglich nähern.

»Schnell, ich brauche einen Stock, möglichst gegabelt«, flüsterte ich Russ zu.

In einer Ecke des Schuppens sah ich die ausgebaute Frontglasscheibe eines Jeeps. Ich griff sie und schob sie wie einen Schild vor mir her. Die Kobra war hinter eine Holzkiste gekrochen. Mit dem Stock, den Russ mir zugeschmissen hatte, schob ich die Kiste weg und sah, wie die Schlange durch ein Loch in der Wand ins Freie wollte. Blitzschnell griff ich sie an der Schwanzspitze, zog sie herein, und bevor sie mit dem Kopf herumfahren konnte, hatte ich sie in einen Beutel gesteckt.

Eine Speikobra! Ich hatte endlich eine Speikobra gefangen.

Den Beutel mit der Schlange steckten wir in den besagten, inzwischen gesäuberten Kochtopf und verschlossen ihn lose mit dem ovalen Deckel.

Am nächsten Tag herrschte im Dorf Riesenaufregung. Unser nächtliches Abenteuer hatte sich herumgesprochen. Und als wir uns am Nachmittag bei Leutnant Hailu meldeten, wußte auch der bereits von der Schlangenjagd. Eine Nacht später ließ mich ein lautes Scheppern hochfahren. Der Kochtopfdeckel war heruntergefallen. Ich leuchtete den Topf an und glaubte, meinen Augen nicht trauen zu können: Der lange, dunkle und elegante Körper der Speikobra glitt hinaus ins Freie! Ich schnellte in die Höhe und bekam ihn gerade noch am Schwanz zu fassen, riß ihn zurück. Im selben Moment fiel mir ein, daß ich wieder keinen Augenschutz gegen das Gift hatte. Da war sie aber auch schon in voller Zweimeterlänge im Raum! Daß ich sie wie ein Wahnsinniger um den Kopf wirbelte, war die Reaktion einer Sekunde. Ich hoffte, daß sie gegen die Fliehkraft oder infolge von Schwindelgefühlen nicht spucken könnte. Und es klappte tatsächlich! Wolfgang schob mir die Glasscheibe und die Astgabel zu, und so konnte ich das Tier wieder einfangen. Hätten wir es nicht scheppern gehört – was hätte mal wieder alles passieren können?! Wir hatten mehr Glück als Verstand.

»Wie konnte sie bloß aus dem Sack kommen? Ich habe ihn doch sogar umgekrempelt und fest zugeschnürt.« Ich zweifelte schon an mir selbst. »Oder sollte der Beutel doch ein Loch gehabt haben?«

Ich ging hin und griff den Sack. Vor Schreck ließ ich ihn gleich wieder fallen. Der Sack war zugebunden. Er hatte kein Loch. Und unsere alte Schlange war wohlbehalten darin. Die Schlange, die ich in der Hand hielt, war gar nicht unsere, sondern eine zweite!! Sie mußte also zufällig vorbeigekommen sein. Hatte sie etwa auch unsere toten Mäuse in der Nacht zuvor geholt? Eigentlich ist das unwahrscheinlich. Oder hatte sie der Paarungstrieb hergelockt? Als wir Russ am nächsten Morgen davon berichteten, meinte er treuherzig:

»Ich dachte, die Bude wäre sauber. Wir haben nämlich gerade vor zwei Wochen eine weitere Spitting Cobra oben aus den Dachbalken geschossen.«

Im selben Moment stürzte ein Mann in Russ' Wigwam.

»Russ, hilf mir! Meine Frau ist von einer Spinne gebissen worden. Sie redet ganz wirres Zeug. Und noch schlimmer: Sie erkennt mich nicht mehr!«

Der Mann war fürchterlich aufgeregt und besorgt um seine Frau. Russ wandte sich unbeeindruckt zu uns und meinte:

»So geht das hier bald jeden Tag.« Und zu dem Mann sagte er ruhig: »Du weißt, ich habe kein Serum. Aber warte drei Tage, dann wird deine Frau dich wiedererkennen und gesunden.«

Andreas, aus sicherer Distanz, gewann der Situation die entsprechende Komik ab:

»Nun haben wir wenigstens etwas, womit wir uns notfalls gegen die Polizisten wehren können. Was meinst du wohl, wie die rennen werden, wenn du ihnen den Beutel mit den Kobras entgegenhältst!«

Das brachte mich auf eine Idee: Sollten wir wirklich in Arba Mintsch ins Gefängnis müssen, dann könnten uns die Kobras tatsächlich nützlich sein. Ich könnte einer die Giftzähne ziehen, sie in meiner Zelle freilassen und laut schreiend den Gebissenen mimen. Da ich die Vergiftungssymptome genau kenne, würde mir das nicht schwerfallen. Dann würde man mich in ein Hospital bringen, und von dort hätte ich sicherlich eine Chance, zu entkommen oder eine Nachricht rauszuschmuggeln. Doch wir brauchten die Tiere nicht. Die Tage vergingen eintönig langweilig. Unsere einzige Aufgabe war es, täglich zur Polizeistation zu marschieren, um uns dort zu melden. In der siebten Nacht wurden wir geweckt. Der kleine Leutnant stand vor dem Haus.

»Es ist soweit«, erklärte er uns. »Der Lastwagen steht auf der anderen Seite des Flusses. Kann ich Ihnen helfen, die Sachen zu pakken?«

Er war geradezu umwerfend zuvorkommend. Zum Abschied reichte er uns sogar die Hand. Vermutlich fühlte er sich ungeheuer erleichtert, uns so ohne Komplikationen abschieben zu können. Mit einem Kanu setzten wir über den Omo. Das Auto, ein alter, klappriger Mercedes, war bis dicht ans Ufer herangefahren. Zwei Polizisten begleiteten uns. Es wurde eine Fahrt, die ich nicht vergessen werde. Der Chauffeur wollte vermutlich den weißen Männern alle seine Fahrkünste zeigen. In irrsinnigem Tempo raste er über Stock und Stein, und im Geiste zog ich den Hut vor den deutschen Autokonstrukteuren, die ein so stabiles Fahrzeug gebaut hatten.

Nach drei Tagen (!) erreichten wir einen Ort namens Bako. Wir wurden in ein Haus einquartiert, das sich stolz »Hotel« nannte. Ein tolles »Hotel«! Die Notdurft mußte noch im Freien über einer Grube verrichtet werden. Am besten schloß man dabei die Augen, denn eine zentimeterdicke Schicht weißer Würmer waberte wie eine geschlossene Decke über dem Unrat.

»Ich kann da nicht hingehen«, stöhnte Andreas. »Ich muß mich übergeben, wenn ich das nur sehe.«

Wolfgang war nicht so empfindlich. Er erzählte, daß er in Katmandu einmal ähnliches erlebt hatte. Und ein Europäer, der sich dort ebenfalls sehr ekelte, faßte eines Tages einen verhängnisvollen Entschluß. Er goß einen Kanister Benzin über die Würmer und verbrannte sie in einer riesigen Stichflamme. Doch die Folgen waren fatal: von der Stunde an hüllte ein entsetzlicher Gestank die Umgebung ein. Er hing wie eine Glocke darüber. Erst nach zwei Wochen ließ der Gestank nach – dann hatten sich wieder neue Würmer gebildet.

»Was heißt«, schloß Wolfgang, »daß in der Natur schon alles sehr vernünftig zugeht, auch wenn wir Menschen es manchmal partout anders haben wollen.«

In Arba Mintsch wurden wir gleich nach unserer Ankunft vom Chef des Hauptquartiers dieses Polizeidistrikts empfangen. Ein hochgewachsener Colonel namens Taye. Auch er beschuldigte uns des illegalen Grenzübertritts. Doch er schrieb sich immerhin die Namen derer auf, die wir ihm als Entlastungszeugen nannten. Also den amerikanischen Missionar Swart, zwei seiner Helfer und die Polizisten selbst, die uns schließlich im Bett und nicht im Busch verhaftet hatten.

»Ich werde die Leute vernehmen lassen«, versprach er. »Bis dahin allerdings werden Sie weiterhin unter Bewachung stehen.«

Die Wache bestand aus einem Polizisten, der uns im Autobus nach Addis Abeba begleitete. Wir wurden sofort ins Harambee-Hotel gebracht, unserer alten Unterkunft. Dort lag bereits eine Anweisung vor, daß wir das Hotel nicht zu verlassen hätten. Wir standen gewissermaßen unter Hausarrest. Das kümmerte uns vorerst wenig. Nach vielen Wochen genossen wir endlich in vollen Zügen die Vorzüge der technisierten Welt. Duschen, die Wäsche waschen lassen, Radio, eisgekühlte Milch, und dann war da ja auch noch Sukari.

Sukari hieß die Dame an der Rezeption. Herrgott, welch eine Frau! Blauschwarzes, glänzendes Haar fiel glatt und locker über ihre Schultern. Das schmale Gesicht wurde von mandelförmigen dunklen Augen beherrscht, die Augenbrauen waren messerscharf rasierte schräge Striche; den Mund rahmten zwei volle Lippen. Und war das alles schon des Ansehens wert, so elektrisierte die Figur dieser Frau geradezu. Breite Schultern, makellose Brüste, die, von keinem Büstenhalter gestützt, sich deutlich unter dem hautengen Pulli abzeichneten. Die schmale Taille ging in ausladende Hüften über. Und wenn Sukari saß, dann bedeckte der Mini kaum die Oberschenkel der herrlich geformten Beine. O ja, das Leben ließ sich, für den Augenblick jedenfalls, auch als Arrestant recht gut an. Afrika 1976 – das schien sich in Addis Abeba kaum von dem Leben in den Städten der Alten Welt zu unterscheiden. Wenn man allerdings ein wenig tiefer sah, dann entdeckte man sehr schnell, daß das bißchen Technik und Komfort nur ein dürftiger Tarnmantel ist. Man muß sich wirklich keine große Mühe geben, um das alte Afrika darunter zu entdecken. So las ich zum Beispiel Leserbriefe im »Ethiopian Herald«. Ja, die gibt es da, genauso wie in den Spalten unserer Zeitungen. Nur der Inhalt ist anders. Da fragte zum Beispiel jemand an, ob man denn nicht die Geister erzürne, wenn man bei Vollmond in Richtung des Mondes urinieren würde. Die Redaktion antwortete kühl und sachlich: Nein, da handele es sich nur um einen Irrglauben. Man dürfe ganz unbesorgt auch bei Vollmond in jede Richtung urinieren.

Nach zwei Tagen holte uns ein mit drei Uniformierten besetzter Jeep ab. Wir wurden ins Polizeipräsidium gebracht. Dort empfing uns Colonel Berhanu, der Chef des CID, des äthiopischen Geheimdienstes, persönlich. Und innerhalb weniger Minuten löste sich plötzlich der ganze Verhaftungsspuk in Wohlgefallen auf.

»Wir haben alle Ihre Angaben genau geprüft«, lächelte uns Berhanu wohlwollend an und fragte, ob er uns Tee reichen lassen dürfe. »Ja, die Zeugen haben alle Ihre Aussagen bestätigt. Es gibt für uns keinen Grund mehr, Sie festzuhalten. Sie können sich im Vorzimmer Ihre Pässe wiedergeben lassen. Das Visum ist bereits verlängert worden.«

Nach dieser offiziellen Einleitung wollte er Einzelheiten über die Expedition wissen. Seine Zeit für uns schien unbegrenzt zu sein. Aber vielleicht wollte er damit auch nur ein wenig »Wiedergutmachung« demonstrieren. Und ich beschloß, das auszunutzen. So, wie ich es schon einmal ausgenutzt hatte, als wir vor einem Jahr nach der Flucht wieder in Addis Abeba waren.

»Sagen Sie, Colonel«, wandte ich mich an unser Gegenüber: »Sie erinnern sich sicherlich noch, daß wir im vergangenen Jahr am Blauen Nil überfallen worden sind und daß dabei ein Expeditionsteilnehmer in der Nähe von Jesefa Mariam erschossen wurde. Wir haben damals für unseren toten Freund ein Kreuz an der Stelle errichtet, an der er starb. Könnten Sie uns die Möglichkeit verschaffen, dort noch einmal einen Besuch zu machen?«

Der Colonel sah uns eine Weile schweigend an.

»Ist das denn wirklich wichtig für Sie?«

»Ja«, antwortete ich knapp.

Auch Andreas nickte. Dabei hatte ich den Hintergedanken, noch etwas über die verschollenen Amerikaner zu erfahren.

Der Äthiopier griff zum Telefon und gab einige schnelle Anweisungen. Dann erhob er sich.

»Ich lasse Sie in zwei Stunden vom Hotel abholen. Sie werden zum Flughafen gebracht. Dort wartet ein Hubschrauber auf Sie. Er wird Sie nach Jesefa Mariam fliegen. Sie können sich dort ein oder zwei Stunden aufhalten. Dann aber muß ich Sie bitten, zurückzukehren.«

Wir bedankten uns stürmisch. Draußen schlug Andreas mir kräftig auf die Schulter.

»Das war ein toller Einfall, Rüdiger. Ich hätte nie geglaubt, daß er darauf eingehen würde.«

»Naja, für die Verhaftung hatten wir ja noch etwas gut«, grinste ich. »Immerhin hat sie uns vierzehn Tage gekostet.«

Am Nachmittag desselben Tages landeten wir auf dem Plateau der Schlucht, in der wir vor einem knappen Jahr überfallen worden waren. Doch welche Enttäuschung: das Holzkreuz, das wir dort errichtet hatten, wo Michael den Tod fand, war weg! Wahrscheinlich war es von der Regenzeit weggeschwemmt worden. Nichts erinnerte mehr an die schrecklichen Stunden; die Zeit hatte alles vergessen lassen. Wir gingen zum Hubschrauber zurück. Aus der Entfernung sahen wir die Hütten des Dorfes Jesefa Mariam, den Ort, aus dem die Räuber gekommen waren.

»Weißt du noch – die Fahndungsaktion damals?« fragte Andreas zögernd.

Ich nickte nur. Wie sollte ich das jemals vergessen können.

»Erzähl!« forderte Wolfgang.

Und auf dem Rückflug ließ ich für ihn die Tage nach dem Überfall und unserer Flucht noch einmal passieren.

# Die Strafexpedition

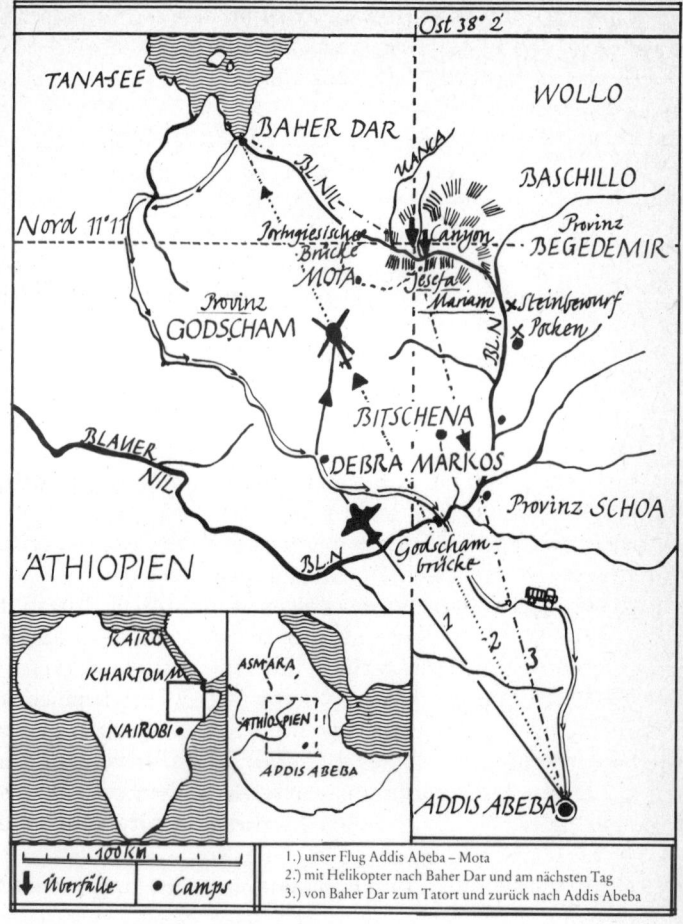

1.) unser Flug Addis Abeba – Mota
2.) mit Helikopter nach Baher Dar und am nächsten Tag
3.) von Baher Dar zum Tatort und zurück nach Addis Abeba

Es hatte in der deutschen Botschaft begonnen. Wir hatten dort den Mord und alle seine Begleitumstände gemeldet und waren von Botschafter von Stackelberg empfangen worden. Er sicherte uns jede Unterstützung zu und stellte den Attaché der Konsularabteilung Eberhard Korth und Heiko Karels speziell für uns frei.

»Die beiden Herren werden Ihnen sofort bis zur Klärung der Angelegenheit zur Seite stehen«, ordnete der Diplomat an.

Karels sprühte vor Tatendrang.

»Wissen Sie genau, wo sich alles abgespielt hat?« fragte er eindringlich.

Ich nickte. Ich wußte genau, wo wir überfallen worden waren.

»Die Hubschrauber der Armee sind zwar jetzt stark in Eritrea engagiert«, überlegte Eberhard Korth laut. »Aber ich weiß, daß zur Zeit gerade zwei hier sind. Wollen wir versuchen, ob wir sie loseisen können?«

»Versuchen können wir es immer«, antwortete Karels und ging zum Telefon.

»Wir müssen sofort ins Polizeihauptquartier am Mexico Square«, forderte er uns dann auf.

Das klang beinahe, als sei er froh, endlich vom Schreibtisch wegzukommen.

Die Wachen vor dem Polizeihaus ließen uns ohne große Umstände und die üblichen Leibesvisitationen passieren. Offenbar waren wir bereits gemeldet worden. Ein junger Leutnant führte uns in ein schlicht ausgestattetes Büro. Mehrere Herren erhoben sich bei unserem Eintreten, zwei Zivilisten in korrektem dunkelblauem Anzug, einer mit offenem Hemd, Colonel Hailu, und der andere mit Krawatte und Nickelbrille, ein Kriminalbeamter, dann ein weiterer: okkerfarbene Uniform, Khakihemd, alles schlicht und ohne Rangabzeichen. Doch sein selbstbewußtes Auftreten ließ ihn auch so als einen ranghohen Offizier erkennen. Ich war deshalb keineswegs erstaunt, als Karels ihn mit »Herr General« ansprach. Seine Fragen kamen schnell und ließen nichts aus. Schließlich erhob er sich, zog einen Vorhang hinter dem Schreibtisch zur Seite, hinter dem sich eine große Karte des Landes befand. Ich mußte die Stelle des Überfalls zeigen. Vielleicht täuschte ich mich, aber es kam mir vor, als würden die drei Äthiopier einen schnellen Blick miteinander wechseln. Der General straffte sich.

In korrektem Englisch sagte er zu uns gewandt:

»Es tut mir sehr leid, daß Sie so wenig Gelegenheit hatten, die Gastfreundschaft meines Landes kennenzulernen. Bitte, glauben Sie mir, daß das nicht typisch für Äthiopien ist, was Sie erlebten. Natürlich werden wir versuchen, Ihnen zu helfen. Aber bedenken Sie auch, daß wir in einer Zeit des sozialen Umbruchs stehen.«

Dann übergangslos: »Kann ich Ihnen mit etwas dienen – mit Kaffee oder Tee vielleicht?«

Ich platzte heraus: »Ergebensten Dank, Herr General. Aber ein Hubschrauber wäre uns lieber.«

Dröhnendes Gelächter. Heiko Karels nutzte die Gunst des Augenblicks:

»Es wäre wirklich großartig, wenn Sie uns damit helfen könnten«, schaltete er sich ein. »Allein schon, weil wir dann vielleicht noch eine Chance haben, den Leichnam unseres Freundes zu bergen. Und bestimmt kann sich die deutsche Bundeswehr gelegentlich revanchieren und ein paar Hubschrauber herschicken, wie sie es bei der Stern-Hungerhilfe getan hat. Irgendwann braucht jeder jeden.«

Ein paar schnelle Worte zwischen Colonel Hailu und dem General. Dann der General strahlend:

»Für einen Tag kann ich Ihnen einen Hubschrauber geben. Dann aber brauchen wir den Helikopter wieder. Zu Ihrer Sicherheit werden zwei Fallschirmjäger mitfliegen. Können Sie heute noch starten?«

»Ja, selbstverständlich.«

»Ja«, bestätigten auch Korth und Karels.

»Aber wir haben nur drei Sitzplätze. Wer von Ihnen vier kann hierbleiben?«

Der General schaute in die Runde. Wir sahen einander fragend an. Keiner wollte gern zurückstehen.

»Die Maschine hat nur neun Plätze: Pilot, Co-Pilot, Funker, die beiden Fallschirmjäger, drei von Ihnen und hier – Major Eschete Alemu!«

Der Zivilist mit dem blauen Anzug, der Krawatte und der Nickelbrille verbeugte sich lächelnd:

»Gestatten Sie! Das bin ich«, sagte er mit feiner Stimme und – in sehr gutem Deutsch. »Ich bin von der Spurensicherung.«

Wir waren überrascht, hier jemanden so gut Deutsch sprechen zu hören, und überlegten heimlich sofort, ob wir eben auch nichts Abfälliges geäußert hatten.

»Ich habe achtzehn Monate beim Bundeskriminalamt in Wiesbaden volontiert«, erklärte der Äthiopier. »Eine schöne Stadt!«

»Tja, wer bleibt nun freiwillig?« fragte jemand.

»Sie müssen das verstehen, Herr Nehberg.« Karels wand sich verlegen. »Wir beide müssen mit, Herr Korth und ich. Natürlich glauben wir Ihnen jedes Wort, aber theoretisch könnte sich das doch auch alles anders abgespielt haben, als Sie es uns berichteten. Das haben wir zu überprüfen. Mit Ihrer Person hat das gar nichts zu tun, das gehört einfach zu unseren Pflichten.«

Der General unterbrach uns: »Es ist eigentlich schade, daß Sie dann morgen vormittag nicht da sein werden«, sprach er mich an. »Morgen haben wir in Addis Abeba nämlich eine Konferenz der Polizeichefs und Militärbefehlshaber unserer Provinzen. Da hätten wir eine große Vergeltungsaktion mit den eigentlich Zuständigen verabreden können.«

»Dann könnte doch vielleicht Herr Dr. Scholtz hierbleiben«, schlug Korth vor. »Er könnte doch der Konferenz mit allen Auskünften zur Verfügung stehen.«

Wir überlegten einen Augenblick. Ja, das wäre tatsächlich eine Möglichkeit und ein kleiner Trost für Andreas.

Er meinte selbst: »Das paßt mir zwar gar nicht in den Kram, aber jetzt ist nicht die Zeit, lange herumzureden.«

---

Es war ein alter amerikanischer Armee-Hubschrauber vom Typ Sikorski. Wir gaben bestimmt einen merkwürdigen Anblick ab: die beiden Piloten und der Funker in ihren knapp sitzenden, schneidigen Uniformen; der äthiopische Kripomann in Dunkelblau, mit der Nikkelbrille und Collegetasche; Korth in luftigem Khakihemd und heller Sommerhose; Karels in deutscher Uniform mit Käppi und schwarz-rot-goldener Kokarde; zwei wortkarge Fallschirmjäger – Maschinenpistolen, Handgranaten am Koppel, Sturmgepäck –, und schließlich ich mit meinen schmuddeligen, lotterigen und zerrissenen Klamotten. Korth schleppte zu allem Überfluß einen riesigen blauen Plastiksack und einen Spaten mit.

»Zur Spurensicherung«, sagte er lakonisch.

Inzwischen war es schon Spätnachmittag geworden. Gegen 18.30 Uhr mußte die Dunkelheit hereinbrechen. Die rund 250 Kilometer bis zur Schlucht hätten wir an diesem Tage zwar noch geschafft. Nicht aber mehr den Weg zurück. Der Pilot entschied deshalb, heute lieber 60 Kilometer weiter nach Baher Dar zu fliegen, der Stadt, wo der Blaue Nil aus dem Tana-See fließt.

»Dort werden wir übernachten, volltanken und gleich morgen früh um neun starten«, ordnete er an. »Dann sind wir auch ausgeruht, Sie können so lange recherchieren, wie Sie wollen, und die Dunkelheit drängt uns nicht.«

Mit verbissener Miene verabschiedete uns Andreas. Natürlich wäre er liebend gern mitgeflogen. Doch ich hatte ihm klargemacht, daß es sich ja nur um einen Erkundungsflug handelte. Morgen mußten wir ja wieder in Addis Abeba sein. Die eigentliche Aktion gegen die Mörder würde erst danach folgen. Und die liefe bestimmt nicht ohne ihn ab.

Kurz vor Einbruch der Dunkelheit landeten wir in Baher Dar. Die übliche Szenerie: ein Flugplatz, der eine Wiese war; Hunderte von Schaulustigen, lautstarke Begrüßung. Wir quartierten uns im einzig freien Hotel der Stadt, unmittelbar neben dem Flugfeld ein. Abends saßen wir noch lange im Gastraum. Der einheimische Polizeichef hatte sich ebenfalls eingefunden.

»Was wollen Sie denn mit einem Hubschrauber?« fragte er dienstbereit. »Ich werde Ihnen meinen Helikopter auch noch mitgeben. Und dazu sechs weitere Polizisten. Es ist besser, wenn Sie in dieser Gegend so viele Schützen wie möglich haben.«

Mancher Schluck Bier wurde getrunken. Ich selbst hielt mich an Tee. Morgen wollte ich topfit sein. Ein paar Mädchen kicherten verstohlen. Die Hubschrauberbesatzung rief sie daraufhin sofort an den Tisch. Mädchen gehören zu jeder sogenannten Bar. Kaum saßen sie, da spürte ich, wie eine braune Hand ganz vorsichtig meinen Arm streichelte, und für Augenblicke war ich nahe dran zu vergessen, was der Zweck unserer Operation war. Am nächsten Morgen starteten wir tatsächlich und pünktlich um neun Uhr. Ich mußte auf dem Sitz des Kopiloten Platz nehmen.

»Wissen Sie einen markanten Punkt in der Nähe des Überfallortes?« fragte mich der Flugkapitän.

Ich erzählte ihm von den beiden Monolithen, die im Fluß standen.

Er nickte. »Dann können wir ja unser Ziel nicht verfehlen.«

90 Stundenkilometer, etwa 35 Flugminuten nur, bis die Schlucht unter uns auftauchte. Und da die beiden gewaltigen Felsfinger mitten im Blauen Nil! Ich starrte wie gebannt nach unten. Ein paar hundert Meter weiter die beiden Felshöhlen. Der Bach, der in den großen Fluß einmündet. Der Uferstreifen, auf dem wir lagerten. Andreas' Boot? Nein, es lag nicht mehr dort.

Wir kreisten. »Dort kann ich nicht landen«, schrie der Pilot durch den Motorenlärm.

Der andere Helikopter setzte bereits auf einem Felsplateau zur Landung an. Er zog die Maschine etwas höher. Und nun sah ich auf der gegenüberliegenden Seite des Flusses – in vielleicht zwei Kilometer Entfernung – die Ansammlung von Hütten. Zehn bis fünfzehn etwa bildeten den Kern, andere lagen in den Bergen verstreut. Auf unserer Seite hingegen war nur eine einzige Hütte auszumachen. Ob die Räuber drüben aus dem Dorf gekommen waren?

Wir landeten neben dem zweiten Hubschrauber. Die sechs Polizisten aus Baher Dar waren bereits ausgeschwärmt. Mit schußbereiten Gewehren sicherten sie den Landeplatz. Doch nichts regte sich außer einer Unzahl von Fliegen. Zwei Schützen und die Hubschrauberbesatzungen blieben bei den Maschinen. Wir anderen machten uns unverzüglich an den Abstieg zum Fluß. Für die kurze Distanz brauchten wir fünf Minuten. Dann war das Ufer erreicht. Major Eschete machten Abstieg, Hitze und Fliegen nichts aus. In seinem blauen Anzug sah er immer so korrekt aus, als hätte er einen Spaziergang auf dem Boulevard einer Großstadt hinter sich.

Ich stürzte zu dem Baumstamm, der auf der Erde lag – der Stamm, hinter dem Michael gelegen hatte. Nichts!

Mir schien es, als wiese der Boden Schleifspuren auf. Aber das konnte auch Einbildung sein. Länger als eine Stunde durchsuchten wir den Platz. Korth und Karels krochen in jeden Busch, drehten jeden Stein um – fast erfolglos. Karels zum Beispiel fand drei Patronenhülsen. Gewehrmunition. Aber die Hülsen lagen nicht dort, wo die Schießerei stattgefunden hatte.

»Merkwürdig«, murmelte Major Eschete und machte sich ein paar Notizen.

Ich konnte ihn gut verstehen. Patronenhülsen läßt man in Äthiopien nämlich nicht liegen. Sie werden normalerweise von den Schützen sorgfältig aufbewahrt und später wieder mit Pulver und Blei gefüllt. Den wichtigsten Fund machte Eberhard Korth: verkrustete Blutspuren an der Rinde des gefällten Baumes. Sorgfältig schnitt er das Stück Holz heraus und reichte es Eschete. Bei der späteren Laboruntersuchung erwies sich, daß es Michaels Blut war. Die Blutgruppe stimmte mit der seinen überein.

Doch das war auch alles. Keine Spur von Michaels Leichnam. Nichts von unserer Ausrüstung. Ein eigenartiges Gefühl überkam mich: Wie angstgepeitscht waren wir dieser Stelle entflohen, und wie sorglos stand ich nun hier. Würde man uns von irgendwo beobachten? Lugte da nicht einer aus dem Dunkel der Höhle gegenüber? Ich zog mich unauffällig in den Wald zurück und spähte angestrengt durch Karels Fernglas. Nichts! Nur der wunderschöne Fischadler hockte abseits auf einem Baum und wartete ungeduldig darauf, daß wir Lärmmacher wieder verschwanden.

Auf dem Rückweg zu den Hubschraubern schlug ich vor, das Dorf zu durchkämmen. Verdammt! Irgendwo mußte doch ein Zeichen des Überfalls gefunden werden! Konsulatsattaché Korth lehnte dies energisch ab.

»Das ist nicht unsere Aufgabe«, widersprach er mir. »Wir sind hierhergekommen, um eventuelle Spuren zu sichern und um den Leichnam Ihres Freundes zu finden. Aber wir können uns nicht in die Gefahr eines möglichen Kampfes begeben. Dazu sind unsere Kräfte auch viel zu schwach. Das ist jetzt Sache der Äthiopier.«

Im Grunde hatte er natürlich recht. Trotzdem wehrte ich mich gegen logische Überlegungen.

»Wir haben doch die Hubschrauber!« bohrte ich weiter. »Und unsere Polizisten sind modern bewaffnet. Wir können doch das ganze Dorf auf den Kopf stellen.«

Major Eschete beruhigte mich. »Wir können hier nicht etwas auf eigene Faust unternehmen. Eine Durchsuchung des Dorfes würde über unseren Auftrag hinausgehen. Das muß das Ziel einer zweiten Aktion sein. Mit mehr Polizisten. Und bedenken Sie bitte«, setzte er hinzu, »daß die Räuber uns eben gesehen haben und längst nicht mehr im Dorf sind. Wenn wir aber gleich wegfliegen, dann werden sie sich beruhigen und zurückkommen. Und dann packen wir sie mit der Landaktion!«

Das leuchtete mir ein. Er klopfte mir auf die Schulter. »Nur ruhig Blut, Herr Rüdiger.«

Unsere Hubschrauber hatten inzwischen Gäste bekommen. An die zwanzig Amharen standen herum. Unbewaffnet. Offenbar nur Neugierige. Major Eschete sprach lange mit ihnen. Währenddessen sah ich mir jeden einzelnen genau an, versuchte etwas zu entdecken, das uns gehörte. Ein Kleidungsstück von Michael vielleicht, ein simpler Knopf, seine sagenhafte Rolex-Uhr, die Ina ihm noch zum Abschied geschenkt hatte, irgendeinen Ausrüstungsgegenstand. Doch vergeblich.

»Sie wissen von keinem Überfall«, wandte sich Eschete mir zu. »Aber sie sagen, es ziehe hier viel Gesindel durch die Gegend, böse Menschen, die von Raub lebten. Auch die Leute dort drüben im Dorf seien keine guten Menschen.«

»Glauben Sie ihnen, Major?« wollte ich wissen.

Er lächelte flüchtig. »Ja und nein. Wohl mehr ja. Jedenfalls notiere ich mir hier alles und mache mir später ein endgültiges Bild.«

»Und hat dieses Dorf einen Namen???«

»Ja! Ich habe es hier auch schon notiert. Diese Hütte dort vorne nennt sich Makdalait Waunkat Mariam und die Häuser da drüben Jesefa Mariam. In Ihrer Sprache Josef und Maria.«

Der Pilot meldete sich. »Wir stehen hier elf Grad, elf Minuten Nord und achtunddreißig Grad, zwei Minuten Ost. Blauer Nil, Provinz Begemdir, Äthiopien.«

Korth hatte um die Position gebeten. Er und Eschete notierten sie gewissenhaft.

Am frühen Nachmittag kamen wir nach Addis Abeba zurück. Auf dem Flugplatz erwartete uns aufgeregt Andreas.

»Bloß gut, daß Ihr endlich da seid. Ich dachte schon, Ihr würdet es heute nicht mehr schaffen. Hier hat sich nämlich so allerlei getan. Die Militärbefehlshaber der Provinzen haben vorhin eine große Strafexpedition beschlossen. Sie soll von Mota aus losgehen. Morgen früh sind für uns Plätze in einer Maschine nach Mota gebucht.«

Auf der Fahrt zum Hotel erzählte mir Andreas die Einzelheiten. Die Strafexpedition würden zwei hohe Offiziere leiten, ein Major aus Debra Markos und der Polizeichef von Mota. Später käme noch ein Offizier aus Gondar in der Provinz Begemdir hinzu. Die beiden Provinzen Godscham und Begemdir stellten die Soldaten des Kommandos, je circa 25. Ausrüstung: Handfeuerwaffen und Handgranaten. Für übermorgen früh war der Abmarsch des Trupps aus Mota vorgesehen.

»Und Ihr?« In Andreas' Frage lag bereits die Antwort. »Ihr habt nichts erreicht?«

Ich schüttelte den Kopf.

»Nichts, Andreas. Von Michael keine Spur; von unserem Zeug nichts – manchmal habe ich den Eindruck, die anderen glauben, wir spinnen.«

Heiko Karels ahnte meine Stimmung. Als er sich im Hotel verabschiedete, klopfte er mir aufmunternd auf die Schulter.

»Lassen Sie den Kopf nicht hängen, Herr Nehberg. Und nehmen Sie es vor allen Dingen auch Herrn Korth nicht übel, daß er auf Ihren Plan nicht eingehen konnte. Wissen Sie, als Diplomat in einem fremden Land muß man sich äußerst streng an seine Vorschriften halten.«

»Ach, schon längst vergessen«, winkte ich ab. »Und Sie? Kommen Sie morgen auch mit?«

Er verneinte. »Wir müssen jetzt zuerst den ganzen Schriftkram mit dem Auswärtigen Amt in Bonn erledigen. Schade. Ich würde Sie gern begleiten.« Ein knapper Händedruck, ein aufmunterndes »Viel Erfolg!« – weg war er.

Im Hotel erwartete mich ein Packen von Fernschreiben und Telegrammen. Redaktionen und Presseagenturen aus vielen Ländern der Welt baten um nähere Angaben zu Michaels Tod. Man mußte glauben, ganz Addis Abeba wisse Bescheid. Es regnete Einladungen, man drückte uns teilnahmsvoll die Hände. Der Shoe Shine Boy vorm Hotel verzichtete auf seine zehn Cent Putzlohn:

»It's for your friend.«

Ja, und dann jagten plötzlich zwei junge Männer, salopp der eine in Jeans gekleidet, der andere eine Kamera um den Hals und einen Haufen weiterer in einer Tasche über die Schulter gehängt, herein. Es gehörte weiß Gott nicht viel dazu, sie als Journalisten auszumachen.

»Jürgen Petschull und Herbert Peterhofen«, stellten sie sich vor. »Wir kommen direkt aus Hamburg vom ›Stern‹. Wir sollen für unser Nachrichtenmagazin einen Bericht über Ihre Fahndungsaktion machen. Dürfen wir mit?«

Knapp erwiderte ich: »Das wird wohl kaum klappen, die Maschine nach Mota ist total ausgebucht.«

»Und wenn schon«, Jürgen Petschull war überhaupt nicht beeindruckt. »Dann chartern wir uns eben eine kleine Privatmaschine bei Axum Air und kommen hinterher. Wir müssen sowieso noch schnell ein paar Decken und Esserei kaufen.«

Ich besaß eben noch keine Erfahrung mit ausgebufften Journalisten. Aber warum sollten sie eigentlich nicht mitkommen? Wir hatten nichts zu verbergen. Und zwei Männer mehr bei der Strafexpedition – das wäre sicher nicht verkehrt, noch dazu, wenn es sich um Landsleute handelt, die einen ordentlichen Knuff vertragen können. Und so sahen die beiden aus. Natürlich war die planmäßige Maschine nach

Mota ausgebucht. Intercity-Flugverkehr in Afrika: das sieht ein wenig anders aus als bei uns. Da bringen die Passagiere allerlei Kleinvieh mit, da gibt es stolze Jäger, die sich auch beim Fliegen am liebsten nicht von ihrem Gewehr trennen möchten, und dort, wo man ein paar Sitze abgeschraubt hat, türmen sich Körbe mit Eiern, Obst und Gemüse. Die Maschine schaukelt wie auf einer Kirmes, und man erbricht sich möglichst auf die Hosen des Nachbarn. Ein Alptraum für jede europäische Stewardeß. Vielleicht fliegen deshalb auf den inneräthiopischen Linien der Ethiopian Airlines nur Stewards.

Zwischenlandung in Debra Markos. Ein dicker Major stieg zu, in seiner Begleitung ein Unteroffizier.

»Ob das unser Kommandeur ist?« fragte Andreas, als die beiden auch schon zielstrebig auf uns zusteuerten.

»Sie sind sicher die beiden Herren aus Deutschland«, schnaufte der Dicke und ließ sich, ohne eine Antwort abzuwarten, hinter uns nieder. »Ich bin Major Bitzhuyan. Sie sind doch informiert worden, daß ich hier zusteigen würde, oder?«

Wir nickten. Trotz seiner Leibesfülle war der Major von einer bemerkenswerten Vitalität. Er hatte sich schon einen taktischen Plan zurechtgelegt, wie die Aktion abzulaufen habe. Wir dürften natürlich nicht gleich mit der Tür ins Haus fallen, dann nämlich könnten wir leicht auf Widerstand stoßen, zumindest aber würde man die Täter vor uns verbergen. Nein, nein, er habe vielmehr vor, als Ärztekommission aufzutreten, die eine gefährliche Krankheit bekämpfen muß. Und wir beide, Andreas und ich, sollten die Rolle der Mediziner spielen. So würden wir am wenigsten Aufsehen erregen. Mir erschien das alles ein wenig kompliziert. Warum sollten wir uns auf große Täuschungsmanöver einlassen, wenn sich in unserer Begleitung eine Menge Polizisten und Soldaten befanden? Aber der Major war schließlich der Kommandeur – der eine der beiden Kommandeure jedenfalls. Und in jedem Land der Erde wird das getan, was die Kommandeure für richtig halten.

Bereits in Mota stellte sich heraus, daß wir mit dem Täuschungsmanöver nicht weit kommen würden. Denn natürlich erwartete uns wieder die übliche große Menschenmenge auf dem Flugfeld, und zu unserer Überraschung wußte jeder um die bevorstehende Strafexpedition.

»Das sollte doch alles geheim bleiben«, staunte ich den Major an. Der zuckte nur hilflos die Schultern. »Halten Sie mal in Afrika etwas geheim, wo jeder in seiner Hütte ein ›Buschtelefon‹ hat!«

Im Police Headquarter von Mota erwartete uns der einheimische Polizeichef. Vom Äußeren her ein ganz anderer Typ: schlank, drahtig und recht wortkarg. Fünfundzwanzig Polizisten und sechs Maulesel würden morgen früh bereitstehen, erklärte er uns. Allerdings sei das Kommando aus Gondar noch nicht eingetroffen.

»Und was machen wir, wenn die morgen früh noch nicht hier sind?« wollte Andreas wissen.

»Wir marschieren auf jeden Fall ab«, riß der Dicke die Gesprächsführung wieder an sich. »Es wissen schon zu viele um unser Vorhaben. Vermutlich sind die Täter bereits jetzt gewarnt; wenn wir noch länger warten, brauchen wir die Strafaktion gar nicht mehr zu starten.«

»Da sind noch zwei deutsche Journalisten«, warf ich ein. »Die wollen mitkommen.«

Der Major aus Mota sah mich befremdet an. »Dazu haben wir keine Order«, murrte er. »Das wird auf keinen Fall gehen.«

Na, müssen die beiden selbst sehen, wie sie mit den Offizieren klarkommen, dachte ich. Ein scharfes Klopfen und eine barsche Stimme rissen uns in aller Herrgottsfrühe aus dem Schlaf.

»Aufstehen, Mister, Abmarsch!«

Vor dem kleinen Fenster herrschte Unruhe. Waffen klirrten, Befehle wurden erteilt, in einer Ecke drängten sich verängstigt viele Maulesel. Etwa die Hälfte der Leute trug eine Uniform, die anderen kunterbunte Kleidungsstücke. Freiwillige, wie uns später erklärt wurde. Ein wenig abseits eine aufgeregt gestikulierende Gruppe: die Stern-Leute. Sie redeten auf die Offiziere ein.

»Du, die haben Schwierigkeiten«, informierte ich Andreas.

Die hatten sie tatsächlich. Unüberwindliche, wie sich herausstellte. Die Äthiopier weigerten sich nach wie vor, die Zeitungsleute mitzunehmen. Der diesbezügliche Befehl aus Addis Abeba war noch nicht bis hier durchgedrungen.

»Wir können die Verantwortung dafür nicht übernehmen«, maulte der Mollige aus Debra Markos. »Versetzen Sie sich doch mal in unsere Lage! Wenn Ihnen etwas zustößt, würde man uns zur Rechenschaft ziehen.«

Ratlose Gesichter. Ich flüsterte Jürgen Petschull zu, daß doch noch der Trupp aus Gondar kommen würde. Vielleicht könnten sie ja vorher versuchen, noch einmal in Funkkontakt mit der Polizei in Addis Abeba zu kommen. Und dann könnten sie sich dem Gondar-Kommando anschließen.

»Dieser blöde Idiot«, fluchte Herby Peterhofen. Er warf abwechselnd giftige und liebevolle Blicke auf die Offiziere und die Blendenskala seiner Kamera.

»Die ganze Hetzjagd mit dem Charter umsonst.« Er wetterte und klickte. »Wenigstens Euren Abschied will ich mit nach Hause bringen.«

Man mußte immer aufpassen, ihn richtig zu verstehen, denn meist wurde sein Gesicht ja von der Kamera verdeckt. Wie andere lebenslänglich hinter Gittern sitzen, so steht er lebenslänglich hinter Kameras, dachte ich so nebenbei. Eben ein echter Professional.

Wir wollten nicht zurückstehen und ließen unsere Olympus kreisen. Motive gab es mehr als genug: die modernen Waffen, die alten messingbeschlagenen Vorderlader, Handschellen, Handgranaten, phantastische Porträts, überladene Mulis und Staub. Gewissermaßen unsere Privatarmee.

Ein Marsch durch die Hölle erwartete uns. Glühende Hitze und dünne Luft machten uns das Atmen schwer. Ständig wurden wir von Fliegen geplagt.

Der Weg war kein Weg, sondern eine Ansammlung scharfer, kantiger Steine, über die wir mehr stolperten als gingen. Die Äthiopier schlugen ein enormes Tempo an. Sie waren diese Bedingungen gewohnt.

Ich hatte mir in Addis Abeba Schuhe geliehen, die eine gute Nummer zu groß waren. Meine herrlichen Safari-boots hatten die Räuber erbeutet. Schon nach einer knappen Stunde glaubte ich, meine Füße wären nur noch aus Blasen. Eine Weile versuchte ich, auf einem Maulesel zu reiten, mit dem Erfolg, daß ich nun nicht nur Blasen an den Füßen, sondern auch noch woanders hatte. Kein Wunder, auf den Holzsätteln der Äthiopier hätte auch ein erfahrener Reiter seine Schwierigkeiten gehabt. In der zweiten Hälfte des Tages war ich so weit, daß ich alles nur noch wie im Traum wahrnahm. Vor meinen Augen flimmerten nicht nur die Fliegen, sondern auch Sterne, meine Knochen waren aus Blei. Ich war zu müde, die Fliegen abzuwehren. Wenn ich dann hin und wieder hinstürzte, genoß ich das fast, weil ich ein paar Sekunden liegen konnte, bevor Andreas mich in die Seite knuffte: »Weiter, Opa!« Endlich ein heller Schrei von der Spitze der Kolonne. Aufgeregt wies der dicke Major nach vorn: ein Bergsattel und daneben, wie an die Felsen angeklebt, zwei Hütten. Am Horizont, auf einem Felsplateau, außerdem ein paar Punkte:

»Jesefa Mariam!« triumphierte der Major. »Das sind die Hütten von Jesefa Mariam!«

Wir waren bald am Ziel. Dahinten, im Dunst hinter dem Horizont, dort, wo es so aussah, als fiele der Berg schroff ab, mußte der Blaue Nil fließen. In der Nähe der beiden Hütten rasteten wir. Der Besitzer, ein finster blickender Amhare, begrüßte die beiden Offiziere. Uns streifte er nur mit einem mißtrauischen Blick. Ich sah, wie Andreas' Augen starr wurden.

»Was ist?« stieß ich ihn an.

»Da, schau mal das linke Ohr dieses Burschen«, flüsterte er aufgeregt. »Siehst du den kleinen silbernen Ohrring?«

»Na und?«

»Mir fällt jetzt wieder ein, daß einer der Strolche auch so einen Ohrring trug!« Andreas bemühte sich, Ruhe zu bewahren.

»Wollen wir denn die Hütten nicht durchsuchen?« drängte er.

»Das geht nicht.« Der Major aus Debra Markos war ganz Abwehr. »Das mögen die Leute hier nicht. Wir hätten sie sonst sofort gegen uns.«

Ich sah Andreas an. Da schienen wir ja bei einer merkwürdigen Strafexpedition zu sein.

»Das mögen die Leute hier nicht«, brummte Andreas empört vor sich hin.

Als ob es darum ginge, was die Leute hier mögen. Ich sah, wie der Major durch sein Fernglas das Dorf am Horizont betrachtete. Er winkte mich heran.

»Da, schauen Sie mal«, forderte er mich auf. »Können Sie mir sagen, in welche Hütte der Mörder ging?«

Einen Augenblick war ich sprachlos. Hatte der denn überhaupt nicht begriffen, wie der ganze Überfall vor sich gegangen war? Wir hatten es ihm doch lang und breit erzählt. Wie konnte ich denn wissen, wer der Mörder war? Noch viel weniger, wo sich seine Hütte befand?!

Ich war stinksauer. Wütend bellte ich die Offiziere an:

»Das war die blödeste Frage, die ich seit langem gehört habe!«

Sie zuckten zusammen. Ich wartete gar nicht erst eine Antwort ab, sondern wendete mich brüsk um. So ein Marsch, endlich vor dem Ziel und dann mit solch einem Team! Amen.

»Komm, Andreas, wenn die nichts tun, dann versuchen wir es eben auf eigene Faust.«

Wir nahmen eine Wasserflasche und gingen zur Hütte des Amharen. Angeblich, um Wasser zu holen. Mißtrauisch sah er uns entgegen.

»Teru no!« meinte Andreas bewundernd, während ich die Taschenlampe in alle Winkel leuchten ließ. »Teru no!«.

Er tat ganz so, als wäre er von der armseligen Einrichtung begeistert. Der Amhare verzog keine Miene. Seine eingeschüchterte Frau füllte uns aus ihrem Lehmkrug die Flasche mit Wasser. Plötzlich stieß mich Andreas verstohlen an. Sein Blick wanderte in eine Ecke.

Ein Hirsebündel lag dort. Genauso ein Bündel, wie es der Mann getragen hatte, der am Abend vor dem Überfall durch unser Lager geeilt war. Und dessen Bündel wir am nächsten Morgen am Ufer gesehen hatten.

Auch wieder ein Zufall?

Ich war jetzt überzeugt, daß wir auf der richtigen Spur waren. Es war Nacht geworden, und der Amhare hatte uns wohl oder übel gestatten müssen, zwischen seinen beiden Hütten zu kampieren.

Abends spät kam der Major zu mir.

»Seien Sie bitte nicht böse! Das war vorhin wirklich eine dumme Frage. Aber mein Englisch ist nicht so, als sprächen wir in unserer Muttersprache miteinander. Haben Sie ruhig wieder Vertrauen zu uns. Auch wir Äthiopier haben unsere Möglichkeiten und Stärken. Wir werden das beweisen!«

Er reichte mir versöhnlich die Hand. Ich schlug natürlich ein. Jetzt schämte ich mich meiner Impulsivität. Mitten in der Nacht wurde ich von einem leichten Geräusch geweckt. Metall schepperte an Metall. Ein paar Leute tuschelten miteinander. Verschlafen sah ich auf die Uhr: Viertel nach vier. War irgend etwas geschehen? Ein wenig abseits standen die beiden Offiziere und acht Polizisten. Sie waren feldmarschmäßig ausgerüstet. Schnell kroch ich aus meinem Schlafsack.

»In zwei Stunden werden wir in das Dorf gehen«, erklärte mir der Major aus Mota. »Aber es könnte ja sein, daß jemand bei unserer Ankunft fliehen will. Deshalb schicke ich jetzt schon ein paar meiner Leute los, die sich an den Wegen, die aus dem Dorf führen, postieren werden.«

Alle Achtung! Soviel Umsicht hatte ich den Offizieren gar nicht mehr zugetraut. Ich weckte Andreas.

»Mach dich fertig, Kumpel! Es geht gleich los!«

»Was geht los?« knurrte er ungehalten, als er sah, daß es noch dunkel war.

»Wir marschieren gleich ins Dorf! Laß uns noch schön in Ruhe frühstücken.«

Zweieinhalb Stunden später zogen wir durch das Tal, das unseren Lagerplatz von der Siedlung trennte. Die beiden Majore auf ihren Maultieren voran. Dicht dahinter folgten wir, Andreas und ich, dann in weit auseinandergezogener Reihe die Polizisten.

»Ob wir sie überraschen werden?« zweifelte Andreas.

Ich war ganz sicher. »Wo denkst du hin, glaubst du vielleicht, dieser Mann mit dem Ohrring hat die nicht längst warnen lassen? Und außerdem hat man uns bestimmt beim Anmarsch beobachtet.«

Insgeheim fragte ich mich: Hat es denn überhaupt Zweck, in das Dorf zu gehen? Vermutlich wird alles nur ein Schlag ins Wasser werden. Doch vielleicht entdeckten wir wenigstens einen einzigen der geraubten Ausrüstungsgegenstände! Selbst wenn das Dorf jetzt leer wäre, könnte man in dem Falle, nach vier Wochen etwa, mit einer Blitzaktion aus der Luft das ganze Gebiet umzingeln. Dann hätte man sie. Für mich waren das alles keine Probleme. Im Augenblick wagte ich höchstens zu hoffen, überhaupt die Spur eines Ausrüstungsgegenstandes zu entdecken. Mehr nicht.

Wir hatten fast den oberen Rand des Tales erreicht, als hinter einem Fels plötzlich vier Männer auftauchten. Sie trugen keine Waffen. Mit tiefen Verbeugungen begrüßten sie die Offiziere. Die verhielten sich ebenso höflich. Ein paar Worte wurden gewechselt. Einer der Unteroffiziere übersetzte sie uns.

»Wir haben zwei Ärzte bei uns«, erklärte der runde Major und zeigte auf uns. »Sie arbeiten im Auftrag der Regierung. Wir müssen in den Dörfern des Abbai nach Kranken suchen.«

Einer der vier sah uns nachdenklich an. Ohne etwas zu erwidern, drehten sie sich um und führten uns ins Dorf.

Jesefa Mariam – Josef und Maria! Welch großartiger Name für diese armseligen Hütten. Die Wände aus Gras und Zweigen geflochten, mit Lehm verschmiert, rund, innen eine Feuerstelle, eine aus Lehm gezogene Ringmauer, die die Hütte unterteilte, ein paar Vorratsbehälter, Wasserkrüge, Felle . . . Das war der Wohn- und Schlafplatz für eine vielköpfige Familie, einschließlich Hund, Ziegen und Hühnern.

Am Rande des Dorfes, wo es wieder steil bergan ging, stand eine Schirmakazie, der Versammlungsplatz der etwa 250 Einwohner von Jesefa Mariam mit Umgebung. Dorthin führten uns die vier Männer. Wir gingen durch ein dichtes Spalier aufgeregter Menschen. Doch nirgendwo konnte ich Waffen entdecken. Eine Gruppe würdevoller alter Männer erwartete uns vor einer Hütte: die Ältesten des Stammes.

Der kugelige Major führte das Wort: »Es hat in den letzten Monden viele Tote gegeben. Eine schreckliche Krankheit bedroht unser Land, die Malaria heißt. Besonders die Menschen am Blauen Nil sind von ihr bedroht. Deshalb hat uns die Regierung in Addis Abeba hergeschickt. Sie hat uns zwei Ärzte mitgegeben, weiße Spezialisten, die alle untersuchen sollen, um sie vor einem furchtbaren Tod zu bewahren.«

Er macht das ganz hervorragend, dachte ich. Man könnte es ihm beinahe glauben.

»Wir wollen uns jetzt an die Arbeit machen«, fuhr er fort. »Und dazu brauchen wir zuerst eine Liste, auf der alle Einwohner des Dorfes genannt werden.«

Ein Soldat notierte die Namen, die ihm von den Alten zugerufen wurden. Eine mühselige Arbeit. Die anfängliche Spannung legte sich und wich beinahe freundlichem Entgegenkommen. Zuletzt wirkte es fast wie ein Spiel.

»Wem fällt noch ein Name ein?«

Scheu huschten die Frauen des Dorfes umher und reichten uns sehr starken, würzigen Kaffee. Er wirkte belebend wie Medizin. Nach über einer Stunde war die Liste fertig. 238 Namen. Ob denn alle diese Menschen im Dorf seien, wollte der Major jetzt wissen. Ob in letzter Zeit jemand gestorben sei oder zur Zeit gerade krank.

»Niemand ist gestorben. Niemand ist krank. Und die meisten sind im Dorf. Einige werden nicht da sein.«

»Wo sind sie denn?«

»Wir wissen es nicht. Wir sind freie Männer. Jeder kommt und geht, wann er will. Vielleicht besuchen sie Verwandte in anderen Dörfern. Oder sie sind auf der Jagd.«

»Worauf jagen sie denn? Vielleicht auf Menschen?«

Die Stimme des Majors war von Sekunde zu Sekunde schärfer geworden. Bei den Ältesten machte sich Verwirrung breit. Unauffällig hatten sich die Polizisten so postiert, daß sie einen weiten Ring um den Dorfplatz bildeten. Der Dicke ließ nun völlig die Maske fallen. Mit drohend erhobenen Fäusten ging er auf die Alten zu. Ängstlich wichen sie zurück.

»Jetzt sollt ihr endlich die Wahrheit erfahren!« schrie er sie an. »Wir kommen natürlich nicht wegen einer Krankheit. Und wenn es hier eine solche Krankheit wirklich geben sollte, dann müßte sie euch hinwegraffen. Keinen Finger würde ich für euch rühren. Ihr habt einen weißen Mann getötet. Einen Gast unseres Landes. Ihr habt eins unserer heiligsten Gesetze gebrochen. Dafür werdet ihr büßen müssen. Wir wollen die Mörder haben. Wir wissen, daß sie aus euren Reihen kommen. Und wir wollen die Beute haben, die sie geraubt haben!«

Nachdenklich ließ der Offizier seinen Blick über die Alten schweifen. Dann fuhr er ruhiger fort:

»Wir geben euch jetzt Zeit, über unsere Forderung nachzudenken. Beratet euch. Aber fällt eine kluge Entscheidung – in eurem eigenen Interesse! Und jetzt werft ihr erst einmal alle eure Keulenstöcke hier auf einen Haufen. Aber dalli!«

Die Polizisten hielten plötzlich ihre Gewehre schußbereit. Wer von den Einwohnern aus dem Kreis heraus wollte, wurde mit Kolbenstößen zurückgetrieben. Einige andere Bewaffnete durchsuchten die Hütten und schleppten alle in den Ring, die sich versteckt hielten. Die Alten tuschelten aufgeregt miteinander. Sie schienen sich lange nicht einig zu sein. Nach einer guten Viertelstunde endlich hatten sie ihre Beratung beendet. Der Sprecher, der Älteste, trat auf den Major zu und sagte ohne jedes Anzeichen von Furcht:

»Wir verstehen Ihre Anschuldigungen nicht. Aus unserem Dorf hat niemand einen weißen Mann getötet.«

Dreist sah er dem Major in die Augen. Der überlegte einen kurzen Augenblick, flüsterte mit seinem Kollegen aus Mota, dem Drahtigen, und antwortete:

»Hast du einen Sohn?« Seine Stimme klang gefährlich leise.

»Ja.«

»Ruf ihn!«

Ein vielleicht dreißigjähriger Mann schlenderte heran. Der Major wandte sich an einen anderen Alten.

»Du hast auch einen Sohn?«

Der nickte verbissen. Wahrscheinlich ahnte er schon, was kommen würde.

»Wo ist er?«

Ein zweiter, jüngerer Mann löste sich aus der Gruppe der zusammengedrängt stehenden Einwohner. Ängstlich sahen die beiden den dicht vor ihnen auf den Hacken wippenden Offizier an.

»Was wißt ihr von dem Überfall?«

»Nichts«, sagten sie wie aus einem Munde.

Im selben Augenblick fuhr die Faust des Majors hoch. Mit ungeheurer Wucht landete sie auf der Nasenwurzel des einen Mannes. Blut schoß hervor. Mit einem Aufbrüllen sank er zu Boden. Der Alte wollte ihm zur Hilfe eilen, doch die anderen hielten ihn zurück. Empörtes Murmeln und Verwünschungen wurden gegen den Major ausgestoßen. Ich sah mich um und bemerkte, wie Andreas nach seinem Revolver tastete. Auch ich vergewisserte mich sekundenschnell, ob meine Waffe griffbereit saß. Die Polizisten hielten die Läufe ihrer Gewehre direkt in die Menge. Die Situation war explosiv.

»Nun, du weißt immer noch nichts?«

Die Stimme des Majors war dunkel vor Zorn, als er sich dem zweiten Sohn zuwandte. Unsicher sah der ihn an. Ein Tritt gegen das Schienbein ließ ihn in die Knie brechen. In diesem Augenblick schaltete sich der Mota-Major wieder ein. Mit eiskalter Stimme herrschte er die am Boden liegenden Männer an.

»Ich bin einen weiten und beschwerlichen Weg von Mota hierher gegangen. Ich habe keine Lust, meine Zeit mit euch zu vergeuden. Ich werde euch in Eisen legen lassen. Dann geht ihr mit als Geiseln nach Mota. Dort bleibt ihr so lange im Gefängnis, bis ihr alles gesteht.«

Ein kurzer Befehl. Zwei Soldaten stürzten herbei und legten den beiden Männern Handschellen an. Außerdem wurden ihnen die Füße gebunden. Der Dicke hatte ein paar andere Bewaffnete gerufen und durchsuchte mit ihnen die Hütten. Bajonette fuhren in die Vorratsbehälter, die Mais- und Baumwollhaufen. Alles wurde auseinandergerissen, doch nichts fand sich. Keine Filmkamera, keines unserer Kleidungsstücke, weder Michaels Uhr noch ein Hemd, kein Meter Schnur, kein Gefäß, nichts . . .

Der Major sah meine Enttäuschung.

»Haben Sie denn erwartet, daß wir hier etwas finden würden?« meinte er spöttisch. Ohne eine Antwort abzuwarten, wandte er sich wieder den Alten zu.

»Nun, habt ihr es euch noch einmal überlegt?«

»Unsere Söhne sollen wirklich mit nach Mota?« lautete die Gegenfrage.

»Ihr habt es doch gehört.«

Wieder tuschelten sie miteinander. Dann der Sprecher:

»Ja. Es ist so, wie ihr sagt, Herr. Hier am Fluß ist vor etwa zehn Tagen wirklich ein weißer Mann getötet worden. Aber wir sind hier unschuldig.«

»Erzählt, wie es war!« befahl der Major kurz.

Und so berichtete der Dorfälteste von Jesefa Mariam die Geschichte des Überfalls: Am Abend vor zehn Tagen kam ein fremder Mann ins Dorf. Man kannte seinen Namen nicht. Hin und wieder war er hier schon mal gesehen worden, meist mit Josua, einem jungen Mann, der allein in einer kleinen Hütte abseits vom Dorf dort vorn im Taleinschnitt wohnt. Josua galt überall als wilder Geselle. Er hatte keine Lust zu arbeiten, viel lieber widmete er sich der Jagd. Sein Gewehr war sein ganzer Stolz. Er hatte den Schaft mit Messing beschlagen, und alle jungen Männer des Dorfes beneideten ihn um diesen kostbaren Besitz. Der Fremde erzählte aufgeregt, er habe am Fluß Weiße gesehen. Sie lagerten dort, und in ihrem Besitz befänden sich viele Reichtümer – Waffen, ganz neuartige, Werkzeuge, Boote, Kleidung, Zelte. Alles, was man in seinem Leben, auch nicht durch noch so viel Arbeit, erwerben konnte, sei da in wenigen Minuten zu erbeuten . . .

Josua war sofort voll begeistert gewesen. Er holte sein Gewehr, putzte es liebevoll und fettete es mit Knochenmark. Doch er besaß keine Munition. Schließlich lieh ihm jemand vier Patronen. Josua versprach, ihm am nächsten Tag zehn wiederzugeben. Acht andere junge Männer erklärten sich bereit, mitzumachen. Noch in der Nacht zog der Trupp los. Josua und der Fremde hatten ein Gewehr, die anderen bewaffneten sich mit Knüppeln. Später hörte man aus der Richtung des Blauen Nil Schüsse. Am Nachmittag kehrten die Männer des Dorfes zurück. Der Fremde war nicht mehr bei ihnen. Josua brüstete sich überall, daß er einen Weißen getötet und später in den Fluß geworfen habe. Die beiden anderen Fremden seien geflohen.

Der Alte schloß: »Als dann vor drei Tagen die donnernden Vögel über unserem Dorf kreisten, packten Josua und die anderen Männer ihre Habseligkeiten zusammen und verließen fluchtartig das Dorf. Seitdem haben wir sie nicht mehr gesehen.«

»Und die Beute?«

»In unser Dorf ist davon nichts gekommen.«

Ein anderer Mann meldete sich: Er sei dem Trupp hinterhergeschlichen, berichtete er. Und dabei konnte er beobachten, wie Josua einen toten weißen Mann entkleidete und den Leichnam in den Fluß stieß. Später hätten die Räuber dann die Beute unter sich aufgeteilt und in die Berge gebracht. Er wollte ihnen nicht mehr folgen. Denn würden sie es irgendwo verstecken und sollte eines Tages etwas davon fehlen, dann würde sich der Verdacht gegen ihn richten.

»Wo können sie die Sachen versteckt haben?« fragte der Major.

»Es gibt unzählige Höhlen in den Bergen«, antwortete der Alte. Mehr war aus ihm nicht herauszukriegen. Der Tag ging bereits zur Neige. Für den nächsten Morgen befahl der Major, drei Trupps aufzustellen. Unter der Leitung von Polizisten sollten sie drei Ziele verfolgen: Die Mörder fangen. Die Beute zurückbringen. Den Leichnam bergen. Eine vierte Gruppe schließlich, mit uns an der Spitze, sollte zum Tatort gehen.

Die Dorfbewohner durften jetzt ihre Waffen holen. Im Handumdrehen trugen fast alle ein Gewehr. Sie holten sie aus den Hütten, die wir eben noch vergeblich durchsucht hatten. Der Älteste hatte die Majore der Loyalität seines Dorfes versichert. Und die Majore kannten die Mentalität dieser Menschen so weit, daß sie ihnen glaubten.

»Wir schauen auch ein wenig flußabwärts«, gab der Alte Order an seine Leute. »Manchmal spülen die Strudel einen Leichnam schon nach kurzer Zeit ans Ufer zurück oder auf einen Fels, wo Krokodile nicht hin können.«

Diese Ergänzung galt mehr uns. Wir werteten sie als Höflichkeitsfloskel.

»Wollen Sie die Geiseln nicht von den Handschellen befreien?« fragte ich den Major.

»Noch nicht«, antwortete er kurz.

»Die springen ganz schön hart mit ihren Landsleuten um«, meinte Andreas. »Das muß doch einfach Haß auf die Obrigkeit wecken.«

»Vielleicht«, antwortete ich. »Aber denke daran, daß die Menschen hier von ganz anderer Mentalität sind. Weißt du noch die Geschichte, die uns Marcel in Addis erzählt hat?«

Marcel, der junge Franzose, hatte uns von einem befreundeten Farmer berichtet. Auf dessen Kaffeeplantage waren die Arbeiter eines Tages nicht mehr mit dem vereinbarten Lohn zufrieden gewesen. Wahrscheinlich hatte man sie aufgewiegelt; wozu allerdings nicht viel gehörte, denn 1,25 Dollar (1,75 DM) für acht Stunden harter Arbeit sind weiß Gott nicht viel. Eines Tages hatten sich die Leute den Vorarbeiter gegriffen, den sie für den Vertrauten des Farmers ansahen. Sie banden ihm einen Strick um die Hände und schleiften ihn hinter dem Traktor her über Stock und Stein. Schon nach ganz kurzer Strecke brach er zusammen. Schließlich war er nur ein blutiger Klumpen mit total demoliertem Gesicht – kaum noch Haut am Körper. Aber er lebte. Und er erholte sich wieder. Nach einigen Wochen sammelte er seine Freunde um sich, lauerte den Rädelsführern des Überfalls auf und schlug sie fürchterlich zusammen. Überdies fesselte er sie und trat ihnen sämtliche Zähne aus. Die Ohnmächtigen sperrte er drei Tage lang nackt in eine der Kühlhallen der Plantage. Zwei Grad Celsius. Dann wollte man die Leichen verscharren. Doch die Männer lebten. Trotz der Wunden, trotz der Fesseln, trotz der Kälte und der drei Tage ohne Essen und Wasser. Als auch sie irgendwann genesen waren, arbeitete man wieder zusammen, so, als wäre nichts geschehen. –

Am nächsten Morgen, noch bevor die Suchtrupps aufbrachen, kam Verstärkung. Schon ganz früh nach Sonnenaufgang hatten wir Meldung per Buschtelefon erhalten. Für uns war das unhörbar. Doch alle anderen wußten Bescheid. Das Polizeikommando aus Gondar – mit ihnen Jürgen Petschull und Herbert Peterhofen, unsere beiden Stern-Reporter. Sie waren völlig erledigt. Petschulls Augen lagen tief in den Höhlen, sein Gesicht war über und über zerstochen von Mükken. Peterhofen ging es kaum besser. Den ganzen Weg über hatte er seine kostbare Fototasche nicht an die Esel gehängt – weiß der Teufel, ob die nicht damit durchgingen! –, sondern selbst getragen. Und das schlaucht.

»Durst«, stöhnten sie. Und die zweite Äußerung, trotz aller Erschöpfung, war: »Haben wir was versäumt?«

Eine Stunde später, nach gründlicher Stärkung durch Sitzen, Schatten, Wasser und Götterspeise, waren sie wieder so weit erholt, daß sie sofort zum Unfallort aufbrechen wollten. Der Weg war nicht allzu strapaziös. Er führte zeitweise durch mannshohes Gras, dann wieder über abgeerntete Baumwollfelder. Nach knapp einer Stunde waren wir am Ziel. Wieder das alte Bild, das wir schon vor drei Tagen gesehen hatten. Die Reste der Feuerstelle, der umgestürzte Baumstamm, ein paar Abdrücke, wo wir unser Zelt stehen hatten. Die Polizisten bestanden darauf, noch einmal alles gründlich abzusuchen. Aber sie fanden nichts. Ohne Ergebnis kehrten wir zurück.

»Wir wollen wenigstens ein Kreuz hier aufstellen«, empfing mich Andreas.

Er hatte zwei schwere Baumäste zurechtgeschnitten und mit Gräsern zu einem großen Kreuz zusammengebunden. Mit dem Bajonett eines Soldaten grub ich ein tiefes Loch in den steinigen Boden. Andreas setzte das Kreuz hinein. Wir schichteten ringsum noch Steine auf, um ihm einen besseren Halt zu geben. Dann standen wir da und wußten nicht so recht, was wir machen sollten. Andreas pfiff ein paar Takte. Ich erkannte das »Lied des Todes«, Michaels Lieblingsmelodie.

»Weißt du noch, das hat er sich doch immer gewünscht«, sagte er verlegen, als er meinen Blick spürte.

Ich überlegte, ob ich ein Gebet sprechen sollte. Ich bin Atheist. Irgendwie kam mir das zu pathetisch vor, zu unecht.

»Du warst ein guter Kumpel«, stieß ich mit heiserer Stimme hervor. »Wir haben viele schöne Tage gemeinsam verbracht. Du hast mich nie im Stich gelassen.«

Andreas schloß sich an: »Schade, daß du nicht weiter mit uns fahren kannst.«

Es war eine merkwürdige Trauerfeier. Wir sprachen, als würden wir uns mit Michael unterhalten. Hinter uns standen einige Polizisten in Reih und Glied mit ihren Gewehren. Abends kehrten die Suchtrupps zurück. Sie hatten nichts gefunden. Am nächsten Tag brachen die Stern-Leute wieder auf.

»Wir müssen uns beeilen, nächsten Donnerstag ist Redaktionsschluß, dann müssen wir allerspätestens alles in Hamburg haben. Das ist der äußerste Termin«, erklärte Jürgen Petschull. »Bleibt ihr noch?«

»Zwei Tage wollen wir noch ausharren. Vielleicht ergibt sich noch was«, antwortete ich.

Aber auch an den nächsten beiden Tagen brachten die Suchtrupps keine Erfolgsmeldung ins Dorf.

»Laß uns zurückgehen«, schlug Andreas vor. Ich erhob keine Einwände.

Der Major gab uns drei Polizisten und einen Maulesel mit.

»Wir bleiben noch hier«, erklärte er uns zum Abschied. »Solche Aktionen können manchmal Wochen dauern.«

Ich hatte den leisen Verdacht, daß es ihm auch ein wenig gefiel, den unumschränkten Herrscher im Dorf zu spielen. Allerdings bezahlten seine Soldaten alles, was sie von den Einwohnern zu essen bekamen. Selbstverständlich ist das nicht.

Nur einen Tag später trafen wir bereits in Mota ein. Ein alter Mann hatte uns eine Abkürzung durch die Berge gewiesen. Der erste, der uns im Hotel über den Weg lief, war Peterhofen.

»Mensch, habt ihr Schwein«, staunte er. »Unsere Chartermaschine geht heute noch nach Addis Abeba zurück. Und zwei Plätze sind gut und gern noch frei.«

Wir packten gar nicht erst aus.

Addis Abeba. Ich wohnte nicht mehr im Ras, sondern im Suisse-Hotel. Nach einer Woche flog Andreas nach Hause. Ich blieb noch. Jeden Tag ging ich zu Major Eschete, ins Polizeipräsidium.

Frage: »Nichts Neues?«

»Nichts«, sagte er traurig. Und einmal: »Sie sind zu ungeduldig für dieses Land.«

Nach elf Tagen empfing er mich freudestrahlend.

»Wir haben Nachricht aus Jesefa Mariam. Einen der Täter hat man gefangen. Und insgesamt 51 Ausrüstungsgegenstände gefunden.«

»Ist es Josua, der Mörder?« fragte ich.

»Nein, aber den kriegen wir auch noch. Er hat überhaupt keine Chance. Und wenn es Monate dauern sollte. Der Galgen ist ihm sicher.«

Drei Tage später flog ich nach Deutschland.

---